农业产业化经营丛书

中国柑橘产业化

主 编
沈兆敏 朱新礼

副主编
柴寿昌 明方成 王 华

编著者

沈兆敏	朱新礼	柴寿昌	明方成
王 华	孙成虎	蔡永强	徐忠强
王孝华	秦光成	张 弩	郑 勇
李永安	陈跃飞	陈 伟	陈先兵
黄 森	向太红	熊文祥	汪小伟
雷 霆	袁静秋	李金强	薛翔天
张先锋	邵蒲芬	罗胜利	陈明芬
杨翔智	张树清	谭 岗	谢 强

金盾出版社

内 容 提 要

本书由中国柑橘学会名誉理事长沈兆敏、中国汇源果业集团有限公司董事长朱新礼主编。众多柑橘专家、学者参加了编写。内容包括：国内外柑橘产业化现状及发展趋势，柑橘产业良种繁育体系建设，柑橘良种苗木繁育技术，柑橘区划、规划和产业化基地建设，柑橘标准化建园和生产技术，柑橘有害生物绿色防控技术，柑橘灾害防止及救扶技术，柑橘采收、采后处理及贮藏保鲜技术，柑橘加工及综合利用技术，柑橘安全生产与产品质量控制，柑橘产业的社会化服务体系，柑橘产业化经营管理，共12章。并附有附录一，国家和省、自治区、直辖市柑橘（果树、园艺）研究所简介；附录二，柑橘企业（部分）简介。本书以理论与生产实践相结合，全面系统地阐述了柑橘产业化的内涵和所取得的新成就、新进展、新技术及对发展前景的展望，是一部集专业性、技术性、知识性于一体综合性和实用性参考书，可供从事柑橘生产经营、技术推广、加工贸易的技术和管理人员学习使用，亦可供农业院校师生阅读参考。

图书在版编目（CIP）数据

中国柑橘产业化/沈兆敏，朱新礼主编. --北京：金盾出版社，2011.6
（农业产业化经营丛书）
ISBN 978-7-5082-6880-4

Ⅰ. ①中… Ⅱ. ①沈…②朱… Ⅲ. ①柑橘类果树—作物经济—农业产业化—研究—中国 Ⅳ. ①F326.13

中国版本图书馆 CIP 数据核字（2011）第 028437 号

金盾出版社出版、总发行
北京太平路5号（地铁万寿路站往南）
邮政编码：100036　电话：68214039　83219215
传真：68276683　网址：www.jdcbs.cn
封面印刷：北京凌奇印刷有限责任公司
正文印刷：北京军迪印刷有限责任公司
装订：北京军迪印刷有限责任公司
各地新华书店经销
开本：787×1092 1/16　印张：19　字数：388千字
2011年6月第1版第1次印刷
印数：1～6 000册　定价：37.00元

（凡购买金盾出版社的图书，如有缺页、
倒页、脱页者，本社发行部负责调换）

前　言

我国是世界柑橘重要的原产地,柑橘资源应有尽有,优良品种丰富,誉称"世界柑橘资源宝库"。我国柑橘栽培历史悠久,按《禹贡》"扬州……厥包橘柚锡贡。荆州……包匦菁茅"的记载,我国柑橘栽培历史至少有 4 000 年以上。我国适宜种植柑橘的地域辽阔,包括台湾在内的 20 个省、自治区、直辖市,1 075 个县、市、区有柑橘生产。

1949 年至今的 60 年间,我国柑橘生产发展迅猛。1949 年柑橘面积 3.27 万 hm^2,产量 21.1 万 t,到 2009 年分别增加至 216.3 万 hm^2、2 521 万 t,面积增长 65.2 倍,产量增长 118.5 倍,无论是柑橘面积还是产量在全球生产柑橘的 135 个国家(地区)中均居首位。更值得一提的是随着计划经济转向社会主义市场经济,我国柑橘以往传统小农式的生产方式已不适应大市场、大流通、大竞争的需要,一种新的适应时代发展的柑橘产业化,在借鉴国外成功经验,国内不断探索实践,从产前、产中、产后整体推进,到生产、供应、销售紧密结合,已点燃产业的星星之火,不久将成燎原之势。

为满足我国柑橘产业化的需求,受金盾出版社之托,编著了《中国柑橘产业化》一书。全书共十二章:第一章　概述。介绍了柑橘产业化的概念、基本特征和意义;从区域布局、生产目标、产供销一体、全方位服务等方面介绍了现状;从优势布局、扩大规模、发展加工、强化服务等方面预测了发展趋势;以及我国柑橘产业化存在的问题与发展对策。第二章　柑橘产业良种繁育体系。介绍了各类柑橘优良品种 76 个和适宜的砧木品种供各产区因地制宜选用;对柑橘产业化的良种育选和繁育体系方面做了简要介绍。第三章　柑橘苗木繁育技术体系。重点对柑橘嫁接苗的培育技术做了介绍。第四章　柑橘区划、规划和产业化基地建设。介绍了我国柑橘的生态区划、生产区划;介绍了全国柑橘优势区域发展规划(2003—2007 年,2008—2015 年)和《三峡库区柑橘产业开发规划》(2002—2010 年),介绍了主产柑橘省市区的产业化基地建设情况。第五章　柑橘标准化建园和生产技术。介绍了从园地选择、规划到标准化建园技术和从柑橘的土、肥、水管理到枝叶、花果管理技术。第六章　柑橘有害生物绿色防控技术。介绍了柑橘病虫害无公害防治要求、生物防治、42 种柑橘主要病虫害防治和柑橘园杂草及其处理技术。第七章　柑橘灾害防止及救扶技术体系。介绍了柑橘的冻害、热害、风害、旱害、涝害、冰雹灾害等的成因、灾前预警、防止、灾后救扶以及柑橘环境公害,同时对柑橘的防灾减灾提出了对策建议。第八章　柑橘采收、采后处理及贮藏保鲜技术。介绍了柑橘的采收、分级、采后处理、运输和贮藏保鲜技术。第九章　柑橘加工及综合利用技术。介绍了柑橘不同加工制品的原料,柑橘(橙)汁、果汁和果汁饮料、柑橘橘瓣(片)罐头、柑橘蜜饯、柑橘果酱和柑橘加工副产品及其综合利用技术以及加工制品的质量检验。第十章　柑橘安全生产及产品质量控制。介绍了无公害、AA级绿色柑橘的环境条件和产品质量控制,以及柑橘采后的质量控制,还提出了建立健全柑橘质量安全抽检制度和产业安全保障体系的建议。第十一章　柑橘产业的社会化服务体系。介绍了柑橘良种、生产资料、技术、市场营销、产业信息等五大服务体系。第十二章　柑橘产业化经营管理。回顾了我国产业化经营模式,并对提升我国柑橘产业化经营水平提出了建议。本书最后还附有介绍国家、省、自治区、直辖市的柑橘(果树、园艺)研究所,介绍柑橘大型企业(部分)的附录一、附录二。本书编著中参考了柑橘同行的不少资料,在此一并致谢。

限于时间和水平,书中不妥和错误之处,敬请指正。

沈兆敏　朱新礼
2011年3月

目 录

第一章 概述 (1)
第一节 柑橘产业化的概念、目标、思路、特征和意义 (1)
一、柑橘产业化的概念 (1)
二、柑橘产业化的目标 (1)
三、柑橘产业化的基本思路 (1)
四、柑橘产业化的基本特征 (2)
五、柑橘产业化的意义 (3)
第二节 国内外柑橘产业化的现状及发展趋势 (4)
一、国外柑橘产业化现状及发展趋势 (4)
二、国内柑橘产业化现状及发展趋势 (6)
第三节 我国柑橘产业化存在的问题与发展对策 (8)

第二章 柑橘产业良种繁育体系建设 (9)
第一节 我国柑橘的优良品种 (9)
一、我国原产柑橘的优良品种 (9)
二、国外引进的柑橘优良品种 (26)
第二节 柑橘的砧木品种 (35)
一、我国柑橘各产区的主要砧木 (35)
二、柑橘砧木简介 (36)
第三节 柑橘的良种选育和无病毒良种繁育体系 (41)
一、柑橘的良种选育 (41)
二、柑橘无病毒良种繁育体系 (44)

第三章 柑橘良种苗木繁育技术 (47)
第一节 柑橘露地苗培育 (47)
一、苗地的选择 (47)
二、砧木苗培育 (48)
三、嫁接苗培育 (50)
第二节 柑橘营养袋苗培育 (55)
一、营养土配制 (55)
二、营养袋类型 (55)
三、营养袋苗移栽管理 (56)
第三节 柑橘容器苗培育 (56)
一、基本要求 (56)

  二、砧木苗培育 …………………………………………………………… (57)
  三、接穗 …………………………………………………………………… (58)
  四、嫁接 …………………………………………………………………… (58)
  五、苗木出圃 ……………………………………………………………… (59)
  六、调运 …………………………………………………………………… (60)
  七、定植 …………………………………………………………………… (60)
 第四节　营养槽苗培育 ……………………………………………………… (60)
第四章　柑橘区划、规划和产业化基地建设 ………………………………… (62)
 第一节　柑橘区划 …………………………………………………………… (62)
  一、柑橘生态区划 ………………………………………………………… (62)
  二、柑橘生产区划 ………………………………………………………… (66)
 第二节　柑橘规划 …………………………………………………………… (69)
  一、全国柑橘优势区域发展规划（2003～2007年）……………………… (70)
  二、全国柑橘优势区域布局规划（2008～2015年）……………………… (73)
  三、三峡库区柑橘产业开发规划（2002～2010年）……………………… (74)
 第三节　柑橘产业化基地建设 ……………………………………………… (75)
  一、四川省 ………………………………………………………………… (75)
  二、重庆市 ………………………………………………………………… (77)
  三、湖北省 ………………………………………………………………… (81)
  四、江西省 ………………………………………………………………… (82)
  五、湖南省 ………………………………………………………………… (84)
  六、广西壮族自治区 ……………………………………………………… (86)
  七、浙江省 ………………………………………………………………… (87)
  八、福建省 ………………………………………………………………… (89)
  九、广东省 ………………………………………………………………… (90)
第五章　柑橘标准化建园和生产技术 ………………………………………… (92)
 第一节　柑橘标准化建园技术 ……………………………………………… (92)
  一、柑橘园地规划 ………………………………………………………… (92)
  二、柑橘园地建设 ………………………………………………………… (96)
  三、柑橘的合理栽植 ……………………………………………………… (99)
 第二节　柑橘标准化生产技术 ……………………………………………… (103)
  一、柑橘的土肥水管理技术 ……………………………………………… (103)
  二、柑橘枝叶花果管理技术 ……………………………………………… (121)
第六章　柑橘有害生物绿色防控技术 ………………………………………… (134)
 第一节　柑橘病虫害无公害防治要求 ……………………………………… (134)
  一、柑橘病虫害无公害防治要以农业防治和物理防治为基础 ………… (134)

二、柑橘病虫害无公害防治要以生物防治为核心 …………………… (135)
　　三、柑橘病虫害无公害防治要科学使用化学防治 ……………………… (135)
　第二节　柑橘病虫害的生物防治 ………………………………………… (140)
　　一、天敌昆虫 ……………………………………………………………… (140)
　　二、天敌的保护利用 ……………………………………………………… (141)
　第三节　柑橘主要病虫害防治 …………………………………………… (142)
　　一、柑橘主要病害及防治 ………………………………………………… (142)
　　二、柑橘主要害虫及防治 ………………………………………………… (155)
　第四节　柑橘园杂草及其处理 …………………………………………… (169)
　　一、柑橘园的杂草 ………………………………………………………… (169)
　　二、柑橘园留草良种的播种 ……………………………………………… (170)
　　三、柑橘园留草种植后对其他杂草的处理 ……………………………… (170)
　　四、柑橘园慎用化学除草剂 ……………………………………………… (170)

第七章　柑橘灾害防止及救扶技术 ………………………………………… (171)
　第一节　柑橘冻害及其防止 ……………………………………………… (171)
　　一、柑橘冻害成因 ………………………………………………………… (172)
　　二、柑橘冻害预警 ………………………………………………………… (172)
　　三、柑橘避冻、防冻和冻后救扶 ………………………………………… (173)
　第二节　柑橘热害及其防止 ……………………………………………… (177)
　　一、柑橘热害异常落果成因 ……………………………………………… (177)
　　二、柑橘热害预警 ………………………………………………………… (178)
　　三、柑橘热害防止 ………………………………………………………… (179)
　第三节　柑橘风害及其防止 ……………………………………………… (180)
　　一、柑橘寒风害及其防止 ………………………………………………… (180)
　　二、柑橘干热风害及其防止 ……………………………………………… (181)
　　三、柑橘台风害及其防止 ………………………………………………… (182)
　　四、柑橘潮风害及其防止 ………………………………………………… (184)
　第四节　柑橘旱害及其防止 ……………………………………………… (184)
　　一、柑橘旱害及其影响因素 ……………………………………………… (184)
　　二、柑橘干旱分级 ………………………………………………………… (184)
　　三、柑橘干旱预警 ………………………………………………………… (185)
　　四、柑橘旱害防止 ………………………………………………………… (186)
　　五、柑橘旱害后救扶 ……………………………………………………… (187)
　第五节　柑橘涝害及其防止 ……………………………………………… (188)
　　一、柑橘涝害及其影响因素 ……………………………………………… (188)
　　二、柑橘涝害分级 ………………………………………………………… (189)

三、柑橘涝害预警 ……………………………………………… (189)
　　四、柑橘涝害防止 ……………………………………………… (189)
　　五、柑橘涝害后救扶 …………………………………………… (190)
　第六节　柑橘冰雹灾害及其防止 …………………………………… (191)
　　一、柑橘冰雹灾害及其影响因素 ……………………………… (191)
　　二、柑橘冰雹灾害程度分级 …………………………………… (191)
　　三、柑橘冰雹灾害监测预警 …………………………………… (191)
　　四、柑橘冰雹灾害的防止 ……………………………………… (192)
　　五、柑橘冰雹灾害后的救扶 …………………………………… (192)
　第七节　柑橘环境公害及其防止 …………………………………… (192)
　　一、柑橘受大气的污染及防止 ………………………………… (193)
　　二、柑橘受水和土壤的污染及防止 …………………………… (195)
　第八节　柑橘防灾减灾对策 ………………………………………… (195)
　　一、加强防灾宣传，增强防灾意识 …………………………… (195)
　　二、加大抗灾设施投入，提高抗灾能力 ……………………… (195)
　　三、建立训练有素的防灾抗灾队伍 …………………………… (195)
　　四、建立灾害预警制度和防范资金保障 ……………………… (195)
　　五、积极探索推行灾害保险制度 ……………………………… (196)
　　六、加强灾害的科学研究 ……………………………………… (196)
　　七、优化柑橘品种和种植区域 ………………………………… (196)
　　八、加强种后的栽培管理 ……………………………………… (196)

第八章　柑橘采收、采后处理及贮藏保鲜技术 ……………………… (197)
　第一节　柑橘采收 …………………………………………………… (197)
　　一、柑橘采前生理 ……………………………………………… (197)
　　二、柑橘采收技术 ……………………………………………… (199)
　第二节　柑橘初选与预贮 …………………………………………… (201)
　　一、柑橘初选 …………………………………………………… (201)
　　二、柑橘预贮 …………………………………………………… (202)
　第三节　柑橘采后处理 ……………………………………………… (202)
　　一、柑橘采后处理趋向 ………………………………………… (202)
　　二、柑橘分级 …………………………………………………… (203)
　　三、柑橘包装 …………………………………………………… (206)
　第四节　柑橘运输 …………………………………………………… (210)
　　一、柑橘运输要求 ……………………………………………… (210)
　　二、柑橘运输技术 ……………………………………………… (210)
　第五节　柑橘的贮藏保鲜 …………………………………………… (211)

一、柑橘贮藏保鲜的意义 …………………………………………… (211)
　　二、柑橘贮藏保鲜期间的变化及其影响因素 …………………… (211)
　　三、柑橘贮藏保鲜场所 …………………………………………… (213)
　　四、柑橘贮藏保鲜技术 …………………………………………… (214)
第九章　柑橘加工及综合利用技术 ……………………………………… (216)
　第一节　柑橘不同加工制品的原料 …………………………………… (216)
　　一、柑橘(橙)汁原料品种 ………………………………………… (216)
　　二、橘瓣罐头原料品种 …………………………………………… (217)
　　三、柑橘其他加工制品原料品种 ………………………………… (217)
　　四、影响加工制品的相关因子 …………………………………… (218)
　第二节　柑橘(橙)汁和柑橘果汁、果汁饮料加工技术 ……………… (220)
　　一、柑橘(橙)汁加工技术 ………………………………………… (220)
　　二、柑橘果汁、果汁饮料加工技术 ……………………………… (227)
　第三节　糖水橘瓣(片)罐头及其他柑橘制品加工技术 …………… (229)
　　一、糖水橘瓣(片)罐头加工技术 ………………………………… (229)
　　二、其他柑橘制品加工技术 ……………………………………… (231)
　第四节　柑橘加工副产品及其综合利用技术 ………………………… (233)
　　一、柑橘香精油 …………………………………………………… (233)
　　二、柑橘果肉 ……………………………………………………… (234)
　　三、柑橘皮苷 ……………………………………………………… (235)
　　四、柑橘橘络 ……………………………………………………… (235)
　　五、柑橘果渣发酵饲料 …………………………………………… (235)
　第五节　柑橘加工制品的质量检验 …………………………………… (236)
　　一、柑橘加工制品质量标准 ……………………………………… (236)
　　二、柑橘加工制品检验方法 ……………………………………… (238)
　　三、柑橘加工制品的检验规则 …………………………………… (239)
　　四、柑橘加工制品的标志、包装、运输和贮存 ………………… (239)
第十章　柑橘安全生产与产品质量控制 ………………………………… (240)
　第一节　柑橘安全生产的环境条件控制 ……………………………… (240)
　　一、无公害柑橘产地环境条件控制 ……………………………… (240)
　　二、AA级绿色柑橘产地环境条件控制 ………………………… (241)
　第二节　柑橘安全生产的产品质量控制 ……………………………… (243)
　　一、无公害柑橘的产品质量控制 ………………………………… (243)
　　二、AA级绿色柑橘的产品质量控制 …………………………… (243)
　第三节　柑橘果实采后质量控制 ……………………………………… (244)
　第四节　建立健全柑橘质量安全抽检制度 …………………………… (244)

  一、生产资料质量安全抽检制度 …………………………………………(244)
  二、果品质量安全抽检制度 ………………………………………………(245)
 第五节 柑橘产业安全保障体系 ……………………………………………(245)
  一、我国柑橘产业安全存在的主要问题 …………………………………(245)
  二、建立健全柑橘产业安全保障体系 ……………………………………(246)

第十一章 柑橘产业的社会化服务体系 ……………………………………(248)
 第一节 柑橘良种服务体系 …………………………………………………(248)
  一、柑橘引种、选种、育种的规范管理 ……………………………………(248)
  二、建立柑橘无病毒苗木繁育体系 ………………………………………(249)
  三、柑橘品种的优留劣汰 …………………………………………………(249)
 第二节 柑橘生产资料服务体系 ……………………………………………(249)
  一、建立诚信有素质的生产资料供销队伍 ………………………………(250)
  二、强化规范管理 …………………………………………………………(250)
  三、提倡自种自产 …………………………………………………………(250)
 第三节 柑橘技术服务体系 …………………………………………………(251)
  一、大抓科技创新 …………………………………………………………(251)
  二、大抓科技示范 …………………………………………………………(251)
  三、大抓科技全方位服务 …………………………………………………(251)
 第四节 柑橘市场营销服务体系 ……………………………………………(251)
  一、更新强化营销理念 ……………………………………………………(252)
  二、注重营销市场建设 ……………………………………………………(254)
 第五节 柑橘产业信息服务体系 ……………………………………………(257)
  一、互联网上果业信息类型 ………………………………………………(258)
  二、国外的主要农业信息资源 ……………………………………………(258)
  三、国内的主要农业信息资源 ……………………………………………(259)
  四、国内的主要农业文献信息 ……………………………………………(259)
  五、国内的主要农业信息网站 ……………………………………………(260)
  六、国内的主要农业科研信息网站及2007年中国农业网站百强(部分) ………
   ……………………………………………………………………………(261)
  七、加快柑橘产业信息化建设 ……………………………………………(263)

第十二章 柑橘产业化经营管理 …………………………………………(264)
 第一节 柑橘经营管理的回顾及现状 ………………………………………(264)
 第二节 我国柑橘产业的经营模式 …………………………………………(270)
  一、农户分散经营 …………………………………………………………(270)
  二、大户(小业主)经营 ……………………………………………………(270)
  三、合作经济组织经营 ……………………………………………………(270)

四、园艺(柑橘)场经营 …………………………………………………… (271)
　　五、龙头企业经营 ………………………………………………………… (271)
　第三节　提升柑橘产业化经营管理的建议 …………………………………… (271)
　　一、大力推进柑橘产业经营模式变革 …………………………………… (271)
　　二、提高农民组织化程度，发展做大柑橘专业合作社 ………………… (272)
　　三、扶持壮大龙头企业 …………………………………………………… (272)
　　四、建立标准化生产体系 ………………………………………………… (273)
　　五、利用工业理念推进柑橘产业化 ……………………………………… (273)
　　六、建立健全柑橘产业良性发展的长效机制 …………………………… (274)
　　七、以销促产做大市场 …………………………………………………… (274)
　　八、在推进产业化进程中促进果农增产增收 …………………………… (274)

附录 ……………………………………………………………………………… (275)
　附录一　国家和省、自治区、直辖市柑橘(果树、园艺)研究所简介 ……… (275)
　　一、中国农业科学院柑橘研究所 ………………………………………… (275)
　　二、浙江省柑橘研究所 …………………………………………………… (275)
　　三、福建省农业科学院果树研究所 ……………………………………… (276)
　　四、广东省农业科学院果树研究所 ……………………………………… (276)
　　五、湖南省农业科学院园艺研究所 ……………………………………… (277)
　　六、四川省农业科学院园艺研究所 ……………………………………… (277)
　　七、广西柑橘研究所 ……………………………………………………… (278)
　　八、湖北省农业科学院果树茶叶研究所 ………………………………… (278)
　　九、江西省农业科学院园艺研究所 ……………………………………… (279)
　　十、重庆市农业科学院果树研究所 ……………………………………… (279)
　　十一、云南省农业科学院园艺研究所 …………………………………… (280)
　　十二、贵州省果树科学研究所 …………………………………………… (280)
　附录二　柑橘企业(部分)简介 ………………………………………………… (281)
　　一、北京汇源饮料食品集团有限公司 …………………………………… (281)
　　二、北京汇源集团重庆柑橘产业化开发有限公司 ……………………… (282)
　　三、重庆三峡果业集团 …………………………………………………… (282)
　　四、重庆三峡建设集团有限公司 ………………………………………… (283)
　　五、重庆恒河果业集团有限公司 ………………………………………… (284)
　　六、重庆博富文柑橘有限公司 …………………………………………… (284)
　　七、重庆锦程实业有限公司 ……………………………………………… (284)
　　八、广东杨氏南北鲜果有限公司 ………………………………………… (285)
　　九、江西赣南果业股份有限公司 ………………………………………… (286)
　　十、湖南熙可罐头食品有限公司 ………………………………………… (287)

十一、湖南亚赛柑橘种苗有限公司 …………………………………… (287)
十二、浙江黄岩罐头食品集团公司 …………………………………… (288)
十三、浙江天子果业有限公司 ………………………………………… (288)
十四、湖北宜昌罐头厂 ………………………………………………… (289)
十五、四川佳美食品有限公司 ………………………………………… (289)
十六、四川华通柠檬公司 ……………………………………………… (289)
十七、森美(福建)食品有限公司 ……………………………………… (290)
十八、陕西汉中泛亚绿色食品有限公司 ……………………………… (290)
主要参考文献………………………………………………………… (292)

第一章 概 述

我国柑橘栽培历史悠久,长达 4 000 多年。品种丰富,素有世界柑橘资源宝库的殊荣。我国的柑橘产业为世界柑橘产业发展做出了卓越的贡献。1949 年至 2009 年的 60 年间,我国柑橘生产发展很快,柑橘面积和产量分别从 3.27 万 hm^2、21.1 万 t 增加到 216.3 万 hm^2、2 521 万 t,面积增加 65.2 倍,产量增加 118.5 倍,柑橘面积和产量均跃居世界首位。但近年来柑橘滞销跌价,卖果难年复一年的出现,果农种柑橘经济效益下滑。究其原因是多方面的,其中柑橘产业化程度低是重要原因之一,且已成为我国柑橘产业持续发展的瓶颈。着力解决大市场、大竞争与小生产的矛盾,走柑橘产业化发展之路,是我国由柑橘大国变为柑橘强国的必然选择。

第一节 柑橘产业化的概念、目标、思路、特征和意义

一、柑橘产业化的概念

柑橘产业化是以市场为导向,以经济效益为中心,以种植业的果品为重点,优化组合各种生产要素,实行区域化布局、专业化生产、规模化建设、系列化加工、社会化服务,使柑橘产业走上自我发展、自我积累、自我约束、自我调节的良性发展轨道的现代化经营方式和组织形式。其实质是对传统柑橘业进行技术改造,推动柑橘科技进步的过程,是从整体上推动传统柑橘业向现代柑橘业转变,是加快柑橘现代化的有效途径。

二、柑橘产业化的目标

柑橘产业化的目标同农业产业化的目标一样,也是柑橘产业的工业化。即实现柑橘产业的工厂化管理。整合资源,组建龙头企业,以市场为导向,实现订单生产、标准化生产,打造精品产业,创建品牌,实现资本化运作,创新现代企业制度,在柑橘产业的科技研发、种植、加工、贮藏和营销的各产业链充分发挥巨大的竞争力。

三、柑橘产业化的基本思路

柑橘产业化的基本思路是:确定优势产业,实行区域布局,依靠龙头带动,发展规模经营,实行市场牵龙头企业,龙头企业带动基地,基地连农户的产业组织形式,其基本类型主要有:市场连接型、龙头企业带动型、专业协会带动型、合作经济组织带动型等。

四、柑橘产业化的基本特征

柑橘产业化经营与传统封闭的柑橘生产经营相比，有市场化、区域化、专业化、规模化、一体化、集约化、社会化和企业化等八化的基本特征。

(一)市场化

市场是柑橘产业化的起点和归宿。柑橘产业化的经营必须以国内外市场为导向，改变传统的小农经济自给自足、自我服务的封闭状态，其资源配置、生产要素组合、生产资料和产品购销等靠市场机制进行配置和实现。

(二)区域化

区域化是指柑橘产业化的果品生产，要在一定区域范围内相对集中连片，形成比较稳定的区域化的生产基地，以防生产布局过于分散造成管理不便和生产不稳定。

(三)专业化

专业化包括生产、加工、销售、服务的专业化。柑橘产业化经营要求提高劳动生产率、土地生产率、资源利用率和产品商品率等，这些只有通过专业化才能实现。特别是作为柑橘产业化经营基础的果品生产，要求把小而分散的农户组织起来，进行区域化布局，专业化生产。在保持家庭承包责任制稳定的基础上，扩大农户外部规模，解决农户经营规模狭小与现代柑橘业要求的适度规模之间的矛盾。

(四)规模化

生产经营规模化是柑橘产业化的必要条件，其生产基地和加工企业只有达到相当的规模，才能达到产业化的标准。柑橘产业化只有具备一定的规模，才能增强辐射能力、带动力和竞争力，提高规模效益。

(五)一体化

一体化是指产加销一条龙、贸工农一体化经营，把柑橘的产前、产中、产后环节有机地结合起来，形成"龙"型产业链，使各环节参与主体真正形成风险共担、效益均沾、同兴衰、共命运的利益共同体。这是柑橘产业化的实质所在。

(六)集约化

集约化是指柑橘产业化的生产经营活动要符合"三高"要求，即科技含量高，资源综合利用率高，经济效益高。

(七)社会化

社会化即服务体系社会化。柑橘产业化经营，要求建立社会化的服务体系，对一体化的各组成部分提供产前、产中、产后的信息、技术、资金、物质、经营、管理等的全程服务，促进各生产经营要素直接、紧密、有效地结合和运行。

(八)企业化

企业化即生产经营管理企业化。不仅柑橘加工的龙头企业应是规范的企业化运作，而且种植生产基地为了适应龙头企业的工业运行的计划性、规范性和标准化的要求，应由传统柑橘向规模化的设施柑橘、工厂化柑橘发展，要求加强企业化经营与管理。

五、柑橘产业化的意义

我国柑橘资源丰富,历史悠久,但长期处于一村一户小农生产阶段,与柑橘的规模化生产迟迟未能接轨,与世界柑橘主产国的美国、巴西,甚至以色列的产前、产中、产后一起抓的产业化程度相比,差距也甚远。

20世纪末至今,我国加快了柑橘产业化的进程,从产前柑橘产业规划的编制、柑橘优势产业带规划实施、无病毒容器壮苗的繁殖,到产中的标准化果园的规划和建设、果园的规范化管理、生产技术标准的制定和实施,到产后果实的商品化处理和果实的加工及综合利用,均取得了巨大的成绩。我国柑橘产业化的意义主要体现五个方面。

(一)促进产业持续发展

柑橘产业化的明显特征是规模化生产,用先进工业的理念、模式办现代化的农业(柑橘业)。加入WTO后,我国的柑橘产业与世界柑橘的兴衰息息相关,与世界柑橘同台竞争中。因此,必须迅速解决好柑橘千家万户分散的小生产,与柑橘的大市场、大流通、大竞争的激烈矛盾;必须解决传统小生产的无序生产,无序竞争,效益低下,生产脆弱,难以抗拒自然灾害、病虫草害的风险和市场风险;必须解决既抓生产,又抓销售,不断开拓国内外市场,在激烈的竞争中立于不败之地;必须解决依靠科学先进实用的技术,取得柑橘产业的"优质、丰产、低耗、高效"。以上种种,分散的小农生产无力应对,只有实现产业化才能有效应对,赢得产业的持续发展。

(二)促进果农增收

柑橘产业化,可把分散的农民通过不同的形式,如柑橘生产专业合作社、柑橘龙头企业联农户、柑橘业主联农户、柑橘大户联农户,组织起广大农户,实行统一规划、统一生产、统一技术、统一销售,提高抗御风险的能力和生产效率,促使果农增收。

(三)促进企业做大做强

柑橘产业化需要企业介入,特别是龙头企业的介入。企业介入柑橘产业,与广大果农联合,变分散的果农为组织起来的现代化果农,变柑橘的小农生产为柑橘规模化、产业化生产,企业才能英雄有用武之地,才能做强做大。反过来,企业的做大做强,又推进柑橘产业进程,推动柑橘产业迈上新的台阶。

(四)促进地方经济发展

柑橘产业化可使果农增收致富,可使企业做大做强,柑橘也使地方经济得到快速的发展。如福建平和县的琯溪蜜柚产业,全县柚类栽培面积4万hm^2,产量70万t,产值14亿元以上,年出口5万t,内销全国的大中城市,出口加拿大、马来西亚、印度尼西亚、菲律宾、俄罗斯和欧洲各国。琯溪蜜柚产业的发展,带动全县建农贸市场30多个,水果包装厂300多家,贮藏保鲜库800多家,设立收购网点1 250多个,参与营运的汽车2万多辆,营销专业户数万户,10万多人从事柑橘相关产业,实现了柚类生产、加工、贮运一条龙,有力促进了农村经济和地方经济的发展。

(五)促进消费者健康长寿

柑橘果实不仅营养丰富,而且色、香、味三绝,汁多爽口,柑橘(橙)汁,与茶、咖啡齐名,被誉为世界三大饮料之一。柑橘果实含有丰富的营养物质,100 g 的可食部分中,含糖 12 g,蛋白质 0.9 g,脂肪 0.1 g,维生素 C 16~116 mg,核黄素 0.05 mg,尼克酸 0.3 mg,粗纤维 0.2 g,无机盐 0.4 g,钙 26 mg,磷 15 mg,铁 0.2 mg,热量 230 J,胡萝卜素(维生素 A 原)仅次于杏,比其他所有水果都高。柑橘果实还含多种维生素,除维生素 C 外,还有维生素 B_1、维生素 B_2 和维生素 P 等。柑橘还具有对人体健康长寿、防癌抗癌之功能。

柑橘产业化促进柑橘产业发展,柑橘品种的不断推出,柑橘果品的周年应市,柑橘加工制品数以千计,使广大消费者随时可吃到优质价宜的鲜果和各种形态、口感老少皆宜的柑橘加工品,满足人体所需的营养,促进健康长寿。

第二节 国内外柑橘产业化的现状及发展趋势

一、国外柑橘产业化现状及发展趋势

美国、巴西、西班牙等世界柑橘生产强国和大国,柑橘产业化起步较早,也有较为成熟的经验可为我国借鉴。

(一)国外柑橘产业化现状

1. 集中区域布局 不论是美国、巴西或是西班牙、意大利、墨西哥,都实施了柑橘集中区域布局,在广阔的国土上选择气候适宜柑橘种植的区域集中发展。如美国全国 50 个州,柑橘就集中在佛罗里达州、加利福尼亚州、得克萨斯州和亚利桑那州,仅佛罗里达州的产量就占全美的 50%~60%。南美的巴西年产柑橘 2 000 万 t 以上,产量的 70%集中在圣保罗州。意大利年产柑橘 500 多万 t,主要产量集中在西西里岛。墨西哥全国 32 个州,年产柑橘 500 万~600 万 t,集中在新莱昂州、韦腊克鲁兹州、塔毛里帕斯州和圣路易斯波托西州,世界 90%的墨西哥来檬在墨西哥的科利马州和米却肯州生产。

2. 生产目标明确 上述各国,根据市场需求和本国的气候条件,柑橘的生产目标明确。巴西利用其热量丰富的气候优势,大力发展加工橙汁的甜橙,80%的鲜果用于加工橙汁。美国的佛罗里达州以加工甜橙汁和葡萄柚汁为目标,主要种植哈姆林、早金、帕森勃朗、伏令夏橙等早中晚熟配套的甜橙以及葡萄柚。西班牙利用地中海沿岸的气候优势和离欧洲市场近的区位优势,大力发展鲜销的克力迈丁红橘,其柑橘出口量超过总产量的 60%。

3. 产供销一体化 世界柑橘强国美国、澳大利亚、西班牙、意大利等,均实现了柑橘的产供销一体化,从产前、产中到产后,产销环节环环紧扣。产前苗木繁育的制

度化、规范化，产中柑橘建园和栽培管理的标准化，产后柑橘的采收、果品商品化处理、运输、保鲜、加工、销售形成一条龙。由于产供销一体化，减少了成本、减少了损失，增加了柑橘产值。

4. 生产服务全方位 在美国、巴西等柑橘生产强国和大国，从生产资料的肥料、农药、机具的供应，柑橘生产中的技术服务，到柑橘果品的运销，基本上做到服务的全方位。使柑橘生产者、经营者各司其职、专业行事，大大提高了工效和效益。

5. 生产机械化 柑橘生产强国如美国等，柑橘生产中机械化程度高，从种植、修剪、施肥、灌水，到病虫草害防止、防寒抗灾，乃至加工原料果的采收都实现了机械化，从而大大提高了生产效率，促进了柑橘业的发展。

(二) 国外柑橘产业发展趋势

几十年间，世界柑橘面积超过 832 万 hm^2，产量超过 1.16 亿 t。纵观其发展具如下特点和趋势。

1. 利用优势，发展产业 世界各柑橘主产国都利用土地、气候、资金、技术、人力等优势发展柑橘产业。产量居世界首位的巴西，充分利用其气候、土地、人力资源和加工业的优势，大力发展以橙汁为主的柑橘业，使其橙汁无论是数量还是价格均具有强大的竞争力。美国、澳大利亚等技术发达国家，避开其劳力昂贵的劣势，积极发展技术密集型的 NFC 汁（非浓缩橙汁，又称鲜冷橙汁）。美国开发的 NFC 汁可溶性固形物达 11.5%～12%，口感同鲜橙汁，无异味，售价是普通还原橙汁的 2 倍，且市场前景看好。西班牙则利用地中海的气候优势和在欧洲的区位优势，发展市场需求的鲜食柑橘，使其在世界鲜食柑橘出口上独占鳌头，取得了极好的经济效益。名不见经传的非洲尼日利亚，利用气候和劳力优势大力发展柑橘产业，短短的十几年间柑橘面积超过了美国。

2. 扩大规模，提升效益 柑橘产业的国际化，迫使柑橘生产规模化。各柑橘主产国不论是种植企业、加工企业，或是销售企业，规模都在不断地扩大。巴西 1990—2000 年的 10 年间，柑橘种植场（企业）由 29 000 个，经合并、收购、扩大，减少为 14 000 个，使加工原料成本降低，橙汁更具竞争力。同时，加工企业也减少至 15 家，生产的 2 000 万 t 柑橘中用于加工的约 1 600 万 t，其中，主要的 6 家加工企业年加工量达 1 200 万 t，足见其规模之大，效益的提升也可想而知了。此外，众所周知的美国新奇士（SUNKIST）公司，不仅用果品在世界各地的销售赚钱，而且还用新奇士的品牌赚钱，使公司的利润最大化。

3. 注重技术，省力节本 世界主产柑橘国的柑橘栽培正朝着省力、低成本的方向发展。日本国是最讲究柑橘整形修剪的，但 20 世纪 80 年代起因劳力昂贵而强调省力化栽培，在修剪上采用了大枝修剪，即一年结果、一年摘除幼果进行夏季修剪，其春梢和秋梢为翌年的结果母枝，挂果累累，产量超过每年结果，不仅省力节本，而且果实多为市场价高的 M 级。对柑橘园的土壤管理，不少生产柑橘的国家正推行种草、免耕的管理制度。年降水量少，技术先进的柑橘主产国，多采用滴灌技术，并正在推行灌水和施肥一体化。在种植的密度上,也出现由密度较密朝较稀方向发展的趋势。

4. 讲究优质,方便消费 柑橘的鲜果消费和柑橘加工制品(主要是橙汁)的消费量都在稳步增加,但今后橙汁消费增长会更快。以往橙汁的消费主要是发达国家,但由于橙汁的营养丰富,色、香、味兼优和方便消费,发展中国家的需求量也不断增加。

不论是鲜柑橘还是加工制品,市场走俏价好的,属质量优质,且越来越趋向品牌化。方便消费要求鲜柑橘外观好、易剥皮、无核、有香气、风味浓。西班牙就以无核优质的克力迈丁红橘占领了欧洲和美国鲜食柑橘市场。

5. 加强研究,攻克难题 柑橘病虫害的发生、扩散和自然灾害的频频发生,已成为柑橘业发展的两大障碍。柑橘检疫性病虫害、危险性的病毒和类似病毒病害及特大的自然灾害(风害、涝害、旱灾等)等是各柑橘生产国在今后特别注重研究和大力攻克的重大难题。

二、国内柑橘产业化现状及发展趋势

(一)国内柑橘产业化现状

我国的柑橘产业化起步晚,水平低。但进入21世纪以来发展较快。尤其是在全国柑橘优势区域发展规划提出和实施以来,柑橘产业发展向优势区集中,促进了柑橘的布局区域化、品种良种化、建园标准化、种植规模化、产销一体化和服务社会化。

三峡库区实施库区柑橘产业开发规划,2003年以来在三峡库区的重庆市和湖北省,依靠龙头企业建设以加工橙汁甜橙和鲜销脐橙为主的柑橘示范基地0.6万hm^2,带动周边基地建设2万hm^2,对库区移民"搬得出,稳得住,逐步能致富"和我国柑橘产业发展做出了贡献。重庆市还结合全市柑橘百万吨工程实施,率先建成柑橘无病毒三级良种繁育体系,育苗技术和苗木标准化基本达到世界先进水平,无病毒容器苗的年出圃量超过1000万株,实现了库区和重庆市新建柑橘基地均采用了无病毒容器苗。

江西柑橘业发展加快,2009年面积位居全国第二,产量位居第三,与江西扶持龙头企业,积极推进产业化紧密相关。通过搭建柑橘千家万户种植与千变万化国内外市场的桥梁,着力培育扶持了一批类似"赣南果业"的龙头企业,走产供销结合、贸工农一体化经营之路。各地大力发展扶持龙头企业或公司加农户、果业协会加农户的产业化经营,为农户提供市场信息、决策咨询、技术指导、农资供应、包装贮运、产品销售、果品加工等服务,有力促进了果业的健康持续发展。

针对全省柑橘产量中二级以下果品率高(占30%左右)、缺乏市场竞争力的实际,通过招商引资等方式,引进或自主研发了一批鲜销果的分级、打蜡、包装、冷链设备,投入使用后大大提高了柑橘的附加值。

湖南是我国柑橘生产大省,2009年柑橘面积、产量均列全国之首。近几年来在柑橘的集中布局、规模开发,产品的安全卫生和扩大出口等方面迈出了可喜的一步。全省柑橘进行了无公害产地环境认定和产品认证,新宁脐橙、石门蜜橘和泸溪椪柑等获得了绿色食品认证。自2005年开始进行柑橘出口基地认证,至2009年已有近1.33万hm^2基地获得认证,不少柑橘企业通过了ISO9000、CQC、HACCP认证,还通过了美国NFPA食品安全认证、英国标准协会BSI的HACCP认证、德国的IFS国际食品和美国犹太的KOSHBR认证。由于柑橘安全卫生品质的提高,湖南柑橘的出口也逐年增长,2006年出口1.3万t、2007年6.6万t。2009年达20万t以上,仅常德市就出口8.5万t。

浙江是国内经济较发达的省份,从人多地少的省情出发,采取稳控柑橘面积、打造精品柑橘发展策略,取得了显著成绩。柑橘栽培上以大力推进优化改造、完熟栽培、设施栽培为目标,大大提高了柑橘的经济收益。同时,柑橘出口也相应增加,2007年出口橘瓣罐头18.5万t,占全国出口量的60%。

广东是我国柑橘生产大省,20世纪末以前柑橘产量下滑,经近10年的努力,柑橘产业呈现出产业增长方式向质量效益型转变,柑橘生产经营方式逐步向集约化、产业化转变,传统柑橘产业向现代农业多种功能转变等三大亮点,优化了柑橘生产布局和品种结构。市场需求的沙糖橘、贡橘、马水橘、蕉柑、沙田柚等占柑橘总面积的95%以上,使柑橘产业出现了良性发展。

(二)国内柑橘产业化发展趋向

我国加入WTO后,柑橘产业发展与世界柑橘产业紧密相关,今后柑橘产业化发展的趋势会与世界同步。重点应在以下方面实现较大的变化。

1. 区域布局的进一步优化 随着全国柑橘优势区域发展规划的继续实施,柑橘产业会进一步向优势区集中,长江中上游的加工橙汁原料和晚熟脐橙,赣南—湘南—桂北的脐橙和早熟温州蜜柑,浙南—闽西—粤东的外向型温州蜜柑、椪柑、柚类,以及特色基地的云南特早熟柑橘、四川安岳的柠檬等的产量和产业化程度将大幅度提升。与此同时,非优势带柑橘面积将会进一步压缩控制。

2. 无病毒容器苗广泛应用 优势区域的省、自治区、直辖市已建有柑橘无病毒容器苗木的繁殖基地,会像重庆市那样在新建柑橘基地全部使用无病毒容器苗,推动柑橘优质丰产和持续稳产。

3. 经营规模不断扩大 以龙头企业加基地、公司加柑橘专业合作社等为主的经营模式的推广,将加快小生产经营向规模经营转变,有助我国柑橘产业化的提升。

4. 柑橘加工业亟待发展 改变现阶段柑橘卖果难的局面,在控制发展面积、调优柑橘早中晚熟品种比例的同时,应大力发展柑橘加工业,包括各种橙汁、橘瓣罐头、其他加工制品及加工副产品的综合利用,这将大大提升柑橘的产值,推动柑橘业的良性发展。

5. 产业社会化服务大力加强 国内主要柑橘产区已在逐步推行柑橘生产的社会化服务,江西赣南脐橙、福建平和琯溪蜜柚等率先实施和取得成功,将推动全国柑橘生产社会化服务的进程。

第三节 我国柑橘产业化存在的问题与发展对策

我国柑橘产业化起步晚、程度低,目前存在的主要问题:一是思想和宣传工作跟不上。种植柑橘的千家万户,不少还不能从封闭的、传统的小生产中解放出来,转向工业化的柑橘业。实行现代化的管理,还需要时间,宣传工作也应大力加强。二是制定相应的法规,规范柑橘产业发展。如苗木的繁育,发展的区域都应有相应的规定。同时加大执法力度,不能我行我素。三是柑橘生产者和经营者数以万计,但不少是老、弱,文化不高,体力不足,柑橘现代化的管理无法胜任,落后的管理,甚至不管,导致广种薄收,效益低下。

针对以上主要问题,建议采取以下对策:一是国家和各级政府加强对经营模式的宣传、引导,以已有的典型引路,大力推进柑橘产业的规模经营。二是支持业主、企业、龙头企业参与柑橘产业的产前、产中、产后各项各业的开发,不仅要优惠政策,还要有资金的支持。支持企业的发展,也就是支持柑橘产业的发展、支持千家万户的致富。三是加强科学知识普及和技术培训,培养成千上万的柑橘现代化管理的人才,是柑橘产业化提升的根本。

第二章 柑橘产业良种繁育体系建设

柑橘良种体系建设是柑橘产业化的重要组成部分,优良的品种、适宜的砧木,是柑橘优质、丰产的基础。本章将介绍我国柑橘的优良品种、优良砧木和良种繁育体系。

第一节 我国柑橘优良品种

以下分国内培育和国外引入,以橘、柑、橙、柚、柠檬、金柑的次序,从品种来历、特征特性、适应性及适栽区域、栽培注意点等方面作简介。

一、我国原产柑橘的优良品种

(一)红 橘

红橘又名川橘、福橘、大红袍。

1. 品种来历 原产我国,以四川、重庆、福建、江西、浙江等省、直辖市主产。

2. 特征特性 树冠高大,圆头形,幼树稍直立,树势强健,枝梢细而密生。主要有两个品系:一为高蒂紧皮系,果实呈高扁圆形,基部有明显凸起,形成高蒂,果实鲜橙红色,皮薄而细,紧包囊瓣,品质优;二为普通大叶系,果实扁圆形或高扁圆形,果实基部有隆起皱褶,果顶微凹,果皮稍厚,果肉橘红色,汁多、品质优。

红橘果实中等,单果重100~110g,果皮光滑,色泽鲜红,果皮易剥离,囊瓣肾形,9~12瓣,果心大而空,囊壁较厚。果肉甜酸多汁,稍偏酸,可食率65%~70%,可溶性固形物10%~13%,糖8%~10%,酸1.0%~1.1%。每果含种子15~20粒,品质中上,果实11月下旬至12月上旬成熟,较不耐贮藏。

3. 适应性及适栽区域 红橘适应性广,平地、山地栽培均易丰产、稳产;凡适栽宽皮柑橘的区域均能种植。

4. 栽培注意点 及时采收,以防枯水。

(二)红橘418

红橘418又称少核红橘。

1. 品种来历 系中国农业科学院柑橘研究所应用 $^{60}Co\text{-}\gamma$ 射线辐照,经选育而成。

2. 特征特性 树冠圆头形,树姿较开张,叶片椭圆形。果实扁圆形,单果重70~80 g,色泽鲜橙红。果实可食率73%左右,果汁率55%左右,可溶性固形物11.5%~

12%,酸0.6%～0.8%,肉质细嫩化渣,甜酸可口,每果种子5粒或以下,品质上等。果实11月下旬成熟,耐贮性较好。

3. 适应性及适栽区域　同红橘

4. 栽培注意点　与红橘同。

20世纪末以来,我国还选育出早熟、晚熟的红橘株系,可供生产种植。

(三)新生系3号椪柑

1. 品种来历　新生系3号椪柑系1953年四川省江津园艺试验站从广东潮汕引入椪柑种子播种后,从中选出的优良株系。20世纪60年代,在重庆北碚中国农业科学院柑橘研究所国家柑橘种质资源圃保存,又经多年观察,均表现生长健壮,品质优良,后各地广为种植。

2. 特征特性　树势健壮,生长旺,幼树直立性强。果实扁圆形或高扁圆形,平均单果重114 g,果色橙黄,果皮厚0.28 cm。果实可食率70.7%,果汁率42.8%,可溶性固形物10.8%～12.5%,酸0.6%,每果种子6～9粒,果实品质优,果实12月上中旬成熟,耐贮藏。

3. 适应性及适栽区域　适栽椪柑的亚热带均可种植,尤适中亚热带气候种植。土壤适应性广,山地和平地均可栽培,特别是红壤山地栽培品质尤佳。以枳作砧木早结果,丰产。广东、广西多用酸橘作砧木,表现早结果、早丰产,是目前推广的良种之一。

4. 栽培注意点　幼树树形直立,前期适宜密植,加强肥水管理防止结果过多而出现大小年。

(四)长源1号椪柑

1. 品种来历　长源1号椪柑是由广东省汕头市柑橘研究所,1973年选自福建省诏安县太平乡长源村100年生的椪柑树,其后代经多年观察优良性状稳定。

2. 特征特性　树势健壮,生长旺,枝梢密集,结果期较一致。单果重110～130 g,果形端正,果色橙红,果皮易剥,不易裂果。可溶性固形物12%～13.2%,酸0.8%～1.0%,肉质脆嫩、化渣,汁多,香味浓,有蜜味。每果种子4～6粒,品质上乘。果实11月中旬至12月中旬成熟。

3. 适应性及适栽区域　长源1号椪柑子代,以酸橘作砧木,在红壤山地栽培表现丰产,适宜在粤东、闽南等南亚热带区域种植。

4. 栽培注意点　用酸橘、小叶枳或江西三湖红橘作砧木,可适当密植。

(五)和阳2号椪柑

1. 品种来历　和阳2号椪柑,1973年由广东省汕头市柑橘研究所选自福建诏安县太平乡和阳村。接穗采自14年生的椪柑树,植于品种园,经多年观察,优良性状稳定。

2. 特征特性 树势健壮,生长旺,树姿比一般椪柑较开张。果实扁圆形,平蒂,外观端正、美观,果实较大,平均单果重 150 g,果皮橙红色、厚 0.37 cm,皮松易剥,不易裂果,果心大。可食率 74.2%,可溶性固形物 11%～13%,酸 0.8%～1.1%,果肉橙红色,肉质脆嫩化渣,汁多味甜,具蜜味,平均每果种子 8.6 粒。品质上乘。果实 11 月下旬至 12 月下旬成熟,较长源 1 号椪柑晚 10 d 左右。

3. 适应性及适栽区域 与长源 1 号椪柑同。

4. 栽培注意点 与长源 1 号椪柑同。

(六)黔阳无核椪柑

1. 品种来历 1990 年从湖南省浏阳市柏嘉乡引进普通有核椪柑接穗,用枳砧嫁接,1991 年发现其中一株果实全部无核。1992—1996 年先后从芽变枝及其子代树上采接穗,高接和嫁接,无核性状稳定,综合性状优良。1998 年通过湖南省农作物品种审定委员会审定,并定名为黔阳无核椪柑。

2. 特征特性 树势健旺,分枝角度小,幼树直立、生长强,果皮深橙黄色、光滑、平均厚 0.25 cm、易剥,平均单果重 128 g,最大可达 312 g。可溶性固形物 13.5%～16.2%,酸含量 0.6%～0.8%,肉质脆嫩,汁多化渣,甜酸适度,有清香,无核,品质佳,果实 11 月下旬至 12 月初成熟,耐贮藏。

3. 适应性及适栽区域 适宜在亚热带气候,山地、平地种植,抗寒、抗旱、耐瘠薄,尤适红壤山地栽培。将其高接在枳砧的温州蜜柑、冰糖橙、大红甜橙、朋娜脐橙上均丰产性良好。

4. 栽培注意点 用枳作砧木,早结果、早丰产。注意相对集中栽培,不与有核柑橘混栽,以免出现种子。若稳果后疏除小果,更能提高优果率。

(七)岩溪晚芦

1. 品种来历 岩溪晚芦系 1981 年从福建省长泰县岩溪镇青年果场的椪柑园中选出,经对其母树和无性后代的连续多年观察,晚熟性状稳定。

2. 特征特性 较一般椪柑晚熟 50～60 d,即在翌年 1 月下旬至 2 月中旬成熟。树势强健,分枝角小,枝梢较密,树冠圆筒形。果实扁圆,单果重 150～170 g,果顶平至微凹,有较明显的放射状沟 8～11 条。果色橙黄,果面较光滑。果实可食率 75%～78.6%,可溶性固形物含量 13.6%～15.1%,酸 0.9%～1.1%,每果种子 4～7 粒,部分果实少核,在 3 粒以下,肉质脆嫩化渣,甜酸适口,具微香,品质佳。果实贮藏至 4 月底至 5 月初风味仍佳。

3. 适应性及适栽区域 适应性广,在南、中、北亚热带地区的山地、平地和水田均可种植,丰产稳产。裂果少,抗寒,全国不少产区引种、试种,是可供发展的椪柑晚熟品种。

4. 栽培注意点 加强肥水管理,使其丰产、稳产。在冷月极端低温＜－3℃的区域易出现低温落果,种植要慎重。

注:除上述介绍的椪柑外,还有东13-椪柑、试18椪柑、粤优椪柑、金水柑(原名鄂柑一号)、台湾椪柑、巨星椪柑、蜂洞橘、溪南椪柑、无核椪柑辐育28号、赣椪1号、华柑2号、奉新椪柑、桂林椪柑564、永春芦柑、和平椪柑等,不一一介绍。

(八)本地早

1. 品种来历 原产浙江省黄岩,是浙江省主栽的优良品种,既可鲜食,又宜加工全去囊衣橘瓣罐头。

2. 特征特性 树冠高大,呈圆头形,树势强健,枝梢整齐,分枝多而密、细软。果实扁圆形,平均单果重80 g,果色橙黄,果皮较粗、皮薄、易剥。果肉柔软多汁、化渣,可食率68%～70%,可溶性固形物13%左右,酸0.5%～0.6%,有香气,每果种子10粒左右,品质上乘,果实11月上旬成熟,较不耐贮藏。

3. 适应性及适栽区域 本地早较耐寒,在北亚热带和北缘柑橘产区栽培风味浓,品质优;在热量丰富、积温高的区域栽培易出现粗皮大果,风味变淡,品质下降。

4. 栽培注意点 用枳作砧木易出现黄化,用本地早作砧木(共砧)表现好,海涂种植用枸头橙作砧木,表现耐盐,且丰产。

从本地早中选出的新本1号、黄斜3号,少核、无核,品质上乘,极宜鲜食和加工糖水橘瓣罐头。

(九)南丰蜜橘

南丰蜜橘又名金钱蜜橘、邵武蜜橘(福建)。

1. 品种来历 原产江西省南丰县,栽培始于唐开元之前,至今有1 300多年历史。以江西省南丰县及其周边县、市,福建省邵武、广西壮族自治区的柳城县栽培较多。

2. 特征特性 树冠半圆形或圆头形,树势强健,树姿开张。果顶平凹,平均单果重60 g,果皮薄、易剥,果色橙黄。可食率78%～80%,可溶性固形物13%～15%,酸0.5%～0.9%,肉质柔软化渣,汁多,风味浓郁,有香气,种子无或极少,品质佳。果实成熟期11月上中旬。

3. 适应性及适栽区域 南丰蜜橘耐寒性较强,适合北亚热带和中亚热带栽培。

4. 栽培注意点 栽培要求肥水充足,但怕积水,适在微酸性的沙质壤土上种植。

南丰蜜橘有大果系、小果系、桂花蒂系之分。大果系果实较大,平均果重60 g;小果系果实较小,平均果重26.3 g;桂花蒂系平均单果重40 g。小果系品质比大果系好,可溶性固形物最高达19%,无核或少核;大果系可溶性固形物高的可达13%,种子平均5粒;桂花蒂系品质介于两者之间。

(十)沙糖橘

沙糖橘又名十月橘。

1. 品种来历 原产广东省四会市,广东省、广西壮族自治区栽培较多。

2. 特征特性 树冠圆头形,树势较强,枝叶稠密,梢细长。果实扁平或高扁圆形,单果重 35～60 g,果皮色泽橙红,皮薄易剥。果实可食率 70%～75%,果汁率 50%～58%,可溶性固形物 13%～16%,酸 0.5%～0.7%,果肉橙黄,肉质柔软、化渣,风味浓甜,无核或少核,品质佳。果实 11 月中下旬成熟,耐贮藏。

3. 适应性及适栽区域 沙糖橘适宜在年平均温度 18℃～21℃,极端低温不低于 -3℃ 的南、中亚热带气候条件下种植。在土层深厚有机质丰富的冲积砂壤土种植品质优,产量高。

4. 栽培注意点 热量条件丰富的南亚热带,土壤疏松、肥沃之地种植品质优,产量高。避免混栽而增加种子。因其自花结果率低,春梢多的植株宜抹除 1/2～2/3,并采取相应的保果措施。

(十一)马水橘

1. 品种来历 原产于广东省阳春市马水镇塘岩村,据县志记载明末已有种植,至今有 300 多年历史。

2. 特征特性 树势健壮,树冠圆头形,枝叶密生。果实扁圆形,果形扁圆或稍高,单果重 30～50 g,果色金黄,皮薄易剥。可溶性固形物 12%～13%,酸 0.6%。果肉橙红色,细嫩化渣,糖高酸低,无核或少核,品质极优。果实 1 月底至 2 月上中旬成熟。

3. 适应性及适栽区域 适在广东省、广西壮族自治区柑橘产区种植。

4. 栽培注意点 注意防治第二次生理落果和裂果落果,以提高产量和果实品质。

(十二)紫金春甜橘

1. 品种来历 紫金春甜橘,系 1965 年从当地的农家品种"三月红橘"中选出。经数十年试种观察遗传性稳定,2003 年经广东省农作物品种审定委员会认定为紫金春甜橘。

2. 特征特性 果实扁圆形,果皮橙黄,有光泽,单果重 64～80 g,果肉黄色,可食率 70%,无核或少核(每果平均种子 0.3～0.6 粒),品质优。可溶性固形物 11.5%～12%,酸 0.1%～0.4%。果实 2 月中旬至 3 月上旬成熟。

3. 适应性及适栽区 早结丰产,定植第二年始花,第三年结果。适宜广东柑橘产区种植。

4. 栽培注意点 种植地气温低会导致减产,成熟期延迟。

(十三)温州蜜柑

温州蜜柑又名温州蜜橘、无核橘。

1. 品种来历 温州蜜柑原产我国浙江省温州,故名。传去日本后发生无核变异,我国又从日本引回种植推广。

2. 特征特性 树冠半圆头形、圆头形,大枝开张,略显披垂,小枝粗长,叶色浓绿。果实扁圆形、高扁圆形、圆锥状扁圆形,果面橙色。可食率80%以上,果汁率55%以上,可溶性固形物9%~15%,酸含量0.5%~1.0%。因品种、品系之异果实成熟期9月至翌年2月。温州蜜柑无核,品质中上至优,既可鲜食,又可加工糖水橘瓣罐头。

3. 适应性及适栽区域 温州蜜柑耐寒,我国柑橘产区均适种植,主产区在北、中亚热带和北缘柑橘产区。

4. 栽培注意点 以枳作砧木,注意防止裂皮病。

(十四)宁 红

宁红,原名为浙江宁红73-19。

1. 品种来历 1979年从浙江省宁海县红旗柑橘良种场的尾张温州蜜柑中选出。

2. 特征特性 树冠矮小紧凑,结果母枝以春梢为主。果实扁圆形,单果平均重74.5 g。果肉橙红色,质地脆嫩,可溶性固形物12%,酸0.77%,加工糖水橘瓣罐头吨耗低,仅1.22(吨原料/吨罐头),剥皮、分瓣、去络容易,具香气,甜酸适度。可鲜食,更适作加工糖水橘瓣罐头原料。果实11月中下旬成熟。

3. 适应性及适栽区域 与温州蜜柑同。

4. 栽培注意点 以枳作砧木,注意防止裂皮病。

(十五)涟 红

涟红,原名为涟源73-696。

1. 品种来历 湖南省涟源县园艺场从尾张变异中选出。

2. 特征特性 树势较强,树冠圆头形,果实近扁圆形,橙红色,大小为6.5 cm×5 cm,果顶微凹。可溶性固形物10.5%~12.4%,酸0.6%,果实10月下旬至11月上旬成熟。品质优,适宜鲜食和加工糖水橘瓣罐头。

3. 适应性及适栽区域 适应性广,温州蜜柑适栽区均可种植。

4. 栽培注意点 枳作砧木,丰产,注意防裂皮病。

注:适作糖水橘瓣罐头原料的还有海红(宁海红旗柑橘场从尾张中选出)、寻乌119(江西省寻乌从尾张中选出)、石柑(浙江省象山石浦柑橘场从尾张中选出)、川凤(四川省成都凤凰山园艺场从尾张中选出)等,这些品种与与宁红大同小异,此略。

（十六）晚蜜 1 号

1. 品种来历 系中国农业科学院柑橘研究所从以尾张温州蜜柑为母本,薄皮细叶甜橙(S)为父本的杂交后代中选育而成。

2. 特征特性 树势强,枝梢健壮。果实扁圆形,单果平均重 129 g,色泽橙红,果肉橙红色,细嫩化渣,甜酸适口,可溶性固形物 11.8%,酸 1.06%,品质上乘,果实翌年 1 月中下旬成熟。

3. 适应性及适栽区域 适应性强,丰产稳产,与温州蜜柑同。

4. 栽培注意点 以枳作砧木注意防止裂皮病,冬季气温较低地域种植防止冬季果实冻害落果。

注:温州蜜柑系优良品种,除上述介绍的品种外,还有我国选出的早津、宣恩早、蒲早 2 号、隆园早、鄂柑 2 号、晚蜜 2 号、元红、茶山、歙县 1 号等,在此不再赘述。

（十七）新 1 号蕉柑

1. 品种来历 1973 年从广东省潮州市饶平县新塘乡新塘村的蕉柑园中选出。

2. 特征特性 树势健壮,树冠圆头形。果实近球形,端正,单果重 110～130 g,果色橙红,较光滑。可溶性固形物 13.5%,酸 1%,肉质柔软化渣,有微香,品质佳。在较粗放管理条件下能丰产稳产是其优势。果实 12 月底至翌年 1 月中下旬成熟。

3. 适应性及适栽区域 与蕉柑同。

4. 栽培注意点 选热量条件丰富的南亚热带和土壤深厚肥沃之地栽培。

（十八）孚优选蕉柑

1. 品种来历 广东省潮州市从孚中选蕉柑中选育出的新品系。

2. 特征特性 果实高扁圆形,橙红色,大小为 7.7 cm×6.74 cm。可溶性固形物 13.0%,酸 0.9%,平均每果种子 0.3 粒,果肉脆,化渣,风味浓,品质上等,果实翌年 1 月中旬成熟。

3. 适应性及适栽区域 适宜广东省种植。

4. 栽培注意点 同新 1 号蕉柑。

注:蕉柑系优良品种,除新 1 号蕉柑和孚优选蕉柑外,还有粤丰蕉柑、南 3 号蕉柑、白 1 号蕉柑、塔 59 蕉柑、早熟蕉柑等,在此不详述。

（十九）橘橙 7 号

1. 品种来历 重庆市果树研究所(现重庆市农业科学院果树研究所,下同)从诺瓦杂柑中选出。

2. 特征特性 果实扁圆,单果重 120 g 左右,少核,品质优。果实 11 月中旬成熟。

3. 适应性及适栽区域 易栽,易丰产,丰产稳产性超过诺瓦。

4. 栽培注意点 旱时及时灌水,以免果实出现枯水。

(二十)红玉柑

1. 品种来历 系浙江省科学院柑橘研究所,于1974年以黄岩本地早为母本,以刘本橙为父本杂交育成。

2. 特征特性 树势强健,枝梢萌发力强,树姿半开张,枝叶较密。果实高扁圆形,平均单果重130 g,色泽橙至橙红,鲜艳、光滑,剥皮较易,囊瓣平均11瓣,易分离。果肉橙红色,肉质脆嫩,汁多,可溶性固形物12.5%～14.6%,酸0.8%～1.0%,种子极少,品质优,果实11月下旬成熟,耐贮藏。

3. 适应性及适栽区域 凡适栽宽皮柑橘之地均可种植,对溃疡病不敏感,疮痂病也较轻。

4. 栽培注意点 冬季有冻害之地和小树注意防寒。

注:杂柑,主要是橘与橙、橘与柚的杂交后代。杂交有人工杂交和自然杂交两种,以人工杂交所得的后代为多。成熟期分中晚熟(12月前成熟)和晚熟(翌年成熟)。杂柑系优良品种中橘橙7号和红玉柑为代表性品种。

(二十一)锦 橙

锦橙,又名鹅蛋柑26号、S26。

1. 品种来历 原产四川省江津县(现重庆市江津区),系20世纪40年代从地方实生甜橙中选出的优良变种。

2. 特征特性 树势强健,树冠圆头形。果实椭圆形或长椭圆形,形如鹅蛋,故名。平均单果重170 g,大果重超过200 g,果色橙至橙红、鲜艳有光泽、皮薄。可食率74%,果汁率45%～50%,可溶性固形物11%～13%,酸0.8%,囊衣薄,肉质细嫩化渣,甜酸适口,具微香。果实鲜食与加工橙汁兼宜,每果种子8～12粒,果实11月下旬至12月上旬成熟。

3. 适应性及适栽区域 适应性广,中、南亚热带气候区适种,四川省、湖北省、重庆市为最适栽之地。

4. 栽培注意点 pH值高的土壤宜用红橘或资阳香橙作砧木,可克服枳砧缺铁引起植株叶片黄化。

(二十二)北碚447锦橙

北碚447锦橙,又名北碚无核锦橙。

1. 品种来历 于1980年选自重庆市北碚区歇马乡板栗湾锦橙园。系锦橙的芽变。

2. 特征特性 树势强,树形同锦橙。果实椭圆形,平均单果重183 g,果色橙红,果皮光滑、薄。果实可食率82.2%,果汁率52.2%,可溶性固形物11%~13%,酸0.9%~1.0%,肉质细嫩化渣,甜酸适口,种子1粒以下,优质丰产,果实11月下旬至12月上旬成熟。

3. 适应性及适栽区域 与锦橙同,系目前推广发展的良种。

4. 栽培注意点 与锦橙同。

(二十三)渝 津 橙

渝津橙,原名为江津78-1锦橙。

1. 品种来历 于1978年从四川省江津县(现重庆市江津区)的锦橙果园中选出,经多年选育,其遗传性稳定,审定命名渝津橙。

2. 特征特性 树冠圆头形,发枝力强。果实椭圆形或长椭圆形、果形整齐,平均单果重180 g,大果可超过250 g,果色橙红,果皮薄,果心较小。果实可食率73%~75%,果汁率50%以上,可溶性固形物11%~13.5%,酸0.8%~1.0%,肉质细嫩化渣,甜酸可口,具微香。果食鲜食与加工果汁兼宜,每果种子3~4粒,早结果,优质丰产。

3. 适应性及适栽区域 与锦橙同。

4. 栽培注意点 用卡里佐枳橙作砧木,幼树出现叶片黄化的现象。

(二十四)中育7号甜橙

1. 品种来历 系中国农业科学院柑橘研究所用人工诱变方法育成的优良品种,经全国农作物品种审定委员会审定命名。

2. 特征特性 树势强健,树冠圆头形,发枝力强。果实短椭圆形至椭圆形,单果重170~180 g,果形整齐美观,果色橙红、鲜艳,果皮薄。可食率70%~80%,果汁率55%,可溶性固形物11%~14%,酸0.7%~0.9%,每果种子1粒以下,果肉脆嫩化渣,具芳香,甜酸适口,早结果,丰产,品质优,果实11月下旬至12月上旬成熟。

3. 适应性及适栽区域 与锦橙同。

4. 栽培注意点 与锦橙同。

(二十五)梨 橙

梨橙,又名梨橙2号。

1. 品种来历 于1973年选自四川省巴县(现重庆市巴南区)园艺场锦橙园,系锦橙的芽变优系。重庆市农作物品种审定委员会审定定名为梨橙。

2. 特征特性 树势强,树冠圆头形,枝梢长势中等。单果重225 g左右,果实长椭圆形或长倒卵形,果色橙红,果皮光滑、较薄。可食率75%以上,果汁率54.5%,可溶性固形物11%~13.5%,酸0.6%~0.8%,肉质细嫩化渣,甜酸适口,果实种子少,优质、丰产,果实11月下旬至12月上旬成熟。

3. 适应性及适栽区域 与锦橙同。
4. 栽培注意点 与锦橙同。

(二十六) 先 锋 橙

先锋橙，又名鹅蛋柑20号、S20。

1. 品种来历 原产四川省江津县，从先锋乡的普通甜橙果园中选出。

2. 特征特性 树势、树性与锦橙基本相同，但枝条比锦橙稍硬，小刺稍多。果实的外形、风味、质地虽与锦橙相似，但也有异。果实的主要区别如表2-1。单果重150 g左右，可食率75%，果汁率49%，可溶性固形物9%~10%，酸含量1%。果形短椭圆形，不如锦橙，果实贮藏性较锦橙强。

表2-1 先锋橙与锦橙果实性状比较

项　目	先锋橙	锦橙
果　形	短倒卵形或短椭圆形	长椭圆形
大　小	略小	较大
颜　色	橙红色稍浅	橙红色
果　顶	稍宽	稍窄
果　蒂	平或微凸，少数微凹	微凹或平
柱　痕	较大	较小
油　胞	大小相同，凸	中等大，较均匀，微凸
风　味	酸甜、味浓、有香气	酸甜、味浓、微有香气
种　子	较多，8粒以上	较少，8粒左右
耐贮性	强、贮后不易粒化	强，但久贮后果蒂部易粒化

3. 适应性及适栽区域 与锦橙同。
4. 栽培注意点 与锦橙相似。

(二十七) 渝 红 橙

渝红橙，原名红-6-6。

1. 品种来历 1972年从重庆市北碚区歇马松林大队甜橙园中选出，系先锋橙的优良变异。2006年经重庆市农作物品种审定委员会审定、定名。

2. 特征特性 树性、果形与先锋橙相似，果实较先锋橙大，180~200 g，成熟较先锋橙早15 d左右，果皮、果肉橙红色，鲜食、加工兼宜，尤适加工橙汁，果实11月上中旬成熟。

3. 适应性及适栽区域 与锦橙同。
4. 栽培注意点 与锦橙同。

(二十八)雪　柑

雪柑,又名广柑。名柑实为甜橙。

1. 品种来历　原产广东省潮州市。

2. 特征特性　树冠圆形,较开张,树势强,枝梢有刺。果实圆球形或短椭圆形,两端对称,单果重150～180 g,果色橙黄,果皮稍厚。肉质细嫩化渣,可食率65%～75%,果汁率46%～50%,可溶性固形物11%～13%,酸0.9%,每果种子10粒以上。鲜食和加工橙汁兼宜,丰产优质,果实11月下旬至12月初成熟。

3. 适应性及适栽区域　中、南亚热带山地、平地均可种植。

4. 栽培注意点　广东省、广西壮族自治区栽培宜用红檬檬、酸橘作砧木,三峡库区等地以枳作砧木为好。

(二十九)无核(少核)雪柑

1. 品种来历　系中国农业科学院柑橘研究所用 ^{60}Co-γ 射线辐照雪柑结果树的枝条选出的变异优系,经鉴定无核性状遗传性稳定,2006年重庆市农作物品种审定委员会审定。

2. 特征特性　树势强,树冠圆头形,较开张,枝梢有小刺。果实长椭圆形或短椭圆形,果色橙红。平均单果重230 g。果肉柔软多汁,可食率70%,果汁率55%,可溶性固形物11%～13%,酸0.8%～0.9%,每果种子0～2粒,丰产优质。果实11月下旬至12月初成熟。

3. 适应性及适栽区域　与雪柑同。

4. 栽培注意点　不与多核品种混栽,以免增加果实种子。

注:雪柑系优良品种,除以上介绍的品种外,还有零号雪柑、小雪柑、大雪柑等,不再详述。

(三十)冰糖橙

1. 品种来历　原产湖南省黔阳地区,系从当地普通甜橙的芽变中选出,为湖南地方良种。

2. 特征特性　树冠圆头形,树势中等,开张,枝条细长而直立。果实圆球形或短椭圆形,单果重130 g左右,果皮光滑,橙色,果肉浓甜脆嫩、化渣,可食率75%,果汁率55%～58%,可溶性固形物13%～15%,酸0.3%～0.5%,少核,品质优,丰产,果实11月下旬成熟。

3. 适应性及适栽区域　适应性广,一般甜橙适栽之地均能种植。

4. 栽培注意点　用枳作砧木,注意防止裂皮病,溃疡病区要注意防溃疡病。

注:目前,已从冰糖橙中选出了果实大、果皮鲜红的锦红和果实大、风味甜酸适度的锦玉2个新品种。此外,还有果形像脐橙、风味兼具冰糖橙和脐橙特点的冰糖脐

橙,以及抗寒、耐瘠、丰产、品质优的冰糖橙1号和冰糖橙2号,在此不详述。

(三十一)大红甜橙

大红甜橙,又名红皮橙。

1. 品种来历 原产湖南省黔阳,系从当地普通甜橙中选出的红色变异品种。

2. 特征特性 树势中等,树形较矮小,枝梢细软。果实圆球形或椭圆形,果皮橙红色,果面光滑,单果重140～150 g。果肉柔软,汁多化渣,甜酸适口,可溶性固形物11％～12.5％,酸0.6％,每果种子5～10粒,果实极耐贮藏,优质丰产。果实11月下旬成熟。

3. 适应性及适栽区域 与冰糖橙同。

4. 栽培注意点 与冰糖橙同。

(三十二)暗柳橙

1. 品种来历 系从柳橙中选出,是柳橙的一种,原产广东省新会县和广州市郊区。

2. 特征特性 树冠半圆形,较开张,树势中等。单果重120～160 g,果实长圆形或卵圆形,果顶圆、多数有明显印环(圈),果色橙黄。可食率65％以上,果汁率40％～45％,可溶性固形物13％以上。酸0.5％,每果种子9～12粒。果实11月下旬至12月上旬成熟,优质丰产。果实较不耐贮。

3. 适应性及适栽区域 适年平均温度19℃～23℃的南亚热带气候区种植。

4. 栽培注意点 宜以酸橘、红檬檬作砧木,用枳作砧木嫁接不亲和。

(三十三)丰彩暗柳橙

1. 品种来历 广东省农业科学院果树研究所与广东省杨村华侨柑橘场从暗柳橙实生后代中选出。

2. 特征特性 树势强,树冠丰满,果形同暗柳橙,单果重145 g。糖含量10.8％,酸0.9％,风味浓郁,品质佳,丰产稳产,唯种子较多,每果13～15粒。果实11月下旬至12月上旬成熟。

3. 适应性及适栽区域 与暗柳橙同。

4. 栽培注意点 与暗柳橙同。

(三十四)红江橙

广东省叫红肉橙,广东省廉江红肉型叫红江橙。海南省因果实成熟仍不褪绿而称绿橙。

1. 品种来历 从改良橙嵌合体果实中选出的红肉型。

2. 特征特性 树势旺健,树姿半开张,枝条细而密生,夏、秋梢上有短刺。果实球形,单果重120 g左右。果实顶部多数有明显环纹,果面橙红色,稍粗糙。果肉橙红色,甜酸可口,可溶性固形物12%～13.5%,酸0.8%～0.9%,每果种子10粒左右,优质丰产。果实11月下旬至12月上旬成熟。

3. 适应性及适栽区域 与暗柳橙同。

4. 栽培注意点 结果多时注意疏果,以防树势早衰。

(三十五)少核红江橙

1. 品种来历 系从红江橙连续2次辐射诱变育种嫁接后代中选出,2007年通过广东省农作物品种审定委员会审定。

2. 特征特性 树冠半圆形,生长势较旺,枝梢较细。果实近圆球形,平均单果重136 g,果皮橙红色、光滑。果肉深橙红色,汁多、化渣、味甜,可溶性固形物13.2%,每果种子3粒左右,品质上乘。果实12月中下旬成熟,留树贮藏至翌年的1月中下旬。

3. 适应性及适栽区域 适宜在广东省西南部沿海地区及其他冬季气候与之相似的区域种植。

4. 栽培注意点 选择江西红橘、酸橘作砧木,密度以667 m^2 栽83～89株为宜,未结果幼树加强病虫害防治,均衡肥水管理,1年能抽发4～5次整齐健壮梢,促生树冠。初挂果树冬季适当控水,控氮肥,控冬梢,促进花芽分化。谢花2/3时喷施浓度20～30 mg/kg的赤霉素保果,2周后再喷1次。冬季无霜冻之地可果实留树贮藏至春芽前采收。

(三十六)新会橙

新会橙又名滑身仔。

1. 品种来历 原产广东省新会县。

2. 特征特性 树冠半圆形,较开张,树势中等。果实短椭圆形,单果重110～120 g,果色橙黄,果皮光滑,可食率65%以上,果汁率45%左右,可溶性固形物13%～16%,酸0.5%～0.6%,每果种子6～8粒,味清甜,品质佳。果实11月中下旬成熟。

3. 适应性及适栽区域 与暗柳橙同。

4. 栽培注意点 与暗柳橙同。

(三十七)无核(少核)新会橙

1. 品种来历 系中国农业科学院柑橘研究所用 ^{60}Co-γ 射线、电子束辐射新会橙珠心系结果树枝条的芽变,从中选出的优系。

2. 特征特性 树势中等,较开张,树冠半圆头形。果实圆球形或短椭圆形,色泽橙黄,果顶有印环,果皮较薄、光滑。单果重140～160 g,肉质脆嫩化渣,汁较多,味清甜,具清香,可食率75.4%,果汁率50%以上,可溶性固形物13%～14%,酸0.9%,每果种子0～3粒。果实11月中下旬成熟。

3. 适应性及适栽区域 与暗柳橙同。

4. 栽培注意点 避免与有核品种混栽，以免果实种子增加。

(三十八)奉节脐橙

奉节脐橙原名奉园 72-1 脐橙。

1. 品种来历 1972 年从四川省奉节县园艺场选出的优变品种，其母树 1958 年引自四川省江津园艺试验站(现重庆市农业科学院果树研究所)的一株甜橙砧华盛顿脐橙。后经重庆市农作物品种审定委员会审定，命名为奉节脐橙。

2. 特征特性 树势强，树冠半圆头形，稍矮而紧凑。春梢为主要结果母枝，其次是秋梢。果实短椭圆形或圆球形，单果重 160～180 g，脐中等大或小，果实橙色或橙红色，果皮较薄，光滑。果肉细嫩化渣，可食率 78%以上，果汁率 55%以上，可溶性固形物 11%～14.5%，酸 0.7%～0.8%。甜酸爽口，风味浓郁，富香气，品质上乘。果实 11 月下旬至 12 月上旬成熟。

3. 适应性及适栽区域 以枳为砧木树冠相对矮化、开张，表现抗旱、耐湿，不易感染脚腐病，但不抗裂皮病，且在碱性土壤中易出现缺铁黄化。以红橘为砧木的嫁接亲和性好，生长强健，树姿较直立，但结果较枳砧晚 2 年左右，红橘作砧木，抗裂皮病。奉节脐橙园以花期和幼果期的空气相对湿度 65%～70%最适，丰产性好。

4. 栽培注意点 空气相对湿度 85%及其以上，要采取保花保果措施。

(三十九)奉节晚脐

奉节晚脐原名 95-1 脐橙。

1. 品种来历 1995 年从奉节脐橙中选出的芽变优系，遗传性稳定。后经重庆市农作物品种审定委员会审定命名为奉节晚脐。

2. 特征特性 树冠健壮，树冠圆头形。果实圆球形或短椭圆形，果形整齐，平均单果重 200 g，脐小，多闭脐，果皮橙黄至橙红色，较光滑。可食率 73.9%，可溶性固形物 12.9%，酸 0.8%，丰产、品质优。果实翌年 2 月初成熟。

3. 适应性及适栽区域 与奉节脐橙同。

4. 栽培注意要点 因成熟晚，挂果期长，更应加强肥水管理，其余与脐橙同。

注：脐橙优良品种除奉节脐橙和奉节晚橙外，还有罗脐 35 号、眉山 9 号脐橙、崀丰脐橙、长宁 4 号脐橙、石棉脐橙、资脐 1 号、粤引 2 号脐橙、粤引 3 号脐橙、954 脐橙和冰糖脐橙等，不再一一介绍。

(四十)无核(少核)血橙

1. 品种来历 于 1983—1986 年，中国农业科学院柑橘研究所用 ^{60}Co-γ 射线、电子束快中子辐照红玉血橙芽条育成。

2. 特征特性 枳砧，树冠小，抽枝稀疏。果实扁圆形，色泽深紫红色，单果重

120 g左右。可食率73.5%,果汁率59%,可溶性固形物12%以上,酸1.1%,肉质细嫩,甜酸可口,具玫瑰香,每果种子无或3粒以下,品质优,丰产。果实翌年1月底至2月初成熟。

3. 适应性及适栽区域 可在适栽甜橙的冬暖之地种植。

4. 栽培注意点 不与有核品种混栽,以免增加果实种子。

注:我国的血橙优良品种还有靖县血橙、塔罗科血橙新系等,不再一一介绍。

(四十一)沙 田 柚

1. 品种来历 原产广西壮族自治区容县,广西、湖南、广东栽培较多。

2. 特征特性 树势强,树冠圆头形,树姿开张,枝梢粗壮、直立。果实梨形或葫芦形,单果重1 000～1 500 g,最大的超过3 000 g,色泽金黄,又称金柚。果肉脆嫩清甜,可食率47%～49%,果汁率38%～39%,可溶性固形物15%～16%,酸0.3%～0.4%,每果种子60粒以上,也有因退化而成无核。果实11月上旬成熟。

3. 适应性及适栽区域 我国中、南亚热带气候均适栽培,优质丰产。

4. 栽培注意点 注意配种酸柚作授粉树,以利丰产稳产。

(四十二)长寿沙田柚

长寿沙田柚又名古老钱沙田柚、长寿正形沙田柚。

1. 品种来历 系从广西壮族自治区引入沙田柚种子实生繁殖选育而成。

2. 特征特性 树势中等,树姿较开张,枝条细长较密,果实葫芦形,果顶微凸,有印环,似古老钱,故名。果实单果重600～1 000 g,果色橙黄,果肉脆嫩化渣,味浓甜,可食率56.4%,果汁率41%,可溶性固形物12.8%,酸0.5%,每果种子60粒以上,品质优,果实11月上旬成熟,耐贮藏

3. 适应性及适栽区域 与沙田柚同。

4. 栽培注意点 与沙田柚同。

(四十三)琯溪蜜柚

1. 品种来历 原产福建省平和县琯溪河畔,各地引种种植表现优质丰产。

2. 特征特性 树冠圆头形,长势旺,较开张,枝叶稠密。果实倒卵形或圆锥形,单果重1 500～2 000 g,大的达4 700 g,果色橙黄,可食率60%～65%,果汁率50%～55%,可溶性固形物10.5%～12%,酸0.7%～1.0%,常无核,肉质脆嫩,品质佳,果实10月中下旬成熟。

3. 适应性及适栽区域 适应性广,适合亚热带气候区栽培。

4. 栽培注意点 丰产性强,稳果后疏果可提高优质果率。

(四十四)玉 环 柚

1. 品种来历 原产浙江省玉环县,原种引自福建省,经驯化变异而得的优良品种。

2. 特征特性 树体高大,开张,枝条粗壮。果实扁圆锥形或高圆锥形,单果重1 000～2 000 g,果色橙黄。可食率59%～65%,果汁率40%,可溶性固形物11%～13%,酸0.8%～1.0%,肉质细嫩化渣,少核或无核,品质优。果实11月上中旬成熟。

3. 适应性及适栽区域 适应性较强,以浙江省为主种植。

4. 栽培注意点 山地、平地栽培用酸橙、玉橙(杂柑)作砧木,解决裂果以提高产量和品质。

(四十五)矮 晚 柚

1. 品种来历 系四川省遂宁市名优果树研究所从晚白柚中选出的优系。经四川省农作物品种审定委员会审定、定名。

2. 特征特性 树冠矮小紧凑,枝梢粗壮,柔软而披散下垂。果实扁圆形或高扁圆形、近圆柱形,单果重1 500～2 000 g,果皮金黄色、光滑。果肉白色,细嫩化渣、汁多,味甜酸适中,具香气。可溶性固形物11%～13%,酸0.8%～0.9%,少核或无核,丰产优质。果实1～2月份成熟,可留树贮藏至3～4月份品质仍佳。

3. 适应性及适栽区域 适宜在冬暖的柚区种植。

4. 栽培注意点 与沙田柚同。

(四十六)红肉蜜柚

1. 品种来历 系福建省农业科学院果树研究所从福建省平和县小溪镇琯溪蜜柚园中的芽变株选育而成。2006年品种认定。

2. 特征特性 幼树较直立,成年树半开张,树冠半圆头形。果实倒卵圆形,单果重1 200～2 350 g,果皮黄绿色,果肩圆尖,偏斜一边,果顶平广,微凹,果皮薄。囊瓣13～17瓣,有裂瓣现象,囊瓣粉红色,汁胞红色,果汁多,味酸甜,品质上等。果汁率59%。可溶性固形物11.55%,酸0.74%,果实10月上旬成熟。

3. 适应性及适栽区域 与琯溪蜜柚同。尤适肥沃山地及肥水条件好的地域种植。

4. 栽培注意点 幼树修剪强调"抹芽放梢",去早留齐,去少留多。为防汁胞粒化,花期忌喷保花保果的植物生长调节剂。

注:除上述介绍的柚优良品种外,还有四川省内江的通贤柚、自贡的龙都柚、苍溪的脆香甜柚、金堂的无核柚、新都的早熟新都柚2号,湖南省江永的早香柚、慈利金香柚、怀化的安江柚、祁东的包山柚,江西省的斋婆柚,台湾省的麻豆文旦,福建省福鼎

的早蜜柚、上杭蜜柚、度尾文旦柚、坪山柚,重庆市忠县的真龙柚、垫江的垫江柚、梁平的梁平柚、丰都的三元红心柚、巴南的五布柚,广东省梅县沙田柚的变异梅花柚、大浦的特早熟柚、丝线柚、桑麻柚、金兰柚,云南省瑞丽红玉早香柚、西双版纳的东试柚,浙江省平阳文旦、丽水的处红柚、翡翠柚、苍南的四季抛,广西壮族自治区东兰县的东兰红七柚等,在此不一一介绍。

(四十七)常山胡柚

1. 品种来历 原产地浙江省常山县,可能是柚与甜橙为主的天然杂种。

2. 特征特性 树势健壮,冠圆头形,果实梨形或球形,果皮黄色或橙色,单果重350 g左右,可食率60%～70%,果汁率57%,可溶性固形物11%～13%,酸0.9%,肉质柔软多汁,但囊衣较厚韧,果实极耐贮藏,丰产优质。果实11月上中旬成熟。

3. 适应性及适栽区域 适应性广,耐低温,可在亚热带气候区种植。

4. 栽培注意点 选用枳、香橙作砧为适。

注:从胡柚中选了各具特色的株系,主要有:果皮果肉色泽深红的01-1单株,果实含糖量高的01-3、01-7、01-9、02-4等单株,果汁含量丰富的01-6单株,果实大的02-3、02-7单株,果肉如温州蜜柑的02-5、02-6单株。

(四十八)北京柠檬

北京柠檬,又名香柠檬、梅耶柠檬。

1. 品种来历 可能是柠檬与橘的杂交种,原产我国,重庆、浙江、广东有少量栽培。

2. 特征特性 树冠圆头形,开张,枝条细长。果实椭圆形,橙色,果实比尤力克柠檬稍大,果顶乳头短而略小,果皮光滑。可溶性固形物6.0%,酸4.1%,每果种子4～5粒,味酸。果实11月上旬成熟。果皮薄,果实贮藏性稍差。

3. 适应性及适栽区域 较尤力克柠檬耐寒,适应性较广。

4. 栽培注意点 注意防治流胶病。

(四十九)金 弹

金柑系我国原产,有圆金柑(罗纹)、罗浮金弹、脆皮金柑、金弹等。金柑在浙江宁波、湖南浏阳、江西遂川、广西阳朔、融安均种植较多。

1. 品种来历 可能是罗浮与圆金柑的杂种,原产我国。

2. 特征特性 灌木或小乔木,树冠半圆形或倒卵形。枝条细而密,较直立,具短刺。果实圆球形或卵圆形,单果重12～15 g。糖11%～15%,酸0.4%～0.5%,果肉甜酸可口,果皮较厚,质脆味甜,鲜食与加工蜜饯兼宜,丰产。第一批开花果实11月成熟。

3. 适应性及适栽区域 适应性广,耐寒,柑橘产区均可种植。

4. 栽培注意点 树体矮小,宜适当密植。春花为优质果,宜采取可控栽培措施。

(五十)脆皮金柑

1. 品种来历 广西从普通金柑中选出的性状稳定的优良新品种。

2. 特征特性 树冠矮生呈半圆形,枝梢发芽力强,呈丛生状,单叶互生。果实长椭圆形或圆形,单果重 12~18 g,可食率 96%,可溶性固形物 19%~21.2%,酸 0.4%~0.6%。每果种子平均 2.2 粒,果肉浓甜,果皮脆,味甘甜。第一批开花的果实 11 月开始成熟。

3. 适应性及适栽区域 年均温 18℃、≥10℃ 年活动积温 5 500℃~6 000℃、极端低温 -5℃ 以上的栽培区均可种植,丰产性强,品质佳。

4. 栽培注意点 当年春梢为主要结果母枝,1 年能开 3~4 次花,以第一批花果大,质优,为生产的主要果实。

(五十一)佛　　手

佛手是芸香科、柑橘属、枸橼类香橼中的一个变种,又名佛手柑、佛手香橼。广东、广西称广佛手,四川称川佛手。因其果实果顶分裂或张开或握拳,状如观音之手,故名。

1. 品种来历 原产我国,云南、四川、重庆最多,广东、广西也有种植。

2. 特征特性 常绿灌木或小乔木,树形开张,枝条披垂,具短刺,幼嫩枝叶及花均带紫色,叶大,长椭圆形或卵状椭圆形。果实指状或拳头状长椭圆形,单果重 100~300 g,最大果实超过 1 600 g。果实多呈棱起和皱纹,果顶部分开裂呈指状,果皮橙黄色。果肉革质,果汁少,味浓微苦,芳香浓郁,囊瓣几乎全退化,无核。佛手可药用或保健用,亦作盆景观赏。每 667 m² 产量 4 000 kg。制佛手干片,经济效益高。果实 11 月上旬开始陆续成熟。

3. 适应性及适栽区域 佛手性喜温暖,不耐寒。适宜在冬暖夏凉,年均温 16℃~23℃ 的地域种植。

4. 栽培注意点 选冬暖夏凉地,以枳为砧木。

二、国外引进的柑橘优良品种

(一)太田椪柑

1. 品种来历 太田椪柑是日本在伊予柑作中间砧高接的庵原椪柑上发现的枝变,1980 年登记的早熟大果型新品种。我国 20 世纪 80 年代后期引入,在重庆、浙江等地种植表现早熟、丰产。

2. 特征特性 树势直立,生长较弱,但成枝力较强,分枝多。幼果主要为球形和卵形,极少数为扁圆形;成熟果实有高扁圆形、扁圆形和卵形,单果重 130~150 g。果皮橙黄色、光滑,皮较薄。果实可食率 66.5%,果汁率 46.7%,可溶性固形物 10.5%～11.5%,酸 0.6%～0.8%,肉质脆嫩,甜酸适口,每果种子 6～8 粒,少核的 3 粒以下。比一般椪柑提早成熟 15～20 d,但延迟采收易浮皮,风味变淡。果实 10 月上中旬开始着色,果实成熟 11 月中旬。

3. 适应性及适栽区域 太田椪柑适应性广,对气温要求不高,年均温 16℃ 左右,果实能正常生长,适宜在各种土壤栽培。红黄壤山地枳砧太田椪柑表现早结果,丰产稳产。

4. 栽培注意点 注意果实成熟后及时采收,以免品质下降。

(二)大浦特早熟温州蜜柑

1. 品种来历 日本从山崎早熟温州蜜柑的枝变中选出,1980 年登记注册。20 世纪 80 年代从日本引入我国,各地栽培表现早结果、优质、丰产。

2. 特征特性 树势较早熟温州蜜柑强,是特早熟温州蜜柑中树势强的品系之一。果形扁平,较大,平均单果重 107.9 g。可食率 82%,果汁率 50%,可溶性固形物 9%～10%,酸 0.5%～0.6%,肉质柔软化渣,甜酸可口,品质优。果实 9 月底至 10 月初成熟。

3. 适应性及适栽区域 与温州蜜柑同。

4. 栽培注意点 加强肥水管理,防止结果过多而出现大小年甚至隔年结果。

(三)日南 1 号特早熟温州蜜柑

1. 品种来历 由日本从 10 年生的兴津早熟温州蜜柑的枝变中选出,1997 年注册登记。我国于 20 世纪 90 年代引入试种,种植各地表现优质丰产。

2. 特征特性 树势强健,树姿与普通温州蜜柑相似。果实扁圆,平均单果重 120 g。果实 9 月中旬开始着色,10 月上旬糖达 8.5%,酸 1% 以下,甜酸味浓,糖含量高,品质好。

3. 适应性及适栽区域 与大浦同。

4. 栽培注意点 防止结果过多而出现大小年。

(四)兴津早熟温州蜜柑

1. 品种来历 系日本兴津园艺场从以宫川为母本,枳为父本的杂交后代的珠心苗中选出。1966 年引入我国,各地种植丰产稳产、优质。

2. 特征特性 树势强健,系早熟温州蜜柑中树势最强的品种,枝梢生长旺盛,分布均匀。果实扁圆或倒圆锥状扁圆形,果色橙红鲜艳。果肉橙红色,含糖 10%～11%,酸 0.7%,肉质细嫩化渣,具微香,品质上乘,果实 10 月上旬成熟。

3. 适应性及适栽区域 适应性广,丰产优质,是早熟温州蜜柑中种植最多的品种。凡能种植柑橘之地均能种植。

4. 栽培注意点　以枳为砧木,不抗裂皮病,注意做好预防和防治。

(五)宫川早熟温州蜜柑

1. 品种来历　原产日本国静冈县,选自在来温州蜜柑的芽变。我国从日本引种多次,产区种植较多,尤以浙江为多。

2. 特征特性　树势中等或偏弱,树冠矮小紧凑,枝梢短密,呈丛生状。单果重 90～130 g,果面光滑,皮薄,果形整齐美观。果肉橙红色,含糖 9%～10%,酸 0.6%～0.7%,甜酸适口,囊衣薄,肉质细嫩化渣,品质优,果实 10 月上旬成熟。

3. 适应性及适栽区域　与兴津同。

4. 栽培注意点　与兴津同。

(六)尾张温州蜜柑

尾张温州蜜柑,又称改良温州蜜柑。

1. 品种来历　日本爱知县从伊木力系的变异中选出。20 世纪 30 年代引入我国后广为栽培。80 年代起大力发展特早熟、早熟温州蜜柑,种植逐年减少。

2. 特征特性　树势强,树冠高大,开张,枝粗壮稀疏,长枝披垂。果实扁圆形,果形整齐,单果重 80～90 g,果色橙黄,果皮光滑、中厚。囊衣厚韧,不化渣,果肉柔软,味甜酸,果实 11 月中下旬成熟。含糖 9.5%～11%,酸 1%,品质较好。

3. 适应性及适栽区域　凡可种温州蜜柑之地均可种植。

4. 栽培注意点　以枳作砧木,注意防止裂皮病。尾张有大叶系、小叶系,以大叶系品质好,产量稳定。

(七)山下红温州蜜柑

1. 品种来历　日本原产,系从尾张温州蜜柑的枝变中选出。

2. 特征特性　树势强健,枝梢粗壮。果实扁圆形,果色橙红至深红,单果重 110～130 g。可食率 78%～82%,果汁率 53%,可溶性固形物 11%～13%,酸 0.6%～0.7%,果肉深红色,细嫩,甜酸适口,品质优,果实 11 月中下旬成熟。

3. 适应性及适栽区域　与尾张温州蜜柑同。

4. 栽培注意点　以枳作砧木,注意防止裂皮病。

注:从日本引进温州蜜柑优良品种还有宫本、桥本、大分、山野、向山、米泽、濑户、久能、山田、南柑 4 号、南柑 20 号、青岛、清江、伴野、大长、大津 4 号、骏河红温州、橘温州、新上市、寿太郎、林、石川、十万温州等,不再一一介绍。

(八)天　草

1. 品种来历　系日本农林省果树试验场口之津分场(现农水省果树试验场柑橘部,下同),于 1982 年以清见、兴津早生 14 号的杂交后代为中间母本,再与佩奇橘杂交育成。1993年命名天草,1995年注册登记。我国20世纪90年代末引入,各地种植优质、丰产而较快发展。

2. 特征特性 树势中等,幼树稍直立,树冠扩大缓慢,进入结果期后,树姿开张。枝梢较密,呈丛状,叶片比温州蜜柑小、细长。果实扁球形,大小整齐,单果重180～220 g,果实橙色,果皮油胞大而稀,光滑、薄,兼有克力迈丁和甜橙的香气。果肉橙色,肉质柔软,汁多,囊衣(壁)薄,化渣。可溶性固形物11%～13%,酸1%,品质好。单性结实强,成片种植,果实通常无核。果实11月下旬至12月上旬成熟。

3. 适应性及适栽区域 适应性广,较脐橙、伊予柑耐寒,较温州蜜柑弱,以枳为砧和用温州蜜柑、椪柑作中间砧嫁(高)接亲和性好。一般在亚热带区均可种植,山地、平地种植均能丰产稳产。

4. 栽培注意点 天草结果性能好,为提高果品等级和持续稳产,宜采取疏果措施,同时加强肥水管理。

(九) 清 见

1. 品种来历 1949年,日本以特洛维他甜橙(华盛顿脐橙的实生变异)与宫川温州蜜柑杂交而成。1979年命名,并种苗注册登记。我国引入后各地种植表现优质丰产。

2. 特征特性 树势中等,幼树树姿稍直立,结果后逐渐开张。枝梢细长,易下垂。果实扁球形,单果重200～250 g,大的可达300 g以上,果实整齐度差,果色橙黄,较光滑,剥皮较温州蜜柑稍难。果肉橙色,囊衣薄,肉质柔软多汁,果皮、果肉具甜橙香气,含糖10%～11%,酸1%,果实无核,品质好,果实翌年2月底至3月初成熟。

3. 适应性及适栽区域 适应性强,适栽地广,适中、南亚热带气候种植,山地、平地栽培一般均能早结果、丰产。

4. 栽培注意点 过晚采收风味、色泽变差,注意及时采收。

(十) 不 知 火

1. 品种来历 系日本于1979年以清见与中野3号椪柑杂交育成。

2. 特征特性 以枳作砧木树势较弱,以温州蜜柑作中间砧树势中等。幼树树姿较直立,进入结果期后逐渐开张,枝梢密生,细而短。果实倒卵形或葫芦形,单果重200～280 g,果梗部有凸起短颈,也有无短颈的(扁球形)果形。果皮橙黄色、略粗,易剥、无浮皮。果肉柔软多汁,囊衣极薄,含糖13%～14%,酸1%,有椪柑香气,品质极佳,果实翌年2月下旬至3月中下旬成熟。

3. 适应性及适栽区域 适应性强,适栽区广,适宜在无严寒的中、南亚热带气候区种植。

4. 栽培注意点 用强势的大叶大花枳或红橘作砧木,选暖冬之地种植防冻,结果适度,加强肥水管理防树势早衰和出现黄化。

(十一)默科特

1. 品种来历 系美国育成的橘与甜橙的杂种,引入我国后各地种植后表现好。

2. 特征特性 树势旺盛,丛生分枝状树形。叶片狭小,长梢端着果。果实高扁圆形,果蒂和果顶较平阔,单果重100～130 g,果色橙黄、果皮薄,包着紧,剥皮较不易。肉质脆嫩,汁多,糖酸含量高,糖9.5%～10%,酸0.9%～1.1%,每果种子10粒以上,果实翌年2月初成熟,延至3月采收品质极佳。

3. 适应性及适栽区域 适应性广,宜在中、南亚热带气候区栽培。

4. 栽培注意点 选冬暖之地种植,疏果适产,防止大小年结果。

(十二)哈姆林甜橙

1. 品种来历 原产美国,为世界上栽培多的早熟甜橙。1965年及其以后,我国从摩洛哥等国引入多次,种植后表现优质丰产。

2. 特征特性 树势强,树冠圆头形。果实圆球形或椭圆形,单果重120～140 g,果皮橙红色、薄、光滑。果肉细嫩而甜,具芳香气味。可食率70%～75%,果汁率50%左右,可溶性固形物11%～14%,酸0.6%～0.7%,每果种子5～7粒,品质优,既可鲜食,更可加工橙汁,果实成熟期10月底至11月初。

3. 适应性及适栽区域 适中、南亚热带气候区栽植,山地、平地种植均能丰产。

4. 栽培注意点 选深厚肥沃的土壤种植,加强肥水管理,增加大果率。

(十三)伏令夏橙

夏橙是世界上栽培面积最大,产量最多的甜橙,而伏令夏橙又是夏橙中栽培最多的品种。

1. 品种来历 原产美国,我国于20世纪30年代首次引进,后多次引进种植,表现晚熟、优质丰产。

2. 特征特性 树势强,树冠大,自然圆头形,枝梢粗壮,具小刺。果实圆球形,单果重140～180 g,果皮中等厚,橙色或橙红色。肉质柔软,较不化渣,甜酸适口,可食率70%,果汁率40%～48%,可溶性固形物11%～13%,酸1.0%～1.2%,丰产稳产。果实翌年4月底至5月初成熟。

3. 适应性及适栽区域 适应性广,在冬暖的甜橙适栽地区均可种植,最适在年平均18℃～22℃、1月均温10℃～13℃、极端低温＞－3℃的区域种植。

4. 栽培注意点 夏橙花量大,且花果并存,应加强肥水管理,冬季防落果,春季气温回升防果实回青。

(十四)奥灵达夏橙

1. 品种来历 1939年美国加利福尼亚州从夏橙的实生苗中选出的优变品种,我国引入种植表现丰产稳产、优质。

2. 特征特性 树势强健,果实圆球形,单果重 150 g 左右,果色橙红,果皮较光滑。果肉细嫩,较化渣,甜酸适口,可食率 68%～69%,果汁率 47%～48%,可溶性固形物 11%～11.5%,酸 1.1%,有微香,每果种子 4～5 粒,品质好,丰产稳产,为鲜食与加工兼宜品种,是夏橙中综合性状最好的品种,果实于翌年 4 月底至 5 月初成熟。

3. 适应性及适栽区域 与伏令夏橙同。

4. 栽培注意点 与伏令夏橙同。

(十五)德尔塔夏橙

1. 品种来历 原产南非,20 世纪末我国从美国引入种植,表现良好。

2. 特征特性 树势健壮,枝梢强旺。果实大,单果重 200 g 以上,果实椭圆形,果皮光滑,橙红色。可食率 70%,果汁率 48%,可溶性固形物 11%～12%,酸 1.0%～1.2%,无核,以鲜食为主,也可加工橙汁。果实翌年 4 月底至 5 月初成熟。

3. 适应性及适栽区域 与伏令夏橙同。

4. 栽培注意点 与伏令夏橙同。

(十六)华盛顿脐橙

华盛顿脐橙,又名美国脐橙、抱子橘、花旗蜜橘等,简称华脐。

1. 品种来历 华盛顿脐橙原产于南美的巴西,以美国为主栽,主要集中在美国的加利福尼亚州。我国最早的华盛顿脐橙引自美国。

2. 特征特性 树冠半圆形或圆头形,树势较强,开张,大枝粗长、披垂,小枝无刺或少刺。萌芽、开花较普通甜橙早。果实椭圆形或圆球形,基部较窄,先端膨大。脐较小,张开或闭合。单果重 200 g 以上,果色橙红,果面光滑,油胞平生或微突;果顶部薄,近果蒂部厚。肉质脆嫩,多汁,化渣,甜酸适口,富芳香。可食率 80% 左右,果汁率 45%～49%,可溶性固形物含量 10.5%～14%,酸 0.9%～1.0%,品质上乘,果实 11 月下旬成熟,耐贮性好。

3. 适应性及适栽区域 最适的生态条件为年平均气温 18℃～19℃,极端低温不低于 -3℃,花期气温最适 18℃～21℃,花期、幼果期空气相对湿度 65%～70%,昼夜温差大。土壤深厚、疏松,有机质含量丰富,微酸性的沙质壤土。我国以重庆市奉节为中心的三峡库区、江西省的赣州均为华盛顿脐橙的适栽区。其他脐橙产区,采取保果措施也可适当种植。

4. 栽培注意点 在空气相对湿度较大地域种植,必须保花保果,以获得高产。

(十七)罗伯逊脐橙

罗伯逊脐橙,又名鲁宾逊脐橙,简称罗脐。

1. 品种来历 原产美国,系从华盛顿脐橙的芽变中选育而成,1938 年首次从美国引入我国,后又陆续从美国等国引入,种植后丰产稳产。

2. 特征特性 树冠圆头形或半圆形,树势较弱,矮化紧凑。树干和主枝上均有瘤状突起,枝扭曲,短而密,少刺,略披垂。叶片长椭圆形。果实倒锥状圆球形或倒卵形,较大,单果重 180～230 g。果实顶部浑圆或微突,较光滑。果皮橙色至橙红色,油胞密,脐孔大,多闭合,中心柱较小,半充实。果肉脆嫩,化渣,味较浓,具微香。果实可食率 78.5% 左右,果汁率 45%～47%,可溶性固形物 11%～13%,酸 0.9%～1.0%。品质好,果实 11 月上中旬成熟。较耐贮藏。

3. 适应性及适栽区域 适应性比华盛顿脐橙广,较抗高温高湿,丰产性好,且有串状结果的习性。我国脐橙产区均可栽培。表现结果早,丰产稳产。

4. 栽培注意点 以枳作砧木,注意防止裂皮病。

(十八)纽荷尔脐橙

1. 品种来历 纽荷尔脐橙,原产于美国,系由华盛顿脐橙芽变而得。我国于 1978 年引入,现广为栽培,表现丰产稳产。纽荷尔脐橙是外观美、内质优、商品性好的鲜销品种。

2. 特征特性 树冠扁圆形或自然圆头形,树势生长较旺,尤其是幼树。结果明显较罗伯逊脐橙晚。果实椭圆形至长椭圆形,较大,单果重 200～250 g。果色橙红,果面光滑,多为闭脐。肉质细嫩而脆,化渣,多汁,可食率 73%～75%,果汁率 48%～49%,可溶性固形物 12%～13%,酸 1.0%～1.1%,品质上乘。果实 11 月中下旬成熟,耐贮性好,且贮后色泽更橙红,品质仍好。

3. 适应性及适栽区域 同罗伯逊脐橙,通常在脐橙产区都可栽培。

4. 栽培注意点 用枳作砧,注意防止裂皮病。幼树控制生长,防生长过旺而延期结果。

(十九)林娜脐橙

林娜脐橙又叫奈佛林娜脐橙。

1. 品种来历 林娜脐橙系华盛顿脐橙的早熟芽变而得的品种。原产于西班牙。我国在 20 世纪 70 年代末期分别从美国、西班牙引入。目前以江西省赣南地区栽培较多。

2. 特征特性 树冠扁圆形,矮小紧凑,长势比华盛顿脐橙弱,比罗伯逊脐橙强。果实椭圆形或长倒卵形,较大,单果重 200～250 g,果实顶部圆钝,基部较窄,常有短小的沟纹。果色泽橙红至深橙,果皮较薄、光滑。肉质脆嫩、化渣,风味浓甜。可食率 79% 左右,果汁率 49%～51%,可溶性固形物 11%～13%,酸 0.5%～0.7%,果实 11 月中旬成熟,较耐贮藏。

3. 适应性及适栽区域 适应性及适区域同华盛顿脐橙。

4. 栽培注意点 幼树要控制树势,使其及时始花结果。

(二十)红肉脐橙

红肉脐橙又名卡拉卡拉脐橙。

1. 品种来历 红肉脐橙系秘鲁选育出的华盛顿脐橙芽变优系。20世纪末,我国从美国引进,现少量种植均表现出特异的红肉性状。

2. 特征特性 树冠圆头形,树势中等,树冠紧凑,多数性状与华盛顿脐橙相似。叶片偶有细微斑点现象,小枝梢的形成层常显淡红色。果实圆球形,平均单果重190 g左右,果面光滑,深橙色,果皮薄。可食率73.3%,果汁率44.8%,可溶性固形物11.9%,酸1.07%,果实成熟后果皮深橙色,果肉在10月即呈现浅红色,12月中旬成熟后呈均匀红色,果实12月下旬成熟,翌年1~2月品质仍佳。色素类型为类胡萝卜素,存在于汁胞壁中,榨出的汁多为橙色。红肉脐橙肉质致密脆嫩,多汁,风味甜酸爽口,其最大的特色是果实果肉呈均匀红色,可作为鲜食脐橙的花色品种。

3. 适应性及适栽区域 最适种植的区域为≥10℃的年活动积温5 500℃~6 500℃、果实成熟前的10月底至11月昼夜温差大的脐橙适栽区,且冬季霜冻或有霜冻出现时间12月底以后或时间短暂的区域适宜种植,长江中上游为适栽区。但热量条件稍逊的地区栽培表现果实偏小,果型大小不整齐。

4. 栽培注意点 选热量条件好的最适区、有水源之地种植。疏除过密枝,加强通风透光,切忌早采,影响品质。

(二十一)福本脐橙

福本脐橙,又称福本红脐橙。

1. 品种来历 原产于日本国和歌山县,为华盛顿脐橙的枝变。1981年我国从日本引进后,在重庆、四川、湖北、湖南、浙江、广西等省、自治区、直辖市脐橙产区有少量栽培。

2. 特征特性 树势中等,树姿较开张,树冠圆头形,枝条较粗壮稀疏,叶片长椭圆形,较大而肥厚。果实较大,单果重200~250 g,果形短椭圆形或球形,果顶部浑圆,多闭脐,果梗部周围有明显的短放射状沟纹,果面光滑,果色橙红色。果皮中等厚,较易剥离。可食率73%,可溶性固形物11%~13%,酸0.8%~0.9%,肉质脆嫩,多汁,甜酸适口,有香气,品质优。福本脐橙在中亚热带的重庆,果实于11月中下旬成熟,在南亚热带可在10月下旬前后成熟上市。

3. 适应性及适栽区域 福本脐橙适宜种植在气候温暖、雨量较少、空气湿度小、光照条件好、昼夜温差大、无柑橘溃疡病的地区。适宜的砧木为枳,能早结果、丰产,但不抗裂皮病;碱性土壤上种植易出现缺铁黄化;以红橘作砧木,结果较以枳作砧木晚2年左右,但后期产量较高,抗裂皮病,但不抗脚腐病。

福本脐橙可在我国脐橙适栽区适量种植。

4. 栽培注意点 福本脐橙树体发育较慢,树冠相对较小,宜适当密植,以株行距

3 m×4 m,即 667 m² 栽 56 株为宜。通过合理整形修剪,改善树冠通风透光条件,抑强扶弱,促进花芽分化。用植物生长调节剂保果,以提高产量。

(二十二)晚 脐 橙

晚脐橙又名纳佛来特脐橙。

1. 品种来历 原产西班牙,由华盛顿脐橙的枝变而得的脐橙品种。我国引入后,在重庆、四川、广西和浙江等省、自治区、直辖市有少量栽培。

2. 特征特性 树冠半圆形或圆头形,与华盛顿脐橙相比,树势旺,树体高大,多刺。果实椭圆形或圆球形,单果重 160～200 g,比华盛顿脐橙稍小,多闭脐。果皮与华盛顿脐橙相似,但更薄、柔韧、稍难剥,着色较华盛顿脐橙迟几周,果皮橙色。果肉较软,味浓甜,汁有多有少,果汁率 45%～50%,可溶性固形物 10%～11.5%,酸 0.6%～0.7%,果实 12 月底至翌年 1 月份成熟,果实留(挂)贮藏 4 个月不降低品质。

3. 适应性及栽培适区 适应性较广,通常能种植华盛顿脐橙的区域,均可种植,但有反映产量较低或不稳定的现象。

4. 栽培注意点 幼树控制树势,促其及时投产。因晚熟,挂果期长,更应加强肥水管理。

注:除以上介绍的引进脐橙品种外,从国外引入的脐橙品种还有汤姆逊脐橙、朋娜脐橙、春脐、费希尔脐橙、福罗斯特脐橙、阿特伍德脐橙、卡特脐橙、晚棱脐橙、白柳脐橙、铃木脐橙、吉田脐橙、森田脐橙、鲍威尔脐橙、班菲尔脐橙等,不逐一介绍。

(二十三)塔罗科血橙

1. 品种来历 原产意大利。我国引种种植后表现优质丰产。

2. 特征特性 树势中等,树冠呈不太规则的圆头形。果实倒卵形或短椭圆形,果梗部有明显沟纹,单果重 150 g 左右,果色橙红,较光滑。果肉色深、全为紫红色,可溶性固形物 13%,酸 0.8%,果肉脆嫩多汁,甜酸适中,香气浓郁,近于无核,品质上乘。果实 1 月底至 2 月初成熟。

3. 适应性及适栽区域 适应性广,宜在冬暖之地种植,以防果实冻害。

4. 栽培注意点 控制幼树生长过旺,以利及时投产。

注:除塔罗科血橙外,国外引进的血橙优良品种还有塔罗科血橙新系、摩洛血橙、桑给诺(Somguino)血橙、桑给内诺(Samgunello)血橙、马尔他血橙等,不再一一介绍。

(二十四)强德勒红心柚

1. 品种来历 20 世纪 90 年代引自美国,各地种植后表现优质丰产。

2. 特征特性 树势中等,树姿开张,树冠圆头形。果实高扁圆形,果实橙色,单果重 800～1 500 g,果肉带红色,可食率 50%,可溶性固形物 10%～11.5%,酸

0.8%~0.9%,脆嫩化渣,汁较多,甜酸适口,种子60粒左右,品质佳。果实11月初成熟。

3. 适应性及适栽区域　与沙田柚同。

4. 栽培注意点　与沙田柚同。

(二十五)尤力克柠檬

1. 品种来历　原产美国,可能是意大利品种路纳里奥(Lunario)柠檬的实生变异。我国20世纪20—30年代引入,种植表现优质丰产而推广发展。

2. 特征特性　树势中等,树姿开张。枝叶零乱,披散,具小刺,果实椭圆形至倒卵形,顶端有乳突,基部为圆形,单果平均重150g左右,果色淡黄或黄色,汁多肉脆,味酸。酸7%~8%,糖1.4%~1.5%,香气浓,品质佳。春花果11月上旬成熟。

3. 适应性及适栽区域　适应性广,尤适冬暖夏凉、无冻害的中亚热带气候区种植。

4. 栽培注意点　栽培注意防流胶病,枳砧柠檬注意防裂皮病。

第二节　柑橘的砧木品种

一、我国柑橘各产区的主要砧木

我国柑橘生产省、自治区、直辖市柑橘的主要砧木见表2-2。

表2-2　我国柑橘生产省、自治区、直辖市柑橘的主要砧木

省、自治区、直辖市	主要砧木品种
四川	枳、红橘、酸柚(用作柚的砧木,下同)资阳香橙
重庆	枳、红橘、酸柚、甜橙、枳橙(卡里佐)
广东	酸橘、红檬檬、枳、酸柚
广西	酸橘、枳、红檬檬、酸柚
海南	酸橘、红檬檬、酸柚
湖南	枳、酸柚
浙江	枳、本地早、酸柚、枸头橙
福建	枳、酸柚
江西	枳、酸柚、红橘
湖北	枳、红橘、卡里佐枳橙
贵州	枳、红橘
云南	枳
江苏	枳
上海	枳

续表 2-2

省、自治区、直辖市	主要砧木品种
陕　西	枳
安　徽	枳
甘　肃	枳
河　南	枳
西　藏	枳
台　湾	酸橘、红檬檬、酸柚、枳

二、柑橘砧木简介

柑橘苗木繁育有实生繁育、压条繁育和嫁接繁育等方法，其中，以嫁接繁育最优，目前主产上主要用嫁接繁殖。柑橘嫁接繁育的主要砧木简介于下。

（一）枳

枳又名枸橘、臭橘。该品种适应性强，可耐-20℃及其以下低温，是应用十分普遍的砧木。与甜橙类品种、宽皮柑橘类品种及金柑品种嫁接亲和力强，嫁接后表现早结、早丰产、半矮化或矮化、耐湿、耐旱、耐寒，抗病力强，对脚腐病、衰退病、木质陷点病、溃疡病、线虫病有抵抗力，但嫁接带裂皮病毒的品种可诱发裂皮病。

枳对土壤适应性较强，喜微酸性土壤，不耐盐碱，在盐碱土种植易缺铁黄化，并导致落叶、枯枝甚至死亡。

枳是落叶性灌木或小乔木，一般在冬季落叶，叶为3小叶组成的掌状复叶，针刺多，长1～4 cm。物候期为3月上旬萌动发芽，4月上旬开花，果实9～10月成熟，单果种子平均20粒，有的多达40余粒，果实富胶质，果肉少，味苦辣不堪食用。

枳有不同类型，包括小叶型、大叶型、变异类型。湖北、河南主要为小叶型，江苏多为大叶型，山东大、小叶型均有。枳分布在山东的日照县，安徽的蒙城县，河南的南阳市的唐河县，江苏的泗阳县，湖北的襄阳、孝感、云梦、天门、荆门、汉川各县、市，福建的闽清县等地。

枳主要在中亚热带和北亚热带作砧木使用，南亚热带部分地区也用枳作砧木，但与柳橙系品种嫁接后产生黄化。

（二）枳　橙

我国主产于浙江省黄岩地区及四川、安徽、江苏等省，是枳与橙类的自然杂种，为半落叶性小乔木，植株上具3小叶、单身复叶，种子多胚。嫁接后树势强，根系发达，耐寒、耐旱，抗脚腐病及衰退病，结果早、丰产，不耐盐碱，可在中、北亚热带柑橘产区作砧木，可嫁接甜橙、椪柑、本地早和温州蜜柑等。

从20世纪末起,我国从美国、南非等国引进卡里佐枳橙、特洛亚枳橙,在三峡库区和重庆市用作甜橙的砧木,其中用作夏橙及其优系、哈姆林甜橙、早金甜橙、特罗维他甜橙、纽荷尔脐橙等的砧木表现长势健壮、丰产,用作我国的甜橙品种北碚447锦橙、渝津橙的砧木,北碚447锦橙前期生长正常,卡里佐枳橙砧的渝津橙出现叶片黄化,尤其是2006年重庆出现百年未遇高温干旱的条件下植株黄化严重,有待进一步观察。

(三)枳 柚

枳柚是柚或葡萄柚与枳的杂种,天然和人工育成的均有。其中以施文格枳柚为代表,美国等国用作甜橙、柠檬的砧木,优质丰产稳产。我国对其有引进,也已开始将其用作柠檬、甜橙的砧木。施文格枳柚,是邓肯葡萄柚与枳的杂种,1907年由美国施文格在佛罗里达州杂交。1974年,美国农业部将其作为砧木加以推广。

枳柚树势强,树体高大,直立。枝条多刺。叶片为三出复叶,也有少量的二出复叶和单叶。果实梨形或扁球形,果面橙黄色。每果有种子20粒左右。种子子叶白色,多胚。

枳柚种子发芽率高,实生苗生长快,与多种柑橘嫁接亲和力好,易成活。枝条扦插也较易生根。

枳柚用作甜橙、葡萄柚、柠檬的砧木,通常表现生长快,树势强,果实大,产量高,品质优良,抗逆性强。抗旱,较耐寒,对盐碱也有一定的忍耐力。但是,不耐湿,不耐碳酸钙($CaCO_3$)含量高的土壤。枳柚抗病性强,抗脚腐病、根线虫病和衰退病,也较抗裂皮病和枯萎病。

(四)香 橙

香橙又名橙子。原产于我国,在各柑橘产区都有分布,但以长江流域各省、直辖市较为集中。

香橙树势较强,树体高大。枝密生,刺少。叶片长卵圆形或长椭圆形,翼叶较大。果实扁圆形,单果重50~100 g。果肉味酸,汁多。每果有种子20~30粒,种子大,多胚,间有单胚,子叶白色。果实于11月上中旬成熟。香橙有许多类型,如真橙、糖橙、罗汉橙、蟹橙。

用香橙作柑橘砧木,一般树势较强,根系深,寿命长,抗寒,抗旱,较抗脚腐病,较耐碱。故可作温州蜜柑、甜橙和柠檬的砧木。

(五)资阳香橙

为了克服碱性土壤对柑橘的不利影响,提高柑橘的产量和品质,筛选抗碱性砧木品种一直都受到业界重视。20世纪80年代,中国农业科学院柑橘研究所和四川省资阳市果品生产办公室在资阳市发现的一种本土香橙(资阳软枝香橙)作柑橘砧木,抗病、耐旱、耐寒及丰产性都表现突出,特别是抗碱性极强。此后,资阳香橙越来越受到国内业界专家的关注和重视,近年来被誉为"中国柑橘抗碱砧木之王"。

以资阳香橙为砧木嫁接的温州蜜柑,在四川、贵州和云南等省的碳酸钙碱性土栽植,苗木长势比枳砧强健,树冠半矮化,枝梢紧凑,叶色深绿,无黄化现象,较抗寒、抗旱。并发现对当前推广的树势较弱的早熟、特早熟温州蜜柑品种,还有增强树势,提高产量的效果。资阳香橙砧柑橘嫁接苗定植 2~3 年即可开花投产,4~5 年即能丰产。香橙砧兴津温州蜜柑,每 667 m² 栽植 150~200 株,种植 5 年后历年单产均为 2~3 t,最高达 5 t 以上。以资阳香橙作砧木的不知火杂柑植株普遍表现为树势强健、枝梢粗壮、叶色浓绿、无黄化现象、果皮光滑、品质优良,而枳和红橘砧木的植株均表现出叶片黄化、小而薄、扭曲、枝梢短弱,抗病力差,甚至失去开花结果能力。

(六)枸头橙

枸头橙是酸橙的一个品种,主产浙江省黄岩产区。树势强健,高大,根系发达,骨干根特粗长,数量少而分布均匀,耐旱、耐湿、耐盐碱,寿命长。黄岩产区用作当地主要栽培品种早橘、本地早、槾橘、温州蜜柑等的砧木,嫁接后果实品质好,产量高,在山地、平地及海涂栽培,均表现良好。

(七)朱 栾

朱栾也是酸橙的一个品种。根系发达,幼苗生长快,嫁接后愈合良好,耐盐碱能力较强,耐寒和抗旱力较弱。浙江省温州产区,作瓯柑、乳橘及漳橘等的砧木用时,表现良好。

(八)代 代

原产我国,浙江、广东、广西等省、自治区有少量分布。

代代树势健壮,树形稍直立,枝有短刺。果实扁圆形,橙黄或橙红色,大小为 7.5~7.9 cm×6.8~7.2 cm,果顶平,微凹,果蒂部有浅放射沟。果皮较粗糙,稍难剥皮。可溶性固形物 9.0%,酸含量 3.0%~3.5%,味酸,每果种子 20~28 粒,成熟期 11 月下旬,该品种适应性强,果实可树上挂留 2~3 个月。除作柑橘砧木外,因花香气浓,可熏制花茶。代代可作香料,也可作观赏树。

(九)甜 橙

甜橙又名广柑、黄果、广橘。原产我国,在长江以南各省、直辖市的亚热带地区均有栽培,少数产区有用作砧木的。

甜橙树势强,树姿直立或开张,较高大。枝条具小刺,叶片卵状或椭圆形。果实扁圆至圆球形。种子多胚,子叶白色,数量较多。

甜橙被用作砧木时,表现树势强旺,生长快,根系深广,抗旱力较强,较丰产,品质也较好。但结果较迟,对脚腐病、流胶病、根线虫病、天牛等敏感,不耐寒、不耐湿。

(十)酸　　柚

酸柚原产于我国,主产于重庆、四川和广西等省、自治区、直辖市。

酸柚为乔木,树体高大,树冠圆头形。果实种子多,平均每果有100粒以上。种子单胚,子叶白色。果实11~12月份成熟。

用酸柚作柚的砧木,表现大根多,根深,须根少,嫁接亲和性好,适宜于土层深厚、肥沃、排水良好的土壤栽培,酸柚砧抗寒性较枳砧差。

(十一)红　　橘

红橘又名川橘、福橘。四川、福建栽培普遍,果实扁圆,大红色。12月成熟,风味浓,既是鲜食品种,又可作砧木。树较直立,尤其是幼树直立性强,耐涝、耐瘠薄,在粗放管理条件下也可获得较高的产量。耐寒性较强,抗脚腐病、裂皮病,较耐盐碱,苗木生长迅速,可作甜橙、南丰蜜橘的砧木,也是柠檬的合适砧木,但与温州蜜柑嫁接不如枳砧。适于中亚热带、北亚热带柑橘产区。

(十二)三湖红橘

三湖红橘已有800多年的栽培历史,有九月黄和八月黄等,原产江西省新干县。江西新干、清江(现樟树市)等地有少量栽培。

九月黄树势中等,树冠圆头形,果实扁圆形,朱红色,大小为4.5~4.8 cm×3.5~3.7 cm,果顶平,微凹,果皮易剥离。可溶性固形物10.0%~11.5%,酸含量0.5%~0.6%,每果种子9~10粒,农历9月成熟,品质优,丰产。

三湖红橘是蕉柑、椪柑、沙糖橘和甜橙的良好砧木,接后表现早结果、丰产、稳产、品质好,且耐裂皮病,碎叶病。

(十三)酸　　橘

酸橘根系发达,主根深,对土壤适应性强,耐旱、耐湿,嫁接后苗木生长健壮,树冠高大,丰产稳产、长寿、果实品质好,进入结果期比红橡檬砧稍迟。对流胶病,天牛等抗性较差。在广东、福建、广西、台湾等省、自治区,用作蕉柑、椪柑、甜橙的砧木。

(十四)软枝酸橘

软枝酸橘原产广东省潮汕地区,广东、广西等地有栽培

软枝酸橘树势中等,树冠圆头形,枝条细软密生。果实扁圆形,橙黄色,大小为3.8~4.2 cm×2.8~3.2 cm,果顶凹入稍深,果皮易剥离。可溶性固形物10.0%~10.5%,酸2.0%~2.5%,每果种子15~17粒,成熟期12月上旬。根系发达,是甜橙、蕉柑、椪柑等的良好砧木,嫁接后早结果,丰产。

(十五)红皮酸橘

红皮酸橘原产我国,有海丰红皮酸橘等。广东、广西和湖南等省、自治区均有栽培。

红皮酸橘树势较强,枝条较粗。果实扁圆形,橙红色,大小为 3.0～3.4 cm×2.5～2.7 cm,果顶凹入稍深,果蒂部有 5～6 条放射沟纹,果皮易剥离。可溶性固形物 10.0%～10.5%,酸 2.2%～2.5%,每果种子 14～15 粒,果实 12 月上旬成熟。是蕉柑、椪柑和甜橙的好砧木,嫁接后丰产性好,但结果稍迟。

(十六)土 橘

土橘又名土柑、建柑、黄皮橘、药柑子等。原产于我国,长江流域各省、直辖市有栽培和分布。

土橘树势中等,树姿较开张。枝条细软,具小刺。叶片较小,卵状椭圆形。果实扁圆形,单果重 90～110 g。果面橙黄色,较粗糙。果皮中等厚,有特殊气味。果肉汁多味淡。每果有种子 15～20 粒。种子小,多胚,子叶绿色。果实在 11 月下旬至 12 月上旬成熟,丰产。

土橘用作柑橘砧木时,嫁接树表现树势强健,根系发达,较丰产稳产,品质较好,抗寒、抗旱力较强。用作甜橙和柠檬的砧木时,嫁接树表现树冠半矮化。但作柠檬砧木时,嫁接树易患流胶病。因此,在利用土橘作砧木时,要因树而异,扬长避短,注意发挥它的优势。

土橘的类型多,性状各异。用作砧木,对不同柑橘来说,其表现不一。

(十七)粗柠檬

粗柠檬原产印度,是枸橼与柠檬的杂交种。重庆、湖北、广东有引种。

粗柠檬树势强,树姿开张,树冠不规则圆头形。果实椭圆形,橙黄色,大小为 5.3～5.7 cm×5.0～5.9 cm,果顶有明显乳凸,果蒂部有数条沟纹,果面粗糙。酸 3.5%,每果种子 25～30 粒。可用作柠檬的砧木。

(十八)红橡檬

红橡檬生长旺盛,发育快。皮层较厚,嫁接易成活。根系分布浅,水平根多而细长,小侧根及须根发达。耐旱、耐寒和耐瘠薄能力差,易患脚腐病,寿命短,易衰老。适于肥沃土壤,栽培条件较好时,初期生长快,易丰产,果大,但果实风味稍淡。广东、广西多用作蕉柑、椪柑、甜橙的砧木。

(十九)白橡檬

白橡檬,又名白柠檬、土柠檬等。原产我国,可能是柠檬与宽皮柑橘的自然杂交种。在广西、广东、台湾、云南、贵州等地有野生分布。

白檬檬树体矮小,树冠半圆形。果实圆球形,橙黄色,大小为3～3.4 cm×2.8～3.2 cm。可溶性固形物10.0%～11.0%,酸4.8%～5.0%,每果种子5～15粒,成熟期11～12月份。其适应性与红皮酸橘同。广西有用作椪柑和甜橙的砧木,但作暗柳橙的砧木早结丰产性不如红檬檬砧木。

(二十)宜 昌 橙

宜昌橙原产于湖北省宜昌地区,主要分布于湖北、重庆、四川、云南、湖南和贵州等省、直辖市。

宜昌橙树体为灌木或小乔木,树姿开张。嫩枝多为浅紫色,刺多。叶片狭长,翼叶大,与叶身几乎等大。花单生,为白色或紫红色。果形多样,扁圆形至长椭圆形,单果重200～250 g。果面橙黄色,粗糙,油胞凸出,皮厚。果肉味苦涩而酸,不堪食用。每果有种子40～50粒,大而饱满。种子单胚,子叶白色。果实在11～12月份成熟。

宜昌橙耐寒,耐旱,耐瘠薄。用作柑橘砧木,通常表现矮化,结果早,熟期提前,果实色泽鲜艳,品质改善,但单产较低。如重庆江津用宜昌橙作甜橙、柠檬的砧木,表现结果早,品质优良,但单产较低。15年生的宜昌橙砧锦橙,株产仅0.8～4.5 kg。宜昌橙抗天牛,抗脚腐病。宜昌橙解决低产问题之后,是有希望的柑橘砧木。

第三节 柑橘的良种选育和无病毒良种繁育体系

一、柑橘的良种选育

(一)柑橘良种选育概况

为了推进柑橘产业化,在国际、国内激烈竞争中我国柑橘能持续发展,必须选育具有我国特色、知识产权的优质柑橘品种,引进适于我国气候的优新品种,这是柑橘产业化和科学研究的重要内容。

1. 柑橘的育种 全球柑橘产业化快速发展,有135个国家和地区从事柑橘产业,80多个国家和地区从事柑橘育种工作。育种历史最悠久的数美国,有110多年的历史。其后依次为日本、意大利、俄罗斯、以色列和法国等。

美国是世界上最早开始柑橘杂交育种的国家。施文格和韦伯是美国柑橘育种的创始人,他们于1893年在佛罗里达州用华盛顿脐橙等甜橙、葡萄柚、宽皮柑橘作亲本进行杂交,1894年底至1895年初的冻害使大部分柑橘冻死。以此为教训,他们自1897年开展以抗寒为目标的杂交育种,培育出了第一批柑橘杂种。其中,有名的特洛亚枳橙是枳与华盛顿脐橙的杂种,具有抗衰退病性状的优质砧木,久用不衰;还育成了早熟的明尼奥拉(Minneola)、中熟的奥兰多(Orlando)、西米诺尔(Seminvel)等6个橘柚品种。其后经一代接一代的柑橘研究者的不懈努力,培育出了迄今还在生产上种植的不少优良品种。

日本开展育种工作最早的数谷川利善，育成了谷川文旦，其后的育种家育成了兴津早生、三保早生、濑户温州、久能温州等。目前日本的育种工作在兴津、安之津、口之津进行，规模仅次于美国。

意大利育种工作在卡塔尼亚的阿西拉里试验场进行，以育成无病毒的珠心生实生系，其中有从地中海橘中选育出的无核橘，从力克迈丁与王橘的杂交组合中选育出的无核蜜柑，从地中海橘与葡萄柚的杂交后代中选育出的马波橘柚，广为种植。

法国柑橘育种在科西嘉岛进行，用蜜柑、甜橙、葡萄柚、柠檬等作亲本进行杂交育种。

以色列以斯皮格尔为首开展杂交育种及辐射育种，用韦尔金、奥塞奥拉橘柚等单胚品种作母本进行杂交，以温州蜜柑作父本，在组织培养研究方面居世界领先。

俄罗斯（前苏联）以抗寒育种为目标开展研究取得进展。

我国的柑橘育种工作起步晚，以改良品种，选育优质、丰产、不同熟期、适于加工的品种和具各种抗性的品种为重点。1960年中国农业科学院柑橘研究所建所后，开展了大量的育种工作，从1961年开始进行珠心胚育种工作，1963年开始杂交育种、辐射育种，培育出少核红橘、少核雪柑、少核血橙、中育7号甜橙等。用γ射线处理培育的中育7号甜橙是我国首个也是迄今为止唯一获得国家发明奖的新品种。浙江省柑橘研究所用瓯柑与改良橙的杂交育成439，又用γ射线处理芽系，获得少核的439，选出了适于加工糖水橘瓣罐头的少核本地早。

2. 柑橘的选种 为世界多数柑橘生产国家的重视。我国自20世纪70年代开始，开展了大规模的柑橘选种工作，选出了不少的优良品种。如奉节脐橙、奉节秋橙、奉节晚橙、长红脐橙、北碚447锦橙、渝津橙、渝红橙、桃叶橙、零号雪柑、新生系3号椪柑、金水柑、黔阳无核椪柑、宣恩早、蒲早2号、新1号蕉柑、长寿沙田柚和BH柚等，在我国柑橘产业发展中起到重大作用。

3. 柑橘的引种 是将品种从原栽培区引至新区栽培，是获得新品种最简单、快速、有效的方法。从古到今，国内国外都广为采用。如甜橙，早在唐代由喜马拉雅山麓东部的甜橙发源地，引入内地传播，在长江沿岸形成了大的甜橙产区，以后引入南方，形成了以广东为中心的甜橙栽培区，逐渐形成了中国甜橙品种群。另一方面又从发源地向西穿越沙漠，传至中东、以色列，沙莫蒂甜橙的原始种"贝拉蒂"（Beledi）就是其中之一，再后来从中东到地中海，到美国。又如温州蜜柑，闻名于世，是从我国引入日本的宽皮柑橘发生变异的自然杂种。其后又引回我国和其他生产柑橘的国家。

现代柑橘业的品种推出更显频繁快捷。我国广为种植兴津、宫川、罗伯逊脐橙、华盛顿脐橙、纽荷尔脐橙、哈姆林甜橙、伏令夏橙以及天草、不知火等杂柑均引自美国、西班牙、日本等国。

由上可知不论是育种、选种、或是引种，不论是过去、现在或是将来，都会对我国和世界柑橘产业的快速发展、对柑橘产业化的推进作用巨大。

(二)柑橘良种选育的主要途径

柑橘良种选育的途径包括查、引、选、育。

1. 查 指对柑橘资源调查。通过调查,发现有价值的新类型资源,用于生产和科研。

2. 引 指引种。将品种从原来的分布地区,通过引种接穗或驯化引种,引入异地栽培,使能适应新的环境条件,生长结果。

3. 选 即选种。通过一定的方法和程序,发现在自然条件下的有利变异,如芽变、实生变异等,获得新品种。

4. 育 指育种。是人为创造新品种的方法,包括人工杂交或化学、物理诱变,经过鉴定、选择等一系列育种程序,获得新的品种。

选种和育种不同之处在于:前者是选择自然界中的有利变异,后者是选择人为干预的有利变异,鉴定、筛选的过程和方法基本相似。

(三)柑橘良种选育的目标

柑橘良种选育因品种、用途不同,目标也有差异。而且任何一个良种都受时间性、区域性的局限。时间性是指良种在不断变化,过去的良种不一定是今天的良种,今天的良种也会被今后更好的良种所取代。加之柑橘长期无性繁殖,种性也会发生退化而被其他的良种取而代之。如重庆、四川广为栽培,选于实生(普通)甜橙的锦橙,已在被从中选出更优北碚447锦橙、渝津橙、铜水72-1锦橙、蓬安100号锦橙所代替。引进的罗伯逊脐橙、朋娜脐橙已为纽荷尔脐橙等所代替,尾张温州蜜柑为早熟温州蜜柑兴津、宫川等代替,特早熟温州蜜柑胁山为大浦、日南1号等特早熟温州蜜柑所代替。区域性是指一个良种在适宜的气候条件下才能表现其优质、丰产的固有特性,如蕉柑在热量丰富的广东种植优质丰产,但在热量稍逊的中亚热带种植,品质明显下降。温州蜜柑适北亚热带、中亚热带种植,在边缘热带甚至在南亚热带种植表现出粗皮大果,品质下降。

不同用途的柑橘选育各有侧重的目标。鲜食柑橘除内质优外,还要求有好的外观;加工橙汁的品种要求出汁率高,可溶性固形物高,酸含量低,色泽深,具香气。

然而,柑橘良种选育也有其共同性的目标,可概括为4个方面。

1. 选育优质、丰产、稳产品种 "优质、丰产、稳产"是柑橘选育永恒性的目标。优质表现主要是果肉的糖酸含量、糖酸比,肉质细嫩,甜酸适口,少核、无核。鲜食果还要求外观好,要求果色鲜艳、油胞细、有光泽,果实端庄,大小适度。果实好看才会有人买,果实好吃才会有回头客。丰产稳产即在同样投入的条件下获得丰产和稳产。通常鲜食果每667 m^2 产2～3 t,加工果每667 m^2 3～4 t,且不出现大小年,连年稳产。

2. 选育不同熟期的品种 选育早中晚熟配套品种,是柑橘周年应市的重要条件。鉴于我国目前种植的是以年内11月、12月成熟的中熟品种占85%以上,10月底前成熟的早熟品种和翌年成熟的晚熟品种不足15%。因此,着重选育晚熟和早熟的品种,特别是晚熟的品种应为重要的目标。

3. 选育具有特殊抗性的品种 我国种植柑橘的地域广阔,北缘地区、亚热带和边缘热带均有种植,不同年份、不同品种会遭受寒害、热害、旱害、涝害和风害等,培育具有特殊的抗寒、抗热、抗旱、抗涝、抗风品种也是重要的选育目标。

4. 选育具抗病虫的品种 我国柑橘产区有的已受检疫性病虫害、病毒、类病毒害的威胁、危害,因此,选育抗柑橘溃疡病、黄龙病、衰退病、裂皮病、碎叶病和真菌性病害等的抗病品种,以及抗螨类、蚧类、蛾类等危害的抗虫品种,无疑也应列入选育目标。

(四)柑橘良种选育体系的建立、巩固和发展

柑橘产业发展,离不开良种繁育体系的建立、巩固和发展。柑橘产业的上台阶,其中,柑橘新品种的不断推出是重要方面。我国应加强、完善柑橘良种选育体系建设。从领导和管理、加强科研和协作攻关以及发动果农参与等方面采取强有力的措施。

1. 加强领导和管理 从国家农业部、科技部,到省、自治区、直辖市的农业厅(局)、科技厅(委),要加强对柑橘品种选育工作的领导,从发展柑橘产业的需要出发,立项拨款,不断选育出具有自主产权的新优品种,增强产业的竞争力。同时不断从国外引进优新品种为我所用。

加强对品种审定、认定工作的规范管理,通过省、自治区、直辖市以上审定、认定的优质丰产、经济效益高的优良品种,要加速推广。对未经审定、认定的品种,要严格管理,不允许大面积推广,以免造成不必要的损失。

2. 加强科学研究,协作攻关 国家级柑橘研究所,重点大学的柑橘研究所,省、自治区、直辖市的重点柑橘(果树、园艺)研究所和大型企业的研发中心要从增强我国柑橘综合竞争力的目标出发,组织力量,各有侧重,又协作攻关,选育出具有特色的优新品种,经过区域适应性试验尽快投入生产,促进产业发展。

3. 发动群众参与选育 我国柑橘面积、产量居世界首位,在广为种植的柑橘群体中,不断在发生变异,特别在特殊气候条件下,如寒冷、干旱之年,柑橘易发生变异。向橘农、技术人员传播普及选种知识,发现柑橘优变,不断的观察、选育,从中获得优变株系、品系、品种。这是能快速见效的一项工作,应坚持努力做好。

二、柑橘无病毒良种繁育体系

我国与世界柑橘主产国美国、巴西等国同样面临柑橘黄龙病、衰退病等的袭击。因此,加快在柑橘产区建设无病毒良种繁育体系势在必行。

柑橘繁殖的主要方式是嫁接,在长期的嫁接繁殖过程中,会积累感染一种或几种病毒和类病毒病害,经苗木和接穗远距离传播,在田间果园又经媒介昆虫和修剪、高接换种、采果等农事活动扩散传播。

在我国已经证明发生的柑橘病毒病和类病毒病害有:柑橘黄龙病、柑橘碎叶病、

柑橘裂皮病、柑橘衰退病、温州蜜柑萎缩病和柑橘鳞皮病。

(一)无病毒良种繁育体系构成

无病毒良种繁育体系由以下6个环节构成:一是对选定的优良品种(单株)进行病毒病鉴定,如有病毒感染,即行茎尖嫁接脱毒处理,以获得无病毒母本材料。二是在网室长期保存优良品种的无病毒材料备用。三是建立无病毒母本园,定期鉴定母本树的园艺性状和病毒病再感染情况,淘汰劣变株和病株。四是建立采穗圃扩大繁殖,采穗圃限用3年。五是建立无病毒苗圃,由农业行政部门按无病毒要求进行注册管理。六是根据市场变化,入选新的优良品种(单株)。

(二)三级无病毒良种繁育体系建设

目前,我国柑橘处于调优区域布局和品种结构的发展阶段,应采用三级无病毒良种繁育体系。第一级,由国家级科研(教学)单位进行病害鉴定和脱毒工作,并建立国家级无病毒良种库、母本园和一级采穗园,以确保品种的纯正度和无毒化。第二级,由省(自治区、直辖市)主管业务部门牵头,建立省级无病毒母本园、苗木繁殖中心(场)和二级采穗圃,进一步扩大繁殖。第三级,根据柑橘产区和品种布局,选择有较好育苗基础的县(区、市)建立或扩建无病毒良种苗木繁育场,提供县和周边县(区、市)的生产用苗。在有检疫性病害流行的产区,柑橘苗圃应建于简易网室中或符合隔离条件的田间;在无检疫性病害的产区,柑橘苗圃可建于田间。柑橘无病毒良种繁育体系流程见图2-1。

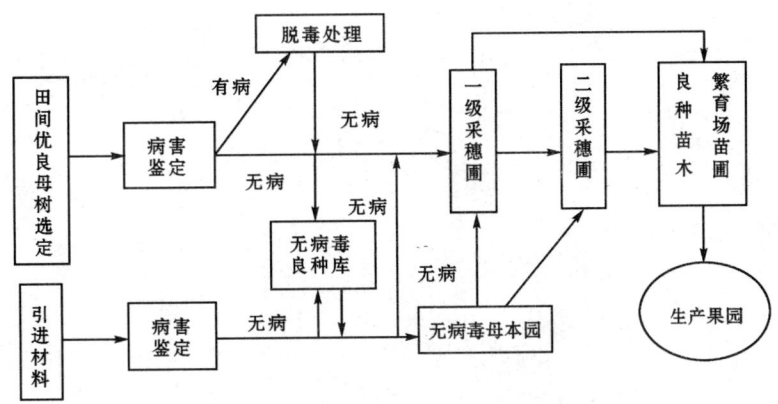

图2-1 柑橘无病毒良种繁育体系流程

近几年来,柑橘无病毒三级繁育体系建设取得的良好进展:一是农业部在重庆北碚中国农业科学院柑橘研究所已具备国家级无病毒良种库的基础上建立了国家柑橘苗木脱毒中心,在湖北武汉华中农业大学建立了国家果树脱毒种质资源室内保存中心。二是在上述两个单位分别建立三峡库区柑橘良种无病毒一级采穗圃(重庆、湖北);国家及重庆发改委为重庆市优质柑橘百万吨工程项目在中国农业科学院柑橘研究所建立项目无病毒一级采穗圃,在北碚重庆园艺作物良繁中心和忠县重庆三峡建设集团柑橘繁育中心分别建立项目无病毒二级采穗圃。三是农业部、国务院三峡办、国务院农综办、地方政府和龙头企业（含外资企业如美国施格兰公司和澳门恒河果业集团）共同投资，在柑橘主产省（自治区、直辖市）重点区（县）建设省级和区县级柑橘良种无病毒苗木繁育场（中心）约 40 个，部分省（直辖市）建设了省级母本园和二级采穗圃。四是采用容器或苗床营养土育苗技术进行育苗。目前全国无病毒容器苗木年繁育能力超过 3 000 万株，无病毒壮苗供应能力特别在重庆得到了很大提高。2006 年农业部颁布了 2 个行业标准：《柑橘苗木脱毒技术规范》（NY/T 974—2006）和《柑橘无病毒苗木繁育规范》（NY/T 973—2006），已应用于实际指导和规范柑橘苗木脱毒和无病毒苗木繁育。

为充分发挥三级无病毒良种繁育体系的作用，对苗木生产中的问题能及时发现、提出整改和监督执行，进一步完善运行机制，提出以下建议：一是尽快通过有关立法机构制定"果树（柑橘）种苗管理条例"，由主管部门负责对繁育体系各个环节实施注册管理。二是尽快成立柑橘苗木生产者协会，通过宣传、培训、交流、协调，使之规范育苗。三是政府长期关注，并给予经费支持。四是对体系长期监测、定期鉴定，品种优选劣汰。

第三章　柑橘良种苗木繁育技术

良种苗木是建立优质丰产无病柑橘基地的物质基础,是实现柑橘产业化的关键。苗木质量的好坏,直接关系到柑橘种后的成活率、植株生长快慢、结果早晚、产量高低、品质优劣和树体的寿命长短。归结一句话关系到柑橘种植者的效益。因此,培育健壮无病的柑橘良种苗木,对我国柑橘产业化的持续推进,变柑橘大国为柑橘强国具有重要而深远的意义。

柑橘苗木繁育有实生繁育、压条繁育和嫁接繁育等方法,其中,以嫁接繁育最优,目前生产上主要用嫁接苗。

嫁接苗由砧木和接穗嫁接组合而成。嫁接育苗包括砧木苗培育和嫁接苗培育。

嫁接育苗因培育场所不同,可分为露地苗、营养袋苗、容器苗和营养槽苗。不用容器,直接在苗地培育的为露地苗;在薄膜袋中培育或培育一段时间、可带土定植的苗称营养袋苗;用塑料梯形柱筒培育、带土定植的苗称容器苗;用砖或水泥板建成宽1 m、深0.4 m,长任意的槽,在槽中用营养土培育、可带土或不带土定植的苗称营养槽苗。

露地苗、营养袋苗、容器苗、营养槽苗各有其优缺点。

露地苗方便简易,投入小,成本低,但占地面积相对较大,苗木质量相对较差,特别是根系不如容器苗发达,定植受季节限制,成活率较容器苗低。

营养袋苗是用1次性薄膜袋加营养土所培育的苗,成本、苗木质量较露地苗高,较容器苗、营养槽苗低。苗的根系、定植的成活率也介于两者之间。

容器苗根系发达,一年四季可以种植,苗木质量高,带土定植,成活率几乎100%,且定植后生长较露地苗、营养袋苗快。育苗节约用地,但容器苗一次性投入大,成本高,且因连容器一起运输,运输费也较高,一般不适长距离的省际间调运。

营养槽苗根系发达超过容器苗,一年四季可定植,成活率100%,定植后生长有时较容器苗还快。可带营养土(用塑网袋包装,5株或10株1袋)或不带土打泥浆包装后运输、定植。育苗节约用地,但一次性投入大。

第一节　柑橘露地苗培育

一、苗地的选择

苗地,必须具备以下条件:一是运苗交通方便。二是土壤宜通透性好、呈微酸性、有机质丰富的沙质壤土。三是地势平坦、宽敞。需在坡地育苗的,坡度应小于5°,或建成等高水平梯地,坡向宜背风向阳。四是水源充足,能灌能排。平地育苗地地下水位应在 1.5 m 以下。五是柑橘园地或柑橘苗圃地必须经过轮作。

二、砧木苗培育

(一)砧木种子的采集、处理和贮藏

砧木应选生长健壮、根系发达、适宜当地生态条件、抗逆性强、种子多的砧木品种,且与接穗品种亲和性好,嫁接后苗木健壮无病,早结丰产。

果实成熟即可采果取种,如枳种可在 9 月采果。枳也可采嫩种播种,通常是花后 110~120 d,采嫩果取种淘净后即播。据试验,出苗率可达 94%以上。成熟果的取种方法是环绕果实横径切开果皮,然后扭开果实,将种子挤到筛内,再用水洗去附着在种子上的果肉、果胶后,摊放于阴凉通风处,并注意翻动,使水分蒸发,待种皮发白时,收集贮藏或装运。

为消灭柑橘疫菌或寄生疫菌,种子播种前可放入 50℃ 左右的热水中浸泡 10 min。也可用杀菌剂,如 1%福美双处理,以预防和减少白化苗。还可用 0.1%高锰酸钾溶液浸泡 10 min 后用清水洗净。经处理的枳种,尤其是嫩枳种,发芽加快。

砧木种子忌干也忌湿,待种皮表面水分蒸发即可贮藏。种子太湿,易引起霉变腐烂,贮藏期间种子含水量以 20%为宜,枳种可稍高,以 25%为宜。种子数量多时,一般采用沙藏,即将 4 倍于种子体积的干净、含水量 5%~10%的河沙和种子混匀,放在室内可以排水的地面上堆藏,堆高以 35~45 cm 为宜,其上盖 5 cm 厚的河沙,再盖上薄膜保湿。为防鼠害,在贮藏堆周围压紧薄膜。7~10 d 翻动 1 次,并检查种子含水量。若发现水分不足,应筛出种子,在河沙上喷水后混匀,再继续贮藏种子。砧木种子远距离运输,须防途中种子发热,一般用通透性好的麻袋包装,如种子湿度较大可用木炭粉与种子混匀后装运,以防途中种子霉烂。到达目的地即取出堆贮或播种。

(二)种子的生活力测定

砧木种子播种前应进行生活力的测定,以确定播种量。最简单的方法是取一定数量的种子,剥去外种皮及内种皮,或切去种子一端的种皮,用 0.1%高锰酸钾溶液消毒后,用清水冲洗 2~3 次,再将种子置于铺有双层湿润滤纸的容器中,在 25℃~30℃的条件下,几天内即可查出种子发芽的结果。有条件的还可用靛蓝胭脂红染色法,即将种子用清水浸泡 24 h,剥去种皮后浸于 0.1%~0.2%的靛蓝胭脂红溶液中,在室温(常温)条件下,3 h 后检查结果:凡是完全着色或胚部着色的种子,为已失去生活力,不会发芽的种子。

(三)播种和播后管理

1. 播种量 用于柑橘的不同砧木品种,每 50 kg 果实含种量和每 667 m² 的播种量不同,见表 3-1。

表 3-1　主要砧木品种果实含种量、播种量

品　种	50 kg 果实含种量 (kg)	每 kg 种子量 (粒)	播种量(kg/667 m²) 撒播	播种量(kg/667 m²) 条播
枳	2.10～2.35	5200～7000	100.0	70.0～90.0
红橘	0.65～1.40	9000～10000	60.0～70.0	50.0～60.0
酸橘	1.50～1.65	7000～8000	75.0～90.0	60.0～75.0
枸头橙	1.35～1.50	6000～6400	75.0～90.0	60.0～75.0
红檬檬	0.35～0.60	14720.0	60.0～75.0	30.0～40.0
酸柚	2.00～2.50	4000～5000	90.0～100.0	30.0～40.0
甜橙	1.00～2.20	6000～7000	100.0	85.0
酸橙	1.30～1.50	6000～7000	100.0	85.0
枳橙	1.75	4000～5000	100.0	80.0
香橙	1.25～1.30	7000～8000	75.0～90.0	60.0～75.0

2. 播种时间　我国柑橘产区,从砧木果实采收至翌年3月份均可播种。秋冬播,在11月至翌年1月份,春播,在2～3月份。由于秋冬播的砧木种子出苗早而整齐,且生长期长,故秋冬是主要播种时期。因不同的柑橘产区气温有差异,应根据温度灵活掌握。砧木种子在土温14℃～16℃时开始发芽,20℃～24℃为生长的最适宜温度。近年,柑橘产区有枳嫩种播种,时间可提前到7～8月份,枳的种子在谢花后110 d左右即具有发芽力,以7月底至8月初嫩枳发芽率最高。嫩枳播种后,9～10月份,苗高能长到10 cm左右,可加快繁殖,提前嫁接。

3. 播种方法　露地或大棚播种,先要整好苗床,施上腐熟的农家肥,覆薄土。播种可撒播,也可条播,播前最好选种,选大粒饱满的种子用0.1%高锰酸钾液消毒处理,再用水洗净。播时可用草木灰拌种或直接播于苗床(沟),覆盖细砂壤土,厚度以1.5 cm为宜。细砂壤土可用过筛的果园表土或细石谷子土,也可将厩肥晒干打碎后与表土混匀覆盖。播种覆土后,浇透水,为保持土壤湿度和防止大雨冲淋,增加土温,加速种子发芽,再在其上覆盖稻草、麦秸、松针等。气温较低之地露地播种,可采用薄膜覆盖,当地温低于20℃时,宜将薄膜支撑成拱形,以提高播种床温度,促进砧苗提早发芽和生长。薄膜支撑高度以不妨碍砧苗即可,一般以30 cm为宜。

4. 播后管理　为了保持土壤的湿度和温度,使种子正常发芽,出苗整齐,应以苗床土壤的干燥程度和气温的高低及时浇水。随着砧苗出土,逐渐揭去覆盖物,到2/3的种子出苗时,可揭去全部覆盖物。从苗出齐至移栽前,要进行除草、中耕和施肥。中耕宜浅,以不使土壤板结为度。施肥宜勤施薄施,先稀后稍浓,切忌烧伤叶片。注意苗期病虫害的防治。

5. 移栽及移栽后的管理　为使砧苗正常生长和有良好的根系,当砧苗长出2～3

片真叶、苗高8～10 cm时,进行砧苗移栽。如遇干旱,移苗前1～2 d须灌(浇)水。移苗时剪除过长的砧苗主根,以16～18 cm为宜。为便于管理,砧苗应分级移栽。

移栽方式可用宽窄行(也称大小行)或开畦横行。宽窄行移栽方式适于腹接为主的地区,开畦横行移栽最适于切接。

移栽工具有"U"形移苗器,移苗器的2个齿间宽度为行距。移栽时将移苗器两齿置于栽苗位置,踩入土中的"U"形移苗器后向前推一定位置,取出移苗器,将砧苗放入移苗器2齿造成的穴内,待移苗器再往前推压土时,砧苗根与土壤紧密接触,用小锄头将砧苗扶直,锤紧砧苗根颈部的泥土,浇透水。

移栽的砧苗成活发芽后,可开始施肥,2月、5～6月、7～8月,施腐熟人畜粪尿液肥,加入0.3%尿素。经常剪除离地面20 cm内的分枝、针刺,保持嫁接部位的光滑。注意田间病虫害,如红蜘蛛、黄蜘蛛、潜叶蛾、立枯病的防治。

三、嫁接苗培育

(一)嫁接苗的主要优点

1. 保持品种的优良性状　嫁接苗,一般能保持亲本的固有性状(突变除外)。其他的无性繁殖法,如扦插、压条虽然也能保持亲本特性,但常因是自根苗而存在多方面的不足。同时,嫁接苗得到大量植株只需用较少量枝条。

2. 可利用砧木品种的优良特性　砧木品种不同,特性各异,如耐寒砧木嫁接后可使树体免除或减轻冻害;用耐盐碱砧木嫁接,可使树体在盐碱地种植;用抗脚腐病、流胶病、裂皮病、衰退病、溃疡病、木质陷点病的砧木嫁接,可使树体免除或减轻上述病害。砧木可影响树体的树势强弱,如用乔化砧可使树体高大,用矮化砧可使树体矮小。砧穗组合选择适合可增进果实品质,反之可使果实品质变劣。

3. 可用嫁接法高接换种　将不良品种、不丰产单株或实生树等不符合需要的植株,用高接方法换接为需要的品种;也可在一株树上换接不同品种,集中保存种质;也可用高接方法将杂交实生苗嫁接到成年树冠上,提前结果、鉴定,缩短杂交育种年限。

4. 可用于修复和救治病、伤树体　由于脚腐病、天牛等害虫为害根颈或枝干流胶、机械操作伤等,可用桥接(即靠接)更换砧木;用桥接法修复枝干的损伤部分,使树体恢复健康。

(二)嫁接成活的原理及嫁接愈合过程

1. 嫁接成活的原理　任何植物的枝干、皮层、韧皮部,与木质部之间有一层分生组织,是新细胞的生长点,它向内分生木质部,向外分生韧皮部,由于它能连续不断分生,使植物的茎不断加粗生长,这层组织称形成层。嫁接成活就是砧木与接穗的形成层细胞紧密结合后,通过一系列愈合过程,成长为一个新的个体,共同进行同化物质和水分的代谢。

2. 嫁接愈合过程　第一步是砧木和接穗的形成层紧密靠在一起后,在适当的温度和水分条件下开始由砧、穗的形成层细胞产生愈伤组织(薄壁细胞);第二步是砧、穗的薄壁细胞相互连接;第三步是愈伤组织内一部分薄壁细胞分化为新的形成层细胞,并与砧、穗原有的形成层细胞连结起来;第四步是新的形成层细胞产生新的维管组织,向内分生木质部,向外分生韧皮部,使砧、穗之间维管系统连接,待这些维管组织已连接很好(即愈合)以后,接穗即可得到水分和矿质营养,开始发芽抽梢。接穗的枝、叶进行光合作用制造的光合产物(碳水化合物),提供根系所需营养物质,从而接穗和砧木成为一个新的有机体,嫁接愈合过程才算结束。在愈合过程中,适合的温度和水分是主要条件。气温在20℃~30℃时,细胞具有高度的活动能力,形成层细胞活动旺盛,接口愈合迅速,嫁接成活率高,在12℃以下或37℃以上时,细胞活动基本处于停滞状态,嫁接成活率低。在水分不足条件下,愈伤组织的薄壁细胞易变干而死亡。因此,只有嫁接成活的条件得到满足时,嫁接才能获得成功。

(三)影响嫁接成活的主要因素

1. 温度和水分 温度、水分条件的适合与否,是影响嫁接成败的重要因素,满足温度在20℃~30℃条件下保持接口湿润,嫁接可获成功。

2. 嫁接技术 嫁接技术直接影响嫁接的成败。如接穗的长削面平而光滑,整个削面是形成层细胞,砧木的切口光滑,恰至形成层,嫁接成活率高,反之则成活率低。又如用薄膜捆扎时,砧、穗形成层未对准或捆扎不紧致使砧、穗形成层之间留有孔隙;薄膜条带捆扎时,每圈之间留有缝隙;砧、穗的形成层只有一点点相连,但未完全愈合,虽已开始抽梢,但解除薄膜过早,致使已抽梢的接穗死亡;腹接法剪砧过早或1次全剪砧,也会引起嫁接的失败。

3. 砧、穗间亲和力的强弱 亲和力是指砧木和接穗在遗传上、生理上的关系,通过嫁接后愈合生长的能力。能进行新陈代谢、生长结果是亲和力强的表现。一般亲缘关系近的亲和力强。不亲和常常表现为嫁接口不愈合或愈合不良、砧木与接穗的接口部分生长不协调、接穗部分未老先衰、叶片黄化、生长缓慢、提早开花或若干年后枯死、产生生理病害及果实发育不正常等。

4. 接穗和砧木的生长状态 嫁接必须在砧木和接穗适宜的生理状态下进行,即是细胞具有高度活动能力的时期进行。在枝梢停止生长、已木质化,嫁接成活率高;接穗粗壮,砧木生长健壮,无严重病虫害,嫁接成活率高。

5. 不同砧木品种的影响 砧木品种不同,愈合能力各异,如枸橼、枳、酸橙、甜橙、柚等,韧皮部组织发达的品种,愈合组织细胞容易发生,嫁接易获成功。

6. 生长素对嫁接成活的影响 可用吲哚丁酸(500 mg/kg)或β-萘乙酸(10 mg/kg)、GA(30~100 mg/kg)、2,4-D(10 mg/kg)、三十烷醇等,提高成活率。

(四)砧木对接穗的影响

砧木与接穗是两个不同的有机体,它们的生理功能不同。通过嫁接,使它们成为一个新的有机体,砧木根系吸收土壤水分和养分供接穗发芽生长需要。接穗枝叶进行光合作用同化物质供砧木根系生长需要。砧木与接穗之间相互影响,其中主要是砧木影响接穗,包含下列5个方面。

1. 砧木影响果实品质 前面已叙述过不同的砧木对同一品种接穗的果实产量、品质有一定影响,例如果实的糖酸含量、果实质地、风味、果实的大小、果皮的粗细、色泽及成熟期等。如枳砧的温州蜜柑比红橘及酸橙砧的糖含量高,果皮色泽鲜艳、早熟;小红橙及朱橘砧的温州蜜柑粗皮大果,果实品质差;枸头橙砧的温州蜜柑果皮较枳砧的稍厚;酸橘砧的蕉柑、椪柑果实皮细光滑,果实糖含量高,酸含量低,丰产;枳砧嫁接蕉柑、椪柑易发生花叶病缺素症状;甜橙砧及酸橙砧嫁接的甜橙、橘和葡萄柚果皮光滑、皮薄、多汁、品质优;柠檬砧的葡萄柚果实皮粗,酸、糖含量均低,品质差;酸橙砧嫁接的华盛顿脐橙果实最大,而巴勒斯坦酸橙砧的华盛顿脐橙果实最小等,都说明砧木对接穗的果实品质有一定的影响。

2. 砧木影响适应性 砧木品种的耐寒、耐盐碱、耐瘠薄、耐湿等特性,都能使接穗嫁接后获得砧木的耐寒、耐盐碱、耐瘠薄、耐湿等性状,若砧木对环境条件敏感,也会使接穗不能忍耐不良环境。例如耐寒的枳砧,因促进秋梢提早进入休眠期,提高了接穗品种的抗寒性;枳砧的温州蜜柑及甜橙都较耐寒,但却不耐盐碱;枸头橙砧的温州蜜柑、本地早较枳砧耐盐碱;广东的酸橘根系发达,作蕉柑、椪柑砧木耐肥水,抗风力强,耐涝,可作水田柑橘的砧木。

3. 砧木影响树势 矮化砧可使接穗树体矮化,乔化砧可使树体高大。例如酸橙、甜橙砧的温州蜜柑,树冠高大,枳砧的温州蜜柑树冠相对矮小;宜昌橙砧的甜橙极其矮化而树势弱,红橘砧可使树体生长直立。有人用金豆作蕉柑、椪柑砧木,树冠极矮,树势壮,枝叶紧凑,定植第三年也不足 1 m 高,可用作密植矮化栽培,每 667 m² 可密植 500 株,但树体早衰。

4. 砧木影响结果期及产量 用金豆作蕉柑砧木,定植后第二年开始结果,第三年每 667 m² 产量 1 650 kg;金豆砧嫁接椪柑,定植当年结少量果,第三年每 667 m² 产量 1 450 kg,而红橘砧定植第三年才开始结果,每 667 m² 产量仅 450 kg。又如一般生产种植的枳砧温州蜜柑,定植后 2～3 年开始结果,而红橘砧温州蜜柑在定植后 3～4 年才结果,甜橙砧的温州蜜柑更晚,甚至在定植后 5～6 年才开始结果。

5. 砧木影响抗性 用抗性强的砧木可提高接穗树体的抗病虫害能力。如江西报道枳砧温州蜜柑较潮州酸橘砧的温州蜜柑对溃疡病的抵抗力强,发病株少;枳砧的抗病性(抗溃疡病、脚腐病、流胶病……)因素无疑会影响接穗的抗性。因此,选择抗病虫的砧木是选择砧木的重要条件之一。

(五)接穗的采集和贮运

1. 接穗的采集 接穗应采自品种纯正、生长健壮、无病虫害、丰产稳产的母树,且采树冠中、上部外围 1 年生木质化的春梢或秋梢。采后及时剪去叶片,仅留叶柄,就地边采边接。如需从外地引接穗的,应认真做好接穗的贮运工作。

2. 接穗的贮运 随采随接的成活率高。特殊情况需要贮藏备用的,要保持接穗适宜的温、湿度。接穗保湿常用清洁的河沙(含水量 5%～10%,手捏成团,轻放即散为度)和湿润清洁的石花(苔藓)等。接穗最适的贮藏温度为 4℃～13℃。外地引接穗,应做好运输工作。运输方法因接穗数量不同而异。数量少可用湿毛巾或湿石花包裹,装入留有透气孔的薄膜袋中随身携带;数量大,可用垫有薄膜的竹筐等作容器,一层湿石花、一层接穗依次放入容器内,最上层盖石花和薄膜保湿装运。通常在气温不高,2~3 d内到达目的地的情况下不会影响接穗质量。接穗运输时间长,或途中气温偏高时,可先用清水洗净接穗,后浸泡于最终有效氯浓度为0.5%左右的次氯酸钠溶液(漂白粉液)中,浸泡5~10 min,取出用清水冲洗数次,晾干水分,放入薄膜袋中,尽可能排除袋中空气,裹紧,扎紧袋口,再在其外套一薄膜袋捆紧,为防挤压,可将捆好的接穗装入纸箱运输。途中2~3 d检查1次,若发现叶柄脱落,应解袋消除叶柄;发现有霉烂的接穗应剔除。这种运输方法,一般经20 d不会影响接穗的成活率。

(六)嫁接时期

露地育苗,基本上全年可嫁接,但11月至翌年1月份气温低的北亚热带和中亚热带柑橘产区及7月份气温过高的地区,此时嫁接会影响成活率。通常以2~4月份、5月底至6月份、8月下旬至9月份为主要嫁接时期。嫁接时期与嫁接方法有一定的关系,5~6月份及秋季采用腹接法,春季主要采用切接法。

(七)嫁接方法

柑橘常用的嫁接方法有腹接法和切接法。腹接是指嫁接的接口部在砧木离地面的一定高度(10~15 cm),嫁接时不剪除接口部以上砧木的嫁接方法。切接是指嫁接时剪除接口以上砧木的嫁接方法。

此外,嫁接还有芽接、枝接。凡嫁接用的接穗带有1个或数个未萌动芽的枝条(接穗)均称枝接。芽接是指接穗为1个芽,带有一小块皮层及少量木质,凡用这种接穗嫁接的称芽接。因芽的形状不同,有盾芽、苞片芽、长方形芽片、侧芽等,用作切接或腹接。枝条上带1个芽、2个芽分别称"单芽"、"双芽",用这种接穗作腹接或切接称为单芽腹接、双芽腹接或单芽切接、双芽切接。

(八)嫁接技术要点

1. 接芽的削取

(1)通头单芽和削取　单芽系指长1~1.5 cm的枝段上带有1个芽的接穗,嫁接用的单芽应为通头单芽。削取要领是将枝条宽而平的一面紧贴左手食指,在其反面离枝条芽眼下方1~1.2 cm处以45°角削断接穗,此断面称"短削面";然后翻转枝条,从芽眼上方下刀,刀刃紧贴接穗,由浅至深往下削,露出黄白色的形成层,此削面称"长削面"。长削面要求平、直、光滑,深度恰至形成层。最后在芽眼上方0.2 cm左右处,以30°角削断接穗,放入有清洁水的容器中备用,但削芽在水中浸泡的时间最多不超过4 h,否则影响成活率。也有一边削接芽,一边嫁接的。

(2)芽苞片的削取　用粗壮春梢或秋梢作接穗时,须削取芽苞片。削取方法是左手顺持接穗,将嫁接刀片的后1/3放于芽眼外侧叶柄与芽眼间或叶柄外侧,以20°角沿叶痕向叶柄基部斜切一刀,深达木质部,再在芽眼上方0.2 cm左右处与枝条平行向下平削,与第一刀的切口交叉时取出芽片,芽片长0.8~1.2 cm,宽0.3 cm左右,接芽削面带有少量木质,基部呈楔形。

2. 腹接法 因其嫁接时间长,1次未成活可多次补接,故在柑橘嫁接中普遍采用。以选用的不同接芽,可分为单芽腹接、芽片腹接等。砧木切口部位在离地面10～15 cm处,切口方位最好选东南方向的光滑部位。砧木切口时,刀紧贴砧木主干向下纵切1刀,深至形成层,长约1.5 cm,并将切下的切口皮层切去1/3～1/2。砧木切口要平直、光滑而不伤木质部,然后嵌入削好的接芽,再用薄膜条捆紧即可。秋季腹接应将接穗全包扎在薄膜内;春季及5～6月份腹接,可作露芽缚扎,仅露芽眼。接芽为芽苞片时,砧木切口可开成"T"形。

3. 切接法 切接的接穗,可用单芽或芽苞片。用单芽的称单芽切接,用芽苞片的称芽苞切接。切接主要在春季,春季雨水多的地区,嫁接前1～2 d在离地面10～15 cm处将砧木剪断,使多余的水分蒸发,避免嫁接后因水分过多而影响成活率。砧木切口的方法同腹接,以切至形成层为宜。在砧木切口的上部将刀口朝一侧斜拉断砧木,使断面成为光滑的斜面。切口在砧桩低的一侧,将接芽嵌入砧木切口,用薄膜带捆扎,砧木顶部用方块薄膜将接芽和砧木包在其中,形成"小室",接芽萌发后剪破"小室"上端。切接成活后发芽快而整齐,苗木生长健壮,不剪砧,一般在春季进行。

(九)嫁接苗的管理

1. 检查成活率、补接、解膜 不同的嫁接季节,检查嫁接成活和解膜的时间不同。春季嫁接的可30 d检查成活率、解膜,有时气温低,需60 d才可解膜。5～6月份嫁接,未作露芽缚扎的,可在接后15～20 d解膜。秋季(9～10月)嫁接的,要在翌年春季(3月)检查成活率,未成活的可进行补接。检查接芽是否成活时,凡接芽呈绿色,叶柄一碰即落的为已成活;接芽变褐色,表明未成活。

2. 剪砧、除萌、扶直 腹接苗应剪砧,一般分2次进行。第一次剪砧在接芽成活后,于接口上方10～15 cm处剪除上部砧木;待第一次梢停止生长后从接口处以30°角剪除余下的砧桩,此次剪口应光滑。砧木上抽生的萌蘖,应及时除去,一般7～10 d除萌1次。除萌宜用刀削除,切忌手抹。为使苗木健壮,第一次剪砧后需要扶直,扶直可用薄膜带将新梢捆于砧桩上,第二次剪砧后应立支柱扶直。

3. 摘心整形 当柑橘苗长至40～50 cm时摘心、整形,时间以7月上旬为宜。柑橘以40 cm高摘心为适。摘心前应施足肥水,促抽分枝。分枝抽生后,除留3～5个方向分布均匀的枝外,其余的枝尽早剪除。如用于密植的柑橘苗,摘心高度还可适当降低。

4. 中耕除草和肥水管理 苗圃应经常中耕除草,疏松土壤。除草时注意不碰伤、碰断苗木。勤施肥,从春季萌芽前至8月底,2个月施肥3次,至少每月施肥1次。最后1次肥应在8月底前施下,以免抽生晚秋梢,甚至抽冬梢,使苗木受冻。肥料以腐熟的人畜粪水或腐熟的饼肥水为主,辅以尿素等化肥。

5. 及时防治病虫害 苗期应加强对立枯病(猝倒病)、炭疽病和红蜘蛛、潜叶蛾、凤蝶、蚜虫的防治(详见第七章)。

第二节　柑橘营养袋苗培育

营养袋苗砧木种苗培育、苗木嫁接的方法与露地苗培育大致相同。因此,仅介绍营养土的配制、营养袋类型以及营养袋苗的移栽管理。

一、营养土配制

营养土配制各地有异,配方多样。

(一)营养土配方Ⅰ

由厩肥、锯末、河沙配制而成,厩肥与锯末按 1∶1 的体积比混合,堆制 4 个月腐熟后,再与河沙按 3∶1 或 4∶1 的体积拌匀即成。

(二)营养土配方Ⅱ

以熟土或腐殖质含量高的土壤为基础,每 m^3 土中加入人畜粪 100 kg、麦秸 17.5 kg、饼肥 1.3 kg 堆沤后,再加入钙镁磷肥 1.5 kg、硫酸钾 0.25 kg、硫酸亚铁 0.125 kg,充分拌匀,每 m^3 营养土可装营养袋 1 000 个左右。

(三)营养土配方Ⅲ

以熟土或腐殖质多的壤土(菜园土等)为基础,再在每 m^3 土中混入人畜粪 150 kg、过筛腐熟垃圾 100 kg、干碎塘泥 150 kg、尿素 2 kg、钙镁磷肥 10 kg、石灰 2 kg(酸性红黄壤土),适量谷壳或锯末等,充分拌匀,密封堆沤,中途翻堆 1 次。经 30~50 d 堆沤即可装袋栽苗(或假植)。

(四)营养土配方Ⅳ

每 m^3 肥土加入人粪尿 100 kg、磷肥 1~1.5 kg、腐熟垃圾(过筛)150 kg,猪牛粪 50~100 kg,谷壳 15 kg 或发酵锯末(木屑)15 kg,充分混合拌匀做堆。

(五)营养土配方Ⅴ

每 m^3 肥土加谷壳 15 kg 或发酵锯木屑 15 kg、菜枯(饼)5 kg,氮磷钾三元素复合肥(柑橘专用肥)1~3 kg,石灰 1 kg,充分混合拌匀做堆,堆外均用稀泥糊封,堆沤 30~45 d,即可装袋。

营养袋苗的营养土应优于露地育苗的土壤,但不如容器苗的培养土优,且消毒杀灭病菌的措施也不甚严格。

二、营养袋类型

多数用塑料薄膜制成,也有用牛皮纸制成(笔者 20 世纪 80 年代初在墨西哥柑橘苗圃所见),大小、高矮不一,但一般均较容器苗的容器矮,总的体积也小。

(一)营养袋型Ⅰ

营养袋高 30 cm,直径 15 cm,底部有 6 个排水孔,厚 1.2 mm 的白色(或黑色)塑料袋。

(二)营养袋型Ⅱ

用塑料薄膜制成营养袋,规格:16 cm(径)×25 cm(高),于袋侧打孔12个,底部打孔10个,装满营养土后袋重约1.25 kg。

(三)营养袋型Ⅲ

用塑料薄膜制成营养袋,袋径18 cm,袋高20 cm,袋底打孔6~8个。

三、营养袋苗移栽管理

营养袋嫁接苗有2类:一类是砧木种子播于营养袋中,在露地或搭建塑料拱棚促长,当砧木粗度达可嫁接(一般径粗都<0.5 cm)时嫁接,嫁接口高度多数在5~10 cm。另一类是将在露地已嫁接成活的苗,或嫁接后已长成半成品的苗移入营养袋中,生长6~8个月出苗栽植。

秋播枳种,翌年春季气温回升时移栽砧木苗,先将营养土拌湿(以手紧捏成团,放开松散为度),每袋装3.7 kg,然后将当天出的枳苗栽入袋内,稍压紧,栽后立即浇水,使营养土充分湿润,与根系密接,以后每周浇水2~3次至抽梢后每周浇水1~2次。移栽2个月后,每月施速效氮肥。9月份干粗达到嫁接要求时进行嫁接。

嫁接苗的管理与露地苗大致相同,春季接芽萌动前剪去接芽上方的砧木,解除薄膜,不成活的苗木,集中另处及时进行补接。营养袋苗因营养、水分充足,砧木及接穗萌发的嫩枝均多,应每周抹除砧木上的萌蘖。接穗萌发的春梢只留最强的1枝作主干,其余抹除,并在约20 cm长时扶正;夏梢留2~3枝,生长至30 cm时扶正;秋梢不作处理,任其生长。抽梢期每周灌水1~2次;施尿素每株3 g,施后灌水,新梢自剪期叶面喷施0.4%尿素和0.3%磷酸二氢钾混合液,促苗健壮。及时防治病虫害,重点是炭疽病、立枯病、红蜘蛛、凤蝶、蚜虫、卷叶蛾、潜叶蛾等。

第三节 柑橘容器苗培育

容器苗是用容器培育的苗。根据目前世界柑橘生产发展的趋势,多数用于柑橘无病毒苗的培育。试验和生产实践表明,柑橘无病毒容器苗育苗期较常规苗短,可提前投产,鲜果产量提高20%~30%,树的寿命也可延长20~30年。

为了保证长江三峡库区柑橘产业的健康发展,国务院三峡工程建设委员会办公室委托重庆三峡建设集团有限公司、中国农业科学院柑橘研究所编制了《三峡库区无病毒柑橘容器苗木培育技术规程》。柑橘容器苗培育就以长江三峡库区柑橘产区为例予以介绍。

一、基本要求

(一)培育方式

柑橘容器苗培育,是可控植物生长条件下的无病毒设施育苗。

(二)场地选择

育苗场地应选在交通方便、水源充足、地势平坦、通风和光照良好、无检疫性病虫害、无环境污染的地区。

(三)育苗设施

每个育苗点具有温室、网室、育苗容器、营养土拌和场、营养土杀菌场、移苗场、露地容器苗圃等设施。

1. 温室　温室的光照、温度、湿度、土壤条件可人为调控,最好具备 CO_2 补偿设施,每个育苗点温室面积 1 000 m² 以上,主要用于砧木苗培育,进出温室的门口设置缓冲间。

2. 网室　用于无病毒采穗树的保存和繁殖。进出网室的门口设置缓冲间。

3. 育苗容器　有播种器、播种苗床和育苗桶 3 种。播种器和播种苗床用于砧木苗培育;育苗桶用于嫁接苗培育。播种器由高密度低压聚乙烯注塑而成,长 67 cm、宽 36 cm,设 96 个种植穴,穴深 17 cm。每个播种器可播 96 株苗,装营养土 8～10 kg。耐重压,寿命 5～8 年。播种苗床可用钢板、水泥板、塑料或木板等制成深 20 cm、宽 100～150 cm、下部有排水孔的结构,苗床与地面隔离。育苗桶由线性聚乙烯吹塑而成,高 34～40 cm,桶口正方形宽 9～12 cm,底宽 7～8 cm,梯形方柱,底部设 2 个排水孔,能承受 3～5 kg 压力,使用寿命 3～4 年。

二、砧木苗培育

(一)营养土的配制

营养土由粉碎经高温蒸汽消毒或其他消毒法消毒后的草炭(或泥炭、腐质土等)、沙(或蛭石、珍珠岩等)、谷壳(或锯木屑等)按体积配制。N、P、K 等营养元素按适当比例加入。

(二)营养土消毒

将混匀的营养土用锅炉产生的蒸汽消毒。消毒时间为每次 40 min,升温到 100℃、10 min,蒸汽温度保持在 100℃、30 min。然后将消毒过的营养土堆在堆料房中,冷却后装入育苗容器。也可用甲醛溶液熏蒸消毒土壤;或将营养土堆成厚度不超过 30 cm 的条带状,用无色塑料薄膜覆盖,在夏秋高温强日照季节置于阳光下暴晒 30 d 以上。

(三)砧木种子

砧木种子为纯正的枳橙或单系枳,无裂皮病、碎叶病和检疫性病虫害。砧木种子饱满,颗粒均匀,发芽整齐,出苗率高。

(四)种子消毒

播种前将种子用 50℃ 热水浸泡 5～10 min,捞起后立即放入 55℃ 的热水中浸泡 50 min,然后放入用 1‰ 漂白粉消毒过的清水中冷却,捞起晾干备用。

(五)播种方法

播前把温室、播种器和工具等用3%来苏儿水或1%漂白粉消毒1次。把种子有胚芽的一端置于播种器和播种苗床的营养土下,播后覆盖1～1.5 cm厚营养土,一次性灌足水。播种严格按操作规程执行,以减少弯颈的不合格苗。种子萌芽后每1～2周施0.1%～0.2%复合肥溶液1次,注意对立枯、炭疽和脚腐病的防治,及时剔除病苗、弱苗和变异苗。

(六)砧木苗移栽与管理

当播种的砧木苗长到15～20 cm高时移栽。起苗时淘汰根颈或主根弯曲苗、弱小苗和变异苗等不正常苗。剪掉砧木下部弯曲根,将育苗桶装入1/3营养土后,把砧木苗放入育苗桶中,主根直立,一边装营养土,一边摇匀,压实,灌足定根水。移栽严把主根直的质量关,以减少弯根苗。第二天浇施1次0.15%复合肥(N：P：K=15：15：15),随后每隔10～15 d浇施1次同样浓度和种类的复合肥。

三、接　　穗

(一)接穗来源

接穗应采自采穗树,采穗树须把好三关。

一是病毒鉴定与脱毒。依托国家柑橘苗木脱毒中心对选定的优良品种(单株)进行病毒鉴定,如有病毒感染,进行脱毒处理和繁殖,获得无病毒母本材料和无病毒母本树。无病毒母本树无检疫性病虫害和重要柑橘病毒类病害(裂皮病、碎叶病、温州蜜柑萎缩病和茎陷点型衰退病)。

二是无病毒柑橘母本园。由脱毒后的优良品种建立无病毒柑橘母本园,提供母本接穗或采穗母树。定期鉴定母本树的园艺性状和是否再感染病毒病,淘汰劣变株(枝)和病株。母本树保存在网室。

三是无病毒柑橘采穗圃。由无病毒柑橘母本园提供接穗,建立一级或二级无病毒柑橘采穗圃,采穗树保存在网室中。

(二)接穗繁殖方法

采穗树栽培管理按无病毒程序进行,及时淘汰变异株。每株采穗树的采穗时间不超过3年。

四、嫁　　接

(一)嫁接方法

当砧木离土面15 cm以上部位直径达0.5 cm时,即可嫁接,采用T字形嫁接法。嫁接前对所有用具和手用0.5%漂白粉液消毒。

(二)嫁接后的管理

嫁接须重点做好8项管理工作。

一是解膜。嫁接后3周左右,用刀在接芽反面解膜,此时嫁接口砧穗结合部已愈合并开始生长。

二是弯砧。解膜 3～5 d 后把砧木接芽以上的枝干反面弯曲并固定下来。

三是补接。把未成活的苗集中补接。

四是剪砧。接芽萌发抽梢自剪并成熟后剪去上部弯曲砧木,剪口最低部位不低于芽的最高部位。剪口与芽的相反方向呈 45°角倾斜。

五是除萌。及时抹除砧木上的萌蘖。

六是扶苗、摘心。接芽抽梢自剪后,立支柱扶苗。用塑带把苗和支柱捆成"∞"字形,随苗生长高度增加捆扎次数,苗高 35 cm 以上时短截。

七是肥水管理。每周用 0.3%～0.5%复合肥或尿素浇施 1 次,追肥可视苗木生长需要而定,干旱期及时灌水,土壤含水量维持在 70%～80%,土壤 pH 值维持在 5.5～7.0。

八是病虫害防治。幼苗期喷 3～4 次杀菌剂防治苗期病害,苗期主要病害有立枯病、疫苗病、炭疽病、树脂病、脚腐病和流胶病等。虫害主要有螨类、鳞翅目类,可针对性用药。严格控制人员进出温、网室,对进入人员进行严格消毒措施。

五、苗木出圃

(一)出圃苗木标准

出圃苗木应侧重以下 5 项要求。

一是出圃苗木为无检疫性病虫害及无柑橘裂皮病、碎叶病的健壮容器苗。

二是砧木为纯正枳橙或单系枳,以枳橙为主。

三是嫁接部位离土面≥15 cm,嫁接口愈合正常,已解除绑缚物,砧木残桩不外露,断面在愈合过程中。

四是苗木高度≥60 cm。主干直、光洁,高 30 cm 以上,径粗≥0.8 cm,不少于 3 个且长 15 cm 以上、空间分布均匀的分枝,枝叶健全,叶色浓绿,富有光泽,砧穗结合部曲折度不大于 15°。

五是根系完整,根颈不扭曲,主根不弯曲,主根长 20 cm 以上,侧根、细根发达。

(二)苗木检疫方法

一是苗木出圃前,先经省、自治区、直辖市级农业行政主管部门组织进行苗圃检验,并出具柑橘苗木合格证明书。

二是提苗前按国家"植物检疫条例"进行检疫,并办理植物检疫证书,严禁有检疫对象的苗木调入。

三是苗木附有一般性病虫时,需经药剂处理,方可出圃。

(三)苗木出圃注意事项

起苗前须充分灌水、抹去嫩芽、剪除幼苗基部多余分枝,喷药防治病虫害。苗木出圃时要清理并核对品种标签、记载育苗单位、出圃时期、出圃数量、苗木去向、品种/品系,发苗人和收苗人签字,入档保存。

六、调　　运

(一)运输工具

容器苗是连同完整容器调运,苗木须装在有分层设施的运输工具上,分层设施的层间高度以不伤枝叶为度。

(二)标　　签

每株苗均需在主干上挂标签注明品种、砧木名称。标签宜用长条形塑料片,长12 cm以上,宽1～1.5 cm,厚0.3 mm以上。在塑料片上设置拴接口,方便拴套。

(三)注意事项

调运途中严防日晒、雨淋,苗木运达后立即检视,尽快定植。

七、定　　植

定植时轻拍育苗桶四周,使苗木带土与育苗桶分离。一只手抓住苗根颈部,另一只手抓住育苗桶,将柑橘苗轻轻拉出,不散落营养土。定植时必须扒去表层和底部1/4营养土至有根露出为止,剪掉弯曲部分根,疏理群根,使根系展开,便于栽植时根系末端与土壤接触,利于生长。定植后根颈部应稍高于地面,以防定植穴土壤下沉后根颈下陷至泥土中,引发脚腐病等。定植后在柑橘苗基部做1个直径50 cm的树盘,便于浇水和施肥等,最后灌足定植水。

注：术语和定义

1. **苗木径粗**　苗木嫁接口上方2 cm处最粗直径。
2. **分枝数量**　苗木主干高度30 cm以上抽生的且长度在15 cm以上的分枝数量。
3. **苗木高度**　自苗木土面量至苗木顶端的高度。
4. **嫁接口高度**　自苗木土面量至嫁接口的高度。
5. **干高**　自苗木土面量至第一个有效分枝处的高度。
6. **砧穗结合部曲折度**　接穗主干中轴线与砧木垂直延长线之间夹角的度数。

第四节　营养槽苗培育

营养槽苗育苗是20世纪80年代先由中国农业科学院柑橘研究所开始,现不少柑橘产区在生产上应用。营养槽苗培育,在用砖或水泥板(厚5 cm)建成的槽内进行。槽宽1 m,槽深23～25 cm,槽与槽之间的工作道宽40 cm、深23～25 cm。营养槽长,任意长,方向以南北向为佳。

营养槽苗的营养土,与培育容器苗的营养土同。

苗木栽植密度为内空宽1 m的槽每排11株,排与排之间的距离22～25 cm(视砧木、品种不同而异)。

营养槽苗的嫁接、管理与容器苗同。

营养槽苗出圃可带营养土,也可不带营养土。带营养土,可用装肥料的塑料蛇皮袋 5 株 1 包或 10 株 1 包进行包装。5 株的包装方法是整体切下 2 排,切成 4 株 1 整块,再在其上叠放 1 株呈梅花形,捆扎包装即成。10 株的包装方法:切成 8 株 1 整块,每 4 株间叠放 1 株,呈双梅花形,捆扎紧包即成。不带营养土的,需打泥浆后用塑料编织袋或塑料薄膜捆扎包装即可。带土出苗的,营养槽内及时新增营养土,以备下次育苗;不带土出苗的,亦需补充营养土。营养土均应消毒。

第四章　柑橘区划、规划和产业化基地建设

柑橘产业化的基础是产业化基地建设,而柑橘产业化基地建设是与柑橘区划(生态区划和生产区划)和规划密不可分的。

第一节　柑橘区划

柑橘区划是为了因地制宜、趋利避害、有效发展柑橘产业,从柑橘种类、规模和布局上为其提供科学依据。

柑橘区划按考虑的要素不同,又分为:避冻区划、气候区划、生态区划和生产区划等。避冻区划主要考虑柑橘的越冬气温;柑橘气候区划除考虑柑橘的越冬条件外,还需要考虑整个柑橘生育期的光、热、水等条件;柑橘生态区划除考虑光、热、水等气候因子外,还要考虑土壤以及与光、热、水条件有关的地形、地势和地貌等;柑橘生产区划除以生态区划为依据外,还需要考虑社会条件和经济条件,如劳动力资源、技术力量、交通运输、经济财政和历史习惯等。

柑橘区划按范围的大小,可分为全国的柑橘区划、省级的柑橘区划和县级的柑橘区划。如全国的柑橘气候区划、全国的柑橘生态区划、全国的柑橘生产区划、省级的柑橘生产区划、县级的柑橘生产区划等。

柑橘区划和柑橘规划既有联系,又有区别。柑橘区划为各级政府、农业部门合理编制柑橘发展规划提供科学依据,使提出的发展规划更具有科学性、可行性。但柑橘区划不能代替柑橘规划。柑橘区划可提出发展建议,供政府及农业等部门考虑,但无必须实施之意。柑橘规划编制批准后,就应在生产中实施。

以下简介全国的柑橘生态区划和生产区划。

一、柑橘生态区划

为了摸索柑橘果树的生态适宜性,中国农业科学院柑橘研究所与生产的柑橘省、自治区、直辖市的生产、科研和教学等部门、单位合作,以气温为主要指标,同时考虑雨量、光照、土壤等其他生态因子,对我国的甜橙和宽皮柑橘(以温州蜜柑为代表,下同),进行了全国柑橘的区划研究,提出了全国柑橘生态适宜性区划。

(一)生态区划的主要指标

气温指标包括年积温、年平均温度、1月份平均温度、极端低温及其出现的频率等。这些气温指标中,可因产区不同而各有侧重。如长江上游基本上无冻害,低温可不作重要指标,年平均温度和积温是重要的。长江中下游的江南丘陵冬季温度使柑橘常有冻害,极端低温及其出现的频率是主要的。华南积温高,无冻害,但某些地区

温度和积温过高,影响产量和品质。

现将1981年1月经全国柑橘区划会议审定的"我国柑橘生态区划气温指标"列于表4-1。

表 4-1　我国柑橘生态区划的气温指标

种类	生态区域	年平均温度（℃）	≥10℃的年积温（℃）	极端低温与其出现频率（℃）	1月平均温度（℃）	极端低温历年平均值（℃）
甜橙	最适宜区	18～23	5500～8000	＞－3	7～13	＞－1
甜橙	适宜区	16～18	5000～5500	＞－5 ＜－3的频率＞20%	5～7	－3～－1
甜橙	次适宜区	15～16 ＞23	4500～5000 ＞8000	＞－7 ＜－5的频率＜20%	4～5	－5～－3
甜橙	不适宜区（或可能种植区）	＜15 ＞24	＜4500 ＞8500	＜－7	＜4	＜－5
宽皮柑橘	最适宜区	17～20	5500～6500	＞－5	5～10	－4～0
宽皮柑橘	适宜区	16～17 20～22	5000～5500 6500～7500	＞－7 ＜－5的频率＜20%	4～5	－5～－4
宽皮柑橘	次适宜区	14～16 22～23	4500～5000 7500～8000	＞－10 ＜－7的频率＜20%	2.5～4	－6～－5
宽皮柑橘	不适宜区（或可能种植区）	＜14 ＞23	＜4000 ＞8000	＜－10	＜2.5	＜－6

以上述气温指标为主,将我国柑橘划分生态最适宜区、适宜区、次适宜区和不适宜区(或可能种植区)。

(二)甜橙生态区划

生态区域是一级区划,以罗马字Ⅰ、Ⅱ、Ⅲ……表示。因同一生态区域出现差异,故在一级区划的基础上,再作二级区划,二级区划用Ⅰ$_1$、Ⅰ$_2$……Ⅱ$_1$、Ⅱ$_2$……Ⅲ$_1$、Ⅲ$_2$……表示。

Ⅰ、最适宜区

Ⅰ$_1$ 华南丘陵平原南亚热带甜橙最适宜区　本区位于东南沿海,纬度低,夏季受东南季风、暖湿气流影响盛,西北有云贵高原,东北有武夷山山脉等作屏障,故冬季西北寒流侵袭少,为浅山丘陵和部分平原三角洲。大部分区域年平均温度18℃～23℃,≥10℃的年积温6 500℃～8 000℃,1月平均温度8℃～13.5℃,极端低温平均0℃以上;降水量1 400～2 000 mm,空气相对湿度78%～82%,日照1 800～2 000 h,土壤多为丘陵性红壤或砖红壤,习惯用水稻土起垄种植柑橘。包括广东省、广西壮族自治区、福建省及台湾省的绝大部分地区,无冻害,主栽品种新会橙、柳橙、雪柑,可发展夏橙，冬季不采取保果措施也能安全越冬。主要砧木为酸橘和红檬檬。良种柚类，如广西沙田柚、福建琯溪蜜柚适宜栽培。

I_2 长江上游四川盆地丘陵浅山中亚热带甜橙最适区 年均温 18℃～19℃，≥10℃的年积温 5 500℃～6 000℃，1月均温 7℃～8℃，一般极端低温平均值为－1℃以上。降水量 1 000～2 000 mm。空气相对湿度 80%左右，日照 1 200 h 以上。本区气候特点是夏热、冬暖，柑橘无冻害。土壤主要是紫色土，次为水稻土和冲积土。山地也有黄壤和棕壤等，多系中性或微酸性。本区包括长江上游及其支流的四川省、重庆市的几十个县、市、区和云南、贵州两省的数县。本区以锦橙为主栽品种，柳橙、新会橙等虽然也适宜栽培，但果实甜度不及 I_1 区。夏橙由于1月气温不够，越冬要采取保果措施。

I_3 云贵高原干热河谷中、南亚热带甜橙最适区 年均温 18℃～23℃，≥10℃的年积温 6 500℃～7 500℃，1月均温 9℃～12℃，极端低温平均 0℃以上，降水量 1 000～2 000 mm，多分布在 5～10 月份，空气相对湿度 75%～80%，甚至有低于 60%的，蒸发量为降水量的 2 倍或更多，日照 1 800～2 300 h。柑橘受海拔影响大，纬度影响小，柑橘相对零星分布，以甜橙为主。气候特点是冬春干旱、夏秋雨淋，雨量多而集中，最高温度出现在 5 月份，进入雨季温度反而略有下降，冬春日照好，年温差小，日较差大。土壤多系山地、丘陵性红壤，较肥沃，微酸性，结构好。甜橙无冻害，但需灌溉和防风。本区包括广西壮族自治区西南部分低山和河谷及四川省渡口等县、市、区。

Ⅱ.适宜区

$Ⅱ_1$ 琼雷边缘热带甜橙适宜区 年均温 23℃～24℃，≥10℃的年积温 8 000℃～8 200℃，1 月均温 15℃～18℃，极端低温平均 2.8℃～5.3℃，年降水量 1 200～2 000 mm，空气相对湿度 80%～82%。日照 2 000～2 400 h。是我国纬度低的海洋气候区，年温差小，无冬季，高温多雨，光照强烈，夏有台风。有甜橙和温州蜜柑等栽培，无休眠，温州蜜柑果实品质较差。包括：广东省雷州半岛以南和海南省的大部分地区。

$Ⅱ_2$ 江南丘陵中亚热带甜橙适宜区 年均温 16.5℃～19℃，≥10℃的年积温 5 200℃～6 500℃，1 月均温 6℃～9℃，极端低温平均－2℃～－3.2℃，极端低温－4℃～－6℃；年降水量 1 400 mm，夏秋多，冬春少，空气相对湿度为 78%上下；年温差大，昼夜温差也较大，本区甜橙有一定的发展，但有周期性冻害，部分须注意防黄龙病。土壤多为砖红壤或丘陵红壤。包括浙江省的温州、平阳，福建省的闽清西南各县，江西省的赣南各县，广东省的北部各县，湖南省的道县和宁远县，广西壮族自治区的龙胜、兴安以南各县。

$Ⅱ_3$ 四川盆地丘陵浅山中亚热带甜橙适宜区 年均温 15.8℃～17.8℃，≥10℃的年积温 5 000℃～5 500℃，1 月均温 5℃～7℃，极低温平均－2℃～－3℃，个别地区偶达 －4℃或－6℃。基本无冻害；年降水量 1 000 mm 左右，主要是四川盆地热带甜橙最适区的西北、西南和东南各县、市;湖北省的巴东、秭归、兴山等县。

Ⅱ₄ 云贵高原河谷南亚热带甜橙适宜区　年均温 15.8℃～17.8℃,≥10℃的年积温 5 000℃～6 000℃,1月均温 5.5℃～7℃,极端低温平均不低于－3℃,极端低温为 －5℃ 以内,柑橘无冻害。土壤与云贵高原热带甜橙最适区基本一致,海拔较高,在 1 300～1 700 m 范围。本区原有柑橘少,引进甜橙栽培,4～5 年丰产,宜密植。冬春干旱需灌溉。包括云南省海拔 1 300～1 600 m 的中山地带的县、市,四川省凉山州部分县,贵州省赤水河、乌江的中下游和南北盘江、红水河、都柳江沿江等县、市。

Ⅲ、次适宜区

Ⅲ₁ 江南丘陵中北亚热带甜橙次适宜区　年均温 14.8℃～15.8℃,≥10℃的年积温 4 500℃～5 200℃,1月均温 4℃～6℃,极端低温平均－5℃,极端低温－8℃,甚至低达－12℃。甜橙 4～5 年出现 1 次周期性 4～5 级冻害,影响树势和产量。本区包括浙江省沿海各县、市、区,广西壮族自治区的资源、全州等县。属江南丘陵中亚热带同北亚热带交错区域。

Ⅲ₂ 云贵高原中山北亚热带甜橙次适宜区　本区是云贵高原气候类型,年均温 14.8℃～15.8℃,≥10℃的年积温 4 500℃～5 000℃,极端低温－7～－10℃,1月均温 4.5℃～6℃,年降水量 1 000～1 400 mm,空气相对湿度 75%～79%;日照 1 800～2 300 h。与Ⅲ₁区不同的是冬春半年干旱、风大,夏秋雨量集中。土壤多数为山地丘陵红壤。柑橘分散栽培,有产量。但品质较差。

Ⅳ、不适宜区(或可能种植区)　本区年均温小于 15℃,≥10℃的年积温 4 500℃以下,1月均温低于 4℃,极端低温平均－5℃以下,甜橙冻害严重,一般不适宜种植。

(三)宽皮柑橘生态区划

我国宽皮柑橘适栽地广,除蕉柑等外,耐寒性比甜橙强,南、中、北亚热带均有栽培,主要在中亚热带和北亚热带栽培。

Ⅰ、最适宜区

Ⅰ₁ 江南丘陵中北亚热带宽皮柑橘最适宜区　本区域与甜橙生态适宜区Ⅱ₂基本上同一位置,热量丰富,主栽温州蜜柑,丰产稳产,无冻害。

Ⅰ₂ 四川盆地丘陵浅山中亚热带宽皮柑橘最适宜区　本区包括甜橙生态区Ⅰ₁全部和Ⅰ₂区的绝大部分,宽皮柑橘基本无冻害,也适合发展柚类。

Ⅰ₃ 云贵高原干热河谷中低山中亚热带宽皮柑橘最适宜区　本区基本是甜橙生态最适区Ⅰ₃范围,热量条件好,历史上种植红橘和椪柑,近年发展温州蜜柑,积温过高之地果实有泡壳现象。

Ⅱ、适宜区

Ⅱ₁ 华南丘陵中亚热带宽皮柑橘适宜区　本区即甜橙生态最适宜区的Ⅱ₁区,蕉柑、椪柑是主栽品种,品质佳,国内外市场享有盛誉,可适当发展。

Ⅱ₂ 江南丘陵中亚热带宽皮柑橘适宜区　本区基本上是甜橙生态区Ⅲ₁区,以温州蜜柑为主,10 年左右有 1～2 次冻害。

Ⅱ₃ 四川盆地丘陵浅山中亚热带宽皮柑橘适宜区　本区包括四川省西部的绵阳、温江大部分县、市、区,贵州省赤水河和乌江部分区域,年均温16℃,极端低温-7℃,主栽红橘,温州蜜柑发展后表现好。

Ⅱ₄ 云贵高原中山中亚热带宽皮柑橘适宜区　本区分两类气候类型:一是高原中部区,温度稍低;另一是云南省西双版纳等地,温度较高,栽有红橘、椪柑和温州蜜柑,但需灌溉。

Ⅲ、次适宜区

Ⅲ₁ 琼雷边缘热带宽皮柑橘次适宜区　本区包括广东省和广西壮族自治区滨海沿岸、云南省河口和元江、海南省大部分区域和台湾的南端。年均温22℃～25℃,≥10℃的年积温8 000℃～8 500℃,1月均温15℃～18℃,极端低温平均2℃以上。柑橘无休眠,温州蜜柑生长旺盛,产量一般,果大,皮粗厚,有泡果现象,风味较淡,不及同一区域的甜橙品质。

Ⅲ₂ 北缘地带北亚热带宽皮柑橘次适宜区　本区分3个地带,一是武夷山、南岭以北、长江中下游以南的丘陵和部分平原区域;二是川北部分县,陕西省的汉中、安康,甘肃省的文县、武都等地;三是苗岭以北的贵州高原。本区气温不高,有冻害,可栽培温州蜜柑中的早熟品种。

Ⅲ₃ 云贵高原中高山北亚热带宽皮柑橘次适宜区　本区是横断山脉的边缘山谷,海拔较高,河谷深邃,气温较低,柑橘常有冻害,唯山地较为温暖之地可以种植。贵州南、北盘江和赤水河海拔1 200～1 500 m处也属于本区域。

Ⅳ、不适宜区(或可能种植区)　本区的气温低,年均温14℃以下,≥10℃的年积温不足4 500℃,1月均温低于2.5℃,极端低温历年平均-6℃以下,极端低温-12℃以下,冻害严重,不宜种植。

二、柑橘生产区划

柑橘生产区划是以柑橘生态区划作依据,同时考虑社会和人为因素,选定品种进行划区的工作,柑橘生产区划是柑橘生产规划的基础,为生产规划提供科学依据。

我国的柑橘生产区划,已由中国农业科学院柑橘研究所主持(牵头),组织有柑橘生产的省、自治区、直辖市生产、研究和教学的有关单位经3年时间的协作研究,取得了成果,将我国的甜橙和宽皮柑橘划分为6个一级区(以Ⅰ、Ⅱ、Ⅲ……表示),5个亚区(以Ⅰ₁、Ⅰ₂……Ⅱ₁、Ⅱ₂……表示)。

Ⅰ. 华南丘陵平原甜橙、宽皮柑橘主产区

本区位于南岭以南的丘陵平原,也有部分低山,包括广东、广西、福建和台湾等省、自治区,属海洋性季风气候亚热带湿润类型,土壤多为红黄壤、水稻土、冲积土等,沿海也有盐碱土,宽皮柑橘为主,甜橙占1/5,下分2个亚区。

Ⅰ₁ 沿海丘陵平原柳橙、新会橙、椪柑、蕉柑主产亚区　居于东南沿海,纬度低,海洋性气候明显,冬无严寒,夏无酷暑,热量和雨水丰富,日照充足,年均温21℃～

23℃,≥10℃的年积温7 000℃～8 000℃,1月均温10℃～13℃,极端低温平均0℃以上,降水量1 600～1 800 mm,空气相对湿度78%～80%,日照1 800～2 400 h,是新会橙、柳橙、雪柑、化州橙和蕉柑、椪柑、年橘、大红柑的老产区,栽培历史悠久。

本亚区生态条件优越,是甜橙良种和蕉柑、椪柑的最适宜区。柑橘的生长发育迅速,有密植丰产、土壤管理和抹芽放梢等经验。由于冬季最冷月气温10℃以上,夏橙不采取保果措施也可挂树安全越冬。

就同一品种在不同区域比较,本亚区的甜橙和蕉柑、椪柑的果实品质佳,糖高,酸低,糖酸比高,甜浓,皮薄,唯色泽稍浅,维生素C稍低,不太耐贮,春节过后风味偏淡。沙田柚在本区品质极优,温州蜜柑虽生长发育良好,丰产,但糖偏低,味淡,囊壁较韧,部分地区有浮皮枯水现象。

I_2 中北部丘陵甜橙、宽皮柑橘主产亚区 位于I_1亚区北部,即广东、广西、福建省、自治区的北部,纬度比I_1亚区偏高,离海较远,为中、南亚热带过渡地带,柑橘基本无冻害,年均温19℃～20℃,≥10℃的年积温6 300℃～7 000℃,1月均温10℃左右,极端低温历年平均-1℃左右,日照1 400～1 800 h,降水量1 500～1 800 mm,空气相对湿度78%～80%,多数是柑橘发展新区,为沙田柚、蕉柑有名老产区。1949年以来发展温州蜜柑、椪柑和甜橙等,唯蕉柑的产量和质量不及I_1亚区,目前温州蜜柑比重大。

本亚区热量等生态条件适合甜橙生长、发育,但因有些地区黄龙病对甜橙危害重,温州蜜柑抗性强,甜橙发展量不大。应大力发展甜橙中的新会橙、暗柳橙、雪柑等,夏橙也可发展。宽皮柑橘应以椪柑、温州蜜柑早熟品种为主。沙田柚驰名中外,在老产区广西的玉林地区、桂林地区的南部各县可发展一批,金柑可在广西的阳朔、融安,湖南的兰山和福建的龙溪、上杭等县发展。

II. 南岭和闽浙沿海低山丘陵甜橙、宽皮柑橘主产区

本区位于南岭山脉的南北坡和泰山、九宫山、雁荡山东南的丘陵浅山,包括广西壮族自治区的桂林、广东省的韶关、江西省的寻乌以及福建省的龙岩和古田以北,湖南省的道县、广东省的乐昌,江西省的广昌、浙江省的温州以南的区域。属于中亚热带,大部分地区热量较好,但因一些山岭不太高,有缺口,兼以山脉由东北—西南走向,冷空气仍可进入,冬季气温较低,柑橘偶有冻害。年均温18℃～19.5℃,≥10℃的年积温5 000℃～6 000℃,1月均温8℃～9.5℃,极端低温-4℃～-5℃,极端低温平均-1℃～-3℃,日照1 400～1 600 h,降水量1 400～1 600 mm,空气相对湿度75%～80%,土壤是酸性红黄壤,需要改良。

本区大部分是柑橘发展新区,甜橙、宽皮柑橘均有栽培,以温州蜜柑为主。除蕉柑略逊外,均表现丰产优质。今后可多发展锦橙、雪柑、新会橙和暗柳橙,也可以发展脐橙和夏橙。温州蜜柑、椪柑和福橘等也在本区最适宜,江西省、湖南省、福建省等一些区域还是金柑的适栽区。玉环文旦柚品质优良,可适当栽培。

Ⅲ. 江南丘陵宽皮柑橘主产区

本区居长江中下游平原以南的丘陵,邻近巫山的东南,南岭以北,武夷山延伸的丘陵低山,属中亚热带季风潮湿气候类型,山岭由西南走向东北,北部和东北部是长江中下游平原,冬季冷空气长驱直入,南来暖流受南岭和武夷山阻滞形成冬冷夏热。雨量较四川盆地多,而湿度较小,日照良好,为柑橘有周期性冻害区域,年均温 15℃～18℃,≥10℃的年积温 5 000℃～6 400℃,1月均温 4℃～8℃,极端低温平均 −2℃～−9℃,降水量 1 300～1 900 mm,空气相对湿度 77%～79%,日照 1 400～2 000 h,土壤是酸性红壤,有机质缺乏,也有少部分平原和海涂种植柑橘,是宽皮柑橘老产区,有本地早、南丰蜜橘、早橘、朱红、建柑和金柑等。也有甜橙和柚栽培,温州蜜柑发展很快。本区是红壤丘陵低山,荒地面积甚大,可供发展柑橘。

Ⅳ. 四川盆地甜橙、宽皮柑橘主产区

本区包括四川盆地和湖北省的西陵峡区,属中亚热带山间盆地亚热带季风湿润气候类型,冬无严寒,夏季炎热,积温不高,雨量较江南丘陵少而湿度大,日照少,云雾重,多静风。年均温 14℃～19℃,≥10℃的年积温 4 500℃～6 000℃,1月均温 4℃～8℃,极端低温平均 0℃～−5℃,日照 1 100～1 300 h,降水量 1 400～1 800 mm,空气相对湿度 78%～82%。土壤是属紫色土区,pH 值一般 5～7.5,岩层易风化,冲蚀严重,土质较肥沃。此外,还有水稻土、冲积土和黄棕壤等,除长江西陵峡外,柑橘基本无冻害。下分 3 个亚区:

Ⅳ₁ 长江上游和岷、沱、金沙、嘉陵四江下游丘陵低山锦橙等主产亚区 本区位于盆地东南、长江上游宜宾至宜昌南津关各县、区、市;岷江的乐山至宜宾各县、区、市,沱江的简阳至泸州各县、区、市,嘉陵江的西充至重庆各县、区、市,金沙江的屏山至宜宾市。年均温 16℃～17℃,≥10℃的年积温 5 500℃～6 000℃,1月均温 7℃～8℃,极端低温平均 0℃～−2℃,是甜橙、红橘的老产区,栽培历史 4 000 多年。柑橘区海拔 400 m 或 500 m 以下区域,应重点发展锦橙、先锋橙、哈姆林和血橙,脐橙要求湿度较低的温暖气候,奉节到秭归的长江沿岸适宜栽培,宽皮柑橘可栽培在海拔 400 m 或 500 m 以上、800 m 以下,为调剂市场供应,早熟温州蜜柑、红橘和椪柑可适当发展。

Ⅳ₂ 岷、沱、嘉陵三江中上游丘陵低山甜橙、宽皮柑橘主产亚区 包括岷江流域的灌县至乐山,沱江流域的简阳至绵竹,嘉陵江流域的南部至苍溪,还有乌江下游的秀山至武隆,赤水河的古蔺和叙永、珙县等地,热量比前区稍低,年均温 16℃～17℃,≥10℃的年积温 5 200℃～5 500℃,1月均温 6℃～7℃,极端低温可达 −5℃,极端低温平均达 −1℃～−2.5℃,其他生态条件与 Ⅳ₁ 亚区类似,夏橙果实偶有冻害,其他甜橙无冻害,是红橘、土柑的老产区。本亚区是甜橙生态适宜区,宽皮柑橘如红橘、温州蜜柑等丰产优质的最适宜区。温度较高的可发展哈姆林甜橙、血橙等,气候较干燥区可发展脐橙;宽皮柑橘应发展温州蜜柑早熟品种,如宫川、兴津、以及椪柑、红橘等良种。

Ⅳ₃ 盆地边缘丘陵和盆壁低山温州蜜柑主产亚区 除Ⅳ₁、Ⅳ₂亚区和甘孜、阿坝、凉山3州外的其余区域都属本亚区。年均温14.5℃～16℃，≥10℃的年积温4 800℃～5 200℃，甜橙偶有冻害，宽皮柑橘基本无冻害，历史上就有红橘种植，温州蜜柑栽培适宜，应以发展温州蜜柑早熟品种为主，适当栽培椪柑和红橘等。

Ⅴ. 云贵高原中低山和干热河谷柑橘混合区（包括云、贵及四川的凉山州和渡口市）

本区高原气候明显，年温差小，日温差较大，干湿雨季分明，气温受海拔影响比纬度更大，"一山分四季，十里不同天"、"四季无寒暑，一雨便成冬"，从山谷到山巅，由北热带至亚寒带，云南省的元江、河口、西双版纳等河谷为北热带，金沙江河谷低山海拔1 000 m以下为南亚热带，海拔1 000～1 800 m的中低山多为中亚热带，海拔1 800～2 000 m为北亚热带。贵州海拔1 000 m以下为中亚热带，1 000～1 500 m为北亚热带。因海拔高低不一，零星分布甜橙、香橼和宽皮柑橘等。由于地广人稀，大山阻隔，河流深邃，交通不便，柑橘又随着海拔高度不同，种类、品种也不一样，因而发展柑橘只能小片集中。

Ⅵ. 亚热带边缘柑橘混合区

北缘地区纬度高，或为山间谷地或丘陵平原，例如甘肃省的武都、文县，陕西省的汉中平原、安康地区，河南省伏牛山以南的淅川、西峡，安徽省的黄山南麓和大别山南麓，或者由于水体调节气温，如江苏省的太湖的东、西山和拖山，上海市的长兴岛，湖南省的沅江和安徽省歙县和新安江河谷地等。历史上以耐寒的朱橘、黄皮橘或土橘、皱皮柑等为主，引进温州蜜柑适应栽培，已成为主要发展品种。

柑橘栽培的北缘地区大部分是生态次适宜区或不适宜区，可选择小气候适宜之地，适当发展早熟温州蜜柑等品种，补充当前市场的需要。

此外，雷州半岛和海南岛等属北热带气候，纬度低，≥10℃的年积温超过8 000℃～8 300℃，1月均温15℃以上，柑橘缺乏理想的休眠温度。温度高、湿度大、日照强，柑橘生长旺盛，产量一般，果实有果皮粗糙和浮皮现象，糖、酸低，不耐贮藏，品质稍差，是甜橙适宜区或次适宜区，宽皮柑橘的次适宜区。可作自给性生产。

西藏自治区的雅鲁藏布江下游河谷，如墨脱和察隅等县也是中、南亚热带气候类型，柑橘可进行自给性生产。

第二节　柑橘规划

我国柑橘产业发展，全国和柑橘主产省、自治区、直辖市，不同时期都有规划，其中对柑橘产业化成效显著的当数国家农业部编制的《柑橘优势区发展规划（2003—2007年）》、《柑橘优势区域布局规划（2008—2015年）》和国务院三峡工程建设委员会办公室委托国家农业部编制的《三峡库区柑橘产业规划》。

一、全国柑橘优势区域发展规划(2003—2007年)

为发挥我国柑橘产业优势,必须紧紧抓住加入世界贸易组织,农业结构战略调整和西部大开发的机遇,对我国柑橘产业的结构进行调整。

(一)发展思路和目标

1. 发展思路 充分发挥我国柑橘产业的区域比较优势,以市场为导向,以提高柑橘产业的国际竞争力为核心,以科技创新与推广为动力,通过改良品种、优化结构、改善品质、提高单产、突出采后加工、强化市场营销,构建现代化柑橘产业体系,力争用10年左右时间,将我国柑橘优势区建设成为世界重要的柑橘产业基地。

按照以上要求,优势区域规划应坚持以下五条原则:一是适地适栽和发挥区域比较优势的原则;二是立足现有基础、着眼长远发展的原则;三是高标准、高科技、高质量、高效益的原则;四是统一规划、分步实施、以点带面、重点突破的原则;五是集中连片、规模经营、新建与改造相结合的原则。

2. 发展目标 力争通过10年的努力,把柑橘优势区建设成为世界重要的柑橘基地。具体目标是:到2012年,优势区内的柑橘产量占全国的比重由45%提高到70%以上;优质果率由35%提高到50%以上;平均单产由700 kg/667 m² 提高到1 500 kg/667 m² 以上,其中,加工原料达到2 000 kg/667 m² 以上;柑橘鲜果上市期从4个月延长到8个月以上,早熟和晚熟品种的比重由20%提高到35%以上。通过优势区的带动,全国柑橘出口量力争由20万t增加到100万t以上,其中优势区占90%以上。

(二)优势区域布局

本规划将长江上中游柑橘带、赣南—湘南—桂北柑橘带和浙南—闽南—粤东柑橘带以及一批特色柑橘生产基地(简称"三带一基地")确定为柑橘优势区,这些优势区是我国柑橘的集中产地,其产量已占全国柑橘总产量的45%。优质果率达35%,平均单产700 kg/667 m² 左右,早熟和晚熟产品占20%,均高于全国平均水平,鲜果和橘瓣罐头出口量分别占全国的70%和80%。主栽品种和主导产品符合国内外柑橘市场的需要。

1. 长江上中游柑橘带

(1)主要优势 该带大部分区域是我国加工甜橙的生态最适宜区,具有发展橙汁加工业的良好自然条件、品种资源和产业基础,可建成我国橙汁加工基地。该带无黄龙病,基本无溃疡病,无周期性冻害,适合各类柑橘生长,晚熟品种可以安全越冬。同时,技术力量雄厚,劳动力便宜,农民有种植柑橘的传统,柑橘的替代作物少。北京汇源、重庆三峡建设集团、娃哈哈、五粮液、泸州老窖和法国威望迪公司(原美国施格兰公司)等大型企业已介入这一区域的柑橘产业开发。

(2)主攻方向 依据长江上中游的气候和柑橘质量状况,将长江上中游柑橘带大体划分成4个功能区。重庆云阳以西至四川宜宾区域,重点建立橙汁加工原料基地;

金沙江、赤水河谷富热区,发展早熟脐橙;云阳至南津关区域,重点发展鲜食脐橙;在南津关以东区域,主要发展早熟温州蜜柑和橘瓣罐头加工原料基地。

(3)发展目标　2012年力争将该带建设成为亚洲最大的橙汁加工基地。利用无检疫病虫害的优势,建立调剂全国乃至出口无病毒苗木生产基地;柑橘产量占全国总产量的比重由14%提高到25%以上;优质果率由30%提高到50%,出口量达到10万t;橙汁产量满足国内消费需求的50%左右;早晚熟品种比例由10%提高到35%以上。

2. 赣南—湘南—桂北柑橘带

(1)主要优势　该带具有发展甜橙生产的优越自然生态条件和丰富的土地资源;赣南、湘南、桂北的脐橙在国内国际市场上具有明显的质量优势,出口初具规模;交通方便,区位优势明显,毗邻沿海发达地区和香港、澳门;地方政府高度重视,群众生产积极性高;产业基础较好,技术推广体系比较健全,赣南已有上市果业公司。

(2)主攻方向　重点打造优质脐橙,适度发展早熟温州蜜柑,调整品种和熟期结构。

(3)发展目标　到2012年,力争将该带建成我国乃至亚洲最大的优质脐橙生产基地,柑橘产量占全国的比重由13%提高到20%以上;脐橙产量占全国的比重由13%提高到80%以上;优质果率提高到70%以上;早晚熟比例由5%提高到20%;出口35万t,占全国出口总量的35%。

3. 浙南—闽西—粤东柑橘带

(1)主要优势　生态条件适宜,栽培历史悠久,栽培技术水平较高;经济基础较好,政府重视,群众生产积极性较高;具有发展特早熟和晚熟柑橘的气候条件;现有柑橘出口量较大,已有一定规模的出口基地;有一批具有一定实力的产业化龙头企业。

(2)主攻方向　重点发展优质外向型温州蜜柑、椪柑、柚类生产,适度发展早熟温州蜜柑、晚熟椪柑,调整品种和熟期结构;试验推广新技术,提高品质,降低成本;稳步扩大橘瓣罐头出口。

(3)发展目标　到2012年,力争将该带建成世界最大的温州蜜柑、椪柑和橘瓣罐头出口基地;柑橘产量占全国的比重由16%提高到20%以上;出口45万t,占全国出口总量的45%;优质果率提高到80%以上;早熟比例由15%提高到50%。

(三)优势区域开发方案

1. 总体规模　根据预测,未来几年国产优质脐橙的市场空间不小于360万t。如果每667 m² 产量达到1 500 kg,需脐橙栽培面积16万hm²,除去优势区已有脐橙园4万hm² 以外,还需发展12万hm²。到2010年,我国橙汁市场需求将达180万t,如果自己生产满足其中50%,加上出口10万t,则需生产橙汁100万t,折合原料果220万t,按每667 m² 产量2 000 kg计算,需原料基地7.33万hm²。如果从产品中选取20%用于鲜销,则需约9.33万hm² 基地。考虑到现有的可利用原料基地1.33万hm²,还需建设橙汁加工专用原料基地8万hm²。

根据对产业现状、市场需求以及土地资源状况的分析,在优势区内规划建设无公害柑橘生产基地 29.33 万 hm^2(包括脐橙、橙汁原料基地和宽皮柑橘及特色柑橘基地)。其中,长江上中游柑橘带 10 万 hm^2(橙汁原料基地 7.67 万 hm^2),赣南—湘南—桂北柑橘带 12 万 hm^2(赣南脐橙基地 5.33 万 hm^2,湘南脐橙基地 4 万 hm^2),浙南—闽西—粤东柑橘带 5.33 万 hm^2,柚类和其他特色柑橘基地 2 万 hm^2。

2. 实施步骤 根据统一规划、分步实施的原则,采取"攻守并进"的策略,在优先开发受冲击较大的鲜食橙类和橙汁产品的同时,充分发挥宽皮柑橘的优势,努力扩大出口。规划先期启动以橙汁加工原料生产为重点的长江上中游柑橘带和赣南—湘南—桂北柑橘带中的赣南、湘南脐橙基地,共 19.33 万 hm^2。在浙南—闽西—粤东柑橘带以及桂北先期着手建立健全柑橘无病毒良种繁育体系,以及一批示范基地,并逐步带动这个区域 3 万 hm^2 优质柑橘基地、2 万 hm^2 柚类和其他柑橘基地建设,3 年后适时启动。

3. 品种结构 首期优势区规划建设无公害柑橘生产基地 19.33 万 hm^2。果实成熟期比例为早熟品种 23%,中熟品种 50%,晚熟品种 27%。主栽品种比例为鲜食专用品种 60%,鲜食加工兼用品种 40%,即鲜食专用品种 11.67 万 hm^2,加工鲜食兼用品种 7.65 万 hm^2(30%用于鲜果销售,70%用于加工)。

(四)主要建设项目

今后 5 年,重点加强良种繁育体系、无公害柑橘生产基地、采后商品化处理与加工以及相关支撑体系等建设。

1. 无公害柑橘生产基地建设 在四川、重庆、湖北、湖南、江西、浙江和福建等 7 省、直辖市建设高标准无公害柑橘生产基地 21.33 万 hm^2(其中,新建 16.8 万 hm^2,改造 4.53 万 hm^2)。优先建设长江上中游柑橘带 10 万 hm^2,赣南、湘南优质脐橙基地 9.33 万 hm^2 和浙、闽柑橘带 2 万 hm^2 先作启动前准备。

2. 良种繁育体系建设 重点扩建国家柑橘苗木脱毒中心和国家果树脱毒种质资源室内保存中心,扩建或新建省级和重点县级良种苗木繁育场,建立母本树注册制度和检疫性病虫害预警系统,并加强苗木管理,使之成为一个有机整体,保证生产发展和苗木更新的需要。

3. 采后商品化处理体系建设 在主要鲜食柑橘产区建设 4 个大型、8 个中型和 24 个小型柑橘商品化处理分级包装厂。新建一条 5 万 t 橙汁原料加工线,并随着柑橘产量的增加逐步扩建成年加工 30 万 t 原料的橙汁加工厂。建设 5 座橘瓣罐头加工厂,年加工能力达到 12.5 万 t。

4. 支撑体系建设 在重庆扩建 1 个果品交易中心,建设 3 个产地果品批发市场。在湖北省建设三峡柑橘采后处理、贮藏、批发大市场,建设或完善 2 个产地果品批发市场。在四川省建设 1 个长江上游果品交易市场,建设 3 个主要产地果品批发市场。在江西省赣州市建设 1 个柑橘中心批发市场,建设 4 个产地交易市场。在湖南省郴州市建设 1 个柑橘中心批发市场,建设 3 个产地交易市场。依托中国农业科学院柑橘研究所,建设全国柑橘信息中心,实现与农业部信息中心、农业信息网站的市场信息传递和共享。在柑橘优势区域建设6个省级柑橘质量监测站。同时,进一步加强技术创新与推广体系建设。

二、全国柑橘优势区域布局规划(2008—2015年)

国家农业部2008年9月5日发布了《全国优势农产品区域布局规划(2008—2015年)》。现将柑橘部分介绍如下。

柑橘是世界上产量最大的水果种类,是我国具有较强竞争力的果品。近年来,我国柑橘产业发展迅速,种植规模不断扩大,总产量稳步提升,鲜食柑橘出口量逐年递增,橘瓣罐头产量和出口量均已超过世界的70%,柑橘产业正成为产区农民增收的支柱产业。未来柑橘市场需求将继续保持较快增长势头,为柑橘产业持续较快发展提供了良好机遇,但也面临着科技支撑不足、基础设施薄弱、生产管理粗放、采后处理能力弱等问题,亟需加以解决。

1. 区域布局 着力建设长江上中游、赣南—湘南—桂北、浙南—闽西—粤东、鄂西—湘西特色柑橘生产基地等5个优势区。其中长江上中游柑橘优势区位于湖北秭归以西、四川宜宾以东、以重庆三峡库区为核心的长江上中游沿江区域,主要包括38个重点县,着力发展鲜食加工兼用柑橘、橙汁原料柑橘和早、晚熟柑橘;赣南—湘南—桂北柑橘优势区位于江西赣州、湖南郴州、永州、邵阳和广西桂林、贺州等地,主要包括44个重点县,着力发展优质鲜食脐橙;浙—闽—粤柑橘优势区位于东南沿海地区,主要包括50个重点县,着力发展宽皮柑橘、柚类和杂柑类;鄂西—湘西柑橘优势区包括湖北西部、湖南西部地区,主要包括24个重点县,着力发展早熟、极早熟宽皮柑橘;特色柑橘生产基地包括南丰蜜橘基地、岭南晚熟宽皮柑橘基地、云南特早熟柑橘基地、丹江库区北缘柑橘基地和云南、四川柠檬基地,主要包括20个重点县,着力发展极早熟、早熟宽皮柑橘等特色品种。

2. 主攻方向 以提高我国柑橘产业的整体竞争力、扩大出口、减少进口为主攻任务,按照鲜食、加工并举的发展思路,重点开发鲜食柑橘和柑橘加工品两大类,宽皮柑橘、甜橙、柠檬、柚类和其他特色产品以及橘瓣罐头、柑橘汁6种主导产品。一是努力优化产业结构、品种结构、熟期结构,构建与现代柑橘生产相适应的培育、繁育、推广一体化生产技术体系;二是加强鲜果商品化处理和高效安全贮藏能力建设,开发示范深加工工艺,提升果实综合利用水平;三是促进品牌整合,推进规模化经营,大力发展果业合作经济组织、产业化经营及社会化服务体系,实现小生产与大市场的对接。

3. 发展目标 到2015年,培育形成3~5个特色鲜明、世界知名的优势柑橘区,8~10种有较强国际竞争力的柑橘产品以及一批有实力的知名品牌。优势区柑橘栽培面积达到140万 hm^2,占全国70%;产量达到2 430万 t,占全国的比重达到80%;平均单产达到15 t/hm^2 以上,加工原料单产30 t/hm^2 左右;等级(商品)果比例达75%,其中优质果率提高到60%以上,鲜果出口量超过140万 t,橘瓣罐头产量达70

万 t 左右,继续保持出口优势。

三、三峡库区柑橘产业开发规划(2002—2010 年)

本规划涉及湖北省和重庆市 57 918 km² 的范围,包括重庆的巫山、巫溪、奉节、云阳、开县、万州、石柱、忠县、涪陵、长寿、江津、巴南、丰都、渝北、重庆市区和湖北省夷陵、秭归、兴山、巴东 19 个淹没县、区和重庆垫江、梁平、湖北的枝江、点军、当阳和宜都 6 个县、市、区,共 25 个市、县、区。

库区现有柑橘栽培面积 16.5 万 hm²,年产量 136 万 t,年产值 10 多亿元。产量大约占全国的 1/8,其中淹没区 19 个县、区柑橘面积 10.57 万 hm²,产量 90.3 万 t,总体上看,库区柑橘生产规模不小,但效益不高。主要表现为:单产低,不稳定。库区多数果园比较分散,特别是重庆段"四边果园"较多,优良品种的规模化和商品化程度不高,"好的不多,多的不好"的问题十分突出。宽皮柑橘特别是红橘仍占较大比重,优良和专用加工品种比例较小;早、中、晚熟品种不配套致使成熟期过于集中;采后商品化处理和加工严重滞后,采后处理开始起步,而橙汁加工的原料远远跟不上。从产业发展角度看,库区柑橘产业的整体性和系统性有待提高。

导致以上问题的原因除了库区柑橘立地条件较差、季节性干旱等自然灾害较频繁的客观因素外,也与无病毒良种繁育体系还未建立、苗木市场比较混乱、针对库区柑橘产业的研究项目较少、技术推广体系线断网破、缺乏龙头企业带动、以及技术和管理队伍整体素质不高等因素有关。

通过对柑橘几个主要产品的国内外市场分析,结合库区柑橘发展的优、劣势,本规划主要针对库区有关柑橘产业发展的果品生产基地、无病毒柑橘良种苗木繁育体系、采后处理与加工、果品交易市场和信息体系、技术队伍、科技支撑、质量检测和生产资料 8 个方面进行了详细的编制。

规划根据库区的气候特点将项目划分 3 个功能不同的区域:一是江津到云阳段为加工甜橙品种栽培区,主栽品种是夏橙、锦橙和哈姆林甜橙等;二是云阳到宜昌的南津关段为鲜食甜橙品种栽培区,主栽品种是脐橙、夏橙和少量的锦橙;三是南津关以东段为宽皮柑橘栽培区,主栽品种为椪柑、温州蜜柑以及优良的杂柑。以此为依据,在保持库区现有的 16.45 万 hm² 柑橘面积规模的前提下,利用 5~8 年时间,完成 3.33 万 hm² 的柑橘园建设,其中新建 2.53 万 hm²(包含 0.28 万 hm² 示范园),改造 0.8 万 hm²。根据各县的移民、土地和技术条件等因素,将有关的示范园、新建园和改造园安排到有关市、县、区。利用国家已经建立的柑橘或果树脱毒中心及省级苗圃,适当扩大其繁殖能力和砧木采种能力。同时,分别在夷陵、秭归、万州、忠县、长寿和江津建立 6 个中心苗圃,构建库区的柑橘无病毒良种繁育体系,为项目基地提供优质苗木,合计供种能力达到 350 万株/年。在秭归、兴山、奉节、云阳和开县分别建立 5 座产后分级打蜡包装厂和产地批发市场,合计处理能力 80 t/h,新增处理能力达到 16 万 t/年,在宜昌市建立 2 座橘瓣罐头加工厂,合计年加工能力达到 5 万 t。2005 年拟在万州建立第一条5万t的橙汁生产线,2007年扩展为20万t,同时在忠县或长寿县建立第二条5万t的生产线,2009年第二条线扩展为20万t。项目结束时,处理鲜果能力新增40万t/年。在湖北宜昌市和重庆市建立果品交易市场和信息平台,利用华中农业大学和西南农业大学(含中国科学院柑橘研究所)现有的培训体系进行高层次的培训,并且增添有关设备,在两所大学建立柑橘品质检测体系。利用库区中心城市已有的设施,分别在宜昌、万州和涪陵建立柑橘科技培训中心。项目启动后对目前库区柑橘产业发展中亟待解决的品种、病害等8个方面的问题进行科技攻关研究。

规划项目全部(3.33万hm^2)投产后将年增柑橘产量80万t,达到年产100万t,其中优质果率达到60%以上,优质晚熟(3~6月份)品种的比例提高到总产量的26.4%。年产橘瓣罐头3.3万t,65°浓缩汁3.3万t,年产无病毒优质苗木350万株。以上各项合计年新增产值达到12亿元,新增就业容量3.8万人。该区域将成为我国甜橙、特别是晚熟甜橙的主要产地和出口基地、橙汁的加工基地、以及优良柑橘品种和高效生态农业的示范区。

第三节 柑橘产业化基地建设

根据全国柑橘的优势区域发展(布局)规划,列入优势区域的四川、重庆、湖北(长江中上游柑橘带)、江西、湖南、广西(赣南—湘南—桂北柑橘带)、浙江、福建、广东(浙南—闽西—粤东柑橘带)等省、自治区、直辖市的柑橘产业化基地建设情况简介如下。

一、四川省

2007年全省柑橘面积22.33万hm^2,居全国第四位,产量232.47万t,居全国第五位。产值47亿元,柑橘商品化处理约60万t,年加工甜橙鲜果23万t。

四川省有181个县、市、区,其中130个县、市、区有柑橘种植,取得的成绩显著。

(一)柑橘产区各具特色

由于气候的多样性,柑橘产区各有特色。列入我国柑橘产业带的地处长江上中游的宜宾、泸州,规划发展柑橘4.33万hm^2,其中宜宾2.33万hm^2,泸州2万hm^2。近年发展适合加工橙汁的原料基地2万hm^2,为澄汁加工业的加快发展,提供了原料保证。四川先后引进和建设的四川佳美食品有限公司(辖内江、南充2个加工厂)具有年加工能力30万t以上,橙汁年产量居全国之首。

安岳县是国内最大的柠檬生产基地县,种植面积1.47万hm^2,年产10万t,约占全国柠檬产量的70%,安岳华通柠檬开发有限公司成为全国最大的柠檬鲜果综合加工企业。

江安县是国内生产夏橙的重要基地县,不仅栽培历史较久,而且规模和产量在国内领先,柑橘面积0.63万hm^2,产量7万t。

资阳市雁江区(原资阳县),从20世纪70年代起发展温州蜜柑,目前已成为我国早熟、特早熟温州蜜柑的供应地。

内江市的资中县大力发展塔罗科血橙,市场供不应求。

川西的金堂、蒲江、眉山坚持自力更生,大力发展脐橙、杂柑,产品畅销海内外,果农增收致富。

与重庆相邻的邻水县,20世纪70年代末开始种植脐橙,目前面积1.23万hm²,产量7万t,产值超1亿元,脐橙以其果大皮薄,品质上乘而畅销国内外市场。

(二)布局结构不断优化

非优势区域发展逐步减缓,优势产区发展加快,产业向优势区域集中。全省近年制定了柑橘等特色水果产业发展规划,向优势区域倾斜,集中力量进行规模开发。

(三)特色柑橘发展迅速

四川省十分重视突出地方特色,将生态优势转化为市场优势和经济优势。柠檬面积由不足0.67万hm²发展到2.67万hm²。特色柑橘已经逐渐成为该省部分农村经济发展和农民增收致富的主导产业。

(四)科技支撑作用进一步增强

在长江河谷柑橘优势区域,重点推广无病毒苗木快速繁育、深沟高厢起垄种植、省工修剪技术,近年新发展的柑橘园80%采用无病毒容器苗木,广安、泸州、自贡、宜宾全面淘汰了常规裸根苗;在川西盆地金堂、蒲江县等柑橘老产区,推广柑橘果实覆膜留树延迟采收技术,面积达1.67万hm²,错开了上市旺季,价格提高了1~2元/kg,在川中丘陵地区,推广了采用香橙作砧木,解决了碱性土上柑橘黄化严重,长势不好,产量不高的历史老问题。在全省的果园内普遍应用了病虫害综合防治、无公害高产优质栽培、果园综合利用、有害生物绿色防控等先进技术。同时还加大了对骨干和技术人员知识更新培训,广大果农新品种实用栽培技术培训,为柑橘产业的发展提供了技术支持。

(五)产业化经营步伐加快

全省有规模以上的柑橘等水果加工企业20余家,年加工30万t果品。营销组织发展较快,安岳绿峰公司等营销组织,在扩大国内市场的同时,按照规模化生产要求,进行出口基地备案,积极开拓国际市场,柠檬等产品已打入国际市场。协会、专业合作组织作用不断增强,蒲江县鹤山果品协会,发展会员4070人,拥有18条果品采后处理包装生产线,2007年组织销售果品6万t,销售额达到1.8亿元;资阳市雁江区碑记柑橘协会有种植大户、营销大户等506名会员,种植面积124hm²,统一提供技术指导,创造了连续16年蜜柑每667 m² 产5000 kg的高产典型,碑记柑橘协会获得"四川省农村专业技术百强协会"的称号。地方政府助推产品营销,成都市采用一品一节的形式,在产区和销区举办产品展示展销会,提升品牌知名度。安岳柠檬、眉山柑橘出口俄罗斯,拉动了产业发展。

(六)产业投资渠道拓展

各级政府及相关部门重视和支持柑橘等产业,采用拼盘打捆方法,将退耕还林、水土保持、沼气能源建设、农综开发、节水灌溉、土地整治等涉农项目,按照统一规划的要求,围绕柑橘产业发展搞建设。

按照农业部优势柑橘产业发展规划的总体要求,全省规划到 2012 年,在甜橙生产区、柠檬生产区和宽皮柑橘生产区的 51 个县、区内新建柑橘高标准生产示范基地 11 万 hm^2,改造 1.33 万 hm^2,使全省柑橘总面积达到 33.33 万 hm^2,柑橘年总产量达 400 万 t 的柑橘产业带。重点通过无病毒良种繁育体系、优质无公害柑橘生产基地、采后商品化处理及加工体系和相关支撑体系的建设,提升该省柑橘产业水平,实现全省柑橘产业由布局分散向柑橘优势区域集中规模发展转变,由粗放型管理向集约化管理转变,由数量型向质量效益型转变,由鲜销向鲜销与加工并重转变。

二、重 庆 市

2007 年全市柑橘面积 11.39 万 hm^2,产量 104.38 万 t,在全国柑橘面积居第九位,产量居第九位。重庆市柑橘产业化建设发展较快,特色明显。

(一)生产规模较快增长

直辖市建市前柑橘面积 5.60 万 hm^2,自 2003 年开始实行优质柑橘百万吨工程以来,已新建标准化柑橘园 2 万 hm^2,规模 33.33 hm^2 以上的柑橘果园 130 个(其中 133.33 hm^2 以上的柑橘园 30 个),约 1.33 万 hm^2。柑橘销售和加工比例达到 75∶25,橙类和宽皮柑橘的比例调优为 42∶58,早中晚熟品种比例为 10∶75∶15,改变了直辖市建市前中熟品种占 90%、红橘严重滞销的局面,为我国柑橘鲜果出口和橙汁深加工建起了丰富的原料供应基地。

(二)良种繁育体系助推产业发展

在中国农业科学院柑橘研究所建设了柑橘种质保存资源圃和一级采穗圃,在北碚、忠县等地建设了二级采穗圃,在江津、长寿、万州等地建设了 8 个柑橘无病毒容器苗繁育基地,全市育苗温室 1.9 万 m^2,网室 2.1 万 m^2,育苗场地 46.67 hm^2,建成了具有国际先进、国内领先水平的柑橘无病毒苗木繁育、检测、鉴定管理体系,实施了柑橘容器式工厂化生产,从引进、培育的 100 多个柑橘品种(品系)中筛选主推了纽荷尔脐橙等十多个良种。年生产无病毒容器苗 1 000 万株以上,率先在国内实现了新发展柑橘果园全部采用无病毒良种容器苗的目标。

(三)柑橘产后处理和加工水平提升

以重庆恒河果业公司为主的柑橘商品化处理线的投产,使该市柑橘处理能力由 1997 年的 15 t/h。提高到 80 t/h,年处理 0.2 万 t 提高到 5 万 t。汇源果业 20 万 t 柑橘浓缩汁生产线和三峡建设集团国内第一座年加工 5 万 t NFC 鲜榨橙汁生产厂的投产,使重庆橙汁加工能力达 25 万 t,加上美国博富文公司和三峡建设集团正在建设的 19 万 t 和 31 万 t 橙汁加工生产线,将使重庆柑橘深加工能力达到 75 万 t 以上,位居亚洲之首。

重庆在全国率先组织 666.7 hm^2 规模化柑橘园签约欧洲 GAP 认证,将进一步规范重庆柑橘的生产管理技术规程,提升重庆柑橘的整体素质。GPA认证是重庆柑橘通往欧盟市场的通行证,有利出口创汇和持续发展。

(四)加快柑橘产业化发展进程

重庆正抓住千载难逢的机遇,5~8年间再新发展柑橘8.33万hm^2,总面积达20万hm^2,盛产期柑橘年产量达300万t,使柑橘产业成为重庆三峡库区的第一品牌。

未来五年,该市在《重庆市柑橘产业发展规划》的基础上针对近年柑橘产业发展面临的新情况、新问题,反复分析论证,于2009年1月修订出台《重庆市三峡库区柑橘老果园改造及鲜食晚熟柑橘发展规划》,绘制了新一轮的柑橘产业发展蓝图。

首先,坚持思路大调整。在战略定位上,坚定不移将柑橘产业作为重庆三峡库区现代农业发展的骨干优势产业为重点打造。作为库区农民增收致富的"第一果业"重点培育,作为库区生态环境保护的重大工程重点实施,着力把重庆柑橘打造成为中国柑橘第一品牌。在发展方向上,始终坚持新建与改造并重、鲜销与加工并重、生产与市场并重、农户与业主并重、防疫与发展并重,尽快形成健全的柑橘产业体系。在产业布局上,推进优势品种向优势区域集中。

其二,坚持发展大目标。计划到2012年,通过10个重点区县带动,集中成片新发展柑橘标准化果园5.33万hm^2以上,改造柑橘老果园1.33万hm^2,全市柑橘种植面积达到17.33万hm^2以上,年总产量200万t以上,其中,晚熟柑橘100万t,商品化包装处理50万t以上;100万t用于加工橙汁、生产NFC鲜橙汁、浓缩橙汁。

其三,坚持机制大创新。建立完善以农民和业主为主体、各级政府资金补贴为辅助的投入机制,整合全市农发、农综、扶贫、水利、交通、国土整治、移土培肥等涉农资金,集中投向柑橘良繁体系及基地建设,注重发挥政府资金"四两拨千斤"的带动作用,公开公示每667 m^2 1 500元建园补贴的政府性投入,撬动社会各界资金,每年有4.8亿元投入柑橘产业发展。完善柑橘产业风险防范机制,在试点建立柑橘保险机制基础上,扩大范围并鼓励龙头企业、规模种植户参加柑橘保险,提高柑橘产业防灾减灾能力。

其四,坚持工作大力度。调整完善市和区县柑橘产业工作机构,强力实施柑橘产业规划,组织技术力量对业主或农民专业合作社给予全程技术指导和咨询服务。健全完善重庆市柑橘产业协会、区县柑橘协会和柑橘专业合作社,将其发展成为柑橘市场化经营的重要载体,架起果农走向市场、走向致富的桥梁。

其五,坚持功能大拓展。大力发展柑橘产业,继续推进库周绿化带建设,探索走低污染、高效率、可持续的新型绿色农业发展模式。继续发挥柑橘产业的增收功能,着力解决库区产业空心化问题。目前,三峡库区柑橘基地规模、产品数量均占全市3/4。按三峡库区5.33万hm^2新建园计算,可提供24万人的就业容量,种植户平均增收1.3万元,对库区移民"移得出、安得稳、逐步能致富"将发挥重要的作用。

奉节县地处四川盆地东部边缘长江三峡的瞿塘峡口,地形地貌复杂,海拔高差悬殊,立体气候明显,并受三峡河谷气候的影响,属于温暖、中湿、多光照的气候类型,适宜柑橘，尤其是脐橙的发展。

全县柑橘分布在海拔 500 m 以下长江及 10 条溪河的沿岸。土壤是冲积土、砂壤和黏壤，适宜柑橘和脐橙的种植。

1949 年全县产柑橘 11.5 t，到 20 世纪 80 年代末柑橘面积发展到 0.45 万 hm^2，投产 0.1 万 hm^2，总产量 0.7 万 t。2007 年脐橙面积 1.8 万 hm^2，脐橙产量 18 万 t，产值近 4 亿元。

奉节的脐橙，在国家的优质农产品评比中多次获得金奖，优质脐橙畅销国内外。

目前，奉节已成为全国脐橙生产大县，是全球八大脐橙最适生态区之一，是三峡库区优质脐橙核心产区，是国家和重庆规划布局中的优质鲜销柑橘重点县，是农村经济发展、移民安稳致富的重要支柱产业。

奉节具有三峡河谷地带的长日照，金钱难买的中等空气相对湿度，接近积雪线下的斜坡逆温层，富含钾、硒元素的脐橙适栽土地和中晚熟脐橙品种资源等五大优势。今后发挥五大优势，特别是品种资源的优势，品种布局上，在稳定中熟脐橙种植面积，提高优质鲜橙商品率的同时，加快发展优势晚熟脐橙，延长脐橙供应期，在水果淡季上市，以获更大的经济效益。

为了继续做大做强脐橙产业，县确定了发展 3.33 万 hm^2、100 万 t、20 亿元产值的脐橙产业长远目标。到 2010 年实现种植面积、产量和产值分别达到 2.33 万 hm^2、24 万 t、12 亿元。商品化处理占 50%，达 12 万 t，产后增值 3.6 亿元，销售收入达到 8.4 亿元，与 2005 年相比实现产量翻番，产值接近 2 番。

2020 年规划柑橘面积、产量分别达到 2.66 万 hm^2、50 万 t。产值在 2010 年的基础上再翻 1 番。

万州区地处长江三峡库区腹心，柑橘产业是该区农村的支柱产业。2008 年，全区柑橘面积 1.8 万 hm^2，产量 20 万 t，其中甜橙 0.5 万 hm^2，产量 6 万 t，宽皮柑橘 1 万 hm^2，产量 10 万 t，其他品种 0.3 万 hm^2，产量 4 万 t。柑橘主要分布在海拔 600 m 以下的 50 多个乡镇。

万州种植柑橘历史悠久，生态条件得天独厚，是我国乃至世界柑橘种植的最适生态区之一，柑橘品种资源十分丰富，保存品种、品系近百个。除大红袍红橘外，近年发展脐橙的纽荷尔、林娜，血橙的塔罗科新系，杂柑的橘橙 7 号、不知火，柠檬的尤力克和北京柠檬。

该区适宜的生态条件使生产的柑橘品质上乘，在国家组织的优质柑橘评比中多次获得优质柑橘的誉称和金奖。

为了满足汇源集团三峡果业、柑橘开发公司加工和鲜销的需要，该区制定了"重庆市万州区柑橘产业基地发展规划"。规划提出了用 5 年时间在万州新建柑橘基地 0.67 万 hm^2，改造 0.67 万 hm^2，保留 0.67 万 hm^2，即在 2010 年建成 2 万 hm^2 柑橘基地，产量 25 万 t，2020 年增至 2.67 万 hm^2，年产柑橘 50 万 t。

开县位于长江三峡水库小江支流回水末端，是刘伯承元帅的故乡，素有"帅乡、橘乡、金开县"之美称,是全国柑橘生产的样板县,柑橘栽培历史悠久,享有"柑橘海洋"之美誉,独具特色的开县锦橙驰名中外。

目前,柑橘面积 2 万 hm²,年产量 15 万 t,产值 2.1 亿元。主栽品种为北碚 447 锦橙、纽荷尔脐橙等。以开陈 72-1 锦橙为主的开县锦橙曾连续 6 年获全国柑橘鉴评锦橙组第一名,多次获国家优质柑橘和金奖荣誉。

开县柑橘,从 2008 年起用 5 年时间集中建设标准化柑橘园 0.4 万 hm²,2012 年全县柑橘面积 2.4 万 hm² 以上,年产量 20 万 t,柑橘总产值 3.68 亿元。

加强柑橘商品化处理,使年处理能力达 5 万 t;大力发展橙汁加工业,使年加工能力达 10 万 t。

开县到 2020 年规划柑橘种植面积、产量达到 2.67 万 hm²、50 万 t。

忠县地处渝东。忠县受海拔高度和离长江及其支流远近的影响,境内有柑橘生态最适宜区、适宜区、次适宜区。柑橘生态的最适宜区主要分布在长江沿岸,海拔 175～400 m 之间低坝和丘陵地带。

忠县柑橘新种植的品种主要是锦橙的北碚 447 和渝津橙,少量的哈姆林甜橙、早金甜橙、奥灵达夏橙、德尔塔夏橙和脐橙。以满足加工 NFC 橙汁和鲜销之需。2007 年底,全县柑橘 1.2 万 hm²,产量 5 万 t。

规划目标到 2012 年柑橘面积 2 万 hm²,年产柑橘 75 万 t 以上,年产鲜冷橙汁 35 万 t,年总产值 36 亿元,年利税 12 亿元,果农年人均收入 1 000 元以上,安置库区移民 6.28 万人,解决从事柑橘相关人员就业 21.8 万人,并将带动运输、包装、旅游等产业的发展,成为重庆最大的高效生态农业示范区、特色农产品加工园区和国家级生态旅游观光区。

江津区位于长江上游,四川盆地东南。2007 年柑橘栽培面积 1.5 万 hm²,产量 12 万 t。近几年来,通过重庆市百万吨优质柑橘产业化工程的实施,初步形成集种苗培育、基地建设、产后商品化处理以及技术推广体系和产品销售体系的产业化发展链条。提出了"做强两大龙头,瞄准两个市场,形成三大片区"的柑橘产业发展思路。计划到 2010 年在 3 大片区建设高标准柑橘园 0.67 万 hm²,全区的柑橘总面积达 1.6 万 hm²,年产柑橘 20 万 t。2020 年面积 2 万 hm²,产量 40 万 t。

为实现上述发展目标,提出了推进"五化"的五项举措:即以三大片区为重点,大力推进基地布局区域化;以培植"龙头"为重点,大力推进产业化;以提高质量为重点,大力推进技术标准化;以市场开拓和信息畅通为重点,大力推进资源配置市场化;以政府推动、社会参与、农民受益为重点,大力推进管理服务社会化。

江津地处国家柑橘优势区,是锦橙的原产地,选出了渝津橙,近年为建设晚熟柑橘基地,重点引进和推广了默科特、W·默科特、清见等晚熟杂柑。为加快柑橘良种繁殖推广,建立了柑橘良种无病毒苗繁育体系,建立了柑橘单系砧木实验示范园,品种包括:卡里佐枳橙、施文格枳柚、X-639 和南非枳等 10 多个。为加强柑橘的产后处理能力,建成了 15 t/h 的柑橘商品化生产线,使产品销往东南亚各国,实现了重庆近

10 年来直接出口柑橘零的突破。近年,移民柑橘园的建设有力促进了该区和周边区、县柑橘产业的发展。

三、湖 北 省

2007 年全省柑橘面积 18.9 万 hm², 产量 211.56 万 t, 产值 28.8 亿元, 在全国柑橘面积居第五位, 产量居第五位。

近十多年来, 湖北的柑橘产业化得到了较大的发展, 其主要特色体现在 6 个方面。

(一)利用优势,集中建柑橘板块基地

在柑橘生态适宜区,相对集中地建设板块柑橘基地,促使产量大幅度的提升。如秭归县柑橘面积 1.08 万 hm², 产量 13.3 万 t, 其中脐橙面积 0.87 万 hm², 产量 12.2 万 t; 宜都市柑橘面积 1.53 万 hm², 产量 23 万 t; 当阳市金水柑(椪柑)面积 1.37 万 hm², 产量 15 万 t; 丹江口市柑橘面积 2.5 万 hm², 产量 30 万 t。

(二)以市场为导向,产品销往国内外

不论脐橙、温州蜜柑或是椪柑主要销往国内市场外,还出口东南亚、欧洲和北美。

(三)重视柑橘采后的商品化处理

2007 年底湖北拥有柑橘果品的选果打蜡生产线 300 多条,年处理能力超过 150 万 t, 实际处理 100 万 t 以上, 占全省柑橘总产量的 47%, 处理规模和处理水平居全国领先地位。2005 年国际知名公司"新亚国际集团"在秭归县建立利添生物科技发展有限公司,投资 5 000 万元建设三峡库区柑橘商品处理中心,采用国际一流的打蜡生产线,每小时生产能力 20 t, 建设 2 000 t 库容的冷库和果蔬交易大厅, 大力促进了秭归和湖北柑橘产业的发展。

(四)柑橘加工能力进一步提高

湖北省抓住东部沿海地区橘瓣罐头企业战略西移的机遇,加大招商引资力度,大力培植柑橘加工龙头企业。目前,宜昌市已建成宜都丰岛食品有限公司、椰风(宜昌)有限公司、宜昌鸿新食品有限公司、枝江隆华食品工贸有限公司、宜昌天元罐头有限公司、宜昌荣盛食品有限公司、宜昌嘉源食品有限公司、湖北新世纪食品有限公司、秭归帝元罐头有限公司和宜昌罐头厂等 10 家罐头加工企业。全省罐头加工能力已达 20 万 t, 2007 年加工橘瓣罐头 6 万余 t, 本地口岸出口 2.5 万 t, 创汇 1 500 万美元。

(五)做大统一柑橘品牌,增强市场竞争力

湖北省柑橘重要产地宜昌市,将全市已注册的 25 个柑橘商标,"橘颂"牌纽荷尔脐橙、奥灵达夏橙、"清江"牌椪柑、"金银岗"牌龙泉蜜橘等 17 个获得绿色食品和无公害农产品的柑橘品牌以及被中国果品流通协会评为"中华名果"的"科恩"牌金水柑、"秭归"牌脐橙,整合成"宜昌蜜橘"和"秭归脐橙"两大品牌。在长江、汉江沿岸的优质宽皮柑统一使用"宜昌蜜橘"集体商标,在三峡库区优质甜橙带生产的脐橙,统一使用"秭归脐橙"集体商标,并商定了统一品牌、统一包装设计、统一质量标准、分别注明产地的原则。制定了《集体商标管理办法》，借以提高"宜昌蜜橘"、"秭归脐橙"质量的稳定性、均衡性，进而打造成国内外市场叫得响、覆盖面广和市场价额高的知名品牌。

(六)发展中介服务组织和专业合作社组织

专业协会、专业合作社组织的发展，为柑橘产业发展注入了新的活力。如宜昌市的柑橘产业协会、秭归县柑橘协会、宜都市红花套镇柑橘产业合作社等在推广优良品种、普及实用技术及扩大市场销售方面发挥了积极作用，中介服务组织和专业合作组织内联农户，与其签订促销合同，外联全国各地客商，为其精心组织货源，确保客户利益，在柑橘营销中发挥了桥梁作用。

湖北省宜昌市系地级市，下辖13个市、县、区，是世界柑橘的重要原产地之一，宜昌橙就原产在该市的夷陵区（原宜昌县）。该市属宽皮柑橘生态最适宜区，是农业部划定的柑橘优势区域。该市2007年全市柑橘面积9.44万 hm^2，占湖北省柑橘总面积的50%，产量134.8万t，占湖北省柑橘总产量的63.7%。

宜昌市的柑橘产业，坚持一手抓发展、抓提高，一手抓加工、抓市场，柑橘产业化经营得到长足发展。在柑橘无公害高品质栽培方面，大力推广大枝修剪、生草栽培、配方施肥、生物农药、杀虫灯、诱虫板等综合防治柑橘病虫害，以及柑橘园铺设反光膜、遮阳网等综合技术措施，使柑橘的产量、质量和安全水平大幅度提高。主产的"宜昌蜜橘"、"秭归脐橙"鲜果销往国内外市场，深受消费者的青睐。

2008年初，宜昌柑橘遭受罕见的雨雪冰冻灾害，但由于及时抗灾救灾，加强灾后管理，柑橘仍获丰收。椪柑、脐橙减产，温州蜜柑抗低温能力强，基本无影响，由于新增结果面积0.67万 hm^2，全市柑橘产量突破148万t，比2007年增加近13万t。

根据目前宜昌柑橘的产销形势，为促其持续发展，该市采取如下对策措施：一是稳定面积；二是调整品种结构，调整早中晚熟品种比例，增加晚熟和扁果形宫川温州蜜柑；三是以销定产，大力促进销售；四是加强栽培管理，加强监测和检疫体系建设，确保果品优质、安全。

秭归县属宜昌市。2300多年前伟大的爱国诗人屈原于其故里秭归写下了著名诗篇《橘颂》。湖北秭归已将柑橘发展成为农业的主导产业。

2006年，秭归柑橘栽培面积发展到1.08万 hm^2，年产量13.3万t，产值2亿元以上，其中脐橙8762.6 hm^2，占柑橘栽培面积的81.1%。早中晚熟品种比例：早熟品种占2.8%，晚熟品种占10.1%，中熟品种占87.1%。

秭归脐橙将继续保持"中国脐橙之乡"美誉，力争"中国前列，世界有名"，2010年达到1.2万 hm^2 的规模，加快早、晚品种，尤其是晚熟品种的发展，进一步增强产业的竞争力。

四、江西省

2007年全省柑橘种植面积26.25万 hm^2，仅次于湖南，居第二位，产量195.75万t，居第八位。

近10多年来,江西省十分重视柑橘产业的发展,20世纪末在柑橘生产发展上推出"再造一个赣南"的目标。柑橘产业化发展主要表现在4个方面。

(一)柑橘产业特色明显,发展速度迅猛

赣南脐橙于20世纪80年代试种成功,继而实施"山上再造"、"兴果富民"、"建设世界著名脐橙主产区"战略,以前所未有的速度发展脐橙产业,2007年栽培面积10.33万hm^2,投产面积6.3万hm^2,总产量100万t,总产值30亿元,且在无病毒容器苗的繁育、开山建园、规模种植、柑橘果品的商品化处理等方面取得成功和经验。赣南脐橙远销俄罗斯、欧洲、中东、北美等国际市场,出口脐橙总量达10万t。今后几年将以每年新增近1万hm^2,产量年提增30%~40%的速度发展。在赣州市委、市政府提出"把赣南脐橙培植壮大成超百亿元产值的优势产业集群"的战略决策指引下,大抓打造赣南脐橙品牌,提高管理水平,培育关联产业,延伸产业链条,力争到2015年赣南脐橙实现面积20万hm^2、产量200万t、产值超100亿元的目标。

赣州已成为世界脐橙种植面积最大、年产量世界第三、全国第一的脐橙主产区,先后有60多万农村贫困人员通过种果脱贫走向致富路,1.5万多户农户果业年收入在5万元以上,10万元以上的有5000多户,100万元以上的有80多户。

南丰原产的南丰蜜橘,享誉省内外,2007年面积和产量分别为2.33万hm^2、28万t,产值8亿元。未来南丰蜜橘将继续做大做强,规划至2020年面积和产量分别达到3.33万hm^2和50万t的目标。

遂川金柑面积0.68万hm^2,产量3.5万t,产值1.6亿元。近几年来走"标准化、产业化、绿色化"之路,将建成1万hm^2基地,认定为全国首批84个绿色食品原料标准化生产果品之一,金柑还出口加拿大。

(二)柑橘良种体系不断完善,品种结构更加优化

国家、省、市、县四级以柑橘果树为主的良繁体系,年有繁育无病毒苗木1000万株能力。通过柑橘"948"等项目的实施,先后从中国农业科学院柑橘研究所、华中农业大学引进一批柑橘的新品种,纽荷尔、林娜等脐橙以及杨小2-6南丰蜜柑大面积推广成为主栽品种。正在逐步示范推广的有日南1号温州蜜柑、强德勒红心柚、红肉脐橙、福本脐橙,以延长柑橘鲜果供应期。

(三)质量水平显著提高,品牌效应日趋凸显

江西既重视果品的外观、内质提高,更注重果品的安全质量上水平,全省先后制定了《无公害食品 赣南脐橙》、《无公害食品 赣南脐橙生产技术规程》、《无公害食品 南丰蜜橘》、《无公害食品 南丰蜜橘生产技术规程》、《无公害食品 新余蜜橘》等21项标准,大面积推广疏果套袋、生草栽培、配方施肥、大枝修剪、病虫害综合防治等技术,柑橘等水果的商品率和安全质量有明显提高。安远县、南丰县被农业部认定为国家级无公害水果生产示范基地县,省级无公害基地52个,面积9.53万hm^2,产量60万t。

全省已通过无公害农产品认定的果品达62个,南丰蜜橘已成为全国名牌农产品,赣南脐橙获得国家"地理标志"产品保护、"中华名果"荣誉称号,赣南脐橙生产基地被批准为"全国农产品加工业示范基地","赣南脐橙"品牌荣获全国"十佳区域公用品牌"之首和全省20个重点扶持的农产品品牌之首。近年来,全省加大了品牌宣传力度,树立了品牌形象,品牌市场竞争力得到增强。全省知名果品不仅走进了上海、广州、北京等国内大城市的大型超市货架,而且还远销香港、欧洲、东南亚等国际市场。

(四)产业化经营方式方兴未艾,销售市场日益拓展

全省现有果业龙头企业95家,其中年加工贮藏能力在1万t以上的龙头企业18家,果品年贮藏加工总能力61.2万t,全省成立果业农民合作组织284个,参与果农12万余人。企业建立生产基地约6.03万hm^2,直接带动农户约22.3万户,订单金额达2亿元。2008年果品出口6.37万t,出口总值5 770万美元。其中,有代表性的企业主要有:上市果业企业江西赣南果业股份有限公司、香港华锦集团的安远三百山果品有限公司、农夫山泉安远基地果业有限公司、汇源集团(南丰)水果饮料加工公司,另外该省还培植了一大批以福建超大、飞环酒业、王品果业、梦龙果业、珊娜果业、马洪果业和金标果业等为代表的加工型、综合生产型、流通型的新型果业龙头企业,这些果业龙头企业,纷纷建起了果品分级包装厂和冷冻保鲜仓库。目前全省共建成7个10万m^2以上的果品专业批发市场,年销售优质果品52万t以上。全省已初步形成科学、完备的果品生产加工、销售、体系。

五、湖 南 省

湖南是我国的产柑橘大省。2007年柑橘面积32.59万hm^2,居全国之首,产量277.9万t,居全国第一位。湖南柑橘的主栽品种有温州蜜柑、椪柑、脐橙、冰糖橙、大红甜橙、沙田柚和金柑等。

进入21世纪以来,湖南柑橘产业发生了大的变化。

(一)加快柑橘优势带建设

湖南省的湘南在我国柑橘优势带中列入"赣南—湘南—桂北"优势带,湘西列入鄂西—湘西柑橘带正大力发展优质甜橙和有特色的柑橘。目前湘南的脐橙面积与2002年相比增加了2倍,产量翻了1番,新建柑橘园的良种率达100%,优质果率超过65%,使历来以温州蜜柑为主的湖南柑橘品种结构正在发生重大变化。全省柑橘面积0.67万hm^2以上的生产大县16个,0.33万hm^2以上的37个县,近几年,选择18个重点县发展优质脐橙、早熟温州蜜柑、椪柑和冰糖橙。湖南省政府提出在列入全国柑橘优势区域规划的湘南7个县建设4万hm^2优质脐橙和加工甜橙基地,把柑橘产业打造成产值超100亿元的大产业。

(二)加快柑橘无病毒苗木繁殖

湖南以安化无病毒良种培育基地为技术核心,联合相关县的无病毒柑橘良种苗木繁殖场,组建湖南亚赛柑橘种苗有限公司,每年可培育无病毒容器苗200万株,提供接穗 100 万枝。全省有 8 个柑橘无病毒苗木繁殖基地,生产能力达 500 万株。

(三)加快柑橘加工业发展

湖南省橘瓣罐头年加工能力已达到 20 万 t,2007 年加工橘瓣罐头 16 万 t。中美合资的湖南熙可罐头食品有限公司已拥有美国进口塑料杯装罐头生产线 3 条,可年加工优质柑橘原料 4 万 t 以上。湖南亚赛柑橘种苗有限公司、中德合资的益阳泰升天然果汁有限责任公司和湖南熙可罐头食品有限公司等 3 家公司,联合进行柑橘原料生产基地和开发柑橘采后商品化处理,构成了湖南柑橘加工产业化经营的企业集群,有利于推进柑橘产业化、出口创汇和确保果农增收。

(四)加快柑橘品牌建设

湖南省政府和农业部门狠抓"湘冠"、"雪峰"蜜橘,"崀山"、"湘南"脐橙,"汇萃"冰糖橙,"湘西"椪柑等品牌建设,已有一定的知名度。

柑橘安全卫生品质有了显著改善,湖南柑橘主导产品如早熟温州蜜柑、脐橙、冰糖橙和橘瓣罐头等的特色十分明显,曾多次被评为全国优质水果。

(五)加快无公害出口柑橘基地认证

湖南全省 46.67 万 hm^2 水果都进行了无公害产地环境认定和产品认证,涵盖新宁脐橙、石门蜜柑、泸溪椪柑等十几个品种;20% 的果品获得了绿色食品认证;有机果品生产开始起步。这些都为提高产品市场竞争力奠定了良好的基础。目前,已有 1 万 hm^2 基地获得出口柑橘基地认证,永州熙可、邵阳李文、永州罐头、辣妹子等加工企业,由于产品安全卫生品质过的硬,产品出口供不应求,产品出口美国、欧洲、日本。

(六)柑橘出口出现快速增长

历史上,湖南出口柑橘鲜果一直徘徊在 1 万多 t 左右。2007 年柑橘出口 6.6 万 t,实现高门槛下的高速增长。其中直接出口 3.1 万 t,货值 1 026 万美元,间接出口 3.5 万 t。主要出口品种为温州蜜柑、椪柑、南丰蜜橘、纽荷尔脐橙、普通甜橙、香柚等。出口加拿大、俄罗斯、哈萨克斯坦、越南、泰国、新加坡、印度尼西亚和销往我国香港特区等地。出口柑橘质量总体较好,国外和口岸没有发生退货,无不良质量反应。

加工产品出口稳步增长,2007 年出口橘瓣罐头 9 万 t,产品主销美国、日本、欧盟、韩国、新加坡。

湖南十分重视柑橘出口工作。2005 年在全国率先实施了柑橘基地注册登记制度,出口国外的柑橘基地须注册登记。截至 2007 年底,全省出口柑橘注册登记果园 48 个,面积 14.9 万 hm^2,注册登记出口柑橘包装厂 22 个,加工能力 10 万 t。注册登记比未注册登记果园的柑橘卖价平均高出 0.40 元/kg,果农增收明显。

今后几年,湖南省将集中投入建设"一横一纵"两条柑橘带:一是湖南鲜食脐橙和加工甜橙产业带,重点是宜章、道县、新宁、临武、蓝山、宁远、武冈等县 4 万 hm^2 脐橙,怀化、永州的 1.33 万 hm^2 加工甜橙和永兴、麻阳、洪江 2 万 hm^2 冰糖橙,二是雪峰山和武陵山的宽皮柑橘产业带,以洞口、溆浦、安化、石门为重点,新发展 2.67 万 hm^2 早熟、特早熟温州蜜柑及其他宽皮柑橘。对武陵的椪柑基地,以提高品质为重点,适度发展。全省通过"两带"建设,形成集中产区,打造产业航线,带动柑橘优势区建设整体推进。

六、广西壮族自治区

广西是我国重要的柑橘产区之一。2007年柑橘面积16.53万hm^2,产量234.7万t,在全国柑橘面积占第七位,产量占第四位。柑橘生产具有以下特色。

(一)品种丰富品质优

广西不仅品种众多,适宜栽培,而且在品质上也具特色。从广西柑橘的主栽品种的品质分析表明:20多个柑橘品种含酸1%以下,甜橙的酸含量在0.77%,可溶性固形物超过12.2%,糖高酸低,甜酸适度,风味良好。宽皮柑橘的温州蜜柑,酸含量0.92%,可溶性固形物高于9.2%;小果型的南丰蜜橘、沙糖橘和冰糖橘等,含酸0.55%,可溶性固形物11.5%;独具特色的沙田柚可溶性固形物16%,为全国最优。近年引进种植的杂柑默科特、天草、南香等,酸<1%,可溶性固形物13%以上。

(二)优势的气候使柑橘早应市

广西同一品种的采收期南部比北部可提早1~1.5个月。资料表明:从高纬(北)到低纬(南),纬度每低1°,成熟期可早10 d左右。所以在低纬度的钦州、南宁早熟温州蜜柑8月中旬即可应市,比桂林9月下旬应市早1个多月。广西从南到北,纬度相差4°,使其品种供应期延长。如早熟温州蜜柑,从桂南的8月上旬上市到桂北的9月下旬至10月中旬就有2个月时间,产夏橙的荔浦、临桂3月夏橙即开始上市,全区种植沙田柚从11月至翌年1月均有上市。早熟使柑橘排开季节供应,增加经济效益。

(三)土地、人力资源丰富

广西有适宜柑橘种植的红壤荒山荒地近66.67万hm^2,可供不断的开发利用。广西的劳动力充沛,农村剩余劳动力的总量1 000万人以上,未实现产业转移的农村富余劳动力尚超过400万人,占广西农村剩余劳动力的40%以上。

(四)科技力量较强,技术创新快速推进

除有广西壮族自治区柑橘研究所,广西农业科学院园艺研究所,广西大学农学院、广西农业职业技术学院等多所从事柑橘等果树的科研院所和大学外,还有多所中等农业学校及自治区、县、市分管水果技术推广与服务的人员达5 000多人,其中,高级职称有100多人,初级职称的3 000多人

通过几年来的技术创新,生态栽培和绿色植保普遍应用,柑橘黄龙病综合防控取得重大进展。特别是以避雨、避寒、避晒为主要目标的"三避"技术栽培成效显著。尤其是金柑通过盖膜留树保鲜,价格因此增长4~8倍。

(五)市场有竞争优势

广西境内铁路、高速公路贯穿东西南北,既是我国与东盟的结合部,又是泛珠三角经济区与东盟经济区、东亚与东南亚的连接点,还是西南地区加强与东盟和世界市场联系的重要门户。因此,广西柑橘北上东进,南出国门的交通十分便利。加之品种

的早熟优势和上乘的品质,使广西柑橘市场的竞争优势明显。

桂林市恭城县是全国生态示范县,柑橘是农业的支柱产业。2005年柑橘栽培面积1.68万 hm^2,产量32.9万 t。种植的柑橘主要是椪柑、新会橙、沙田柚,少量种植的有夏橙、脐橙、早熟温州蜜柑、南丰蜜橘、沙糖橘、冰糖橙和杂柑等。恭城是"中国椪柑之乡"、"全国无公害水果生产示范基地县"。为适应市场需求,正在逐步落实以下发展措施:

一是调优柑橘的品种结构,保持椪柑和沙田柚现有种植面积,加快对新会橙的改造,部分高接换种成为锦橙。

二是大力推广无公害及绿色食品生产技术,以提高质量为重点,推行测土配方施肥、果园生草栽培、整形修剪、疏花疏果和果实套袋技术以及病虫害综合防治技术。

三是拓展营销市场,利用现代信息传媒,为生产者和经营者提供快捷便利的信息服务。

四是无病毒苗木繁育基地,重点培育无病毒甜橙苗木。

五是为适应新形势要求,尽快建立柑橘等水果出口基地并注册登记,以抢占国际水果市场,特别是东南亚各国的水果市场。

六是全县高度重视组织农民专业合作社组织。将分散的农户组织起来,形成6.67 hm^2 以上规模的种植基地。目前该县已组建并到工商登记的专业合作社700多家,销售水果(柑橘)26万 t,其中20万 t销往越南、新加坡等东盟国家。

近几年来,广西壮族自治区各级政府,对柑橘产业十分重视,推出"抢抓机遇,加快发展,努力把广西打造成为全国柑橘第一大省(区)"的目标。同时提出了相应的发展对策:实施优势区域规划,调整品种结构;抓住重点尽快建成一批特色柑橘基地,大力控制和防治柑橘黄龙病;建立健全苗木繁育和管理制度,确保苗木质量;实施标准化生产和采后果品的商品化处理,打造品牌、名牌参与国际市场竞争;加强政府对产业的服务和支持力度,搞好技术培训,提高柑橘业的整体素质。这些对策的实施,必将促进广西柑橘业的加速发展。

七、浙江省

2007年全省柑橘面积12.25万 hm^2,居全国第八位,产量198.73万 t,居全国第七位。

柑橘鲜果销售以国内为主,约2%的柑橘鲜果出口东南亚、俄罗斯、北美和销往我国香港、澳门特区。柑橘加工制品糖水橘瓣罐头,产量居全国之首,常年产量40万 t 左右。

浙江是我国重要的柑橘主产省,柑橘产业化发展快而特色明显。

(一)产业规划趋于稳定,水平逐渐提高

通过省特色优势区规划的实施,全省已形成台州、温州、衢州、宁波和丽水5大产区,甬、台、温沿海柑橘带和衢、丽、金、杭柑橘带等两条优势产业带。全省90个县、

市、区有81个县、市、区生产柑橘,其中柑橘面积0.33万hm²以上的县、市15个,66.67 hm²以上的乡镇700个。到2010年柑橘面积稳定在13.33万hm²,产量稳定在200万t,产值超过30亿元。

(二)品种结构全面调整,生产布局逐步优化

温州蜜柑的比例从63%调减至50%,其中中晚熟品种下调至27%,特早熟、早熟温州蜜柑从13%提升到23%。杂柑从5.9%上升到12.4%,柚子从4%上升到6%。两个优势柑橘带占全省柑橘面积的90%。

(三)生产技术不断优化,质量效益明显提高

在推广良种的前提下,与良种相配套的高接换种、三疏一改、完熟采收、配方施肥、果园覆盖(生草栽培)、病虫综合防治等技术全面推广。通过全省性三优(优化品种、优化品质、优化品牌)改造工程建设,果品质量明显提高,优质果率50%以上,精品果率15%。与10年前相比,柑橘每吨价格从1 222元增加到1 690元,每667 m²生产效益从1 060元增加到1 448元。目前浙江全省已建无公害柑橘基地200个,面积3.1万hm²,产量64.7万t。涌现了如临海"岩鱼头"等精品柑橘生产基地,售价50元/kg。

(四)产后加工加速发展,品牌建设日趋重视

全省从事柑橘加工的企业近200家,全国58家生产糖水橘瓣罐头的企业中,浙江占40家,2007年出口糖水橘瓣罐头18.5万t,占全国总出口量的60%。出口创汇1.45亿美元,出口日本、美国、德国等多个国家。目前全省有商品化处理设备425台,年处理量40万t,商品处理率30%以上。为推动产业向精品品牌方向发展,2004年评选出浙江十大名牌柑橘。

(五)产业化程度有所提高,果品市场不断扩大

率先建立了全国首家省级柑橘产业协会——浙江省柑橘产业协会,加上市、县专业协会,全省29个专业协会在柑橘产业发展中发挥极其重要的作用。全省柑橘果品为主的批发市场60多个,成交量100万t,柑橘外销欧盟、日本、加拿大、俄罗斯和东南亚各国。

台州为地级市,所辖的黄岩、临海、玉环、温岭,三门等县、市、区主产柑橘。2008年柑橘总产量55.4万t,其中,早熟温州蜜柑21.6万t,中熟温州蜜柑22.5万t,玉环柚3.1万t,樱橘2.7万t,本地早1.78万t,温岭高橙和伊予柑为主的杂柑类1.6万t,椪柑1.3万t,产值10亿元以上。

台州柑橘之所以能销往全国各大、中城市,出口加拿大、俄罗斯等国,是由于其在4个方面有较大的优势。

一是柑橘老产区,产量高,品质优,"黄岩蜜橘"、"临海蜜橘"一大批品牌蜚声海内外。

二是台州柑橘营销网络健全,配送中心多而广,全市营销大户达1 336人,年销量21.2万t。

三是市内已有14家企业和22个基地获得出境水果包装厂和果园登记,出口量连年递增。

四是加工业发达。台州拥有加工企业50多家,年加工能力30多万t,其中,黄岩罐头集团公司生产的橘瓣罐头产量已超过西班牙,跃居世界第一。台州已开发出具有较大市场潜力的果汁、果酒、果酱和粒粒橙等柑橘加工产品。

台州柑橘产业将进一步加强领导、部门联动,加大政策扶持力度,及时发布产销信息,进一步确保果品的质量,促进柑橘产业持续发展。

八、福 建 省

福建地处我国东南沿海,地跨南亚、中亚两个气候带,背山面海,气候温暖,雨量充沛,发展柑橘生产具有不可多得的有利条件。

全省85个县、市、区,其中75个县、市、区生产柑橘。2007年全省柑橘种植面积17.04万hm^2,产量238.55万t,在全国柑橘面积居第六位,产量居第三位。福建柑橘产业化的特色明显。

(一)区域布局逐步优化,品种结构日趋合理

目前,大致形成了闽东南沿海冬暖区的芦柑、柚类;闽西北中亚热带的宽皮柑橘、脐橙等甜橙,品种优胜劣汰,逐步向最适宜区、优势带集中。

(二)大力推进标准化生产,果品质量显著提高

永春芦柑通过国家地理标志产品认证。永春天马柑橘场、长泰岩溪青年果场等十几家水果企业通过无公害食品认证,同时在全省建立了永春芦柑、顺昌芦柑、宁德脐橙、永安脐橙、尤溪金柑等标准化柑橘示范片,有力带动了全省柑橘无公害基地建设,优质果率65%以上,柑橘果品质显著提高。

(三)柑橘鲜果出口大幅度增长,国内外市场进一步拓宽

2007年柑橘鲜果出口20.4万t,且已由东南亚为主的低端市场,开始向欧盟市场进军,2007年琯溪蜜柚对欧盟出口总量达8万多t。近几年琯溪蜜柚产销两旺,还带动了加工、贮藏、运输和营销等服务行业的快速发展。至2007年,平和县建农贸市场30多个,水果包装加工厂300多家,保鲜库800多个,设立收购网点1 250多个,参与营运的汽车2万多辆,营销专业户数万户,10多万人从事柑橘相关的产业,实现了柚类生产、加工、贮运、营销一条龙,促进了农村经济的发展。永春芦柑种植规模成片,以山地种植为主,栽植面积约1万hm^2,产量超过24.4万t,鲜果主销国内东北、华北、西北市场,出口东南亚各国。2008年出口量达14.62万t,产值突破1.02亿美元。永春芦柑和平和琯溪蜜柚2005年获准地理标志产品保护。"中国金柑之乡"的尤溪金柑种植面积2.25万hm^2,产量1.3万t,果品多数销售国内市场,也出口俄罗斯。全省出口鲜柑橘主要是芦柑。

(四)品牌意识不断增强,产业化经营水平逐步提高

随着经济全球化和科技高新化的发展,产品质量的竞争、品牌的竞争必将成为市

场竞争的热点。实施名品牌战略,开展创名牌产品意义重大。近年来,国农农业发展有限公司"民广"牌琯溪蜜柚获中国名牌农产品称号,永安"川溪"牌脐橙等获福建省名牌农产品称号,产业化经营水平逐步提高。

(五)新技术推广力度加大,产业科技含量不断提高

通过农业部柑橘"948"后续创新与柑橘品质优化栽培与保鲜技术、科技部"台湾果树新品种与品质控制新技术引进创新研究"、省科技厅果业重大专项等项目,大力推广矮化修剪、营养诊断配方施肥、果实套袋、病虫害综合防治等技术,柑橘等果树科技含量不断提高。

(六)果农种植柑橘,经济收益明显提高

福建省平和县是我国柚类生产最大的县,柚的栽培面积达 4 万 hm^2,产量 70 万 t,产值 14 亿元,出口 8 万 t,全县农民人均纯收入 1/3 来自琯溪蜜柚,其中琯溪蜜柚年收入超过百万元的有 20 户,超过 50 万元的有上百户,10 万元以上的难以计数。

九、广 东 省

广东是经济发达的沿海省,柑橘产区经历了滑坡—恢复—发展的波动。近几年柑橘产业在恢复中呈现明显特点。

(一)主产区由平原、洲地向山区转移

随着广东经济的发展,柑橘生产从珠江三角洲和潮州平原向山区转移,20 世纪 80—90 年代,经济条件较好的珠江三角洲和潮州平原大力发展柑橘,使农民增收致富,其后柑橘的效益出现比第二、第三产业低,导致柑橘面积锐减。据统计 2003 年广州、深圳、东莞、珠海、佛山、中山、江门、潮州、汕头等 9 个市的柑橘种植面积为 0.48 万 hm^2,占全省种植面积的 3.22%,而广大山区,由于种柑橘的效益较其他作物高而大力发展具地方特色的柑橘品种。2003 年全省山区柑橘栽培面积 11 万 hm^2,占全省柑橘种植面积的 73.8%。2007 年,广东柑橘面积 24.36 万 hm^2,居全国第三位,产量 256.75 万 t,居全国第二位。

(二)发展地方良种,优化品种结构

根据市场需求,广东重点发展具有地方特色的蕉柑、椪柑、沙糖橘,红江橙、贡柑、春甜橘、马水橘、年橘、新会橙、暗柳橙等。其中的温州蜜柑、脐橙、沙田柚、琯溪蜜柚、沙糖橘、贡柑、马水橘、蕉柑、沙田柚等柑橘优良品种占柑橘面积的 95% 以上。品种的熟期进行了搭配,9~10 月上市的是早熟温州蜜柑、琯溪蜜柚,11 月成熟的是椪柑、沙糖橘、脐橙、沙田柚,12 月至翌年 3 月成熟的是贡柑、红江橙、蕉柑、年橘、马水橘、春甜橘,还有迟至翌年 4~5 月份成熟的是夏橙。柑、橘、橙、柚的比例为 30∶28∶12∶30。

(三)柑橘优势产业带初步形成

目前已初步形成粤东、粤中、粤西和粤北 4 个柑橘优势带,面积分别为 3.57 万 hm^2、3.98 万 hm^2、1.31 万 hm^2 和 3.11 万 hm^2。各类品种的优势产区有:粤东梅州市的沙田柚 2.58 万 hm^2，潮汕地区的优质蕉柑、椪柑 0.53 万 hm^2，平远县的优质脐橙 0.2 万 hm^2，河源市的优质晚熟春甜橘 0.27 万 hm^2。粤中肇庆市的优质沙糖橘、贡橘 2.65 万 hm^2，惠州市的年橘、优质甜橙、沙糖橘 1.33 万 hm^2；粤西湛江市的红江橙 0.47 万 hm^2，阳江市的马水橘 0.8 万 hm^2；粤北清远市的沙糖橘、早熟温州蜜柑 1.8 万 hm^2，韶关市的优质温州蜜柑、沙糖橘、甜橙、夏橙 1.33 万 hm^2。

（四）龙头企业发挥了带动作用

在各地政府的支持下，柑橘的龙头企业介入柑橘产业。如中山市杨氏南北鲜果有限公司，拥有进出口权，有 4 条从国外引进、且具有国际先进水平，生产能力每小时 60 t 的柑橘打蜡生产线和完备的催熟、冷藏等设备的加工厂，主要从事经销柑橘、荔枝、龙眼等南方名优水果，年生产销售量可达 6 万 t，是集种植、加工、销售于一体的水果龙头企业。梅县的金柚公司等龙头企业带动了当地柑橘产业的发展。

龙头企业推进了品牌创建。如"金柚"牌沙田柚、"红江"牌红江橙、"皇妃"牌贡橘、"华贡"牌沙糖橘等。中山杨氏公司创立的"YANG'S-NS"品牌饮誉我国大江南北，畅销加拿大、新加坡、马来西亚、泰国、印度尼西亚、菲律宾、俄罗斯、越南等国和我国香港、澳门特区。

（五）柑橘批发市场建设有新发展

近 10 多年来，各柑橘生产区相继建设果品批发市场，促进了果品流通和生产发展。广东深圳农产品批发市场有限公司，广州市西村果菜批发交易市场，东莞市果菜副食品交易市场等受到中国果品流通协会的表彰。各批发市场建立了信息平台，通过发布信息让需求方了解货源，有的直接进行网上交易。

梅县属梅州市，是我国，也是世界最大的沙田柚（梅县人称金柚）生产基地。有 100 多年的种植历史，有"中国金柚之乡"美誉。

1985 年，梅县沙田柚只有 93.3 hm^2，产量 880 t。2005 年产量 25 万 t，产值 5.72 亿元。2007 年为 1.67 万 hm^2，34.65 万 t。

梅县沙田柚具有鲜明的产业特色。一是规模优势。栽培面积稳定在 1.67 万 hm^2。二是平均单产较高，品牌多。2007 年 667 m^2 产量 1 382 kg，全县注册的柚类品牌有 9 个。三是产后处理和加工初见成效。全县沙田柚商品化处理线 20 多台套，柚类深加工有新的突破，研制的柚蜜酱、柚子吸附剂、柚皮精油、金柚片、金柚酒、金柚茶、柚黄酮等已先后投入市场。梅县嘉俊金柚食品厂生产的金柚凉果系列产品被评为广东省名牌产品。梅县嘉禾农业发展有限公司还与伊利集团建立了长期合作的关系，生产柚子蜜雪糕。四是市场流通渠道逐步开通。全县加工流通的龙头企业 21 家，从事柚类产业的专业合作社 7 家，有力促进了沙田柚的市场流通。

为持续发展梅县沙田柚，政府将继续加强对产业的领导，实施标准化生产，确保产品绿色、安全、优质。经 5~10 年努力，实现产量 50 万 t、产值 12 亿元以上发展目标，变沙田柚生产大县为生产强县。

第五章　柑橘标准化建园和生产技术

柑橘标准化建园和生产技术包括：柑橘建园、土肥水管理技术和柑橘枝叶花果管理技术。

第一节　柑橘标准化建园技术

一、柑橘园地规划

柑橘果树要求"良种、适地、适种"，因此，园地规划时要重视园地的选址。本着充分发挥资源优势和生态优势，统筹兼顾，适度规模进行科学规划。

(一)园地选择

1. 适宜的土壤　柑橘最适宜种植在疏松深厚、通透性好、保肥保水力强、pH值5.5~6.5，且具有良好团粒结构的土壤上。红壤、黄壤、紫色土、冲积土、水稻土均可种植，但土层薄、肥力低、偏酸或偏碱的土壤，种植前、后应进行改土培肥。

2. 适宜的气候　在柑橘生态最适宜区或适宜区种植，生态次适宜区种植必须选适宜的小气候地域。

3. 有利的地形　山地、丘陵，新建果园坡度应在15°以下，通常最大不得超过20°。因为坡度小，有利于规模、高标准建园，既可节省成本，又便于生产管理和现代化技术的应用。

4. 适度规模　集中成片有利管理和产生规模效应，要求新建园（基地）不小于133.33 hm^2，改造园不小于13.33 hm^2。

5. 水源供应有保障　距水源的高程低于100 m，年供水量每667 m^2大于100 m^3。

6. 发展环境良好　规划园区应无工业"三废"排放，土壤中铅、汞、砷等重金属含量和六六六、滴滴涕等有毒农药残留不超标；无柑橘溃疡病、黄龙病和大实蝇等检疫性病虫害；柑橘加工厂和商品化处理线应建在无污染、水源充足、排污条件较好的地域。

7. 交通运输条件方便　各柑橘基地离公路主干道的距离不超过1 000 m为宜。

(二)园地规划

柑橘的早结果、丰产稳产需要适宜的热、光、水、气、肥等生长条件。柑橘园地规划设计是综合利用自然资源和社会资源，创造有利于柑橘生长发育、优质丰产的环境条件，并尽可能提供良好的交通、电力、通讯等社会经济条件，降低生产成本，提高生产效率。

柑橘园地规划是在尽量选择有利于果园建设的地形地貌、海拔高度、地域气候、土壤、水源和交通电力通讯等条件的基础上,对可以人为改变的不利条件进行改造,使之成为优质丰产的高效果园。规划的内容包括:道路、水系、土壤改良、种植分区、防护(风)林和附属设施建设等,其中道路、水系和土壤改良是规划的重点。

1. 道路系统　道路系统由主干道、支路(机耕道)、便道(人行道)等组成。以主干道、支路为框架,通过其与便道的连接,组成完整的交通运输网络,方便肥料、农药和鲜果的运输以及农业机械的出入。主干道按双车道设计。不靠近公路,园地面积超过 66.67 hm² 的,修建主干道与公路连接。支路按单车道设计,在视线良好的路段适当设置会车道。园地内支路的密度以方便运输为度,原则上果园内任何一点到最近的支路、主干道或公路之间的直线距离不超过 150 m,特殊地段控制在 200 m 左右。支路尽量采用闭合线路,并尽可能与村庄相连。主干道、支路的路线走向尽量避开要修建桥梁、大型涵洞和大型堡坎的地段。

便道(人行道)之间的距离,或便道与支路、便道与主干道或公路之间的距离,根据地形而定,一般控制在果园内任何一点到最近的道路之间的直线距离在 75 m 以下,特殊地段控制在 100 m 左右。行间便道直接设在两行树之间,在株间通过的便道减栽一株树。便道通常采取水平走向或上下直线走向,在坡度较大的路段修建台阶。

相邻便道之间,或相邻便道与支路之间的距离尽量与种植柑橘行距或株距成倍数。

道路系统的具体设计要求简介于下。

(1)主干道　贯通或环绕全果园,与外界公路相接,可通汽车,路基宽 5 m,路宽 4 m,路肩宽 0.5 m,设置在适中位置,车道终点设会车场。纵坡不超过 5°,最小转弯半径不小于 10 m。路基要坚固,通常是见硬底后石块垫底,碎石铺路面、碾实,路边设排水沟。

(2)支路　路基宽 4 m,路面宽 3 m,路肩 0.5 m,最小转弯半径 5 m,特殊路段 3 m,纵坡不超过 12°,要求碎石铺路,路面泥石结构,碾实。支路与主干道(或公路)相接,路边设排水沟。

支路为单车道,原则上每 200 m 增设错车道,错车道位置设在有利地点,满足驾驶员对来车视线的要求。宽度 6 m,有效长度大于或等于 10 m,错车道也是果实的装车场。

(3)人行道　路宽 1~1.5 m,土路路面,也可用石料或砼板铺筑。人行道坡度小于 10°,直上直下;10°~15°,斜着走,15°以上的按"Z"字形设置。人行道应有排水沟。

(4)梯面便道　在每台梯地背沟旁修筑,宽 0.3 m 的便道,又是同台梯面的管理工作道,与人行道相连。较长的梯地可在适当地段,上下两台地间修筑石梯(石阶)或梯壁间工作道,以连通上下两道梯地,方便上下管理。

(5)水路运输设施　沿江河、湖泊、水库建立的柑橘基地,应充分利用水道运输。在确定运输线后,还应规划建码头的数量、规模大小。

2. 水利系统 我国柑橘产区,多数年降水量在 1 000 mm 以上,但因降雨时间的分布不均匀,不少柑橘产区有春旱、伏旱和秋旱,尤其是 7～8 月份的周期性伏旱,对柑橘生产影响很大。故规划中必须考虑旱季的用水。

(1)灌溉系统 柑橘果园灌溉可以采用滴灌(微喷灌)的节水灌溉和蓄水灌溉等。

①滴灌:滴灌是现代的节水灌溉技术,适合在水量不丰裕的柑橘产区使用。水溶性的肥料可结合灌溉使用。但滴灌设施要有统一的管理、维护,规范的操作,不适应于千家万户的分散种植和管理。此外,地形复杂、坡度大、地块零星的柑橘果园安装滴灌难度大、投资大,使用管理不便。滴灌由专门的滴灌公司进行规划设计和安装。在我国承建工程的外国滴灌公司有美国的托罗公司,以色列的艾森贝克、普拉斯托、耐特菲姆等公司。滴灌的主要技术参数:灌水周期 1 d,毛管 1 根/行,滴头 4 个/株,流量 3～4 L/h,土壤湿润比≥30%,工程适用率>90%,灌溉水利用系数 95%,灌溉均匀系数 95%,最大灌水量 4 mm/d。

②蓄水灌溉:尽量保留(维修)园区内已有的引水设施和蓄水设施,蓄水不足、又不能自流引水灌溉的园区(基地)要增设提水设施。

新修蓄水池的密度标准是果园的任何一点到最近的取水点之间的直线距离不超过 75 m,特殊地段可适当增大。蓄水设施可根据柑橘园需水量,在果园上方修建大型水库或蓄水池若干个,引水、蓄水,利用落差自流灌溉。各种植区(小区)宜建中、小型水池。根据不同柑橘产区的年降水量及时间分布,以每 667 m² 有 50～100 m³ 的容积为宜。蓄水池的有效容积一般以 100 m³ 为适,坡度较大的地方,蓄水池的有效容积可减小。蓄水池的位置一般建在排水沟附近,在上下排水沟旁的蓄水池,设计时尽量利用蓄水池减小水的冲击力。不论是实施滴灌或是蓄、引水灌溉,在园区内均应修建 3～5 m³ 容积的蓄水池数个,便于零星补充灌水和喷施农药用水。

③灌溉管道(渠):引水灌溉的应有引水管道或引水水渠(沟),主管道应纵横贯穿柑橘园区,连通种植区(小区)水池,安装闸门,以便引水灌溉或接插胶管作人工手持灌溉。

④沤肥池:为使柑橘优质、丰产,提倡柑橘果树多施有机肥(绿肥、人畜粪肥等),宜在柑橘园修建沤肥池,一般 0.33～0.67 hm² 建 1 个,有效容积 10～20 m³。

柑橘园(基地)灌溉用水,应以蓄引为主,辅以提水,排灌结合。尽量利用降雨、山水和地下水等无污染水。水源不足需配电力设施和柴油机抽水,通过库、池、沟、渠进行灌溉。

(2)排水系统 平地(水田)柑橘园或是山地柑橘园,都必须有良好的排水系统,以利植株正常生长结果。

平地柑橘园(基地)应有排洪沟、主排水沟、排水沟、厢沟,沟沟相通,形成网络。

山地、丘陵柑橘园(基地)应有拦洪沟、排水沟、背沟和沉沙坑(凼),并形成网络。

①拦洪沟:应在柑橘果园的上方林带和园地交界处设置,拦洪沟的大小视柑橘园上方集(积)水面积而定。一般沟面宽 1～1.5 m,比降 3‰～5‰,以利将水排入自然

排水沟或排洪沟,或引入蓄水池(库)。拦洪沟每隔5~7 m处筑1土埂,土埂低于沟面20~30 cm,以利蓄水抗旱。

②排水沟:在果园的主干道、支路、人行道上侧方,都应修宽、深各50 cm的沟渠,以汇集梯地背沟的排水,排出园外,或引入蓄水池。落差大的排水沟应铺设跌水石板,以减少水的冲力。

③背沟:梯地柑橘园,每台梯地都应在梯地内沿挖宽、深各20~30 cm的背沟,每隔3~5 m留1隔埂,埂面低于台面,或挖宽30 cm、深40 cm、长1 m的坑,起沉积水土的作用。背沟上端与灌溉渠相通,下端与排水沟相连,连接出口处填一石块,与背沟底部等高。背沟在雨季可排水,在旱季可用背沟灌水抗旱。

④沉沙坑(凼):除背沟中设置沉沙坑(凼)外,排水沟也应在宽缓处挖筑沉沙坑(凼),在蓄水池的入口处也应有沉沙坑(凼),以沉积排水带来的泥土,在冬季挖出培于树下。

3. 土壤改良 完全适合柑橘果树生长发育的土壤不多,一般都要进行土壤改良,使土层变厚,土质变疏松,透气性和团粒结构变好,土壤理化性质得到改善,吸水量增加,变土面径流为潜流而起到保水、保土、保肥的作用。

不同立地条件的园地有不同的改良土壤的重点。平地、水田的柑橘园,栽植柑橘成功的关键是降低地下水位,排除积水。在改土前深开排水沟,放干田中积水。耕作层深度超过0.5 m的可挖沟筑畦栽培,耕作层深度不到0.5 m的,应采用壕沟改土。山地柑橘园栽植成功的关键是加深土层、保持水土,增加肥力。

(1)水田改土 可采用深沟筑畦和壕沟改土。

①深沟筑畦:或叫筑畦栽培,适用耕作层深度0.5 m以上的田块(平地)。按行向每隔9~9.3 m挖1条上宽0.7~1 m,底宽0.2~0.3 m,深度0.8~1 m的排水沟,形成宽9 m左右的种植畦,在畦面上直接种植柑橘2行,株距2~3 m。排水不良的田块,按行向每隔4~4.3 m挖1条上宽0.7~1 m、底宽0.2~0.3 m、深度0.8~1 m的排水沟,形成宽4 m左右的种植畦,在畦面中间直接种植柑橘1行,株距2~3 m。

②壕沟改土:适用于耕作层深度不足0.5 m的田块(平地),壕沟改土每种植行挖宽1 m、深0.8 m的定植沟,沟底面再向下挖0.2 m(不起土,只起松土作用),每立方米用杂草、作物秸秆、树枝、农家肥、绿肥等土壤改良材料30~60 kg(按干重计),分3~5层填入沟内,如有条件,应尽可能采用土、料混填。粗的改土材料放在底层,细料放中层,每层填土0.15~0.2 m。回填时,将原来0.6~0.8 m的土壤与粗料混填到0.6~0.8 m深度;原来0.2~0.4 m的土回填到0.4~0.6 m深度;原来0~0.2 m的表土回填到0.2~0.4 m深度;原来0.4~0.6 m的土回填到0.2~0.4 m深度。最后,直到将定植沟填满并高出原地面0.15~0.2 m。

(2)旱地改土 旱坡地土壤易冲刷,保水、保土力差,采用挖定植穴(坑)改良土壤。挖穴深度0.8~1 m,直径1.2~1.5 m,要求定植穴不积水。积水的定植穴要通过爆破,穴与穴通缝,或开穴底小排水沟等方法排水。挖定植穴时,将耕作层的土壤放一边,生土放另一边。定植穴回填每立方米用的有机肥用量和回填方法与壕沟改土同。

(3)其他方法改土　其他改土方法有爆破法、堆置法和鱼鳞式土台。

4. 种植区(小区)　见柑橘栽植。

5. 防护林　防护林应包括防风林和蓄水林等,有风害、冻害的柑橘产区在柑橘园的上部或四周应营造防护林。

防风林有调节柑橘果园温度、增加湿度、减轻冻害、降低风速、减少风害、保持水土、防止风蚀和冲击的作用。

防风林带通常交织栽植成方块网状,方块的长边与当地盛行的有害风向垂直(称主林带),短边与盛行的风向平行。林带结构分为密林带、稀林带和疏透林带3种。密林带由高大的乔木和中等灌木组成,防风效果好,但防风范围小,透风能力差,冷空气下沉易形成辐射霜冻。稀林带和疏透林带由1层高大乔木或1层高大乔木搭配1层灌木组成,这两种林带防风范围大,通气性好,冷空气下沉速度缓慢,辐射霜冻也轻,但局部防护效果较差。实践表明,疏透林带透风率30%时,防风效应最好。

防风林的树种,多以乔木为主要树种,搭配以灌木,效果较好。乔木树种选树体高大、生长快、寿命长、枝叶繁茂、抗风、抗盐碱性强而没有与柑橘相同病虫害的树种。冬季无冻害的地区可选木麻黄;冬季寒冷的柑橘产区可选冬青、女贞、洋槐、乌桕、苦楝、榆树、喜树、重阳木、柏树等乔木。灌木主要有紫穗槐、芦竹、慈竹、柽柳和杞柳等。

6. 附属建筑物　大型柑橘园(基地)的办公室、保管室、工具房、包装场、果品贮藏库、抽水房、护果房和养畜(禽)场,均属果园(基地)的附属设施。应根据果园的规模、地形和附属建筑的要求,做出相应的规划。如办公室位置要适中,便于对作业区实行管理;养畜(禽)场宜在果园的上方水源、交通和饲料用地方便处。包装场宜在柑橘园的中心,并有公路与外界相连。果品贮藏库宜在背风阴凉、交通方便的地方。护果房宜在路边制高点处。抽水房宜在近水源又不会被水淹没的位置建造。

二、柑橘园地建设

山地柑橘园地也可根据道路、水系的设计进行实施,土壤按改良的要求进行改良。

平地柑橘园地比山地柑橘园地建设要简单,可根据规划设计图上标示的道路、灌溉道(管、渠)、蓄水池、排水沟和改良土壤的要求等进行实施。根据园地的实况还可有所调整,以利实用、方便。

(一)山地柑橘园建设

1. 测出等高线　测量山地柑橘园地可用水准仪、罗盘等,也可用目测法确定等高线。先在柑橘生产基地的地域选择具有代表性的坡面,在坡面较整齐的地段大致垂直于水平线的方向自上而下沿山坡定一条基线,并测出此坡面的坡度。遇坡面不平整时,可分段测出坡度,取其平均值作为设计坡度。然后根据规划设计的坡度和坡地实测的坡度计算出坡线距离,按算出的距离分别在基线上定点打桩。定点所打的木桩处即是测设的各条等高线的起点。从最高到最低处的等高线用水准仪或罗盘仪等测量相同标高的点,并向左右开展,直到标定整个坡面的等高点,再将各等高点连成一线即为等高线。

对于地形复杂的地段,测出的等高线要作必要的调整。当实际坡度大于设计坡度时,等高线密集,即相邻两梯地中线的水平距离变小,应适当调减线;相反,若实际坡度小于设计坡度时,也可视具体情况适当加线。凸出的地形,填土方小于挖土方,等高线可适当下移。凹入的地形,挖土方小于填土方,等高线可适当上移。地形特别复杂的地段,等高线呈短折状,应根据"大弯就势,小弯取直"的原则加以调整。

在调整后的等高线上打上木桩或划出石灰线,此即为修筑基地的基线。

2. 梯地的修筑方法　修筑水平梯地,应从下而上逐台修筑,填挖土方时内挖外填,边挖边填。梯壁质量是建设梯地的关键,常因梯壁倒塌而使梯地毁坏。根据柑橘园土质、坡度、雨量情况,梯壁可用泥土、草皮或石块等修筑。石梯壁投资大,但牢固耐用。筑梯壁时,先在基线上挖1条0.5 m宽、0.3 m深的内沟,将沟底挖松,取出原坡面上的表土,以便填入的土能与梯壁紧密结合,增强梯壁的牢固度。挖沟筑梯时,应先将沟内表土搁置于上方,再从定植沟取底土筑梯壁(或用石块砌),梯壁内层应层层踩实夯紧。沟挖成后,自内侧挖表土填沟,结合施用有机肥,待后定点栽植。梯地壁的倾斜度应根据坡度、梯面宽度和土质等综合考虑确定。土质黏重的角度可大一些;相反,则应小一些;通常保持在60°~70°。梯壁高度以1 m左右为宜,不然虽能增宽梯面,但费工多,牢固度下降。筑好梯壁即可修整梯面,筑梯埂、挖背沟。梯面应向内倾,即外高内低。对肥力差的梯地,要种植绿肥,施有机肥,进行土壤改良,加深土层,培肥地力。

在库区山地建园,如何增宽梯面,降低梯壁高度,增加根际有效土壤体积,防止水土流失,是山地建园工程中需要解决的问题。

据20个果园实地调查和测算,在20°~30°坡地筑3~4 m宽的梯地,一般梯壁高1.1~2.8 m。坡度每增加5°,修筑梯地挖填土方量要增加28%~31%。梯面每增宽1 m,挖填土方量增加28%~35%(表5-1)。

表5-1　不同坡度修筑梯地挖填土方量

坡度 (度)	梯面宽 (m)	梯壁高 (m)	每667 m² 挖填土方 (m³)	梯面加宽1米 增加土方量(%)
20	3.0	1.1	177.6	30.8
	3.5	1.3	209.5	
	4.0	1.4	232.4	
25	3.0	1.4	233.3	28.8
	3.5	1.6	266.0	
	4.0	1.8	298.8	

续表 5-1

坡 度 (度)	梯面宽 (m)	梯壁高 (m)	每 667 m² 挖填土方 (m³)	梯面加宽 1 米 增加土方量(%)
30	3.0	1.7	288.6	30.4
	3.5	2.0	332.5	
	4.0	2.2	376.3	
35	3.0	2.1	344.1	35.1
	3.5	2.4	399.0	
	4.0	2.8	464.8	

表 5-1 表明,在坡度大的地块,要求梯面太宽,不仅施工量大,且土层翻动也大,延迟了土壤熟化。但梯面过窄,树体空间和土壤营养不足。一般柑橘树冠,定植 3~4 年冠径可达 1 m。10~15 年可达 3 m 左右。据此,建议新建园修筑有工作道的复式梯地,以增加梯面空间,降低梯壁高度,有工作道便于出入管理。

20°~25°坡地,梯面应达到 3.5 m,同时在梯壁间再修建 1 条 0.5 m 宽的工作道,实际梯面空间可达 4 m。25°~30°以上坡地,梯面宽应不小于 3 m,加上工作道后,梯面空间可在 3.5 m 左右。

这种复式梯地,不仅加宽了梯面空间,同时将一个高的梯壁改成二段矮梯壁,既防止冲刷垮塌,减少施工量和土地翻动过大,又便于树冠长大后的出入管理。

(二)平地柑橘园建设

平地柑橘园包括平地、水田、沙滩和河滩、海涂柑橘园地等类型,地势平缓,土层深厚,利于灌溉、机耕和管理,树体生长良好,产量也较高。应特别注意水利灌溉工程、土地加工和及早营造防风林等。

1. 平地和水田柑橘园 包括旱地柑橘园和水田改种的柑橘园,这类型园地重在降低地下水位和建好排灌沟渠。

(1) 开设排、灌沟渠 旱作平地建园可采用宽畦栽植,畦宽 4~4.5 m,畦间有排水沟,地下水位高的,排水沟应加深。畦面可栽 1 行永久树,两边和株间可栽加密株。

水田柑橘生产基地的建设经验是建筑浅沟灌、深沟排的排灌分家,筑墩定植,也是针对平地或水田改种地地下水位高所采取的措施。

建园地时即规划修建畦沟、园围沟和排灌沟 3 级沟渠,由里往外逐级加宽加深,畦沟宽 50 cm,园围沟宽 65 cm、深 50 cm 以上,排灌沟宽、深各 1 m 左右,3 级沟相互通连,形成排灌系统。

洪涝低洼地四周还应修防洪堤,防止洪水入浸,暴雨后抽水出堤,减少涝渍。

(2) 筑墩定植 结合开沟,将沟土或客土培畦,或堆筑定植墩,栽柑橘后第一年,行间和畦沟内还可间作,收获后,挖沟泥垒壁,逐步将栽植柑橘的园畦地加宽加高,修筑成龟背形。也可采用深、浅沟相间的形式,2~3 畦 1 条深沟,中间两畦为浅沟,浅沟灌水、排水，深沟蓄水和排水。栽树时，增加客土，适当提高定植位置，扩大株行距。

(3) 道路及防风林建设　道路应按照基地面积大小规划主干道、支路、便道，以便于管理和操作。

常年风力较大的地区，应设置防风林带，主林带与主导来风方向垂直设置。主林带乔木以 1~1.5 m 株行距栽植 6~8 行，株间插栽 1 株矮化灌木树，主林带宽 8~15 m，两条主林带间距以树高 25 倍的距离为好。副林带与主林带呈垂直方向，宽 6~10 m。防风林宜与建园同时培育，促使尽早发挥防风作用。

2. 沙滩、河滩柑橘园地　江河和湖滨，有些沙滩、河滩平地，多年未曾被淹没过，也可发展柑橘。这些果园受周围大水体调节气温，可减少冻害。但沙滩、河滩园也存在很多不利因素，如沙土导热快、园地地下水位高、地势高低不平、高处易旱、低处易涝、水肥易流失、容易遭受风害等。因此，沙滩、河滩建园的首要任务是加强土壤改良、营造防风林和加强排、灌水利设施的建设。沙滩园地选择时，应选沙粒粗度在 0.1 mm 以下的粉沙土壤；地势较高，地下水位较低，有灌溉水源保证的地方建基地。定植前，以适宜的地下水位为准，取高填低，平整园地，如能逐年客土，将较黏重的土壤粉碎后，撒布畦面更好。应尽早营造防风林带（同水田柑橘园），防止河风危害，并将园内空地种植豆科绿肥，覆盖沙面，降低地温，减少风沙飞扬。

三、柑橘的合理栽植

柑橘果树的栽植，不仅影响植株的成活率，而且对柑橘的早结果、丰产稳产，甚至寿命都关系密切。因此，栽植一定要密度、方式适宜，把好质量关。

(一) 栽植密度

柑橘的栽植密度，即柑橘栽植的株距和行距。柑橘的栽植密度与柑橘的品种、品系、砧木、土壤条件、栽植方式和管理的技术水平相关。

柑橘的品种不同，栽植的密度也有异：通常树冠大的宜稀植，树冠小的宜密植。柑橘各品种树冠大小依次为：柚、甜橙、柠檬、柑类、橘类、香橼、佛手、金柑。如罗伯逊脐橙栽植的密度可较华盛顿脐橙密。品系不同，密度也有异。如普通温州蜜柑的尾张，因其枝梢披散，树冠大，栽植的密度较早熟温州蜜柑兴津、宫川、龟井，特早熟温州蜜柑大浦、宫本要稀。同一品种也因气候冷暖密度有异，柑橘有周期性冻害之地，为便于冻前采收，冻后尽快恢复产量，宜适当密植；气候温暖、适宜柑橘生长之地宜适当稀植。砧木不同，密度也不同。乔化砧树树冠大，宜稀，矮化砧树树冠小，宜密。如卡里佐枳橙砧的纽荷尔脐橙栽植密度应较枳砧纽荷尔脐橙稀。前者密度宜 3 m×5 m，即 667 m² 栽 45 株，后者密度为 3 m×4 m，即 667 m² 栽 56 株。土壤条件、栽植方式和管理的技术水平，对栽植密度也有不同要求。土壤瘠薄的山地栽植较土壤深厚肥沃的平地密度大，地下水位高的园地较地下水位低的园地密度大，控冠技术水平高的较控冠技术差的密度大，非机械化管理的较机械化管理的密度大。

三峡库区不同柑橘品种每 667 m² 的常规种植密度，见表 5-2。

表 5-2 三峡库区不同柑橘品种每 667 m² 的种植株数

品 种	砧 木	平地果园		山地果园	
		株行距（m）	每 667 m² 株数（株）	株行距（m）	每 667 m² 株数（株）
脐橙	枳	4×3	56	4×2.5	67
	枳橙	5×3	45	4×3	56
	红橘	4.5×3	50	4×3	56
锦橙	枳	4×3	56	4×2.5	67
	枳橙	5×3	45	4×3	56
	红橘	4.5×3	50	4×3	56
夏橙	枳	4.5×3	50	4×3	56
	枳橙	5×3	45	4×3	56
	红橘	4.5×3	50	4×3	56
哈姆林、早金、特洛维他	枳	4.5×3	50	4×3	56
	枳橙	5×3	45	4×3	56
	红橘	4.5×3	50	4×3	56
血橙	枳	4×3	56	4×3	56
	枳橙	5×3	45	4×3	56
	红橘	4.5×3	50	4×3	56
特早熟、早熟温州蜜柑	枳	3×3	74	3×2.5	89
普通温州蜜柑	枳	3.5×3	64	3×3	74
杂 柑	枳	3.5×3	64	3×3	74
椪 柑	枳	3.5×3	64	3×3	74
柠 檬	枳	5×3	45	4.5×3	50
	红橘	5×3	45	4.5×3	50
柚	枳	5×3.5	38	5×3	45
	酸柚	5×4	33	5×3.5	38
金 柑	枳	4×3	56	3.5×3	64

(二) 栽植方式

柑橘栽植方式应根据地形及栽植后的管理方法确定。如山地柑橘园，坡度大，应采取等高梯地带状栽植；平地柑橘园则可采取长方形栽植、正方形栽植和三角形栽植。

1. 等高栽植 此种种植方式株距相等，行距即为梯地台面的平均宽度。将柑橘

按等高栽植或成带状排列,每 667 m² 栽植株数的计算公式为:667(m²)/株距(m)×梯面平均宽度(m)

所得数是大约数,应加减插行或断行的株数。

2. 长方形栽植 行距大于株距,又称宽窄行栽植。这种栽植方式通风透光好,树冠长大后便于管理和机械作业,是目前柑橘生产上用得最普遍的一种栽植方式。每 667 m² 栽植株数的计算公式为:667(m²)/株距(m)×行距(m)

如株距 3 m,行距 4 m,代入公式后为:667/3×4=667/12=55.6 株,即每 667 m² 栽植 56 株。

3. 正方形栽植 即株距和行距相等的栽植方式。此种栽植方式在树冠未封行前通风透光较好,但不能用于密植。因为密植条件下通风透光不良,管理不便,同时也不利间种绿肥。每 667 m² 种植株数的计算公式为:667(m²)/株距(或行距)(m)²

4. 三角形栽植 三角形栽植方式,株距大于行距,各行互相错开而呈三角形排列。优点是可充分利用树冠间的空隙,增加叶面积受光量,同时较正方形栽植可多栽 10%~15% 的植株。缺点是果园不便管理和机械化作业。山地柑橘园梯面较宽,栽 1 行有余,2 行不足时,常采用三角形栽植方式。每 667 m² 栽植株数的计算公式为:667(m²)/株距(m)²×0.866

如株距为 3 m,则每 667 m² 的栽植株数为:667/3²×0.866=667/9×0.866=667/7.794=85.5,即 667 m² 栽 86 株。

(三)栽植时间

柑橘苗木有裸根苗和容器苗。裸根苗的栽植适期通常是春季、秋季,且以秋季为主;容器苗全年可栽植,但高温干旱的盛夏和冬季气温低时,最好不栽植,不然会影响成活和生长。

1. 秋季栽植 在 9~11 月份秋梢老熟后,雨季尚未结束前栽植较好,因这时的气温较高,土壤水分适宜,根系伤口易愈合,并能长一次新根,翌年春梢又能正常抽生,对提高苗木成活率,扩大树冠,早结丰产都有利。但秋植的柑橘要注意防干旱,冬季有霜冻的地区要注意防冻。秋冬干旱又无灌溉设施的地域和冬季有冻害地区最好春季栽植。秋季栽植也不宜太迟,太迟气温下降,雨水稀少,苗木根系生长量少,恢复时间短,缓苗期长,甚至出现叶片变黄脱落。

2. 春季栽植 冬季有冻害、秋冬干旱严重又无灌溉条件的地区宜春季栽植。一般在春芽萌动前的 2~3 月份栽植。此时,除我国西南的柑橘产区外,其他柑橘产区均雨水较多,气温又逐渐回升,苗木栽后易成活。春季栽植虽不像秋植那样需要勤灌水,但春梢抽生较差,恢复较慢。

此外,夏季多雨凉爽之地,柑橘也可在春梢停止生长后的 4 月底至 5 月底栽植。此时,雨水多,气温适宜,栽后发根快,只要管理到位,成活率也较高。

(四)栽植技术

1. 定点挖穴(沟) 根据采取的栽植方式,确定定植点,并挖穴(沟)。定植穴要求直径 1~1.5 m、深 0.8 m。

定植穴（沟）的开挖，秋植的应在植前 1 个月挖好；春植的最好在头年秋冬挖好，以利土壤熟化。梯地定植穴（沟）位置应在梯面外缘 1/3~2/5 处（中心线外缘），因内缘土壤熟化程度和光线均不如外缘，且生产管理的便道都在内缘。

2. 施基肥与回填 定植穴（沟）应施足基肥（见前述土壤改良）。回填穴（沟）的土壤要高出地面至少 15~20 cm。筑成直径 60 cm 左右的土墩，在墩上定植苗木，以防土层下沉而将苗木的嫁接口埋入土中。

3. 栽植方法 裸根苗与容器苗的栽植方法有所不同。

（1）裸根苗 先将苗木稍作修整，剪去受伤的根系和过长的主根，将苗置入穴中，山地梯地栽植，苗的第一大主枝向着壁外缘方向，栽时前后左右对准或呈整齐的圆弧形（梯地），然后用手将须根提起，放 1 层须根，四周铺平后用细土压入，再放 1 层根铺平压实，根系不弯曲且要分布均匀，与土壤密接，然后轻踩苗木四周的土壤，最后覆土成墩，再在土墩面挖一圈浅沟，浇足定根水，有条件的可覆盖一些干杂草等（主干近处留出不盖）。栽植的深度、嫁接口高出地面 10~15 cm，但也不能过浅，以免受旱和被风吹倒。

已假植 1~2 年的柑橘大苗种植，必须带土团栽植，春植最好在栽植前 1 年的 9 月份，先按树冠大小，在需带土团大小的边缘用铲切断侧根，并施稀薄肥，以促发新根，固定土球和取苗时土球不松散。种植后浇透定植水，并覆盖杂草等保湿。

（2）容器苗 主要的定植方法见第三章，容器苗培育一节的容器苗定植。

另一种栽植方法是：施格兰公司曾采用的泥浆法栽植技术。先确定定植穴，后用专用的取土器钻 1 个直径 20 cm、深 40~50 cm 的穴，灌满水。再从容器中取出苗，剪除主根末端弯曲部分，掏去根系上原有的一半营养土，将苗放入穴中，一边回填土一边加水，使根系周围的土壤松散，用手插入土中往根系方向挤压，使土壤与根系紧密接触，最后扶正主干，使其与地面垂直，并使根颈部高出地面 15 cm 左右。此法栽植后苗木根系与土壤接触紧密，即使在盛夏也可 3~4 d 不浇水，成活率也高。但在雨天或温度较低时栽植，浇水宜少些，夏季定植时待栽苗木不能卧放，也不能在阳光下暴晒，以免伤根。

栽后一旦发现苗木栽植过深可采取以下方法矫正：通过刨土能亮出根颈部的，用刨土或刨土后留一排水小沟的方法解决；通过刨土无法亮出根颈部的，通过抬高植株矫正。具体做法：两人相对操作，用铁锹在树冠滴水线处插入，将苗轻轻抬起，细心填入细土，塞实，并每株灌水 10~20 kg。

由于栽植的是柑橘无病毒苗，要求清除园内原有的柑橘类植株（通常都带有病毒），以免在修剪、除萌等人为操作中将病毒传至新植的无病毒苗。栽植柑橘无病毒苗成活率、产量均较露地苗高，经济寿命长，效益好。

4. 栽后管理 柑橘苗木定植后约 15 d 左右（裸根苗）才能成活，此时，若土壤干燥，每 1~2 d 应浇水 1 次（苗木成活前不能追肥），成活后勤施稀薄液肥，以促使根系和新梢生长。

有风害的地区,柑橘苗栽植后应在其旁边插杆,用薄膜带以"∞"形活结缚住苗木,或用杆在主干处支撑。苗木进入正常生长时可摘心,促苗分枝形成树冠,也可不摘心,让其自然生长。砧木上抽发的萌蘖要及时抹除。

第二节　柑橘标准化生产技术

一、柑橘的土肥水管理技术

土壤、肥料、水分是柑橘果树生长结果的基础。适宜的土壤、科学的肥水管理,可使柑橘早结果、丰产、稳产和优质。

(一)土壤管理技术

柑橘果树生长、发育需要良好的土壤条件,只有在土层深厚、土质疏松、有机质丰富、既能通气又能保持一定湿度的微酸性土壤种植才能获得优质丰产。

1. 土壤管理　柑橘是多年生常绿果树,且具强大根系,在土壤中分布深广密集,因此要求土壤深厚肥沃。我国柑橘大都栽培在丘陵山地。这些丘陵山地的土层浅薄,或土壤不熟化,肥力低,远不能满足柑橘正常生长发育对水分和养分的要求。柑橘园土壤管理,就是不断改良土壤,熟化土壤,提高土壤肥力,创造有利柑橘生长的水、肥、气、热条件。培肥土壤最有效的方法是多施有机肥,种植埋压绿肥,深翻、中耕、培土,对酸性土施石灰,都有助于提高土壤肥力。

(1)柑橘根系　根群在树冠外围滴水线附近及垂直向下的地方分布较为稠密。许多砧木侧根、须根较为发达,横向分布较树冠大 1~3 倍。距地表 10~60 cm 土壤中的根量,占总根量的 90% 左右。根系分布的深度,取决于土壤透性、地下水位高低和砧木种类。如甜橙、柚等,主根粗长,深达 1~3 m,侧根多。枳和橘类主根较短,深 1 m 左右,侧根也多。土壤透气差或地下水位高的园地,柑橘主、侧根生长受到限制。

为使根系迅速形成根群,必须满足根系所需的营养、土温、湿度和氧气等条件。大多数柑橘品种在气温 25℃~28℃,土温 24℃~30℃,土壤含氧 2% 以上,根系生长最活跃。在此时期,增施有机肥,增强土壤团粒结构,适时灌水,保持土壤一定湿度(含水量 18%~20%),根系迅速形成根群,有利树冠和果实的生长发育。同时根系生长和地上部分生长常交替进行,地上部分旺长期,根系生长缓慢;而根系旺长期,地上部生长缓慢。

(2)中耕及半免耕　我国柑橘产区主要分布在温暖、湿润、雨水多的地区,柑橘园易生杂草,消耗土壤水分、养分,同时杂草又是病虫潜伏的场所,因此适时中耕可以克服上述弊端。中耕,全年 4~6 次。一般雨后适时中耕,使土壤疏松,有助于形成土壤团粒结构,减少水分蒸发,降雨时有利于水分渗入土内,减少地表水分流失。中耕改善了土壤通气条件,有利于土壤微生物的活动,加速有机质的分解,为柑橘提供更多的有效养分。大雨、暴雨前不宜中耕，否则易造成表土流失。为了防止水土流失，采用种植绿肥与中耕相结合的办法较为合理。

半免耕，即柑橘园株间中耕，行间生草或间作绿肥不中耕。幼龄柑橘园如为计划密植，株距窄而行距宽，株间浅耕，保持土壤疏松，而行间生草或间作绿肥不中耕，有利于保持水土和改善土壤结构，而且可节省劳力。

(3) 间作与生草　柑橘园间作主要间作不同品种的绿肥。我国绿肥主要按季节分为夏季绿肥和冬季绿肥，而且以豆科作物为主。夏季绿肥有印度豇豆、绿豆、猪屎豆、竹豆、狗爪豆等；冬季绿肥有箭筈豌豆、紫云英、蚕豆、肥田萝卜。在柑橘园背壁或附近空地，常种多年生绿肥，如紫穗槐、商陆等。

此外，树冠下不间作绿肥，幼树留出 1~1.5 m 的树盘不种绿肥，柑橘园不间作高干及缠绕性作物，如玉米、豇豆等。

柑橘园生草栽培，即在柑橘树的行间或树盘外生长草本植物，覆盖柑橘园地表，其实质是一种土壤管理方法，能有效改善园地生态环境。生草栽培分自然生草栽培和人工生草栽培。

自然生草栽培是铲除果园内的深根、高秆和其他恶性杂草，选留浅根、矮生、与柑橘无共生性病虫害的良性草自然生长，使其覆盖地表，不另行人工播种栽草，但对草应适当管护，除掉离树冠滴水线外 20~30 cm 以内的草，以减少草与柑橘争夺肥水。在草旺盛生长季节割草，控制草的高度，在高温季节来临之前割草用作树盘覆盖。果实成熟期控制草生长，以利果实成熟和改善品质。

人工种草栽培是在柑橘园播种适合当地土壤气候的草种，使其既能抑制杂草生长，又不与柑橘生长争肥水。

生草栽培的关键是选择适宜的草种。按柑橘根系生长的特点，6~9 月份是旺长时期，理想的草种是 10 月份发芽，5 月份停止生长，6 月下旬草枯而作为敷草。目前最适宜的草种，为意大利多花黑麦草。其特点是 1 年生牧草，不择地，喜酸性，耐湿，残草多，春天生长快而茂盛，很快覆盖全园，7 月中旬枯萎，9 月种子自行散落，下一代自然生长。

生草栽培对土壤具有保护作用，可防止水土流失，增加土壤有机质，促进土壤团粒结构的形成，增强土壤通透性，节省耕作劳力。

(4) 深翻结合施有机肥　深翻可改善土壤结构，使透气性良好，有利于柑橘根系呼吸和生长发育，并把根系引向深处，充分利用土壤水分和养分。深翻通气良好，有利于有机质的分解，可使难于吸收的养料转化为可吸收的养料。由于通气的氧化作用，可消除土壤中的有毒有害物质，如硫化氢、沼气、一氧化碳等。深翻增强土壤保水保肥能力，减少病虫害的发生。深翻必须结合施有机肥，才有改良土壤、提高土壤肥力的效果，否则只能暂时改善一下土壤的物理特性。

(5) 覆盖和培土

①覆盖：土壤覆盖分全园覆盖和局部覆盖（即树盘覆盖），或全年覆盖和夏季覆

盖。由于夏季伏旱严重,着重介绍夏季(7～10月份)树盘覆盖。覆盖材料绿肥、山青草、树叶、稻草等均可。覆盖厚度10～20 cm,依材料多少而定,距树干10 cm的范围不覆盖。覆盖结束,将半腐烂物翻入土中。

覆盖有很多好处,增加土壤有机质,使土壤疏松,透气性良好,减少水分蒸发和病虫的滋生,有利于土壤微生物的活动,1 g表土可含微生物3亿～6亿个。可稳定土温,在高温伏旱期,降低地温6℃～15℃,冬季升高土温1℃～3℃,可缩小季节和昼夜上下土层间的温差,以利于柑橘根系吸收土壤中的水分和养分。有利于柑橘的生长发育,可增加产量、改善品质。

②培土:培土可增厚土层,培肥地力。尤其土层浅薄的丘陵山地柑橘园,水土流失严重,根系裸露,应注意培土。培土应按土质而定,黏土客沙土,沙土客黏土。柑橘园附近选择肥沃的土壤培土,既可增加耕作层的厚度,也能起到施肥的作用,对柑橘生长有良好的效果。

培土时间,宜在冬季。培土前先中耕松土,然后客入山土、沙泥、塘泥等,一般培土厚度10～15 cm,每隔1～2年培土1次。大面积客土困难,可分期分批培土。三峡库区实施移土培肥工程,将要被水淹没的肥土上移至土壤瘠薄的柑橘园,以增厚培肥柑橘园的土壤。

2. 土壤改良　土壤的根本问题是熟化问题。我国柑橘栽培不少在丘陵山地,土壤肥力低。土质差,黏重板结,偏酸偏碱,土层浅薄(有的土壤实为母质),土壤含钙高,对柑橘的生长发育都不十分理想,因此必须改良。

柑橘是多年生常绿果树,为了柑橘丰产优质,在果树上山前必须采用各种措施,改良土壤,熟化土壤,提高土壤肥力,为柑橘丰产优质打下良好的土壤基础。

目前我国柑橘产量不高,平均单位面积产量远低于世界平均水平。低产的重要原因之一,是柑橘上山定植前,未经认真改土,土壤不熟化。据20世纪90年代中期的初步调查,未经改土即定植的柑橘园占50%,改良土壤不良的占40%～45%,改土良好的占5%～10%。因此,未改土已定植的柑橘园,或新开辟的柑橘园,都必须坚持改土,培肥土壤,熟化土壤。

(1)柑橘园的土壤熟化　新开辟的丘陵山地柑橘园,应改良土壤,大量施用有机肥,每667 m² 施5 000 kg,对酸性土还应施适当的石灰,调节土壤pH值,坚持不改土不定植柑橘苗。

已种植柑橘土壤不熟化的低产园,应针对不同低产原因合理改良土壤。一般柑橘园土壤的耕作层浅薄,有的丘陵山地柑橘园土壤,处于幼年土发育阶段,土层浅薄,深30 cm左右即为母岩(岩石),实难满足柑橘生长的要求。应采用深沟扩穴、爆破改土,加深土层,大量施有机肥,熟化耕作层。坚持不断改土,使熟化的土壤耕作层在60 cm以上,以利柑橘的正常生长发育。

(2)红壤柑橘园土壤改良　由于红壤瘦、黏、酸和水土流失严重,远不能满足柑橘生长发育的要求,造成柑橘生长缓慢,结果晚,产量低,品质差,甚至无收。红壤土培肥改良可实施5项措施。一是修筑等高梯田,壕沟或大穴定植;二是柑橘园种植绿肥,以园养园,培肥土壤;三是深翻改土,逐年扩穴,增施有机肥,施适量石灰,降低土壤酸性;四是建立水利设施,做到能排能灌;五是及时中耕,疏松土壤,夏季进行树盘覆盖。

(3)酸性土柑橘园土壤改良　柑橘是喜酸性植物,适宜pH值5.5~6.5。对pH值过低,酸性过强的土壤(如pH值4.5以下),不仅不适宜柑橘生长,而且铝离子的活性强,对柑橘根系有毒害作用。因此,必须施石灰改良,降低过量酸及铝离子对柑橘的危害。石灰使铝离子(Al^{+++})沉淀,克服铝离子对根系的毒害。一般667 m^2施石灰25~50 kg。

(4)黏重土柑橘园土壤改良　黏重土壤由于含黏粒高、孔隙度小,透水、透气性差,但保水保肥力较强。重黏土(含黏粒90%以上)收缩大,干旱易龟裂,使根断裂,并暴露于空气中。湿时不易排水,易引起根腐。因此,不利柑橘生长发育。此类土壤应掺沙改土,深沟排水,深埋有机物,多施有机肥,经常中耕松土,改善土壤结构,增强土壤透水、透气能力。

(5)柑橘园土壤老化及防止措施　柑橘园土壤老化的原因主要为3个方面。其一,柑橘园坡度倾斜大,耕作不当,水土流失严重,使耕作层浅化;其二,长期大量施用生理酸性肥料,如硫酸铵等,引起土壤酸化;其三,长期栽培柑橘,土壤中积聚了某些有害离子和侵害柑橘的病虫害,因而使土壤肥力及生态环境严重衰退恶化,不适宜柑橘生长。

防止柑橘园土壤老化措施:一是做好水土保持,在柑橘园上方,修筑拦水沟,拦截柑橘园外天然水源。柑橘园内修建背沟、沉砂池、蓄水池等排灌系统。保护梯壁,梯壁可自然生草,也可人工栽培绿肥,梯壁的生草和绿肥宜割不宜铲。柑橘园间作绿肥和树盘覆盖等,都有利于减少土壤水土流失。二是多施有机肥,合理施用化肥,特别是要针对不同土壤,合理施用酸性肥料,以免造成土壤酸化。三是深翻,加强土壤通气,可消除部分有毒有害离子,还可消除某些病虫害对柑橘的侵害。

(二)肥料管理技术

1. 柑橘所需的各种营养元素　柑橘果树的整个机体,在生长发育过程中,需要30多种营养元素,柑橘要求6种大量元素为氮、磷、钾、钙、镁、硫,其含量为叶片干重的0.2%~0.4%。柑橘还需多种微量元素,一般常见的有硼、锌、锰、铁、铜、钼,其含量范围在0.12~100 mg/kg。柑橘需要的大量元素和微量元素,在数量上有多有少,但都是不可缺少的,在生理代谢功能上,相互是不可代替的。如果某一种元素缺少或过量,都会引起柑橘营养失调。人工栽培柑橘就是调节树体营养平衡,达到树势健壮,高产优质的目的。每生产1 000 kg果实,需要氮(N)1.10~1.18 kg,磷(P_2O_5)0.17~0.27 kg,钾(K_2O)1.7~2.61 kg,钙(CaO)0.36~1.04 kg,镁(MgO)0.17~1.19 kg。

2. 营养元素缺乏及矫治

（1）氮　缺氮会使叶片变黄，缺氮程度与叶片变黄程度基本一致。当氮素供应不足时，首先出现叶片均匀失绿，变黄，无光泽。这一症状可与其他缺素症相区别。但因缺氮所出现的时期和程度不同，也会有多种不同的表现。如在叶片转绿后缺氮，其表现症状是先引起叶脉黄化，此种症状在秋冬季发生最多。严重缺氮时，黄化增加，顶部形成黄色叶簇，基部叶片过早脱落，出现枯枝，造成树势衰退，甚至数年难以恢复。

缺氮矫治措施除土施尿素等外，还可进行根外追肥，如柑橘新叶出现黄化，可叶面喷施 0.3％～0.5％尿素溶液，5～7 d 1 次，连续喷施 2～3 次即可，也可用 0.3％硫酸铵或硝酸铵溶液喷施。

（2）磷　缺磷症状通常发生在柑橘花芽分化和果实形成期。缺磷植株根系生长不良，叶片稀少，叶片氮、钾含量高，呈青铜绿色，老叶呈古铜色，无光泽，春季开花期和开花后，老叶大量脱落，花少。新抽的春梢纤弱，小枝有枯梢现象。当下部老叶趋向紫色时，树体缺磷严重。严重缺磷的植株，树势极度衰弱，新梢停止生长，小叶密生，并出现继发性轻度缺锰症状；果实果面粗糙，果皮增厚，果心大，果汁少，果渣多，酸高糖少，常发生严重的采前落果。

磷在土壤中易被固定，有效性低，因此，矫治应采取土壤施肥和根外追肥相结合。土壤施肥应与有机肥配合施用；钙质土使用硫酸铵等可提高磷肥施用的有效性；酸性土施磷肥应与施石灰和有机肥结合；难溶性磷如磷矿粉用前宜与有机肥一起堆制，待其腐熟后再施用；根外追肥可用 0.5％～1％过磷酸钙（浸泡 24 h，过滤喷施）或用 1％磷酸铵叶面喷施，7～10 d 1 次，连喷 2～3 次即可。柑橘土施磷肥，通常株施 0.5～1 kg 过磷酸钙或钙镁磷肥。

（3）钾　柑橘缺钾，在果实上表现果实小，果皮薄而光滑，着色快，裂果多，汁多酸少，果实贮藏性变差。钾含量低的植株上皱缩果较多，新梢生长短小细弱，花量减少，花期落果严重。不少叶片色泽变黄，并随缺钾程度的增加，黄化由叶尖、叶缘向下部扩展，叶片变小，并逐渐卷曲、皱缩呈畸形，中脉和侧脉可能变黄，叶片出现枯斑或褐斑，抗逆性降低。

缺钾可采用叶面喷施的办法进行矫治，常用 0.5％～1％硫酸钾或硝酸钾进行叶面喷施，5～7 d 1 次，连续喷 2～3 次即可。此外，柑橘园旱季灌溉和雨季排涝是提高钾的有效性，防止柑橘缺钾的又一措施。通常每年春、夏两季施用钾肥效果好，成年柑橘树一般株施钾肥 0.5～1 kg 或灰肥 10 kg。

（4）钙　柑橘缺钙，出现植株矮小，树冠圆钝，新梢短，长势弱，严重时树根易发生腐烂，并造成叶脉褪绿，叶片狭小而薄，变黄；病叶提前脱落，使树冠上部常出现落叶枯枝。缺钙常导致生理落果严重，坐果率低，果实变小，产量锐减。

柑橘缺钙时，可用 0.3％～0.5％硝酸钙或 0.3％磷酸二氢钙液进行叶面喷施；也可喷施 2％熟石灰液。我国柑橘缺钙多发生在酸性土壤，可采用土壤施石灰的方法矫治。通常每 667 m² 施石灰 60~120 kg,石灰最好与有机肥配合施用。这样,既可以调节土壤酸度,改良土壤,又可防止柑橘缺钙。土壤施石灰石或过磷酸钙,或二者混合施用,石灰石与石膏混合施用效果也好。

(5) 镁　缺镁在结果多的枝条上表现重,病叶通常在叶脉间或沿主脉两侧显现黄色斑块或黄点,从叶缘向内褪色,严重的在叶基残留界限明显的倒"V"字形绿色区,在老叶侧脉或主脉往往出现类似缺硼症状的肿大和木栓化,果实变小,隔年结果严重。

缺镁通常采用土壤施氧化镁、白云石粉或钙镁磷肥等,以补充土壤中镁的不足和降低土壤的酸性,可每 667 m² 施 50~60 kg;叶面可喷施 1% 硝酸镁,每月 1 次,连喷施 3 次。也可用 0.2% 硫酸镁和 0.2% 硝酸镁混合液喷施,10 d 1 次,连续 2 次即可。喷施加铁、锰、锌等微量元素或尿素,可增加喷施镁的效果。缺镁柑橘园,钾含量较高,可停施钾肥。同样含钾丰富的柑橘园,使用镁肥有好的效果。另外施氮可部分矫治缺镁症。

(6) 铁　柑橘缺铁典型的症状是失绿。失绿,首先发生在新梢上,在淡绿色的叶片上呈绿色的网状叶脉。失绿严重的叶片,除主脉呈绿色外全部发黄。缺铁植株常出现新梢黄化严重,老叶叶色正常。不同枝梢的叶片表现黄化的程度不一,春梢黄化较轻,秋梢和晚秋梢表现较为严重。受害叶片提早脱落,枯枝也时有发生。缺铁植株的果实变得小而光滑,果实色泽较健果更显柠檬黄。

由于铁在树体内不易移动,在土壤中又易被固定。因此,矫治缺铁较难。目前,较为理想的办法:一是选择适宜的砧木品种进行靠接,如枳砧柑橘出现黄化,可用枸头橙砧或香橙砧或红橘砧靠接。二是叶面喷施 0.2% 柠檬酸铁或硫酸亚铁可取得局部效果。三是土壤施螯合铁(Fe-EDTA)矫治柑橘缺铁效果较好,酸性土壤施螯合铁 20 g/株,中性土或石灰性土壤施螯合铁 15~20 g/株,效果良好,但成本高,难以在生产上大面积推广。四是用 15% 尿素铁埋瓶或用 0.8% 尿素铁加 0.05% 黏着剂叶面喷施,也有一定效果。五是用柠檬酸铁或硫酸亚铁注射的办法,或在主干挖孔,将药剂(栓)放入孔中对矫治黄化也有效果。六是土壤施酸性肥料,如硫酸铵等加硫磺粉和有机肥,既可改良土壤,又可提高土壤铁的有效性。七是施用专用铁肥,在 4 月中下旬和 7 月下旬分别施 1 次叶绿灵或其他专用铁肥,先将铁肥溶解在水中,然后把水浇在树冠的滴水线下。1 年生树每次施叶绿灵 1~2 g,2 年生树每次施 2~3 g,3 年生树每次施 3~5 g,大树浇药量随之增加。用叶绿灵矫治缺铁效果较好。

(7) 锰　柑橘缺锰时,幼叶和老叶均出现花叶,典型的缺锰叶片症状是在浅绿色的基底上显现绿色的网状叶脉,但花纹不像缺铁、缺锌那样清楚,且叶色较深,随着叶片的成熟,叶花纹自动消失。严重缺锰时,叶片中脉区常出现浅黄色和白色的小斑点,症状在叶背阴面更明显,缺锰还会使部分小枝枯死。缺锰常发生在春季低温、干旱而又值新梢转绿时期。

酸性土壤柑橘缺锰,可采用土壤施硫酸锰和叶面喷施 0.3% 硫酸锰加少量石灰水矫治,10 d 喷施 1 次,连续 2~3 次即可。此外,酸性土壤施用磷肥和腐熟的有机肥,可提高土壤锰的有效性。碱性或中性土壤柑橘缺锰,叶面喷施 0.3% 硫酸锰,效果比土施更好,但必须每年春季喷施数次。

(8) 锌　柑橘缺锌会破坏生长点和顶芽,使枝叶萎缩或生长停止,形成典型的斑驳小叶,叶片的症状:主脉和侧脉呈绿色,其余组织为浅绿色至黄白色,有光泽,严重缺锌时仅主脉或粗大脉为绿色,故有称缺锌症状为"绿肋黄化病"。

缺锌矫治常采用叶面喷施 0.2%~0.5% 硫酸锌液,或加 0.1%~0.25% 熟石灰水,10 d 1 次,连续喷施 2~3 次即可。酸性土壤施硫酸锌,一般株施 100 g 左右。

(9) 铜　缺铜初期,叶片大,叶色暗绿,新梢长软,略带弯曲,呈"S"形,严重时,嫩叶先端形成茶褐色坏死,后沿叶缘向下发展成整叶枯死,在其下发生短弱丛枝,并易干枯,早落叶和爆皮流胶,到枝条老熟时,伤口呈现红褐色。缺铜症在果实上的表现是出现以果梗为中心的红褐色锈斑,有时布满全果,果实变小,果心及种子附近有胶,果汁少。

缺铜症较少见,出现缺铜症时可用 0.01%~0.02% 硫酸铜液喷施叶片,10 d 1 次,连续喷施 1~2 次即可。注意在高温季节喷施浓度和用量不要过大,以防灼伤叶片。用等量式或倍量式波尔多液喷施效果也很好。注意夏季使用浓度不能过高而伤及叶片。

(10) 硼　缺硼会影响分生组织活动,其主要症状是幼梢枯萎。轻微缺硼时,会使叶片变厚、变脆,叶脉肿大、木栓化或破裂,使叶片发生扭曲。严重缺硼时,顶芽和附近嫩叶(尤其是叶片基部)变黑坏死,花多而弱,果实小,畸形,皮厚而硬,果心、果肉及白皮层均有褐色的树脂沉积。此外,老叶变厚,失去光泽,发生向内反卷症状。酸性土、碱性土和低硼的土壤,特别是有机质含量低的土壤最易发生缺硼。干旱和施石灰过量,也会引起缺硼,缺硼还会引起缺钙。

缺硼可用 0.1%~0.2% 硼砂液进行叶面喷施和根部浇施。叶面喷施 7~10 d 1 次,连续喷施 2~3 次即可。喷施硼加等当量的石灰,可提高附着力,防止药害,提高喷施的效果。也可与波尔多液混合使用。根际浇施硼肥可用 0.1%~0.2% 硼砂液,也可与人粪尿等混合浇施,效果更好。土施硼肥,一般每 667 m² 施硼酸 0.25~0.5 kg。根际施硼过量会造成毒害,且施用的量不易掌握,加之缺硼严重的柑橘植株的根系已开始腐烂,吸肥力弱,效果不明显,故很少用。花期喷施硼是矫治缺硼的关键,可根据缺硼程度适当调节喷施硼的次数。

(11) 钼　缺钼易产生黄斑病。叶片最初在早春出现水浸状,随后在夏季发展成较大的脉间黄斑,叶片背面流胶,并很快变黑。缺钼严重时,叶片变薄,叶缘焦枯,病树叶片脱落。缺钼初期,脉间先受害,且阳面叶片症状较明显。缺钼新叶呈现一片淡黄,且多纵卷向内抱合(常称新叶黄化抱合症状),结果少,部分越冬老叶中脉间隐约可见油渍状小斑点。

矫治缺钼最有效的方法是喷施 0.01%~0.05% 钼酸铵溶液,为防止新梢受药害,可在幼果期喷施。对缺钼严重的柑橘植株,可加大喷药浓度和次数,可在 5 月份、7 月份、10 月份各喷施 1 次浓度 0.1%～0.2% 钼酸铵溶液,叶色可望恢复正常。对酸性土壤的柑橘园,可采用施石灰矫治缺钼。若用土施矫治缺钼,通常每 667 m² 施用钼酸铵 25～40 g,且最好与磷肥混合施用。

(12)硫　缺硫症状为新叶黄化(与缺铁相似),尤其是小叶的叶脉较黄,并在叶肉和叶脉间出现部分干枯,而老叶仍保持绿色。症状严重时,新生叶更加变黄、变小,且易早落,新梢短弱丛生,易干枯和着生丛芽。小果皮厚,并出现畸形。

缺硫矫治可喷施 0.05%～0.1% 硫酸钾溶液,或在土壤中施硫酸钾。

3. 柑橘常用肥料的种类　我国柑橘栽培,在广大农村由于有机肥来源广,施用有机肥历史悠久,故仍以施有机肥为主,施化肥少量。而具规模的柑橘园地,多施化肥,施有机肥料少。不论是果农种植,或是企业建柑橘基地,提倡种绿肥,多施有机肥。现将柑橘园常用的肥料种类及其特性介绍于后。

(1)常用的农家肥　农家肥又称有机肥。其主要特点是不易溶于水,分解缓慢,属迟效肥。有机肥养分全面,既含大量元素,又含微量元素,使柑橘不易缺素,但养料成分含量低。柑橘常用的农家肥,见表 5-3。

表 5-3　常用农家肥成分　(%)

肥料种类	氮素	磷酸	氧化钾	肥料种类	氮素	磷酸	氧化钾
粪尿				油饼类			
人粪	1.00	0.40	0.30	大豆饼	7.00	1.32	2.13
人尿	0.50	0.10	0.30	花生饼	6.32	1.17	1.34
猪粪	0.60	0.45	0.50	棉籽饼	3.41	1.63	0.97
猪尿	0.30	0.13	0.20	菜籽饼	4.60	2.48	1.40
马粪	0.50	0.35	0.30	茶籽饼	1.11	0.37	1.23
马尿	1.20	微量	1.50	桐籽饼	3.60	1.30	1.30
牛粪	0.30	0.25	0.10	杂肥类			
牛尿	0.80	微量	1.40	骨灰	0.06	40.00	—
羊粪	0.75	0.60	0.30	猪毛	13.00	0.02	微量
羊尿	1.40	0.05	2.20	牛毛	13.80	—	—
鸡粪	1.63	1.54	0.85	人发	13～15	0.08	0.07
鸭粪	1.00	0.40	0.60	鸡毛	14.21	0.12	微量
鹅粪	0.55	0.54	0.95				
绿肥类				泥土肥类			
紫云英	0.40	0.11	0.35	熏土	0.18	0.13	0.40
苕子	0.56	0.13	0.43	炕土	0.08～0.41	0.11～0.21	0.26～0.97
黄花苜蓿	0.55	0.11	0.40	墙土	0.10	0.10	0.57

续表 5-3

肥料种类	氮素	磷酸	氧化钾	肥料种类	氮素	磷酸	氧化钾
满园花	0.31	0.18	0.26	河泥	0.27	0.59	0.91
蚕豆	0.55	0.12	0.45	塘泥	0.33	0.39	0.34
豌豆	0.51	0.15	0.52	堆肥、沤肥类			
猪屎豆	0.59	0.26	0.70	厩肥	0.48	0.24	0.63
田菁	0.52	0.07	0.15	土粪	0.12~0.94	0.14~0.60	0.30~1.84
饭豆	0.50	—	—	堆肥	0.40~0.50	0.18~0.26	0.45~0.70
绿豆	0.52	0.12	0.93	沤肥	0.32	0.06	0.29
紫花苜蓿	0.56	0.18	0.31	粪干	1.02	1.34	1.11
草木樨	0.52	0.04	0.19				

(2)常用的化肥 化学肥料又称无机肥料,其主要特点是易溶于水,植物根系易于吸收,肥效快。化肥所含养分单一,但养分含量高(表5-4)。

表5-4 常用化学肥料成分 （%）

肥料种类	氮素	磷酸	氧化钾	肥料种类	氮素	磷酸	氧化钾
氮肥				重过磷酸钙	—	45.00	—
硫酸铵	20.80	—	—	磷矿粉		20.00	
硝酸铵	34.00	—	—	钙镁磷肥		18.00~22.00	
氯化铵	25.00						
石灰氮	20.00			钾肥			
尿素	46.00	—	—	硫酸钾			48.00
氨水	17.00			氯化钾			50.00~60.00
碳酸氢铵	17.00						
磷肥				木灰		4.00	10.00
过磷酸钙	—	20.00		草灰		1.00~2.00	5.00

(3)微量元素肥料 简称微肥。随着化肥工业的发展,柑橘大量元素的施用量越来越高,使产量不断增加的同时,越来越显示出了微肥的重要作用。

有的柑橘园,微肥成了生产上的限制因子,严重影响柑橘的树势、产量和品质。目前,我国柑橘园主要缺铁、锌、硼、镁,极少缺铜或钼。如柑橘花而不实,主要缺硼。红壤土柑橘,从幼苗直至成年结果树,普遍不同程度缺锌,严重者树势衰弱,落叶落果,果实偏小。紫色土丘陵山地柑橘园,普遍缺铁,春、夏、秋梢均发生缺铁褪绿症,严重者整株黄化落叶,枯枝直至死亡。

4. 柑橘施肥技术

(1) 施肥原则　应根据不同柑橘品种、砧木、土壤类型、气候环境条件、肥料种类和密植程度等,合理经济施肥。

①看树施肥:柑橘种类繁多,应按不同品种、砧木、不同树龄、生育期以及不同缺乏症状等,采取合理施肥措施。

②看气候施肥:由于雨量、温度等气候因素,不仅直接影响柑橘根系吸收养分的能力,而且对土壤有机质的分解和养分形态的转化,以及土壤微生物的活动都有很大的影响,因此,必须结合气候因子合理施肥。

③看土施肥:栽培柑橘的土壤类型、质地和结构、水分条件、土壤有机质和养分含量、土壤酸碱度、土壤熟化程度等常各不相同,故应根据不同的土壤情况,确定合理的施肥。

④经济施肥:即以最低的施肥成本,获得最高的经济效益。从目前的科学研究来看,以叶片分析为主,配合土壤分析的田间施肥试验,进行测土配方的平衡施肥,可达此目的。

⑤施肥与其他栽培措施结合:柑橘丰产是应用综合栽培措施的结果,因此施肥应与培肥土壤、耕作、灌水和防治病虫害等措施结合起来,才能充分发挥肥效,获得理想的产量和经济效益。

(2) 幼树施肥　未进入结果期的幼树,其栽培目的在于促进枝梢速生快长,培养坚实的树干和良好的骨架枝,迅速扩大树冠,为早结丰产打下基础。所以幼树施肥应以氮肥为主,配合施磷、钾肥。氮肥的施用着重攻春、夏、秋3次梢,特别是攻夏梢。夏梢生长快而健壮,对扩大树冠起很大作用。因此幼树施肥的要点如下。

①增加氮肥施用量:因为幼树阶段主要是进行营养生长,要迅速扩大树冠,故需施大量氮肥。根据各地经验,一般1~3年生幼树全年施肥量,平均每株施氮 0.18~0.3 kg,合尿素 0.35~0.6 kg,具体施用量,随树龄增加从少到多,逐年提高。氮、磷、钾的比例为 1∶0.5∶0.9。幼树随树龄增加、树冠不断扩大,对养分的需求不断增加。因此,幼树施肥应坚持从少到多、逐年提高的原则。

②施肥期:着重在各次抽生新梢的时期施肥,特别是5~6月份促生夏梢,应作为重点施肥期。7~8月份促进秋梢生长,也是重要施肥期。

③施肥次数:幼树根系吸收力弱,分布范围小而且浅,又无果实负担,因此一般1次施肥量不能过多,应采取勤施薄施的办法,即施肥次数要多,每次施用量要少。每年施肥4~6次,或更多次数。

④间作绿肥,培肥土壤:幼龄柑橘园株间行间空地较多,为了改良土壤,增加土壤有机质,提高土壤肥力,防止杂草生长,应在冬季和夏季种植豆科绿肥,深翻入土,不断改良土壤,熟化土壤。

(3) 结果树施肥　柑橘进入结果期后其栽培目的主要是继续扩大树冠,同时获得丰产和优质果品。这时施肥也就是调节营养生长和生殖生长的平衡,即既有健壮的树势,又能丰产优质。为达此目的必须按照柑橘生育特点和需肥规律,采用合理的施肥技术,科学施肥。

①施肥期:柑橘在年生长周期中,抽梢、开花、结果、果实成熟、花芽分化和根系生长等都有一定的规律,确定施肥时期应予考虑。还应考虑土壤、气候、品种、砧木、树势、产量和肥源等因素。通常施花期肥、稳果肥、壮果肥和采后肥。

花期是柑橘生长发育的重要时期,这时既要开花,又要抽春梢,花质好坏影响当年产量,春梢质量好坏既影响当年产量也影响翌年产量。因此,花前施肥是柑橘施肥的一个重点时期。为了确保花质和春梢质量良好,必须以施速效化肥为主,配合施有机肥,一般2月下旬至3月上旬施肥,施肥量占全年的30%左右。

稳果期正值柑橘生理落果和夏梢抽发期,这时施肥的主要目的在于提高坐果率,控制夏梢大量抽发。故避免在5～6月份大量施用氮肥,否则会刺激夏梢大量抽发,引起大量的生理落果,严重影响当年的产量。因此,一般不采用土壤施肥的方法。为了保果,多采用叶面喷施肥料,可喷0.3%尿素加0.3%磷酸二氢钾加激素(激素浓度因种类而异),每15 d左右1次,喷施2～3次便能取得良好效果,施肥量占全年的5%左右。

壮果期柑橘的生长发育特点是果实不断膨大,形成当年产量。抽秋梢,而秋梢是良好的结果母枝,影响翌年的花量和产量。花芽分化,一般9月下旬开始,直到第二年花器形成,因各地气候不同,时间略有差异。花芽分化的质量直接影响翌年的花量和结果。因此,壮果期(或果实膨大期)是柑橘施肥的又一重点时期。为了使果实大、秋梢质量好、花芽分化良好,必须以施速效肥为主,配合施有机肥。时间一般为7月至8月上旬,施肥量占全年的35%左右。

柑橘挂果时间很长,一般为6～12个月,因此,消耗水分、养分很多,采果后树势衰弱。为了恢复树势,继续促进花芽分化,充实结果母枝,提高抗寒越冬能力,为翌年结果打下基础,必须采果后及时施肥。此时(11～12月份)因气温下降,根系活动差,吸肥力弱,应以施有机肥为主,配合施适量化肥。时间一般为10月下旬至11月下旬。施肥量占全年的30%左右。除果实挂树贮藏、晚熟品种在采前施肥外,其余一般多在采收后施肥,也可提早在采前施肥,但施氮肥会严重影响果实的贮藏质量。一般贮藏1～2个月腐烂率高达15%～20%。

由于各地气候、土壤、栽培方式不同,施肥期和次数也有差异。施肥次数,一般为3～6次,推行3～4次。

施肥期和次数要因时因地制宜。如有些柑橘产区,柑橘密植、墩小、根浅、气温高、蒸发量大,多采用勤施、薄施。花多、果多、梢弱、叶黄和遭受灾害的植株,可随时补施肥料;结果很少而新梢生长很好的植株,可以少施1～2次,以抑制营养生长过旺,防止翌年花量过多或花而不实。早熟品种应提早施肥,晚熟品种适当延迟施肥,以适合柑橘生长发育对营养的需求。夏、秋干旱时,可以配合抗旱施肥。

②施肥量及比例:施肥量的多少,受品种、树龄、结果量、树势强弱、根系吸肥力、

土壤供肥状况、肥料特性及气候条件的综合影响。一般瘠土多施，肥土少施；大树多施，小树少施；丰产树、衰弱树多施，低产树、强树少施；甜橙耐肥多施，橘类较耐瘠略少施。从理论上讲，可用下列公式计算施肥量。

施肥量＝（吸收量－土壤自然供肥量）÷肥料利用率（％）

如柑橘 667 m² 产 3 500 kg，需要吸收氮素 21 kg，一般土壤可供果树吸收的肥约占 1/3（即 7 kg），氮素的利用率一般为 50％，则施肥量＝（21－7）÷50％＝28 kg。

肥料利用率，氮（N）为 40％～50％，磷（P_2O_5）为 10％～25％，钾（K_2O）为 40％。

实践证明，丰产园的实际施肥量比理论值大 1～1.5 倍。由此说明施肥量受许多综合因素的影响。

③施肥方法：对提高土壤肥效和肥料利用率起着十分重要的作用，因此必须予以重视。施肥方法不当，不仅浪费肥料，甚至会伤害果树，造成减产。施肥方法归纳起来有 2 种，即土壤施肥和根外追肥（叶面施肥），以土壤施肥为主，根外追肥配合。

其一，土壤施肥。柑橘是深根系作物，根系通常分布在 60～100 cm 深处。施肥的位置应在树冠外围滴水线的土壤内。因吸收根多分布在树冠外缘的土层中，施肥时还应注意东西南北对称轮换位置施肥。施肥深度一般为 20～40 cm 较好，随着树冠扩大，施肥穴还应逐年外移。施肥方法：幼年树多挖环状沟施肥，梯地台面窄的果树挖放射状沟施肥，成年结果树多挖条状沟施肥，沟的深度，追肥浅施，20 cm 左右；基肥宜深施，30～40 cm，长度依树冠大小而定（一般 1 m 左右），沟底要平。肥料施入穴中，待粪水干后盖土。

在做好柑橘园排灌和水土保持的基础上，施肥要看天气，大雨前不宜施肥，雨后初晴抢施肥；雨季干施，旱季液施，旱涝灾害后多施速效肥或根外追肥。

沙性土保土保水保肥力差，应勤施、薄施或浅施；黏土可重施，深浅结合，但需保持表层土壤疏松。红壤山地土层深厚应深施、沟施，既改良土壤，又因深根系，有利于抗旱、抗寒。

柑橘 1 年发根 2～3 次，以 6～7 月份发根量最多，施肥配合发根期，需肥最多，但也易损伤新根。因此，发根期施肥宜淡、宜浅，冬、春深施、重施，以诱根入土。

柑橘抽梢、开花结果等生长发育旺盛时期，对氮、磷、钾的需要量最高。因此，必须予以充分满足。叶片干物重占植株的 20％，而叶片含氮量占 40％左右。氮素施入土中活性强，易于向土壤下层渗透或流失，一般利用率为 40％～50％。所以氮肥不宜施得过深，1 次施用量不宜太多。果实中含钾量高，占植株含钾量的 40％。因此，1/2 左右的钾肥应在夏季施用。钾肥施入土中活性强，也易于流失，一般利用率为 40％。磷肥在果实成熟前 1～2 个月喷施，有降低酸含量、略有提高糖含量、改善果实品质的作用。磷肥施入土中移动困难，容易被固定失效。故宜深施，一般用作基肥。磷肥的利用率低，通常为 10％～25％。

其二，根外追肥。柑橘枝、叶和果皮表面的气孔或皮孔通过渗透作用，能直接吸收溶解在水中的某些营养离子或分子，这就是根外追肥的原理。人工喷施适当的营养液于植物茎、叶等地上部位,称根外追肥或叶面施肥。根外追肥用量最省、运输距离短、养分吸收快、利用率高、见效快,一般喷施后 15 min 至 24 h 即可吸收利用。特别是叶片背后,因气孔多,吸收力更强。如喷施尿素 24 h 后叶片上 80% 的尿素被吸收。磷肥和其他微量元素采用根外追肥,可减少肥料被固定的损失,但不能代替土壤施肥。

柑橘保花保果、微量元素缺乏症矫治、根系生长不良引起叶色褪绿、结果太多导致暂时脱肥、树势太弱等都可以采用根外追肥,以补充根部施肥不足。根据柑橘在不同生育时期对养分的需要,以土壤施肥为主配合根外追肥。

根外追肥和喷施生长素,应掌握适应浓度和用量,过浓过多都会引起肥(药)害或其他副作用,过低过少,效果不好。目前生产上肥料和生长素使用的浓度,见表 5-5。

表 5-5　肥料和生长素使用的浓度

名　称	使用浓度	名　称	使用浓度
尿　素	0.3%～0.5%	硫酸锌	0.2%
尿　水	20%～30%	硫酸锰	0.2%
硝酸铵	0.2%～0.3%	硫酸铜	0.01%～0.02%
硫酸铵	0.3%	硼　砂	0.1%～0.2%
过磷酸钙	1%～3%	硼　酸	0.1%～0.2%
磷酸二氢钾	0.3%～0.5%	钼酸铵	0.05%～0.1%
硫酸钾	0.5%～1.0%	柠檬酸铁	0.05%～0.1%
硝酸钾	0.5%～1.0%	2,4-D	10～20 mg/kg
氯化钾	0.3%～0.5%	萘乙酸	50～100 mg/kg
硫酸镁	0.2%	2,4,5-T	20 mg/kg
硫酸亚铁	0.2%	赤霉素(GA)	50～100 mg/kg

(4)肥料配合施用　柑橘施肥应按土壤类型和肥料特性实施多种肥料配合施用。即大量元素和微量元素配合,有机和无机肥料配合。为了充分发挥肥效和不损失肥料,应按肥料特性合理配合施用。

①大量元素和微量元素配合:由于大量元素和微量元素的生理功能相互不可代替,彼此不可缺少。若缺少某一种元素,就会产生营养失调,出现缺素症,影响树势、产量、品质。因此,大量元素和微量元素必须配合使用。

②有机和无机肥配合施用:有机肥最好和化肥配合施用,长短结合,充分发挥肥效。同时有机肥分解产生的腐殖酸,有吸收铵、钾、镁、钙和铁等离子的能力,可减少化肥的损失。果园大量施用有机肥,可改良土壤物理特性,提高土壤肥力,改善土壤深层结构,有利根系生长,不易出现缺素症。特别是磷肥应和有机肥混合深施,使根群易于吸收,防止土壤固定或流失。植株生长旺盛季节,对营养要求高,施化肥为主,

配合施有机肥料,及时供给植株需要的养分,保证柑橘正常生长发育。

③可以混合的肥料:肥料可以单施,也可混合施用。为使肥料发挥最大效果,生产上常将几种肥料混合施用,既可同时供给植株所需的几种养分,又可使几种肥料互相取长补短,或经过转化更有利于利用和提高肥效,还可减少操作次数,提高劳动效率,节省经费开支。

可以混合的肥料,是指两种以上的肥料混合后,不但养分没有损失,而且还能改善物理性质,加速养分转化,防止养分损失或减少对植株的副作用,从而提高肥效。如硫酸铵与过磷酸钙混合,其化学反应生成的磷酸二氢铵,施入土中后,遇水解离成NH_4^+和$H_2PO_4^-$植物能同时吸收,对土壤不会产生不良影响。硫酸铵是生理酸性,过磷酸钙是化学酸性,单独施用会增加土壤酸性,对植物生长不利,二者混合施用就比分别施用好。硝酸铵和氯化钾混合施用,可改善化肥的物理性状,因混合生成的氯化铵比硝酸铵的物理性状好,减少吸湿性,施用方便。

④可以暂时混合的肥料:可以暂时混合的肥料,是指有些肥料混合后,立即施用尚无不良影响,若长期放置,会引起养分减少或使物理性状恶化,增加施用困难。

过磷酸钙和硝态氮混合,不但会引起肥料的潮解,使物理性状恶化,而且使硝态氮渐次分解,造成氮素损失。如事先用10%~20%的磷矿粉或5%的草木灰中和过磷酸钙的游离酸,然后混合就不会引起以上的化学变化,所以这两种肥料可以暂时混合,但不能久放。

尿素和氯化钾混合后,营养成分虽没减少,但增加了吸湿性,易于结块。如尿素和氯化钾分别保存,5 d吸湿为8%,而混合在同一条件下达到36%。又如石灰氮与氯化钾、尿素与过磷酸钙混合,也会增加吸湿性。因此这种肥料混合的不宜长期放存。

为了减少硝态氮肥与其他肥料混合后的结块现象,一般可加少量的有机物,每1 000 kg混合肥料中加入100 kg的有机物即可。这种混合肥料应随配随用。

⑤不可以混合的肥料:不可混合的肥料,主要指有些肥料混合后,会引起肥料的损失,降低肥效,或使肥料的物理性质变坏,不便施用。

铵态氮不能与碱性肥料混合,如硫酸铵、硝酸铵、碳酸氢铵、腐熟的粪尿不能和草木灰、石灰、钙镁磷肥、窑灰钾肥等碱性物质混合,以免引起氮素的损失。

过磷酸钙和碱性肥料不能混合。过磷酸钙和草木灰、石灰质肥料、石灰氮、窑灰钾肥等碱性物质混合,会引起磷肥的退化,降低可溶性磷酸的含量。

各种肥料混合情况,见图5-1。

(三)水分管理技术

1. 柑橘灌溉

(1)缺水诊断 如何确定是否需要灌溉,不能凭叶片外部萎蔫卷曲来判断,因为这时柑橘已受旱害,灌溉已经迟了。而且这种干旱的严重影响,对柑橘植株是不可逆的,将影响柑橘正常生长发育。因此,必须采用科学的方法测定。目前诊断柑橘缺水

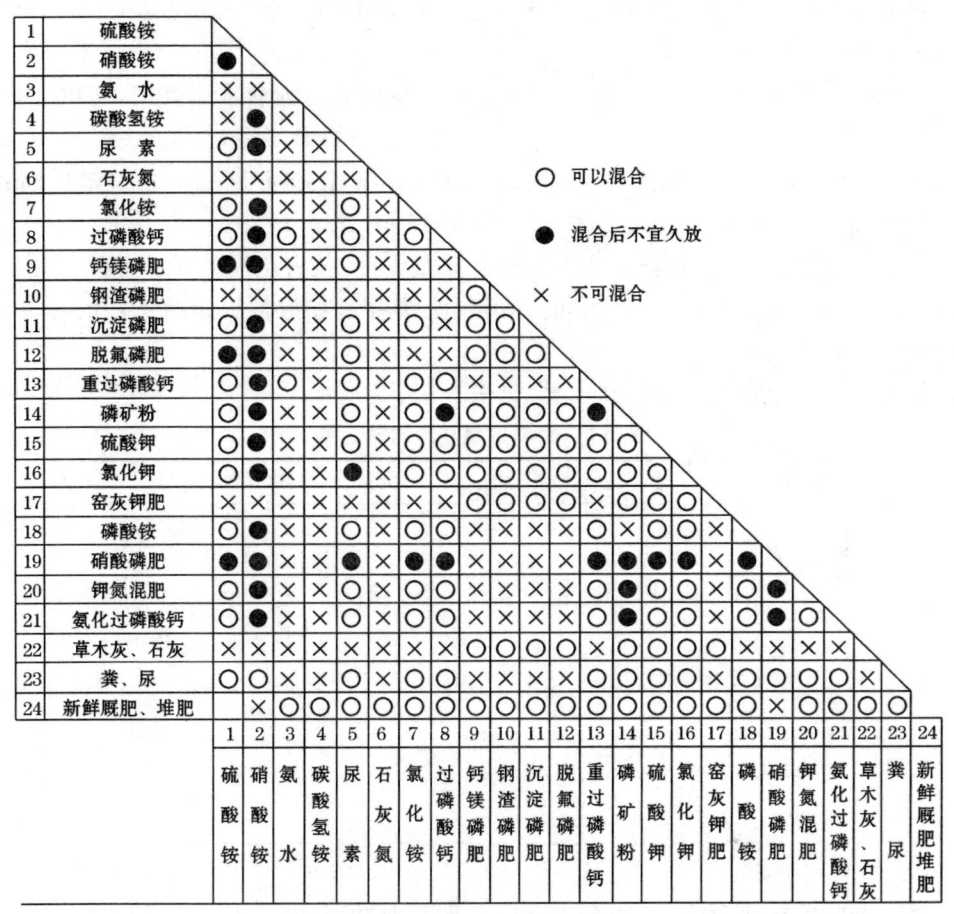

图 5-1 各种肥料混合情况

的方法主要有以下 2 种。

①测定蒸腾量:因叶片蒸腾量和根系吸水量大体一致。在干旱季节,用尼龙袋套住一定量的叶片,收集蒸腾水量,再和正常情况比较,如蒸腾量为 1.0 g,干旱季节套同一小枝 10 片叶,12 h 后取下,称得水的蒸腾量为 0.5 g,恰好比正常情况下降 1/2,即应灌溉。

②测定土壤水分:柑橘对土壤水分有最适宜范围。土壤最大含水量称上限,最低含水量称下限,上、下限之间的含水量,称土壤有效持水量。灌溉适宜期就是土壤有效水分消耗 1/2 的时候,有效水分量的 1/2 正好是田间持水量 60% 的含水量,所以土壤含水量下降到田间持水量的 60% 时,就是灌溉的适宜期。

柑橘植株是否需要灌溉,还可用简单的方法目测,即凭眼睛看。在阴天叶片出现卷曲,表明土壤已较干燥,需要灌溉。高温干旱天气,卷曲的叶片在傍晚不能恢复正常,说明土壤已较干燥,应立即灌溉。

(2)测定灌溉水定额　柑橘园的 1 次灌溉定额,可按下式计算:

灌水量(mm)＝1/100(田间持水量－灌水前土壤含水量)×土壤容量(g/cm³)×根系深度(mm)

上面提到灌水前土壤含水量是60%的田间持水量时为灌水适宜期,所以上式可简化成:

灌水量(mm)＝1/100×0.4×田间持水量×土壤容重(g/cm³)×根系深度(mm)

式中,灌水量(mm)×2/3可以换算成每667 m² 灌水 m³ 数

从上式看出,不同土壤类型和不同根系分布深度,就有不同的灌水定额。对某一柑橘园,灌水前必须测定土壤的田间持水量,土壤容量和柑橘根系密集层的深度,在一定时间内测1次即可。

不同土壤质地容量和田间持水量,见表5-6。

表5-6 土壤容量和田间持水量

土壤类别	土壤容量(g/cm³)	田间持水量(%)
砂土	1.45～1.60	16～22
砂壤土	1.36～1.54	22～30
轻壤土	1.40～1.52	22～28
中壤土	1.40～1.55	22～28
重壤土	1.38～1.54	22～28
轻黏土	1.35～1.44	28～32
中黏土	1.30～1.45	25～35
重黏土	1.32～1.40	30～35

确定第二次灌水时间,可用灌水定额÷日耗水量,求出灌水间隔天数。土壤湿度以田间持水量60%～80%为宜。也可按表5-7确定灌水时间。

表5-7 土壤需排灌的含水量标准 (%)

土壤质地	需灌水	需排水
砂质土	<5	>40
壤质土	<15	>42
黏质土	<25	>45

(3)灌溉方法

①浇灌:在水源不足或幼龄柑橘园,以及零星栽植的果园,可以挑水浇灌。方法简便易行,但费时费工。为了提高抗旱效果,每50 L水加4～5 kg人畜粪尿;为了防止蒸发,盖土后加草覆盖。浇水宜在早、晚时进行。

②沟灌:利用自然水源或机电提水,开沟引水灌溉。这种方法适宜于平坝及丘陵台地柑橘园。沿树冠滴水线开环状沟,在果树行间开一大沟,水从大沟流入环沟,逐

株浸灌。台地可用背沟输水,灌后应适时覆土或松土,以减少地面蒸发。

③穴灌:是一部分根系灌溉,一部分根系不灌溉的一种节水灌溉方法。由于未灌溉(干旱)区域内根系的吸收受限制后,会诱导产生干旱信号——脱落酸(ABA),脱落酸传输叶片,使叶片的气孔开度变小或关闭,从而减少水分蒸腾、消耗,达到节水目的。

方法是先在树冠滴水线附近挖灌水穴(小树1~2个,大树3~4个),穴深15~30 cm(沙质土浅,黏质土稍深),大小为每穴可灌水15~30 L为宜,然后在穴内灌满水,待水渗入土壤后,往穴内填满杂草或作物秸秆;或将土壤回填到穴内,但不填满穴,并保持土壤疏松。多余土壤在穴四周筑一矮土墙,最好在其上覆盖一层杂草等,下次灌水可直接往穴内灌。穴灌,即使在干旱时,5~7 d灌1次即可。穴灌须注意3点:一是挖穴时尽量避开大根,以免伤及;二是宜在凌晨或傍晚灌溉,结合其他抗旱措施效果更好;三是穴灌结合施肥,浓度不超过0.2%。

④喷灌:利用专门设施,将水送到柑橘园,喷到空中散成小雨滴,然后均匀地落下来,达到供水的目的。喷灌的优点是省工省水,不破坏土壤团粒结构,增产幅度大,不受地形限制。

喷灌的形式有3种,即固定式、半固定式和移动式,都可用作柑橘园喷灌。喷灌抗旱时,强度不宜过大,不能超过柑橘园土壤的水分渗吸速度,否则会造成水的径流损失和土壤流失。在背靠高山,上有水源可以利用的柑橘园,采用自压喷灌,可以大大节省投资及机械运行费。

⑤滴灌:又称滴水灌溉。利用低压管道系统,使灌溉水成滴地、缓慢地、经常不断地湿润根系的一种供水技术。

滴灌的优点是省水,可有效防止表面蒸发和深层渗漏,不破坏土壤结构,节约能源,省工,增产效果好。尤以保水差的砂土效果更好。滴灌不受地形地物限制,更适合水源小、地势有起伏的丘陵山地。

使用滴灌时,应在管道的首部安装过滤装置,或建立沉淀池,以免杂质堵塞管道。在山坡地为达到均匀滴水的目的,毛细管一定要沿等高线铺设。现将现代节水灌溉系统的组成、主要技术参数和使用注意事项简介于后。

现代节水灌溉系统由水泵、过滤系统、网管系统、施肥设备、网管安全保护设备、计算机系统、电磁阀和控制线、滴头与微喷头以及附属设施等组成。

水泵数量和分级扬程须根据水源分布、柑橘果园的面积相对高差与地形、地貌来确定和设置。一般单个系统控制面积为33.33 hm^{2}以下。

过滤系统通常分设3级,第一级为30目自动冲洗阀网式过滤器,第二级为自动反冲洗沙石过滤器,第三级为200目自动冲洗网式过滤器。经过3级过滤,可充分滤除水中的杂质。

网管系统由干管、支管和毛细管组成。干管为输水主管道,支管连接干管将水送到各片区和小区,毛细管系统树下铺设的小管道,滴头和微喷头安插在毛细管上,将水送到根系区。

施肥设备需具备流量控制和可编程序功能。

网管安全保护设备的首部需要设置能自动泄压、进气和排气的三功能阀。干管和支管在适度处设置自动进气、排气阀,并在适宜的位置安装大型调压阀,以消除地形落差引起的过高压力。在电磁阀和某些支管和适当位置,安装小型调压阀。

计算机系统每套控制面积为 133.33 hm^2 以上。它应自带灌溉程序、可编程序,具有中文界面,并且有温度传感器、湿度传感器和自动气象站的配套设备。

电磁阀最大流量为 40 m^3/h,能承受的压力在 1.3Mpa 以上,控制方式为线控。

滴头和微喷头全为压力补偿滴头或压力补偿微喷头,能使各滴头和微喷头在一定压力范围内的出水量大致相同。

自动节水灌溉系统的附属设施包括逆止阀、防波涌阀、水控蝶阀、水表和机房等。

自动节水灌溉系统的主要技术参数如下。

滴灌:灌水周期 1 d;最大允许灌水时间 20 h/d;毛细管数每行树 1 根;滴头间距 0.75 m,随树龄增大滴头可每树可由 1 个增加至 4 个;滴头流量≥3 L/h,土壤湿润比≥30%,工程适用率 90% 以上;灌溉水利用系数 90% 以上,灌溉均匀系数 90% 以上;最大灌溉量:4 mm/d。

微喷:灌溉周期 1 d;毛细管数每行树 1 根,每株树 1 个微喷头,最好为调式喷头;喷头流量≥3 L/min,土壤湿润比≥50%;工程适用率 90% 以上;灌溉水利用系数 95% 以上,灌溉均匀系统数 95% 以上;最大灌水量 5 mm/d。

2. 柑橘排水

(1)平地柑橘园　河谷、水田、江边等地区,地势低平,建园时必须建立完整的排水系统,开筑大小沟渠。园内隔行开深沟,小沟通大沟,大沟通河流。深沟有利于降低水位和加速雨天排水,隔行深沟深度为 60～80 cm,围沟深 1 m,每年需要进行维修,以防倒塌或淤塞。

(2)山地柑橘园　一般不存在涝害,只有山洪暴发,才有短暂的土壤积水过多,甚至冲毁果园台地。因此,应在柑橘园上方坡地开筑深、宽各 1 m 的拦水沟,使洪水流入山洞峡谷。

3. 灌溉水质　水源不同,水的质量也不一样。如地面径流水,常含有有机质和植物可利用的矿质元素;雨水含有较多的二氧化碳、氨和硝酸;雪水中也含有较多的硝酸。据报道,在 1 L 溶解的雪水中,硝酸的含量可达到 2～7 mg,因此,这一类灌溉水对果树是十分有利的。河水,特别是山区河流,常携带大量悬浮物和泥沙,仍不失为一种好的灌溉水。来自高山的冰雪水和地下泉水,水温一般较低,需增温后使用。但灌溉水中,不应含有较多的有害盐类,一般认为,在灌水中所含有害可溶性盐类不应超过 1～1.5 g/kg。研究者推荐,把水中氯化物含量作为其含盐度指数。

灌溉水中各项污染物的浓度限值,见表 5-8。

表 5-8　灌溉水中各项污染物的浓度限值

项　目		指　标
pH 值	≤	5.5～8.5
总汞(mg/L)	≤	0.001
总镉(mg/L)	≤	0.005
总砷(mg/L)	≤	0.1
总铅(mg/L)	≤	0.1
铬(六价)(mg/L)	≤	0.1
氟化物(mg/L)	≤	3
氰化物(mg/L)	≤	0.5
石油类(mg/L)	≤	10
氯化物(mg/L)	≤	250

二、柑橘枝叶花果管理技术

柑橘的枝叶管理主要是整形、修剪和防治植株异常落叶；花果管理主要包括两个方面，一是促花保果及防止裂果、日灼、脐黄(脐橙)、低温落果；二是疏花疏果、果实套袋等早结果丰产、优质的栽培技术。

(一)枝叶管理

1. 整形修剪的原则　常规的整形是从幼苗开始的枝梢管理技术，修剪一般在植株结果以后开始。整形重在造就优质丰产的树形，修剪重在保持优质丰产的树形。近 10 多年来，整形修剪技术发展趋向省力化、简单化，甚至提出未结果的幼树不作整形修剪，任期自然生长，到结果后再行必要的整形修剪，称之"先乱后治"。这种"先乱后治"的方法，目的是让结果前的树尽可能多长枝叶扩大树冠而尽早投产，从省力、节本上考虑也属可行。整形修剪应掌握如下原则。

(1)因地制宜　不同气候带、不同地域，甚至山地和平地，整形修剪都有差异，南亚热带柑橘产区 1 年抽 4 次梢，北亚热带产区抽 2～3 次梢，土层深厚之地的植株比土层浅薄之地的植株高大，山地柑橘园比平地柑橘园光照要好，因此整形修剪要掌握因地制宜。

(2)因树制宜　不同品种(品系)、不同砧木、不同树龄、不同结果量和生长势，其整形修剪的方法有异。

(3)轻重得当　轻重得当，亦即抑促得当，长短兼顾。因为每一项修剪技术均会对植株的某些器官产生促进或抑制，且不同程度的在近期或远期出现反应。如对幼树多短截，可促进生长，增加分枝，加速树冠形成，虽抑制了成花，但能迅速成冠而早结果；成年结果树短截部分夏秋梢可刺激营养生长，虽然减少了翌年的花量，但可为第三年提供充足的预备枝,有利于持续丰产稳产。

(4)保叶透光　叶片是合成养分的器官,但过密会影响通风透光,进而影响光合作用。故修剪时应尽可能保持有效叶片,剪除无用枝,做到抽密留稀,上稀下密,外稀内密,使整个树冠光照充足,叶量适宜。

(5)立体结果　通过整形修剪,形成从内到外、从上到下都阳光充足,挂果累累的立体结果树形。

2. 整形修剪的主要方法

(1)短截(短切、短剪)　将枝条剪去一部分,保留基部1段,称短截。短截能促进分枝,刺激剪口以下2~3个芽萌发壮枝,有利于树体营养生长。整形修剪中主要用来控制主干、大枝的长度,并通过选择剪口顶芽调节枝梢的抽生方位和强弱。短截枝条2/3以上为重度短截,抽发的新梢少,长势较强,成枝率也高。短截枝条1/2的为中度短截,萌发新梢量稍多,长势和成枝率中等。短截1/3的为轻度短截,抽生的新梢较多,但长势较弱。

(2)疏剪(疏删)　将枝条从基部全部剪除,称为疏剪。通常用于剪除多余的密弱枝、丛生枝、徒长枝等。疏剪可改善留树枝梢的光照和营养分配,使其生长健壮,有利于开花结果。

(3)摘心　新梢抽生至停止生长前,摘除其先端部分,保留需要长度的称摘心。作用相似于短截。摘心能限制新梢伸长生长,促进增粗生长,使枝梢组织发育充实。摘心后的新梢,先端芽也具顶端优势,可以抽生健壮分枝,并降低分枝高度。

(4)回缩　回缩即剪去多年生枝组先端部分。常用于更新树冠大枝或压缩树冠,防止交叉郁闭。回缩反应常与剪口处留下的剪口枝的强弱有关。回缩越重,剪口枝萌发力和生长量越强,更新复壮效果越好。

(5)抹芽放梢　新梢萌发至1~3 cm长时,将嫩芽抹除,称抹芽,作用与疏剪相似。由于柑橘是复芽,零星抽生的主芽抹除后,可刺激副芽和附近其他芽萌发,抽出较多的新梢。反复抹除几次,到一定的时间不再抹除,让众多的萌芽同时抽生,称放梢。抹除结果树的夏芽可减少梢果矛盾,达到保果的目的,放出秋梢可培育成优良的结果母枝。

(6)疏梢　新梢抽生后,疏去位置不当的、过多的、密弱的或生长过强的嫩梢,称疏梢。疏梢能调节树冠生长和结果的矛盾,提高坐果率。

(7)拉枝、撑枝、吊枝和缚枝　幼树整形期,可采用绳索牵引拉枝、竹竿撑枝和石块等重物吊枝等方法,将植株主枝、侧枝改变生长方向,调节骨干枝的分布和长势,培养树冠骨架。拉枝也能削弱大枝长势,促进花芽分化和结果。缚枝是将枝梢用塑料薄膜条活结缚在枝桩上,起扶正、促梢生长和防止枝条折裂的作用,常用于高接换种抽发枝梢的保护。

(8)扭梢和揉梢　新抽生的直立枝、竞争枝或向内生长的临时性枝条,在半木质化时,于基部3~5 cm处,用手指捏紧,旋转180°,伤及木质部及皮层的称扭梢。用手将新梢从基部至顶部进行揉搓,只伤形成层,不伤木质部的称揉梢。扭梢、揉梢都是损伤枝梢,其作用是阻碍养分运输,缓和生长,促进花芽分化,提高坐果率。扭梢、揉梢,全年可进行,以生长季最宜,寒冬盛夏不宜进行。扭梢、揉梢用于柑橘不同品种,以温州蜜柑的效果最明显。此外,扭梢、揉梢的时间不同,效果也不同:春季可保花保果;夏季可促发早秋梢,缓和营养生长,促进开花结果;秋季可削弱植株的营养生长,积累养分,促进花芽分化,有利翌年丰产。

(9)环割 用利刀割断大枝或侧枝韧皮部(树皮部分)1圈或几圈称环割。环割只割断韧皮部,不伤木质部,起暂时阻止养分下流,使碳水化合物在枝、叶中高浓度积累,以改变上部枝叶养分和激素平衡,促使花芽分化或保证幼果的发育,提高坐果率。

环割促花主要用于幼树或适龄不开花的壮树,也可用于徒长性枝条。用于促进花芽分化时,中亚热带在9月中旬至10月下旬,南亚热带在12月下旬前后,在较强的大枝、侧枝基部环割1～2圈。用于保果则在谢花后,在结果较多的小枝群上进行环割。

(10)断根 秋季断根前,将生长旺盛的强树,挖开树冠滴水线处土层,切断1～2cm粗的大根或侧根,削平伤口,施肥覆土,称断根。断根能暂时减少根系吸收能力,从而限制地上部生长势,有利于促进开花结果。断根也可用于根系衰退的树再更新根系。有的柑橘产区,有利用秋冬干旱,在11～12月份将树冠下表层根系挖出"晾根",待叶片微卷后施肥覆土,造成植株暂时生理干旱以促花芽分化,这种做法与断根作用相似。

(11)刻伤 幼树整形,树冠空缺处缺少主枝时,可在春季芽萌动前于空缺处选择1个隐芽,在芽的上方横刻1刀,深达木质部,有促进隐芽萌发的效果。在小老树(树未长大即衰老的树)或衰弱树主干或大枝上纵刻1～3刀,深达木质部,可促弱树长势增强。

(12)疏花疏果 春、夏季对过多的花蕾和幼果,分期摘除,以节省树体养分,壮果促梢和提高果实质量。

3. 整形修剪的时期 柑橘整形通常从苗圃开始,逐年造型,并在以后不断维持和调整树冠骨架形态。

修剪在1年中均可进行,但不同时期的生态条件和树体营养代谢以及器官生理状态不同,修剪的反应(效果)也有异。通常修剪分冬季修剪和生长期修剪(春季、夏季和秋季修剪)。

(1)冬季修剪 采果后至春季萌芽前进行。这时柑橘果树相对休眠,生长量少,生理活动减弱,修剪养分损失较少。冬季无冻害的柑橘产区,修剪越早,效果越好。有冻害的产区,可在春季气温回升转暖后至春梢抽生前进行。更新复壮的老树、弱树和重剪促梢的树,也可在春梢萌动抽发时回缩修剪,新梢抽生多而壮以达到好的复壮效果。

(2)生长期修剪 指春梢抽生后至采果前整个生长期的各项修剪处理。这时树体生长旺盛,修剪反应快,生长量大,对促进结果母枝生长,提高坐果率,促进花芽分化,延长丰产年限,复壮更新树势等,效果均明显。

①春季修剪:即在春梢抽生现蕾后进行复剪、疏梢、疏蕾等,以调节春梢和花蕾、幼果的数量比例,防止春梢过旺生长而增加落花落果。此外,疏去部分强旺春梢,也可减少高温异常落果。

②夏季修剪:指初夏第二次生理落果前后的修剪。包括幼树抹芽放梢培育骨干枝,结果树抹夏梢保果,长梢摘心,老树更新以及拉枝、扭梢、揉梢等促花和疏果措施,达到保果、复壮和维持长势等。

③秋季修剪:指定果后的修剪,主要是适时放梢、夏梢秋短等培育成花母枝以及环割、断根等促花芽分化和继续疏除多余果实,调整大小年产量,提高果实品质。

4. 树体结构、树形

(1)树体结构　柑橘树体结构分别由地上部的主干、中心枝干、主枝和地下部主根(垂直根)、侧根(水平根)和须根等组成。

主干和中心主干、主枝等骨干枝是永久性的树体骨架。骨干枝上的枝组、小枝等要不断更新,为非永久性枝梢。

①主干:自根颈至第一主枝分枝点的部分叫主干。是树冠骨架枝干的主轴,上连树冠,下通根系,是树体上下交流的枢纽。主干的高度称干高。

②骨干枝:构成树冠的永久性大枝称骨干枝。可分为中心大枝、主枝、副主枝和侧枝。中心大枝是主干以上逐年延伸向上生长的中心主干。主枝是由中心主干上抽生培育出的大枝,从下向上依次排列称第一主枝、第二主枝……是树冠的主要骨架枝。主枝不宜太多,以免树冠内部、下部光照不良。副主枝是在主枝上选育配置的大枝,每个主枝可配2～4个副主枝。侧枝是着生在副主枝上的大枝或大枝上暂时留用的大枝,起着支撑枝组和叶片、花果的作用。

主枝、副主枝和侧枝先端培育为延伸生长的枝条,均称为延长枝。

③枝组:着生在侧枝或副主枝上5年生以内的各级小枝组成的枝梢群称为枝组(也称枝序、枝群),是树冠绿叶层的组成部分。

(2)适宜树形　柑橘的各种树形都是由树体骨干枝的配置和调整形成的。树形必须适应品种、砧木的生长特性和栽培管理方式等的要求,并长期培育、保持其树形。

柑橘的树形可分为:有中心主干形和无中心主干形2类。有中心主干形多在主干上按树形规范培育若干主枝、副主枝,如变则主干形;无中心主干形,一般在主干或中心主枝上培育几个主枝,主枝之间没有从属关系,比较集中,显得中心主干不甚明显,如自然开心形,多主枝放射形。

①变则主干形:干高30～50 cm,选留中心主干(类中央干),配置主枝5～6个,主枝间距30～50 cm,分枝角45°左右,主枝间分布均匀或有层次。各主枝上配置副主枝或侧枝3～4个,分枝角40°左右。变则主干形适宜于橙类、柚类、柠檬等。

②自然开心形:干高20～40 cm,主枝3～4个,在主干上的分布错落有致。主枝

分枝角30°～50°，各主枝上配置副主枝2～3个，一般在第三主枝形成后，即将中心主干剪除或扭向一边做结果枝组。自然开心形适宜于温州蜜柑等。

③多主枝放射形：干高20～30 cm，无中心主干。在主干上直接配置主枝4～6个，对主枝摘心或短截后，大多发生双叉分枝成为次级主枝（副主枝）。对各级骨干枝均采用短截、摘心、拉枝等方法，使树冠呈放射状向外延伸，多主枝放射形，适宜于丛生性较强的椪柑等。

5. 树形培养

（1）变则主干形　变则主干形的整形，主要是通过对中心主干和各级主枝的选择和剪截处理而完成。

①主干的培养：在嫁接苗夏梢停止生长时，自30～50 cm处短截，扶正苗木，这是定干。

②中心主干的培养：定干后，通常在其上部可抽发5～6个分枝，其中顶端1枝较为直立和强旺，可选作中心主干的延长枝，冬剪时对延长枝进行中度或重度短截，以保持延长枝的生长势。由于柑橘新梢自剪的特性，中心主干延长枝的生长很易歪向一边。因此，在短截延长枝时应通过剪口芽来调整其延伸的方向和角度，必要时可用支柱将中心主干延长枝固定扶正，若中心主干延长枝短截后分枝过多，则会使延长枝的生长减弱，需将一些影响其正常生长的枝梢，如密弱枝、徒长枝疏除，以集中养分供延长枝。

③主枝培养：中心主干延长枝被短截处理后，一般会抽生5～6个分枝，应根据其着生的位置，选择符合主枝配置条件的分枝作为主枝延长枝，进行中度和重度短截。短截轻重应根据该枝生长势的强弱而定。如生长势偏弱，需要较重短截；如偏旺，则轻度短截。通过剪口芽方位的选择也可调节主枝延长枝的方向或分枝角。还可通过撑、拉、吊等措施调整其分枝角和生长势。主枝选定后，每年从短截后抽生的新梢中选择生长势旺盛，生长方向与主枝延长方向最为一致的分枝作为主枝延长枝，进行中度至重度短截。并通过剪口芽调节延长方向，通过短截轻重调节其生长势。当多个主枝确定后，还应兼顾相互之间的间距、方位和生长势等方面的协调和平衡，可采取多种修剪方式扶弱抑强。对延长枝附近的密生枝应适当疏剪，对其余分枝尽量保留，长放不剪。若出现直立向上的强旺枝或徒长枝时，应尽力剪除。

④副主枝的培养：在第一主枝距中心主干40～50 cm处配置第一个副主枝。以后各主枝的第一副主枝距中心主干的距离应酌情减小。每主枝上可配置3～4个副主枝，分枝角40°左右，交叉排列在主枝的两侧。副主枝之间的间距30 cm左右。

⑤枝组的培养和内膛辅养枝的蓄留：对着生的副主枝、主枝及中心主干上的各分枝进行摘心或轻度短截，会促发一些分枝，再进行摘心和轻度短截，即可形成枝组。并使其尽快缓和长势，以利其开花结果。枝组结果后再及时回缩处理，更新复壮。在主枝或副主枝上，甚至在中心主干上还会有一些弱枝，应尽量保留，使其自然生长和分枝。如光照充足，这些内膛枝或枝组也可开花结果，而且是幼树最早的结果部位。

此外,对骨干枝上萌生的直立旺枝,如能培养成枝组填补内膛空间,可进行扭梢、摘心和环割处理,使其缓和生长势,通过几次分枝形成枝组。

⑥延迟开心:在培养成5～6个主枝后,应对中心主干延长枝进行回缩和疏剪,使植株上部开心,将光照引入内膛,同时树体向上的生长也得到缓解和控制。随着树冠的不断扩大,当相邻植株互相交叉时,也应对主枝延长枝回缩或疏剪,以免树冠交叉郁闭。

(2) 自然开心形　前面已叙述了变则主干形树形培养,有了变则主干形的基础,自然开心形的培养变得较易,其培养过程与变则主干形第三主枝以下部位的配置基本一致,只是定干稍矮。

①主干与主枝培养:嫁接苗定干高度20～40 cm,以后按变则主干形的培养方法,配置3个主枝,主枝间的间距20～30 cm。

②及时开心:在第三主枝形成后,及时将原有的中心主干延长枝从第三主枝处剪除,或做扭梢处理后倒向一边,留作结果母枝,如果对中心主干延长枝疏剪太迟,可能会造成较大的伤口,损伤树势。

③侧枝与枝组的培养:自然开心形可在主枝上直接配置侧枝,侧枝在主枝上的位置应呈下大上小的排列,互相错开。由于自然开心形树冠各部位的光照都很充足,可以在主枝、侧枝上配置更多的枝组,但要求分布均匀,彼此不影响光照。当植株开心后,骨干枝上极易产生萌蘖而抽发徒长枝,对扰乱树形的要及时疏除,对有用的旺枝要采用拉枝、扭梢、环割等措施抑制其生长势,使其结果后再剪除。

(3) 多主枝放射形

①主干的培养:主干高度定为20～30 cm,当嫁接苗抽发夏梢后,从离地30～40 cm处短截,便可促发4～6个晚夏梢或早秋梢,这些枝梢即是多主枝放射形的第一级主枝。

②主枝的培养:定干后连续对抽发的新梢及时摘心,冬季修剪时首先疏剪顶部分枝角度小的丛状分枝(又称"掏心"),保留下部几个较强壮分枝,并对其进行中度短截。摘心或短截后一般会发生2个或多个分枝。由于连续对夏、秋梢及时摘心,冬季在"掏心"基础上短截强壮分枝等,可加速分枝,降低分枝高度,经2～4年处理,就形成12～20个次级主枝。

③拉枝:由于主枝不断分枝和外延,大枝越来越多,树冠中上部的新梢密集,叶幕层上移,树冠内膛和下部的光照条件变差,骨干枝上难以形成小枝或枝组,造成内膛和下部秃裸。因此,每年要将骨干枝拉开,使其开张角度。使树冠内部和中下部光照条件改善。拉枝也有利于抑制主枝的生长势,纠正树形易出现的上强下弱的弊端。拉枝后树冠中心部位出现的徒长枝,适宜于培养作主枝的,可以摘心并拉大其角度,多余的徒长枝则应及时疏除。

④调节树冠上下生长势的平衡:树冠顶部或上部的枝梢一般会较早抽出强夏梢,从而抑制或削弱下部枝梢的萌发和抽梢,使树冠出现上强下弱现象。因此,应该将上

部先萌发的夏梢抹除,连续多次抹芽,直到下部春梢萌出夏芽并抽梢后,才停止抹芽,让其抽梢。冬季修剪时还可对中下部的枝梢重点短截,刺激营养生长,防止其早期开花结果。在幼树初结果时期,也要尽量让树冠中上部先开花结果,使树冠下部的枝梢延迟挂果。通过各种修剪方法抑强扶弱,抑上扶下,才能形成生长较平衡的树冠,达到立体结果、优质、丰产稳产之目的。

6. 幼树修剪 柑橘定植后至结果(投产)前这段时期称幼树。幼树生长势较强,以抽梢扩大树冠,培育骨干枝,增加树冠枝梢和叶片为主要目的。修剪,在整形的基础上,适当进行轻剪,主要是对主枝、副主枝的延长枝短截和疏剪,尽可能保留所有枝梢作辅养枝。在投产前1年进行抹芽放梢,培育秋梢母枝,促花结果。

(1)疏剪无用枝 剪去病虫枝和徒长枝,以节省树体养分,减少病虫害传播。

(2)夏、秋长梢摘心 未投产的幼树,可利用夏、秋梢培育为骨干枝,加速扩大树冠。对生长过长的夏、秋梢在幼嫩时,即留8~10片叶摘心,促进增粗生长,尽快分枝。但投产前1年放出的秋梢不能摘心,以免减少翌年花量。已长成的长夏梢,不易再抽生秋梢,也不易分化花芽,可在7月下旬进行夏梢秋短截,将老熟夏梢短截1/3~1/2,8月中下旬,即可抽生数条秋梢,翌年也能开花结果。

(3)短截延长枝 结合整形,对主枝、副主枝、侧枝的延长枝短截1/3~1/2,使剪口1~2芽抽生健壮枝梢,延伸生长。其他枝梢宜少短截。

(4)抹芽放梢 幼树定植后,可在夏季进行抹芽放梢1~2次,可促使多抽生一二批整齐的夏、秋梢以充实树冠,加快生长。放梢宜在伏旱之前,以免新梢因缺水而生长不良。柑橘中的宽皮柑橘类因花芽生理分化期稍晚,放梢可晚或多放1次梢。树冠上部生长旺盛的树,抹芽时可对上部和顶部的芽多抹1~2次,先放下部的梢,待生长到一定长度,再放上部梢,促使树冠下大上小,以求光照好,内外结果多。

(5)疏除花蕾 树体小,养分积累不足,开花结果后会抑制树体生长,进而影响今后产量,故对不该投产的幼小树应及时摘除花蕾。

7. 初结果树修剪 从柑橘幼树结果至盛果期前的树称初结果树。此时,树冠仍在扩大,生长势仍较强,修剪反应也较明显,为尽快培育树冠,提高产量,修剪仍以结合整形的轻剪为主。主要是及时回缩衰退枝组,防止枝梢未老先衰。注意培育优良的结果母枝,保持每年有足够花量。随着树龄、产量的增加,修剪量也逐年增加。

(1)抹芽放梢 多次抹除全部夏梢,以减少梢、果争夺养分,提高坐果率,适时放出秋梢,培育优良的结果母枝。注意在放梢前应重施秋肥,以保证秋梢健壮生长。

(2)继续对延长枝短截结合培育树形 继续短截培育延长枝,直至树冠达到计划大时为止,让其结果后再回缩修剪。同时,继续配置侧枝和枝组。

(3)继续对夏、秋梢摘心 摘心方法同幼树。并对已长成的夏梢进行秋季短截,促进抽生秋梢母枝。

(4)短截结果枝与落花落果枝 结果枝与落花果枝若不修剪,翌年会抽生较多更纤细的枝梢而衰退,冬季应短截1/3~2/3,强枝轻短截,弱枝重短截或疏剪,使翌年抽生强壮的春梢和秋梢,成为翌年良好的结果母枝。

(5)疏剪郁闭枝 结果初期,树冠顶部抽生直立大枝较多,相互竞争,长势较强,应作控制:树势强的疏剪强枝,长势相似的疏剪直立枝,以缓和树势,防止树冠出现上强下弱。植株进入丰产期时,外围大枝较密,可适当疏剪部分2~3年生大枝,以改善树冠内膛光照。树冠内部和下部纤弱枝多,应疏去部分弱枝,短截部分壮枝。

(6)夏、秋梢母枝的处理 树体抽生夏、秋梢过多,翌年花量很多,会浪费树体营养,而形成大、小年结果。冬季修剪时,可采用"短强、留中、疏弱"的方法,短截1/3的强夏、秋梢,保留春段或基部2~3芽,使抽生营养枝;保留约1/3的生长势中等的夏、秋梢,供开花结果;剪除1/3左右较弱的夏、秋梢,以减少母枝数量和花量,节省树体的营养。

(7)环割与断根控水促花 幼树树势强旺,成花很少或不开花,成为适龄不结果树,应在投产前1年或旺盛生长结果很少的年份,以及结果梢多,预计翌年花量不足的健壮树进行大枝或侧枝环割,或进行断根控水处理,以促进花芽分化。

8. 盛果期树修剪 进入盛果期,树体营养生长与生殖生长趋于平衡,树冠内外、上下能结果,且产量逐年增加。经数年丰产后,树势较弱,较少抽生夏、秋梢,结果母枝转为以春梢为主。枝组也大量结果后而逐渐衰退,且已形成大小年结果现象。

盛果期树体修剪的主要目的是,及时更新枝组,培育结果母枝,保持营养枝与花枝的一定比例,延长丰产年限。因此,夏季采取抹芽、摘心,冬季采取疏剪、回缩相结合等措施,逐年增大修剪量,及时更新衰退枝组,并保持梢、果生长相对平衡,以防大小年结果的出现。

(1)枝组轮换压缩修剪 柑橘植株丰产后,其结果枝容易衰退,每年可选1/3左右的结果枝从枝段下部短截,剪口保留1条当年生枝,并短截1/3~1/2,防止其开花结果,使其抽生较强的春梢和夏、秋梢,形成强壮的更新枝组。也可在春梢萌动时,将衰退枝组自基部短截回缩,留7~8 cm枝桩,待翌年抽生春梢,其中较强的春梢陆续抽生夏、秋梢使枝组得以更新,2~3年即可开花结果。结果后再回缩,全树每年轮流交替回缩一批枝组复壮,保留一批枝组结果,使树冠紧凑,且能缓慢扩大。

(2)培育结果母枝 抽生较长的春、夏梢留8~10片叶尽早摘心,促发秋梢。夏季对坐果过多的大树,回缩一批结果枝组,也可抽发一批秋梢,其中一部分翌年也可结果。

(3)结果枝组的修剪 采果后对一些分枝较多的结果枝组,应适当疏剪弱枝,并缩剪先端衰退部分。较强壮的枝组,只缩剪先端和下垂衰弱部分。已衰退纤弱无结果价值的枝组,可缩剪至有健壮分枝处。所有剪口枝的延长枝均要短剪,不使开花,只抽营养枝,以更新复壮枝组。

柑橘中的温州蜜柑、椪柑等夏、秋梢结果较多的母枝,采果后母枝较弱时,冬季可在有健壮分枝处短截,或全部疏剪。若全树结果较多,也可在夏季留5~7 cm长桩短截,促使剪口处隐芽抽发秋梢,多数也能转化为结果母枝,形成交替轮换结果。

结果枝衰弱,不能再抽枝的全部疏除。叶片健全,生长充实可以再抽梢的只剪去果把,促使继续抽生强壮枝,复壮枝组。

(4)下垂枝和辅养枝的修剪　树冠扩大后,植株内部、下部留下的辅养枝光照不足,结果后枝条衰退,可逐年剪除或更新。结果枝群中的下垂枝,结果后下垂部分更易衰弱,可逐年剪去先端下垂部分以抬高枝群位置,使其继续结果,直至整个大枝衰退至无利用价值,自基部剪除。

9. 衰老树的更新修剪　结果多年的老树,树势衰弱,若主干、大枝尚好,具有继续结果能力的,可在树冠更新前1年7~8月份进行断根,压埋绿肥、有机肥,先更新根系;于春芽萌动时,视树势衰退情况,进行不同程度的更新修剪,促发隐芽抽生,恢复树势,延长结果年限。

(1)局部更新(枝组更新)　结果树开始衰老时,部分枝群衰退,尚有部分结果的可在3年内每年轮换1/3侧枝和小枝组,剪去先端2/3~3/4,保留基部一段,促抽新的侧枝,更新树冠。轮换更新期间,尚有一定产量,彼此遮荫不易遭受日灼伤害。3年全树更新完毕,即能继续高产。

(2)中度更新(露骨更新)　树势中度衰弱的老树,结合整形,在5~6级枝上,距分枝点20 cm处缩剪或锯除,剪除全部侧枝和3~5年生小枝组,调整骨架枝,维持中心主干、主枝和副主枝等的从属关系,删去多余的主枝、重叠枝、交叉枝干。这种更新方法当年能恢复树冠,翌年即可投产。

(3)重度更新(主枝更新)　树势严重衰退的老树,可在距地面80~100 cm高处3~5级骨干大枝上,选主枝完好、角度适中的部位锯除,使各主枝分布均匀,协调平衡。剪口要削平并涂接蜡保护。枝干用石灰水刷白,防止日灼。新梢萌发后,抹芽1~2次放梢,逐年疏除过密和位置不当的枝条,每段枝留2~3条新梢,过长的应摘心,促使长粗,重新培育成树冠骨架,第三年即可恢复结果。

(二)花果管理技术

柑橘的花果管理主要包括:促花控花、保花保果、疏花疏果和果实套袋等。

1. 促花控花

(1)促花　柑橘是易成花、开花多的品种,但有时也会因受砧木、接穗品种、生态条件和栽培管理等的影响,而迟迟不开花或成花很少。对出现的此类现象常采用控水、环割、扭枝、圈枝与摘心,合理施肥和药剂喷施等措施促花。

①控水:对长势旺盛或其他原因不易成花的柑橘树,采用控水促花的措施。具体方法是在9月下旬至12月将树盘周围的上层土壤扒开,挖土露根,使土层水平根外露,且视降雨和气温的情况露根1~2个月后覆土。春芽萌芽前15~20 d,每株施尿素200~300克加腐熟厩肥或人、畜粪水肥50~100 kg。上述控水方法仅适用于暖冬的南亚热带柑橘产区。冬季气温较低的中、北亚热带柑橘产区,可利用秋冬少雨、空气湿度低的特点,不灌水使柑橘园保持适度干燥,至中午叶片微卷及部分老叶脱落。控水时间一般1~2个月,气温低,时间宜短;反之气温高,时间宜长。

②环割：见枝叶管理。

③扭梢与摘心：见枝叶管理。

④合理施肥：施肥是影响花芽分化的重要因子，进入结果期未开花或开花不多的柑橘园，多半与施肥不当有关。柑橘花芽分化需要氮、磷、钾等营养元素，但氮过多会抑制花芽分化，尤其是大量施用尿素，导致植株生长过旺，营养生长与生殖生长失去平衡，使花芽分化受阻。氮肥缺乏也影响花芽分化。在柑橘花芽生理分化期（果实采收前后不久）施磷肥，能促进花芽分化和开花，尤其对壮旺的柑橘树效果明显。钾对花芽分化影响不像氮、磷明显，轻度缺乏时花量稍减，过量缺乏时也会减少花量。可见合理施肥，特别是秋季9～10月施肥比11～12月施肥对花芽分化、促花效果明显。

⑤药剂促花：目前，多效唑（PP333）是应用最广泛的柑橘促花剂。在柑橘树体内，多效唑能有效抑制赤霉素的生物合成，降低树体内赤霉素的浓度，从而达到促进花芽分化的目的。

多效唑的使用时间在柑橘花芽开始生理分化至生理分化后3个月内。一般连续喷施2～4次，每次间隔15～25 d，使用浓度500～1 000 mg/kg。近年，中国农业科学院柑橘研究所研制的多效唑多元促花剂，促花效果比单用多效唑更好。

(2)控花　柑橘花量过大，消耗树体大量养分，结果过多使果实变小，降低果品等级，且翌年开花不足而出现大小年。控花主要用修剪，也可用药剂控花。

①修剪：常在冬季修剪时，对翌年花量过大的植株，如当年的小年树、历年开花偏大的树等，修剪时剪除部分结果母枝或短截部分结果母枝，使之翌年萌发营养枝。

②药剂：用药剂控花，常在花芽生理分化期喷施20～50 mg/kg浓度的赤霉素1～3次，每次间隔20～30 d能抑制花芽的生理分化，明显减少花量，增加有叶花枝，减少无叶花枝。还可在花芽生理分化结束后喷施赤霉素，如1～2月喷施，也可减少花量。赤霉素控花效果明显，但用量较难掌握，有时会出现抑花过量而导致减产，用时应慎重，大面积用时应先做试验。

2. 保花保果　柑橘尤其是脐橙花量大，落花落果严重，坐果率低。在空气湿度较高的地域栽培华盛顿脐橙，如不采取保果措施，常会出现"花开满树喜盈盈，遍地落果一场空"的惨景。

柑橘落果是由营养不良，内源激素失调，气温、水分、湿度等的影响和果实的生理障碍所致。

柑橘保花保果的关键是增强树势，培养健壮的树体和良好的枝组。为防止柑橘的落果，常采用春季施追肥、环剥、环割和药剂保果等措施。

(1)春季追肥　春季柑橘处于萌芽、开花、幼果细胞旺盛分裂和新老叶片交替阶段，会消耗大量的储藏养分，加之此时多半土温较低，根系吸收能力弱。追施速效肥，常施腐熟的人尿加尿素、磷酸二氢钾、硝酸钾等补充树体营养之不足。研究表明，速效氮肥土施12 d才能运转到幼果，而叶面喷施仅需3 h。花期叶面喷施后，花中含氮量显著增加，幼果干物质和幼果果径明显增加，坐果率提高。用叶面肥保花保果，常用浓度0.3%~0.5%尿素,或浓度0.3%尿素加0.3%磷酸二氢钾在花期喷施,谢花后15~20 d再喷施1次。

(2)环剥、环割　花期,幼果期环割是减少柑橘落果的一种有效方法,可阻止营养物质转运,提高幼果的营养水平。环割较环剥安全,简单易行,但韧皮部输导组织易接通,环割1次常达不到应有的效果。对主干或主枝环剥1~2 mm宽1圈的方法,可取得保花保果的良好效果,且环剥1个月左右可愈合,树势越强,愈合越快。

此外,春季抹除春梢营养枝,节省营养消耗也可有效提高坐果率。

(3)药剂保果

①防止幼果脱落:目前使用的主要保果剂有细胞分裂素类(如人工合成的6-苄基腺嘌呤)和赤霉素。6-苄基腺嘌呤(BA)是柑橘有效的保果剂,尤其是脐橙第一次生理落果防止剂,效果较赤霉素好,但BA对防止第二次生理落果无效。赤霉素(GA)则对第一、第二次生理落果均有良好作用。

20世纪90年代初,中国农业科学院柑橘研究所研制成功的增效液化BA+GA,BA完全溶于水,极易被果实吸收,增效液化BA+GA保果效果显著且稳定。生产上的花期和幼果期喷施浓度为20~40 mg/kg的BA+浓度为30~70 mg/kg的GA,有良好的保果作用。

用增效液化BA+GA涂果时间:幼果横径0.4~0.6 cm(约蚕豆大)时即开始涂果,最迟不能超过第二次生理落果开始时期,错过涂果时间达不到保果效果。涂果时,先配涂液,将1支瓶装(10 ml)的增效液化BA+GA加普通洁净水750 ml,充分搅匀配成稀释液,用毛笔或棉签蘸液均匀涂于幼果整个果面至湿润为宜,但切忌药液流滴。药液现配现涂,当日用完。增效液化BA+GA(喷施型)10 ml/瓶,667 m^2 用量3~6瓶;增效液化BA+GA(涂果型)10 ml/瓶,667 m^2 用量约1瓶。

②防止裂果:柑橘,尤其是脐橙的裂果、落果带来损失不小,控制裂果除用栽培措施外,目前尚无特效的药剂。生产上使用的,如中国农业科学院柑橘研究所推出的"绿赛特"等,其防效也只有50%~60%。

生产上防止柑橘裂果的综合措施。一是及早去除畸形果、裂果,如脐橙顶端扁平,大的开脐果易裂果,宜尽早去除。二是喷涂植物生长调节剂,喷涂赤霉素,促进细胞分裂与生长,减轻裂果,但使用要适当,不然会使果实粗皮、味淡、成熟推迟。如分别于第二次生理落果前后的6月上旬和下旬用赤霉素200~250 mg/kg液涂幼果脐部(对已轻度初裂的脐穴,在赤霉素液中加70%甲基硫菌灵800倍液)。三是适时环割,在雨后及时主枝环割1/2圈,深达木质部。四是深翻改土,果园覆盖,减少水分蒸发,缓和土壤水分交替变化幅度。五是及时灌水,有条件的用喷灌,效果更好。六是增施钾肥,增强果皮抗裂强度。在幼果期喷施0.2%磷酸二氢钾,6~8月份,特别是7月上中旬增施1~2次钾肥。七是选择抗裂品种种植,如纽荷尔脐橙。朋娜脐橙我国不少地域种植表现裂果严重。

③防止脐黄:脐黄是脐橙果实脐部黄化脱落的病害。这种病害是病原性脐黄、虫

害脐黄和生理性脐黄的综合表现。病原性脐黄由致病微生物在脐部侵染所致,虫害脐黄则由害虫引起,生产上使用杀菌剂、杀虫剂即可防止;生理性脐黄是一种与代谢有关的病害。用中国农业科学院柑橘研究所研制的脐黄抑制剂"抑黄酯"(FOWS)10 ml/瓶,667 m² 用量1~2瓶,在第二次生理落果刚开始时涂脐部,可显著减少脐黄落果。

此外,加强栽培管理,增强树势,增加叶幕层厚度,形成立体结果,减少树冠顶部与外部挂果,也是减少脐黄落果的有效方法。

④防止日灼落果:日灼又称日烧,是脐橙、温州蜜柑等果实开始或接近成熟时的一种生理障碍。其症状的出现是因为夏秋高温酷热和强烈日光暴晒,使果面温度达40℃以上而出现的灼伤。开始为小褐斑,后逐渐扩大,呈现凹陷,进而果皮质地变硬,果肉木质化而失去食用价值。

防止脐橙、温州蜜柑等的日灼,可采取综合措施。一是深翻土壤,促使柑橘植株的根系健壮发达,以增加根系的吸收范围和能力,保持地上部与地下部生长平衡。有条件的还可覆盖树盘保墒。二是及时灌水、喷雾,不使树体发生干旱。三是树干涂白,在易发生日灼的树冠上、中部,东南侧喷施1%~2%的熟石灰水,并在柑橘园西南侧种植防护林,以遮挡强日光和强紫外线的照射。四是日灼果发生初期可用白纸贴于日灼果患部,果实套袋的方法可防止日灼病。五是防治锈壁虱,必须使用石硫合剂时,浓度以0.2波美度为宜,并注意不使药液在果上过多凝聚。六是喷施微肥。

3. 疏花疏果 疏花疏果是柑橘克服大小年和减少因果实太小而果品等级下降的有效方法。

大年树通过冬、春修剪增加营养枝,减少结果枝,控制花量。疏果时间在能分清正常果、畸形果、小次果的情况下越早越好,以尽量减少养分损失。通常对大年树可在春季萌芽前适当短截部分结果母枝,使其抽生营养枝,增加花量。为保证小年能正常结果,还需结合保果。对畸形果、伤残果、病虫果、小果等应尽早摘除。在第二次生理落果结束后,大年树还需疏去部分生长正常但偏小的果实。疏果根据枝梢生长情况、叶片的多少而定。在同一生长点上有多个果时,常采用"三疏一、五疏二或五疏三"的方法。

柑橘一般在第二次生理落果结束后即可根据叶果比确定留果数,但对裂果严重的朋娜等脐橙要加大留果量。叶果比通常50~60:1,大果型的可为60~70:1。

目前,疏果的方法主要用人工疏果,人工疏果分全株均匀疏果和局部疏果2种。全株均衡疏果是按叶果比疏去多余的果,使植株各枝组挂果均匀;局部疏果系指按大致适宜的叶果比标准,将局部枝全部疏果或仅留少量果,部分枝全部不疏,或只疏少量果,使植株轮流结果。

4. 果实套袋 柑橘果实可行套袋,套袋适期在6月下旬至7月中旬(生理落果结束)。套袋前应根据当地病虫害发生的情况对柑橘全面喷药1~2次,喷药后及时选择正常、健壮的果实进行套袋。果袋应选抗风吹雨淋、透气性好的柑橘专用纸袋,且以单层袋为适,采果前15～20 d摘袋,果实套袋着色均匀,无伤痕,但糖含量略有下降,酸含量略有提高。

柑橘中的柠檬果实套袋效果好,售价倍增,大果型的柚、胡柚的果实套袋也较多,脐橙果实也有套袋效果好的报道。柑橘的小果形品种,套袋费工,成本高,一般不套袋。

第六章　柑橘有害生物绿色防控技术

柑橘有害生物即柑橘病原菌、害虫和害草。绿色防控技术体系就是按照"绿色植保"的理念，采用农业防治技术、物理防治技术、生物防治技术、生态调控技术以及科学、合理、安全使用农药技术，达到有效控制柑橘有害生物的孳生和危害，确保柑橘生产安全、质量安全和柑橘生态环境所适应的技术体系，最终达到柑橘优质、丰产、高效的目的。

目前，柑橘果实的污染主要来自大气、土壤和农药，而化学合成农药在柑橘病虫害防治中使用最多、最有效，但也是污染最为严重。

农药对柑橘果实的污染主要是3个方面：一是喷施农药造成对果实的直接污染。二是果园喷施农药后对土壤形成第二次污染。喷施的农药有相当部分直接或经雨水（灌溉水）而流入土壤，造成对土壤的污染；土壤中农药对果实造成间接污染，又通过果园地表水径流进入江河、湖泊，造成对水系的污染而威胁整个生态系统，尤其是高残毒农药。三是因同一种（类）农药的连续使用，造成病原菌和害虫抗药性群体的积累而不得不加大用药量，使之进一步加剧农药的污染和危害。

第一节　柑橘病虫害无公害防治要求

柑橘病虫害无公害防治，应积极贯彻"预防为主、综合防治"的植保方针。以农业和物理防治为基础，生物防治为核心，按照病虫害发生规律和经济阈值，科学使用化学防治技术，有效控制病虫危害。

柑橘病虫害的无公害防治要严禁检疫性病虫害从疫区传入保护区，保护区不得从疫区调运苗木、接穗、果实和种子，一经发现立即烧毁。

一、柑橘病虫害无公害防治要以农业防治和物理防治为基础

（一）农业防治

农业防治是通过有效的生态控制，抑制有害生物对柑橘的危害。主要包括4个方面：一是种植防护林。二是选用抗病品种和砧木。品种应根据柑橘的生态指标，在最适宜区和适宜区，选择市场需要的优良品种种植，尤其应选择抗病性、抗逆性较强的品种发展。我国柑橘产区，采用的砧木主要是枳，也有采用红橘、酸橘、枳橙、红柠檬和酸柚作砧木的。盐碱土和石灰性紫色土，宜选用红橘砧，对已感染裂皮病、碎叶病的品种，不能用枳和枳橙作砧木，要选红橘作砧木。三是园内间作和生草栽培，种植的间作物或草类应是与柑橘无共生性病虫、浅根、矮秆，以豆科作物和禾本科牧

草为宜,且适时刈割,翻埋于土壤中或覆盖于树盘或用于饲料。四是实施翻土、修剪、清洁果园、排水、控梢等农业措施,疏松土壤、改善树冠通风透光,减少病虫源,增强树势,提高树体自身的抗病虫能力。提高采果质量,减少果实伤口,降低果实腐烂率。

(二)物理防治

物理防治是利用物理的和人工方法,控制有害生物对柑橘的危害。主要包括4个方面:一是应用灯光防治害虫,如用灯光引诱或驱避吸果夜蛾、金龟子、卷叶蛾等。二是应用趋化性防治害虫,如大实蝇、拟小黄卷叶蛾等害虫,对糖、酒、醋液有趋性,可利用其特性,在糖、酒、醋液中加入农药诱杀。三是应用色彩防治害虫,如用黄板诱杀蚜虫。在木板上涂上黄油漆,油漆干后将其固定在比柑橘植株高的显眼处,涂上机油即可诱捕;也可用黄色颜料涂上,用薄膜包后再涂上机油。诱捕中注意检查机油的干燥和被雨水冲刷,以达到捕杀效果。四是人工捕捉害虫、集中种植害虫中间寄主诱杀害虫,如人工捕捉天牛、蚱蝉、金龟子等害虫;在吸果夜蛾发生严重的柑橘产区人工种植中间寄主,引诱成虫产卵,再用药剂杀灭幼虫。

二、柑橘病虫害无公害防治要以生物防治为核心

生物防治是有效利用害虫天敌和生物农药,对有害生物进行防治。生物防治对环境无污染。现阶段应用较多的有3个方面:一是人工引移、繁殖释放天敌。如用尼氏钝绥螨防治螨类,用日本方头甲和湖北红点唇瓢虫等防治矢尖蚧,用松毛虫、赤眼蜂防治卷叶蛾等。二是应用生物农药和矿物源农药。如使用苏云金杆菌、苦·烟水剂等生物农药和王铜、氢氧化铜、矿物油乳剂等矿物源农药。三是利用性诱剂。如在田间放置性诱剂和少量农药,诱杀实蝇雄虫,以减少与雌虫的交配机会,而达到降低害虫虫口。

三、柑橘病虫害无公害防治要科学使用化学防治

化学防治是利用化学农药防治有害生物,是应用最广、见效较快的防治方法。但必须注意两点:一是要科学合理用药,二是不得使用高毒、高残留的农药。柑橘生产中禁止使用、限制使用和允许使用的化学农药见表6-1、表6-2和表6-3。

表6-1 柑橘生产中禁止使用的农药

种 类	农药名称	禁用原因
有机氯杀虫、杀螨剂	六六六、滴滴涕、林丹、硫丹、三氯杀螨醇	高残毒
有机磷杀虫剂	久效磷、对硫磷、甲基对硫磷、治螟磷、地虫硫磷、蝇毒磷、丙线磷(益收宝)、苯线磷、甲基硫环磷、甲拌磷、乙拌磷、甲胺磷、甲基异柳磷、氧化乐果、磷胺	剧毒高毒
氨基甲酸酯类杀虫剂	涕灭威(铁灭克)、克百威(呋喃丹)	高毒
有机氮杀虫、杀螨剂	杀虫脒	慢性毒性、致癌

续表 6-1

种 类	农药名称	禁用原因
有机锡杀螨剂杀菌剂	三环锡、薯瘟锡、毒菌锡等	致畸
有机砷杀菌剂	福美胂、福美申胂等	高残毒
杂环类杀菌剂	敌枯双	致畸
有机氮杀菌剂	双胍辛胺(培福朗)	毒性高、有慢性毒性
有机汞杀菌剂	富力散、西力生	高残毒
有机氟杀虫剂	氟乙酰胺、氟硅酸钠	剧毒
熏蒸剂	二溴乙烷、二溴氯丙烷	致癌、致畸、致突变
二苯醚类除草剂	除草醚、草枯醚	慢性毒性

表 6-2 柑橘生产中限制使用的农药

通用名	剂型及含量	稀释倍数或 kg(ml)/(667 m²·次)	施用方法	最后一次施药距采果的天数(d)(安全间隔期)	实施要点及其说明
苯螨醚	5%乳油	1000～2000 倍	喷雾	30	
克螨特	73%乳油	2000～3000 倍	喷雾	30	对嫩梢有药害,7月份以后使用不超过 2500 倍液
唑螨酯	5%悬浮剂	1000～2000 倍	喷雾	21	
三唑锡	25%可湿性粉剂	1500～2000 倍	喷雾	30	对嫩梢有药害
	20%悬浮剂	1000～2000 倍	喷雾		
双甲脒	20%乳油	1000～1500 倍	喷雾	21	20℃以下药效低,作用慢
单甲脒	25%水剂	800～1200 倍	喷雾	21	22℃以上药效好
水胺硫磷*	40%乳油	800～1000 倍	喷雾	21	
杀扑磷*	40%乳油	800～1000 倍	喷雾	30	
敌敌畏	80%乳油	800～1000 倍	喷雾	21	
		5～10 倍	注射天牛虫孔		
喹硫磷	25%乳油	600～1000 倍	喷雾	28	
乐果	40%乳油	800～1000 倍	喷雾	21	
乐斯本(毒死蜱)	40.7%乳油	800～1500 倍	喷雾	21	
杀螟丹	98%可湿性粉剂	1800～2000 倍	喷雾	21	
抗蚜威	50%可湿性粉剂	1000～2000 倍	喷雾	21	
灭多威	24%水剂	1000～2000 倍	喷雾	30	

续表 6-2

通用名	剂型及含量	稀释倍数或 kg(ml)/ (667 m²·次)	施用方法	最后一次施药距 采果的天数(d) (安全间隔期)	实施要点 及其说明
丁硫克百威	20%乳油	1000～2000 倍	喷雾	21	
氯氟氰菊酯	2.5%乳油	1500～2000 倍	喷雾	21	
甲氰菊酯	20%乳油	1500～2000 倍	喷雾	30	低温时使用效果更好
氰戊菊酯	20%乳油	1500～2000 倍	喷雾	21	
溴氰菊酯	2.5%乳油	1500～2000 倍	喷雾	28	
顺式氰戊菊酯	5%乳油	2000～2500 倍	喷雾	21	
氟氰菊酯	30%乳油	3000～4000 倍	喷雾	21	
顺式氯氰菊酯	10%乳油	3000～4000 倍	喷雾	21	
氯氰菊酯	10%乳油	1000～1200 倍	喷雾	30	
福美双	50%可湿性粉剂	500～800 倍	喷雾	21	
抑霉唑	22.2%乳油	1000～1500 倍	浸果		浸湿后取出贮藏
硫线磷	10%颗粒剂	(3～4)kg/ (667 m²·次)	撒于土中	120	树盘内 3～5 cm 表土疏松撒药后覆土
百草枯	20%水剂	(200～300)ml/ (667 m²·次)	低压喷雾		杂草生长旺盛期低压喷雾

* 为高毒农药,有其他低毒或中毒农药代替品种时,优先选用低毒、中毒农药

表 6-3 柑橘生产中允许使用的农药

通用名	剂型及含量	稀释倍数或 kg(ml)/ (667 m²·次)	施用方法	最后一次施药距采果的天数	实施要点 及其说明
浏阳霉素*	10%乳油	1000～2000 倍	喷雾	15	
华光霉素*	2.5%可湿性粉剂	400～600 倍	喷雾	15	发生早期使用
苦 参*	0.36%水剂	400～600 倍	喷雾	15	
硫 磺*	50%悬浮剂	200～400 倍	喷雾	15	不能与矿物油混用也不能在其后施用
机油乳剂*	95%乳油	50～200 倍	喷雾	15	花蕾期至第二次生理落果期和成熟前 45 d 不用药,有冻害的地区冬季不用药

续表 6-3

通用名	剂型及含量	稀释倍数或 kg(ml)/ (667 m²·次)	施用方法	最后一次施药距采果的天数	实施要点及其说明
哒螨灵	15%乳油	1500~2000倍	喷雾	30	
四螨嗪	20%悬乳剂	1500~2000倍	喷雾	30	
噻螨酮	5%乳油、5%可湿性粉剂	1500~2000倍	喷雾	30	
氟虫脲	5%乳油	600~2000倍	喷雾	30	
苯丁锡	50%可湿性粉剂	2000~3000倍	喷雾	21	
苯螨特	10%乳油	1500~2000倍	喷雾	21	
溴螨酯	50%乳油	1000~3000倍	喷雾	21	
吡螨胺	10%可湿性粉剂	2000~3000倍	喷雾	21	
阿维菌素	1.8%乳油	2500~3000倍	喷雾	21	
苏云金杆菌*	100亿个/mg乳剂	500~1000倍	喷雾	15	
烟 碱*	10%乳油	500~800倍	喷雾	15	
鱼藤酮*	2.5%乳油	200~500倍	喷雾	15	
辛硫磷*	50%乳油	500~800倍	喷雾	15	傍晚进行
敌百虫	90%晶体	800~1000倍	喷雾	28	
噻嗪酮	25%可湿性粉剂	1000~1500倍	喷雾	35	2龄期喷药,对成虫无效
啶虫隆	5%乳油	1000~2000倍	喷雾	35	
除虫脲	20%悬浮剂	1500~3000倍	喷雾	35	
伏虫隆	5%乳油	1000~2000倍	喷雾	30	
灭幼脲	25%悬浮剂	1000~1500倍	喷雾	30	
啶虫脒	3%乳油	1500~2500倍	喷雾	21	
吡虫啉	10%可湿性粉剂	1200~1500倍	喷雾	21	
抗霉菌素120*	2%水剂	200倍	喷雾	15	
多氧霉素*	10%可湿性粉剂	1000~1500倍	喷雾	15	
石硫合剂*	45%结晶	早春180~300倍 晚秋300~500倍	喷雾	15	30℃以上降低浓度和施药次数
波尔多液*	0.5%等量式	0.5%等量式	喷雾	15	
王 铜*	30%悬浮剂	600~800倍	喷雾	15	
氢氧化铜*	77%可湿性粉剂	400~600倍	喷雾	15	

续表 6-3

通用名	剂型及含量	稀释倍数或 kg(ml)/(667 m²·次)	施用方法	最后一次施药距采果的天数	实施要点及其说明
络氨铜	14%水剂	300~500 倍	喷雾	15	
链霉素*	72%可湿性粉剂	600~700 ml/kg	喷雾	15	弱树易发生喷药后落叶(笔者加注)
春雷霉素*	4%可湿性粉剂	15~50 mg/kg 用于治疗树脂病	喷雾	15	
代森锌	80%可湿性粉剂	600~800 倍	喷雾	21	
代森铵	50%水剂	500~800 倍	喷雾	21	
代森锰锌	80%可湿性粉剂	600~800 倍	喷雾	21	
三乙膦酸铝	80%可湿性粉剂		喷雾、涂抹	21	
甲基硫菌灵	70%可湿性粉剂	1000~1500 倍	喷雾	30	
异菌脲	50%可湿性粉剂	1000 ml/kg	浸果		浸湿后取出贮藏
多菌灵	50%可湿性粉剂	500~1000 倍	喷雾	21	
甲霜灵	25%可湿性粉剂	100~400 倍	喷雾、涂抹		
百菌清	75%可湿性粉剂	500~800	喷雾	21	
溴菌腈	25%乳油或可湿性粉剂	500~800	喷雾	21	
咪鲜胺	25%乳油	500~1000	浸果		浸湿后取出贮藏
噻菌灵	45%悬浮剂	300~450	浸果		
噻枯唑	25%可湿性粉剂	500~800	喷雾	21	
棉隆	75%可湿性粉剂或95%原粉	线虫 3.2~4.8 kg 加水 75 L, 30~50 g/m²	沟施 毒土撒施	120	
草甘膦	10%水剂	750~1000 ml	喷雾		
莠去津	50%可湿性粉剂	150~250 g(砂壤土) 300~400 g(壤土), 400~500 g(黏土)	喷雾	豆科和十字花科敏感	
氟乐灵	45%乳油	125~200 ml	喷雾	药后 5~7 天间作物播种	
二甲戊乐灵	33%乳油	200~300 ml	喷洒表土	芽前	
乙草胺	50%乳油	40~90 ml	喷雾		以下果园除草较不多用(笔者注)

续表 6-3

通用名	剂型及含量	稀释倍数或 kg(ml)/ (667 m² · 次)	施用方法	最后一次施药距采果的天数	实施要点及其说明
氟草烟	20%乳油	75~150 ml	喷雾		
喹禾灵	10%乳油	75~200 ml	喷雾		
吡氟乙草	12.5%乳油	50~160 ml	喷雾		
茅草枯	60%钠盐	500~1500 ml	喷雾		施药以早晚皆宜，不能与激素类除草剂和百草枯等混用
稀禾定	20%乳油	85~200 ml	喷雾		
吡氟禾草灵	35%乳油	67~160 ml	喷雾		

注：* 为生物源农药和矿物农药

第二节 柑橘病虫害的生物防治

柑橘园的生物防治，是实现无公害生产的重要组成部分。尤其是利用天敌防治害虫生产上已在应用。通过对天敌昆虫的保护、引移、人工繁殖和释放，科学用药，创造有利于天敌昆虫繁殖的生态环境，使天敌昆虫在柑橘果树的生物防治中发挥应有的作用。

一、天敌昆虫

我国的柑橘天敌昆虫已发现很多，主要有以下种类。

(一)瓢虫类天敌昆虫

1. 异色瓢虫 异色瓢虫捕食橘蚜、木虱、红蜘蛛等。

2. 龟纹瓢虫 龟纹瓢虫捕食橘蚜、棉蚜、麦蚜和玉米蚜等。

3. 深点食螨瓢虫 该虫又名小黑瓢虫，其成虫和幼虫均捕食红蜘蛛和四斑黄蜘蛛，捕食量比塔六点蓟马、钝绥螨大，是四川、重庆柑橘园螨类天敌的优势种。

4. 其他 此外，还有腹管食螨瓢虫、整胸寡节瓢虫、湖北红唇瓢虫、红点唇瓢虫、拟小食螨瓢虫、黑囊食螨瓢虫、七星瓢虫等。

(二)日本方头甲

日本方头甲捕食矢尖蚧、糠片蚧、黑点蚧、褐圆蚧、白轮蚧、桑盾蚧、米兰白轮蚧、琉璃圆蚧、柿绵蚧和樟囊蚧等。

(三)草蛉类天敌昆虫

1. 大草蛉 该虫捕食蚜虫、红蜘蛛。

2. 中华草蛉 该虫捕食蚜虫和红蜘蛛。

(四)塔六点蓟马

塔六点蓟马捕食红蜘蛛、四斑黄蜘蛛等螨类，尤其以早春其他天敌少时较多，且具较强的抗药性。

(五)螨类天敌昆虫

1. 尼氏钝绥螨 该螨捕食红蜘蛛和四斑黄蜘蛛等。

2. 德氏钝绥螨 该螨捕食红蜘蛛和跗线螨。

(六)蜂类天敌昆虫

1. 矢尖蚧蚜小蜂 该虫寄生于矢尖蚧未产卵的雌成虫。

2. 矢尖蚧花角蚜小蜂 该虫寄生于矢尖蚧的产卵雌成虫。

3. 黄金蚜小蜂 该虫寄生于褐圆蚧、红圆蚧、糠片蚧、黑点蚧、矢尖蚧、黄圆蚧和黑刺粉虱等害虫。

4. 粉虱细蜂 该虫寄生于黑刺粉虱、吴氏刺粉虱和柑橘黑刺粉虱。

5. 白星姬小蜂 寄生于潜叶蛾的2龄及3龄幼虫,对潜叶蛾的发生有显著的抑制作用。

6. 广大腿小蜂 该虫寄生于拟小黄卷叶蛾、小黄卷蛾等。

7. 其他 此外,还有盾蚧长缨蚜小蜂、双带巨角跳小蜂、红蜡蚧扁角跳小蜂等天敌。

(七)其他天敌昆虫

二点螳螂、海南蜡、蟾蜍等也是柑橘害虫的天敌。

二、天敌的保护利用

(一)人工饲养和释放天敌控制害虫

人工繁殖、饲养和释放害虫天敌,在生产中应用较为多见。如室内用青杠和玉米等花粉来繁殖钝绥螨等防治红蜘蛛,用马铃薯饲养桑盾蚧来繁殖日本方头甲和湖北红点唇瓢虫等防治矢尖蚧等;用夹竹桃叶饲养褐圆蚧,用马铃薯饲养桑盾蚧来繁殖蚜小蜂防治褐圆蚧等;用蚜虫或米蛾卵饲养大草蛉防治木虱、蚜虫;用柞蚕或蓖麻蚕卵繁殖松毛虫赤眼蜂防治柑橘卷叶蛾等。

(二)人工助迁天敌

人工助迁天敌,在生产中亦有应用。如将尼氏钝绥螨多的柑橘园中带天敌的柑橘叶片摘下,挂于红蜘蛛多而天敌少的柑橘园内,防治柑橘叶螨;将被粉虱细蜂寄生的黑刺粉虱蛹多的柑橘叶摘下,挂于黑刺粉虱严重而天敌少的柑橘园中,让寄生蜂羽化后寄生于黑刺粉虱若虫;将被寄生蜂寄生的矢尖蚧多的柑橘叶片采下,放于寄生蜂保护器中,挂在矢尖蚧严重而天敌少的柑橘园中防治矢尖蚧等。

(三)改善果园环境条件

创造有利于天敌生存和繁殖的生态环境,使天敌在柑橘园中长期保持一定的数量,将害虫控制在经济受害水平之下。如在柑橘园内或其周围种植天敌食料植物或宿主的寄主植物作为中间寄主,以便在害虫缺乏时,天敌便转移到中间宿主上生存和繁殖,以保持天敌有一定的种群数量,在害虫发生时能及时控制住害虫。如在柑橘园内种植某些豆科作物或藿香蓟,以利用其花粉或间作物上的红蜘蛛繁殖捕食螨,再转而控制柑橘上的红蜘蛛等。在柑橘园周围种植泡桐和榆树等植物,来繁殖桑盾蚧等,作为日本方头甲、整胸寡节瓢虫和湖北红点唇瓢虫等的食料和中间宿主。又如在柑橘园套种多年生的草本植物薄荷、留兰香,可在此类植物的叶片、茎秆上匿藏不少捕食螨、瓢虫、蜘蛛、蓟马、草蛉等天敌而防治红蜘蛛的为害。间种近年从澳大利亚引进的固氮牧草,有利于不少捕食螨、瓢虫、蓟马和草蛉等天敌藏匿和繁殖,可减少柑橘园红蜘蛛的为害。此外,增加柑橘园的湿度,有利于汤普逊多毛菌、粉虱座壳孢和红霉菌的传播、侵染和繁殖。

(四)使用选择性农药

使用选择性农药是最重要的保护天敌的措施之一。如在红蜘蛛等叶螨发生时,应少喷或不喷有机磷等广谱性杀虫剂,主要喷施机油乳剂、克螨特、四螨嗪、速螨酮和三唑锡等,以减少对食螨瓢虫和捕食螨的杀害作用;防治矢尖蚧应喷施机油乳剂和噻嗪酮等对天敌低毒的药剂,少喷施或不喷施有机磷等农药,以保护矢尖蚧等的捕食和寄生天敌;在锈壁虱发生和为害较重的柑橘产区和季节,应尽量少喷施或不喷施波尔多液等杀真菌药剂,以免杀死汤普逊多毛菌,导致锈壁虱的大量发生。

(五)改变施药时间和施药方式

为了有效保护利用天敌,须选择天敌少的时候喷施药。如对红蜘蛛和四斑黄蜘蛛应在早春发芽时进行化学防治,因此时天敌很少。开花后气温逐渐升高,天敌逐渐增多,一般不宜全园喷药,必要时可用一些选择性药剂进行挑治少数虫口多的柑橘植株,尤其是不应用广谱性杀虫、杀螨剂。对矢尖蚧等发生代数较多的蚧类害虫,应提倡在第一代的1~2龄若虫盛发期时进行化学防治,以减少对天敌的杀伤。

第三节 柑橘主要病虫害防治

一、柑橘主要病害及防治

(一)裂皮病

1. 分布和症状 裂皮病是世界性的柑橘病毒病害,对感病砧木的植株可造成严重的危害。裂皮病在我国柑橘产区的枳砧柑橘上有发生,以枳作砧木的柑橘表现症状明显。病树通常表现为砧木部树皮纵裂,严重的树皮剥落,有时树皮下有少量胶质,植株矮化,有的出现落叶枯枝,新梢短而少。

2. 病原 柑橘裂皮病(Citrus exocortis Virus 简称 CEV)由病毒引起的病害,病原是一种没有蛋白质外壳的游离低分子核酸。

3. 发病规律 病原通过汁液传播。除通过带病接穗或苗木传播外,在柑橘园主要通过工具(枝剪、果剪、嫁接刀、锯等)所带病树汁液与健康株接触而传播。此外,田间植株枝梢、叶片互相接触也可由伤口传播。

4. 防治方法 一是用指示植物——伊特洛香橼亚利桑那861品系鉴定出无病母树进行采穗嫁接。二是用茎尖嫁接培育脱毒苗。三是将枝剪、果剪、嫁接刀等工具,用10%的漂白粉消毒(浸泡1 min)后,用清水冲洗后再用。四是选用耐病砧木,如红橘。五是一旦园内发现有个别病株,应及时挖除、烧毁。

(二)黄龙病

1. 分布和症状 黄龙病(Yellow shoot Greening)又名黄梢病,系国内外植物检疫对象。我国广东、广西、福建的南部和台湾、海南等省、自治区的柑橘产区普遍发生;云南、贵州、四川、湖南、江西、浙江等省部分柑橘产区也有发生。

黄龙病的典型症状有黄梢型和黄斑型,其次是缺素型。该病发病之初,病树顶部或外围1~2枝或多枝新梢叶片不转绿而呈均匀的黄化,称为黄梢型。多出现在初发病树和夏秋梢上,叶片呈均匀的淡黄绿色,且极易脱落。有的叶片转绿后从主、侧脉附近或叶片基部沿叶缘出现黄绿相间的不均匀斑块,称黄斑型。黄斑型在春、夏、秋梢病枝上均有。病树进入中、后期,叶片均匀黄化,先失去光泽,叶脉凸出,木栓化,硬脆而脱落。重病树开花多,结果少,且小而畸形,病叶少,叶片主、侧脉绿色,其脉间叶肉呈淡黄色或黄色,类似缺锌、锰、铁等微量元素的症状,称为缺素型。病树严重时根系腐烂,直至整株死亡。

果实上表现为不完全着色,仅在果蒂部与部分果顶部着色,其余均为绿色,果形表现为蒂部大、顶部大、腰凹小的"亚铃形"高圆果。果实极度变小。

2. 病原 黄龙病为类细菌危害所致,它对四环素和青霉素等抗生素以及湿热处理较为敏感。

3. 发病规律 病原通过带病接穗和苗木进行远距离传播。柑橘园内传播系柑橘木虱所为。幼树感病,成年树较耐病,春梢发病轻,夏、秋梢发病重。

4. 防治方法 一是严格实行检疫,严禁从病区引苗木、接穗和果实到无病区(或保护区)。二是一旦发现病株,及时挖除、烧毁,以防蔓延。三是通过指示植物鉴定或茎尖嫁接脱除病原后建立无病母本园。四是砧木种子和接穗要用49℃热湿空气处理50 min或用1 000 mg/kg浓度盐酸四环素或盐酸土霉素处理2 h,或500 mg/kg浓度浸泡3 h后取出用清水冲洗。五是隔离种植,选隔离条件好的地域建立苗圃或柑橘园,严防柑橘木虱。六是对初发病的结果树,用1 000 mg/kg盐酸四环素或青霉素注射树干,有一定的防治效果。

(三)碎叶病

1. 分布和症状 我国四川、重庆、广东、广西、浙江和湖南等地均有发生。其症状是病树砧穗结合处环缢,接口以上的接穗肿大。叶脉黄化,植株矮化,剥开结合部树皮,可见砧穗木质部间有一圈缢缩线,此处易断裂,裂面光滑。严重时叶片黄化,类似环剥过重出现的黄叶症状。

2. 病原 柑橘碎叶病(*Citrus tatter leaf virus*,简称 CTLV)由碎叶病毒引起,是一种短线状病毒。

3. 发病规律 枳橙砧上感病后有明显症状。该病除了可由带病苗木和接穗传播外,在田间还可通过污染的刀、剪等工具传播。

4. 防治方法 一是严格实行植物检疫,严禁带病苗木、接穗、果实进入无病区,一旦发现,立即烧毁。二是建立无病苗圃,培育无病毒苗。无病毒母株(苗)可通过:①利用指示植物鉴定,选择无病毒母树;②热处理消毒,获得无病毒母株,在人工气候箱或生长箱中,每天白天 16 h,40℃,光照;夜间 8 h,30℃,黑暗。处理带病柑橘苗 3 个月以上可获得无病毒苗。③热处理和茎尖嫁接相结合进行母株脱毒。在生长箱中处理,每天光照和黑暗各 12 h,35℃处理 19~32 d,或昼 40℃,夜 30℃处理 9 d 加昼 35℃、夜 30℃处理 13~20 d,接着取 0.2 mm 长的茎尖进行茎尖嫁接,可获得无病毒苗。三是对刀、剪等工具,用 10%漂白粉液进行消毒后,用清水冲洗后再用。四是对枳砧已受碎叶病侵染、嫁接部出现障碍的植株,采用靠接耐病的红橘砧,可恢复树势,但此法在该病零星发生时不宜采用。五是一旦发现零星病株,挖除、烧毁。

(四)温州蜜柑萎缩病

1. 分布和症状 温州蜜柑萎缩病,又名温州蜜柑矮缩病。我国从日本引进的有些特早熟温州蜜柑带有此病。此病主要危害温州蜜柑,也危害脐橙、夏橙、伊予柑等,还可侵染豆科、花科、菊科、葫芦科等 34 种草本植物,但多数寄主为隐症状带毒者。

病株春梢新芽黄化,新叶变小皱缩,叶片两侧明显向叶背面反卷成船形或匙形,全株矮化,枝叶丛生。一般仅在春梢上出现症状,夏秋梢上症状不明显。严重时开花多结果少,果实小而畸形,蒂部果皮变厚。

2. 病原 温州蜜柑萎缩病(*Satsuma Dwarf Virus*,简称 SDV)是由病毒引起的一种病毒性病害。

3. 发病规律 病害最初是散点性发病,以后以发病树为中心,轮状向外扩大。病毒在柑橘树体内增殖,20℃~35℃树上能表现出明显的感病症状,30℃以上高温其增殖受到抑制。该病主要通过嫁接和汁液传播,远距离传播主要通过带病的接穗和苗木的运输。

4. 防治方法 一是从无病的树上采穗。将带毒母树置于白天 40℃,夜间 30℃(各 12 h)的高温环境热处理 42~49 d 后采穗嫁接,或用上述温度热处理 7 d 后取其嫩芽作茎尖嫁接可脱除该病毒。二是及时砍伐重症的中心病株,并加强肥水管理,增强轻病树的树势。三是病树园更新时进行深翻。

(五)溃疡病

1. 分布和症状 溃疡病是柑橘的细菌性病害,为国内外植物检疫对象。我国柑橘产区有发生,以东南沿海各地为多。该病危害柑橘嫩梢、嫩叶和幼果。叶片发病开始在叶背出现针尖大的淡黄色或暗绿色油渍状斑点,后扩大成灰褐色近圆形病斑。病斑穿透叶片正反两面并隆起,且叶背隆起较叶面明显,中央呈火山口状开裂,木栓化,周围有黄褐色晕圈。枝梢上的病斑与叶片上的病斑相似,但较叶片上的更为突起,有的病斑环绕枝 1 圈使枝枯死。果实上的病斑与叶片上的病斑相似,但病斑更大,木栓化凸起更显著,中央火山口状开裂更明显。

2. 病原 溃疡病($Xanthomonas\ campestris$ pv. $citri$)由野油菜黄单胞杆菌柑橘致病变种引起,已明确有 A、B、C 3 个菌系存在。我国的柑橘溃疡病均属 A 菌系,即致病性强的亚洲菌系。

3. 发病规律 病菌在病组织上越冬,借风、雨、昆虫和枝叶接触作近距离传播,远距离传播由苗木、接穗和果实引起。病菌从伤口、气孔和皮孔等处侵入。夏梢和幼果受害严重,秋梢次之,春梢轻。气温 25℃~30℃和多雨、大风条件会使溃疡病盛发,感染 7~10 d 即发病。苗木和幼树受害重,甜橙和幼嫩组织易感病,老熟和成熟的果实不易感病。

4. 防治方法 一是严格实行植物检疫,严禁带病苗、接穗、果实进入无病区,一旦发现,立即彻底烧毁。二是建立无病苗圃,培育无病苗。三是加强栽培管理,彻底清除病原。增施有机肥、钾肥,搞好树盘覆盖;在采果后及时剪除溃疡病枝,清除地面落叶、病果烧毁;对老枝梢上有病斑的,用利刀削除病斑,深达木质部,并涂上 3~5 波美度石硫合剂,树冠喷 0.8~1 波美度石硫合剂 1~2 次;霜降前全园翻耕、株间深翻 15~30 cm,树盘内深翻 10~15 cm,在翻耕前每 667 m² 地面撒熟石灰(红黄壤酸性土)100~150 kg。四是加强对潜叶蛾等害虫的防治,夏、秋梢采取人工抹芽放梢,以减少潜叶蛾为害伤口而加重溃疡病。五是药剂防治,杀虫剂和杀菌剂轮换使用,保护幼果在谢花后喷 2~3 次药,每隔 7~10 d 喷 1 次,药剂可选用 77%氧氯化铜 500~800 倍液;在夏、秋梢新梢萌动至芽长 2 cm 左右,选用 0.5%等量波尔多液、40%氢氧化铜 600 倍液、1 000~2 000 mg/kg 浓度的农用链霉素、25%噻枯唑 500~800 倍液喷施。注意药剂每年最多使用次数和安全间隔期,如氢氧化铜和氧氯化铜,每年最多使用 5 次,安全间隔期 30 d。

(六)疮痂病

1. 分布和症状 柑橘产区有发生,以沿海的柑橘产区为多。主要危害嫩叶、嫩梢,花器和幼果等。其症状表现:叶片上的病斑,初期为水渍状褐色小圆点,后扩大为黄色木栓化病斑。病斑多在叶背呈圆锥形凸起,正面凹下。病斑相连后使叶片扭曲畸形。新梢上的病斑与叶片上相似,但凸起不如叶片上明显。花瓣受害后很快凋落。病果受害处初为褐色小斑,后扩大为黄褐色圆锥形木栓化瘤状凸起,呈散生或聚生状。严重时果实小,果皮厚,果味酸而且出现畸形和早落现象。

2. 病原 疮痂病($Sphaceloma\ fawcetti\ jenk$)病原菌属半知亚门痂圆孢属的柑

橘疮痂圆孢菌。

3. 发病规律 以菌丝体在病组织中越冬。翌年春,阴雨潮湿,气温达15℃以上产生分生孢子,借风、雨和昆虫传播。危害幼嫩组织,尤以未展开的嫩叶和幼果最易感染。

4. 防治方法 一是在冬季剪除并烧毁病枝叶,消灭越冬病原。二是加强肥水管理,促枝梢抽生整齐健壮。三是春梢新芽萌动至芽长 2 cm 前及谢花 2/3 时喷药,隔 10~15 d 再喷 1 次,秋梢发病地区也需保护。药剂可选用 0.5% 等量式波尔多液,多菌灵、溃疡灵等。50% 多菌灵 1 000 倍液,25% 溃疡灵 800~1 000 倍液。30% 氧氯化铜 600~800 倍液。77% 氢氧化铜用 500~800 倍。

(七) 脚 腐 病

1. 分布和症状 脚腐病又叫裙腐病、烂蔸病,是一种根颈病。我国柑橘产区均有发生。其症状病部呈不规则的黄褐色水渍状腐烂,有酒精味,天气潮湿时病部常流出胶液;干燥时病部变硬结成块,以后扩展到形成层,甚至木质部。病健部界限明显,最后皮层干燥翘裂,木质部裸露。在高温多雨季节,病斑不断向纵横扩展,沿主干向上蔓延,可延长达 30 cm,向下可蔓延到根系,引起主根、侧根腐烂;当病斑向四周扩散,可使根颈部树皮全部腐烂,形成环割而导致植株死亡。病害蔓延过程中,与根颈部位相对应的树冠,叶片小,叶片中、侧脉呈深黄色,以后全叶变黄脱落,且使落叶枝干枯,病树死亡。当年或前一年,开花结果多,但果小,提前转黄,且味酸易脱落。

2. 病原 脚腐病 (*Phytophthora* spp.) 已明确系由疫霉菌引起,也有认为是疫霉和镰刀菌复合传染。

3. 发病规律 病菌以菌丝体在病组织中越冬,也可随病残体在土中越冬。靠雨水传播,田间 4~9 月份均可发病,但以 7~8 月份最盛。高温、高湿,土壤排水不良,园内间种高秆作物,种植密度过大,树冠郁闭,树皮损伤和嫁接口过低等均利于发病。甜橙砧感病,枳砧耐病,幼树发病轻,大树尤其是衰老树发病重。

4. 防治方法 一是选用枳、红橘等耐病的砧木。二是栽植时,苗木的嫁接口要露出土面,可减少、减轻发病。三是加强栽培管理,做好土壤改良,开沟排水,改善土壤通透性;注意间作物及柑橘的栽植密度,保持园地通风,光照良好等。四是对已发病的植株,选用枳砧进行靠接,重病树进行适当的修剪,以减少养分损失。五是药物治疗。病部浅刮深纵刻后涂药,药物可选择:20% 甲霜灵 100~200 倍液、80% 三乙膦酸铝可湿性粉剂 100 倍液、77% 氢氧化铜(可杀得)10 倍液和 1:1:10 波尔多液等。六是用大蒜、人尿等涂刮病斑后的患处,也有良好防效。方法是:将病树腐烂部位的组织及周围 0.5 cm 的健皮全部刮除,沿刮除区外缘将树皮削成 60°左右的斜面,然后用大蒜涂抹患处,注意涂时均匀,使其附着 1 层蒜液,1 周后再涂 1 次,治愈率 98% 以上。人尿治疗具体做法是:在离病斑 0.5 cm 的周围健部用利刀刻划,然后在病斑上以 0.5 cm(小更好)的间隔,纵横刻划多道切口,深达木质部,刷上人尿即可,也可刮皮刷治。

（八）流胶病

1. 分布和症状 流胶病是我国柑橘产区普遍发生，以柠檬受害最重的一种真菌性病害。该病一般发生在离地面 30 cm 的主干上。病部初期为褐色油状小点，后中央裂缝，常流出珠状胶汁，以后病斑扩大成圆形或不规则形，流胶增多，组织软腐有酒味。受害树干输导组织被破坏，叶片黄化易脱落，枝枯，树势衰弱，严重时整株死亡。

2. 病原 流胶病（*Phytophthora* spp.）由真菌的疫霉菌引起。

3. 发生规律 在病斑上越冬的病菌，是翌年侵染的来源。病菌主要由伤口侵入发病。该病在高温多雨季节发生严重，地势低洼积水处发病严重，嫁接部位低，栽植过深，不合理的密植、间作及果园偏施氮肥均易发病。

4. 防治方法 一是选用抗性砧木红橘、枳等，在偏碱土果园用红橘作砧木，在中性、微酸性土用枳作砧木。二是选地势较高，排水好，土壤疏松之地建园。三是加强栽培管理，排灌，增施有机肥，避免不合理间作，增强树体抗病力。四是防治好天牛、吉丁虫，减少病菌侵入伤口。五是物理防治，用喷灯对准发病部位，从外缘向中央灼烧，时间 30～40 s 至腐烂部与相结的健部边缘不留紫褐色的流胶为止。六是药剂防治，6 月上中旬树冠喷药，用 80% 敌敌畏乳油 800～1 000 倍液或 90% 敌百虫可溶性粉剂 800 倍液喷施防治吉丁虫为害和病菌侵入，用药物防病部，浅刮深纵刻涂药，涂病部药剂与防治脚腐病同。

（九）炭疽病

1. 分布和症状 我国柑橘产区均有发生。危害枝梢、叶片、果实和苗木，有时花、枝干和果梗也受危害，严重时引起落叶枯梢，树皮开裂，果实腐烂。叶片上的叶斑分叶斑型和叶枝型 2 种。病枝上的病斑也是 2 种：一种多从叶柄基部腋芽处开始，为椭圆形至长菱形，稍下凹，病斑环绕枝条时，枝梢枯死，呈灰白色，叶片干挂枝上；另一种在晚秋梢上发生，病梢枯死部呈灰白色，上有许多黑点，嫩梢遇阴雨时，顶端 3～4 cm 处会发现烫伤状，经 3～5 d 即呈现凋萎发黑的急性型症状。受害苗木多从地面 7～10 cm 嫁接口处发生不规则的深褐色病斑，严重时顶端枯死。花朵受害后，雌蕊柱头常引起褐腐而落花（称花萎症）。幼果受害后，果梗发生淡黄色病斑，后变为褐色而干枯，果实脱落或成僵果挂在枝上。大果染病后出现干疤、泪痕和落果 3 种症状。炭疽病也是重要的贮藏病害。

2. 病原 炭疽病病菌（*Colletotrichum gloeosporides* penz.）属半知菌亚门的有刺炭疽孢属的胶孢炭疽菌。

3. 发病规律 病菌在组织内越冬，分生孢子借风、雨、昆虫传播，从植株伤口、气孔和皮孔侵入。通常在春梢后期开始发病，以夏、秋梢发病多。

4. 防治方法 一是加强栽培管理，深翻土壤改土，增施有机肥，并避免偏施氮肥、忽视磷肥、钾肥的倾向,特别是多施钾肥(如草木灰)。做好防冻、抗旱、防涝和其他病虫害的防治,以增强树势,提高树体的抗性。二是彻底清除病源,剪除病枝梢、叶和病果梗集中烧毁,并随时注意清除落叶落果。三是药剂防治,在春、夏、秋梢嫩梢期各喷1次,着重在幼果期喷1~2次,7月下旬至9月上中旬果实生长发育期15~20 d喷1次,连续2~3次。药剂选择0.5%等量式波尔多液、30%氧氯化铜(王铜)600~800倍液、77%氢氧化铜(可杀得)500~800倍液、80%代森锰锌可湿性粉剂(大生M-45)400~600倍液、25%溴菌腈(炭特灵)500~800倍液。

防治苗木炭疽病应选择有机质丰富、排水良好的砂壤土做苗床,并实行轮作。发病苗木要及时剪除病枝叶或拔除烧毁。尤其要注意春、秋季节晴雨交替时期的喷药,药剂同上。

(十)树 脂 病

1. 分布与症状 树脂病在我国柑橘产区均有发生。因发病部位不同而有多个名称:在主干上称树脂病,叶片和幼果上称沙皮病,在成熟或贮藏果实上称蒂腐病。枝干症状分流胶型和干枯型。流胶型病斑初为暗褐色油渍状,皮层腐烂坏死变褐色,有臭味,此后危害木质部并流出黄褐色半透明胶液,当天气干燥时病部逐渐干枯下陷,皮层开裂剥落,木质部外露。干枯型的病部皮层红褐色,干枯略下陷,有裂纹,无明显流胶。但两种类型病斑木质部均为浅褐色,病健交界处有一黄褐色或黑褐色痕带,病斑上有许多黑色小点。病菌侵染嫩叶和幼果后使叶表面和果皮产生许多深褐色散生或密集小点,使表皮粗糙似沙粒,故称沙皮病;衰弱或受冻害枝的顶端呈明显褐色病斑,病健交界处有少量流胶,严重时枝条枯死,表面生出许多黑色小点称为枯枝型;病菌危害成熟果实在贮藏中会发生蒂腐病(见贮藏病害)。

2. 病原 树脂病由真菌引起,其有性世代称柑橘间座壳菌(*Diaporthe citri* Faw. *wolf*),属子囊菌亚门,无性世代(*Phomopsis citri* Faw. *wolf*)属半知菌亚门。

3. 发病规律 以菌丝体或分生孢子器生存在病组织中,分生孢子借风、雨、昆虫和鸟类传播,10℃时分生孢子开始萌发,20℃和高湿最适于生长繁殖。春、秋季易发病,冬、夏梢发病缓慢。病菌在生长衰弱、有伤口、冻害时才侵染,故冬季低温冻害有利病菌侵入,木质部、韧皮部皮层易感病。大枝和老树易感病,发病的关键是湿度。

4. 防治方法 一是加强栽培管理,深翻土壤,增施有机肥、钾肥,以增强树势,提高树体抗性。二是防治冻害、日灼。三是认真清园,结合修剪将病虫枝、枯枝、机械损伤枝剪除,挖除病枯树桩和死树,集中烧毁,以减少病源。四是药剂防治。在春梢萌发和幼果期各喷1次药,药剂可选择50%甲基硫菌灵可湿性粉剂或50%多菌灵1 000倍液,或枝干病斑浅刮深刻后涂多菌灵或甲基硫菌灵100倍液,或1:4碱水,或沥青(柏油)和硫菌灵混合液(比例100:1)刷涂,或用1:1:10波尔多液刷涂均有效果。

（十一）黑斑病

1. 分布和症状 黑斑病又叫黑星病，在我国长江流域以南的柑橘产区均有发生。主要危害果实，叶片受害较轻。症状分黑星型和黑斑型2类。黑星型发生在近成熟的果实上，病斑初为褐色小圆点，后扩大成直径2~3 mm的圆形黑褐色斑，周围稍隆起，中央凹陷呈灰褐色，其上有许多小黑点，一般只危害果皮。果实上病斑多时可引起落果。黑斑型初为淡黄色斑点，后扩大为圆形或不规则形，直径1~3 cm的大黑斑，病斑中央稍凹陷，上生许多黑色小粒点，严重时病斑覆盖大部分果面。在贮藏期间果实腐烂，僵缩如炭状。

2. 病原 黑斑病（*Phoma citricapa* MCAIP）由半知菌亚门茎点属所致，其无性阶段为柑橘茎点霉菌，其有性阶段称柑橘球座菌。

3. 发病规律 主要以未成熟子囊壳和分生孢子器落在叶上越冬，也可以分生孢子器在病部越冬。病菌发育温度15℃~38℃，最适25℃，高湿有利于发病。大树比幼树发病重，衰弱树比健壮树发病重。田间7~8月份开始发病，8~10月份为发病高峰。

4. 防治方法 一是冬季剪除病枝、病叶，清除园内病枝、叶烧毁，以减少越冬病源。二是加强栽培管理，增施有机肥，及时排水，促壮树体。三是药剂防治。花后1~1.5个月喷药，15 d左右1次，连续3~4次。药剂可选用0.5%等量式波尔多液，50%多菌灵1 000倍液，45%石硫合剂结晶120倍液（用于冬季和早春清园），30%氧氯化铜600~800倍液，77%氢氧化铜可湿性粉剂500~800倍液。

（十二）煤烟病

1. 分布和症状 煤烟病又称煤病。有30多种病原菌。因一些害虫分泌的蜜露或植物体外渗物质供营养而诱发。煤烟病全国柑橘产区几乎都有发生。

该病发生在枝梢、叶片和果实上。发病初期，表面出现暗褐色点状小霉斑，后继续扩大成绒毛状黑色或灰黑色霉层，后期霉层上散落许多黑色小点或刚毛状突起物霉层，遮盖枝叶和果面阻碍柑橘正常光合作用，导致树势衰退，严重受害时，开花少、果实小，品质下降。

不同病原引起的症状也有异：煤炱属煤层为黑色薄纸状，易撕下和自然脱落；刺盾属的煤层如锅底灰，用手擦时即可脱落，多发生于叶面；小煤炱属的煤层则呈辐射状、黑色或暗褐色的小霉斑，分散在叶片正、背面和果实表面。霉斑可相连成大霉斑，菌丝产生细胞，能紧附于寄主的表面，不易脱落。

2. 病原 煤烟病有30种真菌病原菌，主要有煤炱属、刺盾属、小煤炱属等病原菌所致，最常见的一种为 *Capnadium citri* berk et desm.。

3. 发生规律 煤烟病由多种真菌引起，除小煤炱属是纯寄生菌外，其他均为表面附生菌。以菌丝体及闭囊壳或分生孢子器在病部越冬，翌年春季由霉层分散孢子，借风雨传播。果园郁闭,管理不良,湿度大易发生煤烟病。煤烟病常以粉虱类、蚧类或蚜虫类害虫的分泌物为营养而发病。

4. 防治方法 一是抓好粉虱类、蚧类或蚜虫类的防治。二是加强栽培管理,合理修剪,改善果园通风适光条件,完善排灌设施。三是采后清园,清除已发生的煤烟病,喷施45%石硫合剂结晶200倍液+敌百虫600~800倍液。四是小煤炱属应在发病初期开始防治,药剂采用70%甲基硫菌灵1000倍液。

(十三) 白 粉 病

1. 分布和症状 白粉病在我国西南和华南地区,四川省、重庆市和三峡库区的柑橘产区也有发生。主要危害柑橘新梢、嫩叶及幼果。嫩叶上病斑为白色霉斑,呈绒毛状。霉斑在嫩叶正反面均可产生,大多近圆形。霉层下面的叶肉组织开始呈水浸状,以后逐渐失绿,呈褐色,叶肉组织背面呈黄色,严重时霉层覆盖整个叶片,造成叶片皱缩、畸形、落叶。叶片老熟后,病部白色霉层为浅灰褐色。嫩枝受害后无明显黄斑,严重时霉层覆盖整个枝条,导致枝条萎缩,扭曲,甚至枯死。幼果受害与嫩枝相似,果皮皱缩,后期形成僵果。

2. 病原 白粉病(*Oidium tingitaninum*)病原菌的无性阶段属半知菌类,丛梗孢目,粉孢属。

3. 发生规律 主要以分生孢子借助气流传播,在三峡库区4月中旬气温达到18℃时开始发病,6月中下旬达到发病高峰,最适合发病的温度为24℃~30℃。在多雨潮湿的条件下该病易流行。果园偏施氮肥,种植过密,病原下方的果园发病较重,山地果园发病北坡比南坡重,树冠内部枝叶、幼果发病较树冠四周重,近地面枝叶发病较重。

4. 防治方法 一是冬季结合清园喷施45%石硫合剂结晶200倍液或喷施70%甲基硫菌灵可湿性粉剂1000倍液或77%氢氧化铜(可杀得)可湿性粉剂500~800倍液。二是冬季剪除病枝叶,其他时间剪除受害的徒长枝,集中烧毁,减少病原。三是加强栽培管理,增施磷、钾肥及有机肥,控制氮肥用量,提高树体抗病力。

(十四) 黄 斑 病

1. 分布和症状 黄斑病又名脂点黄斑病、脂斑病、褐色小圆星病。黄斑病在我国不少柑橘产区有发生。受害植株1片叶片上可生数十或上百个病斑,使叶片光合作用受阻,树势被削弱,引起大量落叶,对产量造成一定的影响。枝梢受害后僵缩不长,影响树冠扩大;果实被害后,产生大量油痕污斑,影响果品商品性。

黄斑病有脂点黄斑型、褐色小圆星型、混合型(即1片叶片上既发生脂点黄斑型的病斑,又有褐色小圆星型病斑)和果上症状等4种。

2. 病原 黄斑病(*Mycosphaerlla horii* Hara.)属子囊菌亚门球腔菌属的柑橘球腔菌侵染所致。

3. 发病规律 病菌以菌丝体在病叶和落叶中越冬。翌年春子囊果释放子囊孢子借风、雨水等传播。该病原菌生长适温为 25℃左右，5~6 月份温暖多雨，最利于子囊孢子的形成、释放和传播危害。栽培管理粗放，树势衰弱，清园不彻底会加重发病。

4. 防治方法 一是加强栽培管理，增施有机肥、钾肥，增强树势，提高树体抗病力。二是冬季彻底清园，剪除病枝、病叶，清除地面病枝、病叶、病果，集中烧毁。三是药剂防治：结果树谢花 2/3 时，未结果树春梢叶片展开后第一次喷药，相隔 20 d 再喷 1~2 次。药剂选用 50% 多菌灵可湿性粉剂 800~1 000 倍液、80% 代森锰锌可湿性粉剂 500 倍液，或 0.5% 等量式波尔多液。

(十五) 拟脂点黄斑病

1. 分布和症状 我国不少柑橘产区有发生。症状与黄斑病的症状相似。一般 6~7 月份在叶背出现许多小点，其后周围变黄，病斑不断扩大老化，病部隆起，小点可连结成不规则的大小不一的病斑，颜色黑褐，病斑相对应处的叶面也出现不规则的黄斑。

2. 病原 拟脂点黄斑病（$Mycosphaerlla\ citri$）与黄斑病雷同

3. 发病规律 与黄斑病相似，该病发生与螨类严重发生、风害等有关，红蜘蛛、锈壁虱为害重的叶片、受风害的叶片，易发病。

4. 防治方法 与黄斑病防治相同。

(十六) 灰霉病

1. 分布和症状 该病主要危害花瓣，也可危害嫩叶、幼果及枝梢。我国柑橘产区均有不同程度发生。开花时遇阴雨天花瓣首先受害。开始有水渍状小点，以后扩大为黄褐色病斑，使花瓣腐烂，并长出灰黄色霉层。如遇干燥天气，变为褐色干枯状。也可使有伤口的幼果、小枝受害。潮湿时嫩叶上有斑点，呈水渍状软腐；干燥时，病斑呈淡黄褐色，半透明。果实上病斑带木栓化，或稍隆起，形状不规则，受害幼果易脱落，小枝受害后常枯萎。

2. 病原 灰霉病（$Botrytis\ cinerea$）由真菌引起。

3. 发病规律 该病菌核及分生孢子在病部越冬，翌年分生孢子和菌核萌发后初次侵染，随后产生大量的分生孢子，反复侵染。该病发生与气候相关：干燥发病较轻或不发病；阴雨连绵，发病较重。

4. 防治方法 做好冬季清园，剪除病枝、病叶烧毁，并喷石硫合剂清园，开花前后结合防治其他病害喷杀菌剂即可。

(十七) 苗期立枯病

1. 分布和症状 我国柑橘产区均有发生。由于发病时间和部位不同，该病有青枯型、顶枯型和芽腐型 3 种症状。幼苗根颈部萎缩或根部皮层腐烂，叶片凋萎不落，很快青枯死亡的为青枯型；顶部叶片感病后产生圆形或不定形褐色病斑，并很快蔓延枯死的为顶枯型；幼苗胚伸出地面前受害变黑腐烂的为芽腐型。

2. 病原 苗期立枯病（*Rhizoctonia solani*）系多种真菌所致，其中主要有立枯丝核菌、疫霉和茎点霉菌。

3. 发病规律 以菌丝体或菌核在病残体或土壤中越冬，条件适宜时传播、蔓延。田间4～6月份发病多，高温、高湿、大雨或阴雨连绵后突然暴晒时发病多而重。幼苗1～2片真叶时易感病，60 d以上的苗较少发病。

4. 防治方法 一是选择地势较高，排水良好的砂壤土育苗。二是避免连作，实行轮作，雨后要及时松土。三是及时拔除并销毁病苗，减少病源。四是药剂防治。播种前20 d，用5%棉隆，以30～50 g/m² 用量进行土壤消毒，或采用无菌土营养袋育苗。田间发现病株时喷药防治，每隔10～15 d 1次，连续2～3次，药剂可选50%甲基硫菌灵可湿性粉剂或50%多菌灵可湿性粉剂800～1 000倍液，0.5∶0.5∶100波尔多液，大生M-45可湿性粉剂600～800倍液，25%甲霜灵200～400倍液等。

(十八) 根线虫病

1. 分布和症状 我国的柑橘产区有发生。根线虫为害须根。受害根略粗短，畸形、易碎，无正常应有的黄色光泽。植株受害初期，地上部无明显症状，随着虫量增加，受害根系增多，植株会表现出干旱、营养不良症状，抽梢少而晚，叶片小而黄，且易脱落，顶端小枝会枯死。

2. 病原 根线虫病由半穿刺线虫属的柑橘半穿刺线虫（*Tylenchulus semipenetrans* Cobb）所致。

3. 发病规律 主要以卵和2龄幼虫在土壤中越冬，翌年春发新根时以2龄幼虫侵入。虫体前端插入寄主皮内固定，后端外露。由带病的苗木和土壤传播，雨水和灌溉水也能作近距离传播。

4. 防治方法 一是加强苗木检验，培育无病苗木。二是选用抗病砧，如枳橙和某些枳作砧木。三是加强肥水管理，增施有机肥和磷肥、钾肥，促进根系生长，提高抗病力。四是药剂防治，2～3月份在病树四周开环形沟，每667 m²施15%铁灭克5 kg，10%克线灵或10%克线丹颗粒5 kg，按原药、细沙土为1∶15的比例，配制成毒土，均匀深埋树干周围进行杀灭即可。

此外，还有根结线虫病，此略。

(十九) 贮藏病害

柑橘的贮藏病害主要是2大类：一类是由病原物侵染所致的侵染性病害，如青霉病、绿霉病、蒂腐病等；另一类是生理性病害，如褐斑病（干疤）、水肿等。

1. 青霉病和绿霉病

(1) 分布和症状 柑橘的青霉病、绿霉病均有发生，绿霉病比青霉病发生多。青霉病发病适温较低,绿霉病发病适温较高。青、绿霉菌病初期症状相似,病部呈水渍状软腐,病斑圆形,后长出霉状菌丝,并在其上出现粉状霉层。但两种病症也有差异,后期症区别尤为明显。两种病症状比较,见表6-4。

表6-4 青霉病与绿霉病的症状比较

病害名称	青霉病	绿霉病
孢子丛	青绿色,可发生在果皮上和果心空隙处	橄榄绿色,只发生在果皮上
白色菌丝体	较窄,仅1~2 mm,外观呈粉状	较宽,8~15 mm,略带胶着状,有皱纹
病部边缘	有水渍状,规则而明显	水渍状,边缘不规则,不明显
黏着性	对包果纸和其他接触物无黏着力	包果纸黏在果上,也易与其他接触物黏结
气　味	有霉味	有芳香气味

(2)病原　青霉病为意大利青霉菌(*Penicillium italicum* Wehmer)侵染所引起,它属半知菌,分生孢子无色,呈扫帚状。绿霉病由指状青霉菌(*Penicillum digtatum* Sacc.)所侵染,分生孢子串生,无色单胞,近球形。

(3)发病规律　病菌通过气流和接触传播,由伤口侵入,青霉病发生的最适温度为18℃~21℃,绿霉病发生的最适温度为25℃~27℃,湿度均要求95%以上。

(4)防治方法　一是适时采收。二是精细采收,尽量避免伤果。三是对贮藏库、窖等用硫磺熏蒸,紫外线照射或喷药消毒,每 m^3 空间 10 g,密闭熏蒸消毒 24 h。四是采下的柑橘果实用药液浸 1 min,集中处理,并在采果当天处理完毕。药剂可选 50%抑霉唑(万得利)乳油 1 500~2 000 倍液或用 45%噻菌灵(特克多)悬浮剂 800~1 000 倍液。五是改善贮藏条件,通风库以温度 5℃~9℃,空气相对湿度以 90%为宜。

2. 蒂腐病

(1)分布和症状　我国柑橘产区均有发生。分褐色蒂腐病和黑色蒂腐病 2 种。褐色蒂腐病症状为果实贮藏后期果蒂与果实间皮层组织因形成离层而分离,果蒂中的维管束尚与果实连着,病菌由此侵入或从果梗伤口侵入,使果蒂部发生褐色病斑。由于病菌在囊、瓣间扩展较快,使病部边缘呈波纹状深褐色,内部腐烂较果皮快,当病斑扩展至 1/3~1/2 时,果心已全部腐烂,故名穿心烂。黑色蒂腐病多从果蒂或脐部开始,病斑初为浅褐色、革质,后蔓延全果,病斑随囊瓣排列而蔓延,使果面呈深褐蒂纹直达脐部,用手压病果,常有琥珀色汁流出。高湿条件下,病部长出污黑色气生菌丝,干燥时病果成黑色僵果,病果肉腐烂。

(2)病原　褐色蒂腐病(*Phomopsis citri* Faweett Wolf)由柑橘树脂病所致。黑色蒂腐病的病原(*Diplodia natalensis* Pole-Evans)有性阶段为柑橘囊孢壳菌,属子囊菌;在病果上常见其无性阶段,病原称为蒂腐色二孢菌,属半知菌亚门。

(3)发病规律　病菌从果园带入,在果实贮藏才发病。病菌从伤口或果蒂部侵入,果蒂脱落、干枯和果皮受伤均易引起发病,高温高湿有利该病发生。

(4)防治方法　一是加强田间管理、防治,将病原杀灭在果园。二是适时、精细采收,减少果实伤口。三是运输工具、贮藏库(房)进行消毒。四是药剂防治同青霉病、绿霉病防治。

3. 酸腐病

(1)分布和症状　该病是柑橘的贮藏病害之一,只危害果实,多发生在成熟的果实,尤其是贮藏较久的果实。果实染病初期呈水渍状软化,出现橘黄色至褐色圆形斑,病斑在短时间内扩大使全果软腐,病部变软,果皮易脱落。后期出现白色黏状物,流出酸臭汁液,表面长致密的白色霉层(气生菌丝及分生孢子),整果出现水腐烂、酸败臭气。

(2)病原　由真菌(*Oospora citriaurantii*)引起。

(3)发病规律　病菌可在土壤中腐生,从伤口侵入。该病由果蝇传播及接触感染。果实成熟度越高越易感病,高温、高湿、缺氧及有伤口均利该病发生。柑橘中以柠檬、甜橙、酸橙最感病,橘类次之。

(4)防治方法　适时采收(晴天采收),防止采摘、运输及贮藏过程中出现新伤。药剂防治用75%抑霉唑可湿性粉剂2 000倍液或45%噻菌灵乳剂800~1 000倍液浸果对防该病有一定的效果。及时清除烂果和流出的汁液。

4. 黑腐病

(1)分布和症状　该病又名黑心病。我国柑橘产区均有发生,主要危害贮藏果实。幼果危害后多发生在果蒂部,后经果蒂向枝上蔓延,使枝干枯,幼果变黑或成僵果脱落。长大后的果实受害症状变化较大。且因品种不同略有差异。常有黑腐型、黑心型、蒂腐型3种类型。

①黑腐型:病菌由伤口或脐部侵入,初为黑褐色的圆形病斑,后渐扩大,微凹陷,中部黑色,干燥时病部果皮柔韧,果面近脐部变黄,似成熟果,后病部变褐,呈水渍状。高温、高湿时病部长出灰白色菌丝,后果肉腐烂,病果表面和果心长出墨绿色绒毛状霉层,严重时果皮开裂。甜橙发生较多。

②黑心型:病菌由果蒂部伤口侵入果实中心柱,引起腐烂。受害果肉墨绿色,在中心柱空隙处长出大量深墨绿色绒毛状霉,果实外观无明显症状。橘类和柠檬多为黑心型症状。

③蒂腐型:病斑在果蒂部发生,呈圆形的褐色软腐,病菌不断向中心柱蔓延,并长出灰白色至墨绿色霉层,柑橘都有此种症状。

枝、叶被害后出现灰褐色至赤褐色病斑,并长出黑霉,种子带菌后会使刚出土的幼苗枯死。

(2)病原　由真菌(*Alternaria citri* pierce)引起。

(3)发病规律　分生孢子随病果落到地面越冬,也可由菌丝体潜伏于枝叶病部越冬,翌年温、湿条件适宜时产生分生孢子,有风雨传播、侵染,再次侵染。贮藏期主要由果园已感染的病果,接触传染,从脱落的果蒂部或伤口侵入。高温、多湿适宜发病,树势弱、伤口多发病重。

(4)防治方法　加强果园管理，增施肥料，适时排湿，剪除病枯枝、过密枝。药剂防治：发病初期喷75%百菌清可湿性粉剂600～800倍液或70%代森锰锌干悬浮剂500倍液。此外，采后保持果蒂(把)青绿，可减少此病发生。

5. 褐腐病

(1)分布和症状　褐腐病又叫疫菌褐腐病，果园和贮藏期均可发生，以贮藏期危害果实为主。病菌从伤口或果蒂部侵入，病斑淡褐色，圆形，扩展迅速至全果，呈水渍状软腐，有腐臭，病部长白色菌丝，树上的发病果不久即脱落。

(2)病原　由真菌($Phytophthora$ Sp.)引起的病害，为脚腐病病菌。

(3)发病规律　病菌在积水土壤中可长期成活，高温、高湿生长迅速，低温荫蔽的园区果实发病重，9月下旬至10月为高发期，严重感病的有甜橙、椪柑等。

(4)防治方法　脚腐病多发果园，冬季采果后清除枯枝落叶，园外烧毁，并喷杀菌剂，以减少病源，保持园内排水、通风透光良好，药剂用杀菌剂即可。

6. 水　肿

(1)分布和症状　水肿是冷库和气调库贮藏中出现的生理病害。病果初期是果皮失去光泽，显出由里向外渗透的浅褐色斑点。以后逐渐发展连成片，严重时整个果实呈"水煮熟状"。其白皮层和维管束也变为浅褐色，易与果肉分离，囊壁出现许多白色小点。病果有异味。

(2)病因　生理性病害，系长期处于不适宜低温或氧气不足，二氧化碳过量环境，导致果实生理失调所致。

(3)发病规律　在库温3℃以下，二氧化碳3%以上的库内易发生水肿。此外，高湿可促使水肿提早发生和蔓延。贮藏中，用薄膜包果比用纸包果的发病多。

(4)防治方法　一是适时采收。二是贮藏库内温度不宜过低(3℃以上)，湿度不宜过高，经常通风透气，使二氧化碳浓度不超过1%，氧的浓度不低于19%，良好的贮藏环境可抑制水肿病的发生。

此外，贮藏病害还有炭疽病。

二、柑橘主要害虫及防治

(一)红蜘蛛

1. 分布和为害症状　红蜘蛛($Panonychus\ citri$ MCG.)又称橘全爪螨，属叶螨科。我国柑橘产区均有发生。它除了为害柑橘以外，还为害梨、桃和桑等经济树种。主要吸食叶片、嫩梢、花蕾和果实的汁液，尤以嫩叶为害最重。叶片受害初期为淡绿色，后出现灰白色斑点，严重时叶片呈灰白色而失去光泽，叶背布满灰尘状蜕皮壳，并引起落叶。幼果受害，果面出现淡绿色斑点；成熟果实受害，果面出现淡黄色斑点；果蒂受害导致大量落果。

2. 形态特征 雌成螨椭圆形,长0.3～0.4 mm,红色至暗红色,体背和体侧有瘤状凸起。雄成螨体略小而狭长。卵,近圆球形,初为橘黄色,后为淡红色,中央有一丝状卵柄,上有10～12条放射状丝。幼螨近圆形,有足3对。若螨似成螨,有足4对。

3. 生活习性 红蜘蛛1年发生12～20代,田间世代重叠。冬季多以成螨和卵在枝叶上,在多数柑橘产区无明显越冬阶段。当气温12℃时,虫口渐增,20℃时盛发,20℃～30℃的气温和60%～70%的空气相对湿度,是红蜘蛛发育和繁殖的最适条件。红蜘蛛有趋嫩性、趋光性和迁移性。叶面和背面虫口均多。在土壤瘠薄、向阳的山坡地,红蜘蛛发生早而重。

4. 防治方法 一是利用食螨瓢虫、塔六点蓟马、草蛉、长须螨和钝绥螨等天敌防治红蜘蛛,并在果园种植藿香蓟、白三叶、百喜草、大豆、印度豇豆,冬季还可种植豌豆、肥田萝卜和紫云英等。还可生草栽培,创造天敌生存的良好环境。二是干旱时及时灌水,可以减轻红蜘蛛为害。三是科学用药,避免滥用,特别是对天敌杀伤力大的广谱性农药。科学用药的关键是掌握防治指标和选择药剂种类。一般春季防治指标在2～3头/叶,夏、秋季防治指标5～7头/叶,天敌少的防治指标宜低,反之,天敌多的,防治指标宜高。药剂要选对天敌安全或较为安全的。通常冬季、早春可选机油乳剂200倍液;开花前,气温较低可选用5%噻螨酮(尼索朗)乳油1 500～2 000倍液,或5%霸螨灵3 000倍液;生长期可选:73%克螨特2 000～2 500倍液、15%速螨酮乳油2 000～3 000倍液、25%三唑锡可湿性粉剂1 500～2 000倍液、50%苯丁锡(托尔克)可湿性粉剂2 000～3 000倍液、45%石硫合剂结晶250～300倍液等。

(二)侧多食跗线螨

1. 分布和为害症状 侧多食跗线螨(*Polyphagotarsonemus latus*),又名茶黄螨、半跗线螨、白蜘蛛。我国不少柑橘产区有发生。寄主植物除柑橘外,还有银杏、板栗、杧果、桃、梨、茶叶、辣椒和茄子等64种植物。幼螨和成螨为害柑橘的幼芽、嫩叶、嫩枝和幼果。受害的幼芽不能抽出展开,形成一丛丛的胡椒籽状;受害的嫩枝变成灰白色至灰褐色,表面木栓化,并产生龟裂;受害的嫩叶增厚变窄,成柳叶状;受害的幼果畸形变小,果皮增厚,呈灰白色至灰褐色,并引起落果。

2. 形态特征 成虫雌体椭圆形,体长0.15～0.25 mm、宽0.11～0.16 mm,淡黄色至黄色。雄体近棱形、扁平,尾部稍尖,长0.12～0.20 mm、宽0.05～0.12 mm,淡黄色至黄绿色。卵,椭圆形,底部扁平。幼螨体近椭圆形,若螨棱形,淡绿色。

3. 发生规律 侧多食跗线螨在重庆和三峡库区1年发生20～30代,以成螨在绵蚧卵囊下,盾蚧类残存的介壳内或杂草等的根部越冬,5月开始活动,6～7月、9～10月为盛发期,11月后减少。温度25℃～30℃、潮湿阴暗的环境下有利于该螨的发生和为害。卵多产生于嫩叶背面,叶柄和幼芽的缝隙内,幼螨、若螨和成螨均在嫩叶背面为害。受害嫩叶变成黄褐色、僵化、皱缩,叶缘反卷。若腋芽受害,会失去抽梢能力,变成秃顶。若螨和雌成螨不很活跃,借风力、苗木、昆虫和鸟类传播。雄成螨较活跃,爬行迅速,交配时常将雌成螨背在背上爬行。

4. 防治方法 一是保护利用天敌,特别是捕食螨。侧多食跗线螨的天敌有尼氏钝绥螨、长须螨、德氏钝绥螨、小花蝽、深点食螨瓢虫和塔六点蓟马等。二是集中放梢,打断该害螨的食物链,缩短为害期。三是合理修剪,改善柑橘园和植株通风透光条件,减轻为害。四是夏秋梢抽发时该螨的盛发期,可用药剂防治,药剂可选用:73%克螨特2 000～2 500倍液,20%哒螨酮1 500～2 000倍液,5%噻螨酮乳油1 000～1 500倍液,25%三唑锡可湿性粉剂1 500～2 000倍液,5%果圣800～1 000倍液,7～10 d喷1次,连喷2次。

(三)四斑黄蜘蛛

1. 分布和为害症状 四斑黄蜘蛛(*Etetranychus kankus* Ehara),又名橘始叶螨,属叶螨科。在我国柑橘产区均有发生,重庆、四川等地为害重。主要为害叶片,嫩梢、花蕾和幼果也受害。嫩叶受害后,在受害处背面出现微凹、正面凸起的黄色大斑,严重时叶片扭曲变形,甚至大量落叶。老叶受害处背面为黄褐色大斑,叶面为淡黄色斑。

2. 形态特征 雌成螨长椭圆形,长0.35～0.42 mm,足4对,体色随环境而异,有淡黄、橙黄和橘黄等色;体背面有4个多角形黑斑。雄成虫后端削尖,足较长。卵,圆球形,其色初为淡黄色,后渐变为橙黄色,光滑。幼螨,初孵时淡黄色,近圆形,足3对。

3. 生活习性 四川、重庆1年发生20代。冬季多以成螨和卵在叶背,无明显越冬期,田间世代重叠。成螨3℃时开始活动,14℃～15℃时繁殖最快,20℃～25℃和低湿是最适的发生条件。春芽萌发至开花前后是为害盛期。高温少雨时为害严重。四斑黄蜘蛛常在叶背主脉两侧聚集取食,聚居处常有蛛网覆盖,产卵于其中。喜在树冠内和中、下部光线较暗的叶背取食。对大树为害较重。

4. 防治方法 一是认真做好测报,在花前螨、卵数达1头(粒)/叶,花后螨、卵数达3头(粒)/叶时进行防治。通常春芽长1 cm时就应注意其发生动态,药剂防治主要在4～5月份进行,其次是10～11月份,喷药要注意对树冠内部的叶片和叶背喷施。二是合理修剪,使树冠通风透光。三是防治的药剂与红蜘蛛的防治药剂相同。

(四)锈壁虱

1. 分布和为害症状 锈壁虱(*Phyllocoptruta oleivora* Ashmead),又名锈蜘蛛等,属瘿螨科。我国柑橘产区均有发生。为害叶片和果实,主要在叶片背面和果实表面吸食汁液。吸食时使油胞破坏,芳香油溢出,被空气氧化,导致叶背、果面变为黑褐色或铜绿色,严重时可引起大量落叶。幼果受害严重时,变小、变硬;大果受害后果皮变为黑褐色,韧而厚。果实有发酵味,品质下降。

2. 形态特征 成螨体长0.1～0.2 mm,体形似胡萝卜。初为淡黄色,后为橙黄色或肉红色,足2对,尾端有刚毛1对。卵,扁圆形,淡黄色或白色,光滑透明。若螨似成螨,体较小。

3. 生活习性 1年发生18~24代,以成螨在腋芽和卷叶内越冬。日平均温度10℃时停止活动,15℃时开始产卵,随春梢抽发迁至新梢取食。5~6月份蔓延至果上,7~9月份为害果实最甚。大雨可抑制其为害,9月后随气温下降,虫口减少。

4. 防治方法 一是剪除病虫枝叶,清出园区,同时合理修剪,使树冠通风透光,减少虫害发生。二是利用天敌,园中天敌少可设法从外地引入,尤以刺粉虱黑蜂、黄盾恩蚜小蜂为有效。三是药剂防治,认真做好测报,从5月份起,经常检查,在叶片上或果上有2~3头/视野(10倍手持放大镜的1个视野),当年春梢叶背出现被害状,果园中发现1个果出现被害状时开始防治,药剂可选用73%克螨特2 000倍液,或1.8%阿维菌素乳油2 500倍液,10%吡虫啉可湿性粉剂1 200~1 500倍液,40%乐斯本(毒死蜱)乳油1 500倍液,90%晶体敌百虫600~800倍液,40%乐果乳油800~1 000倍液,0.5%果圣1 000倍液。

(五) 矢 尖 蚧

1. 分布和为害症状 矢尖蚧(*Unaspis yanonensis* Kuwana)又名尖头介壳虫,属盾蚧科。我国柑橘产区均有发生。以若虫和雌成虫取食叶片、果实和小枝汁液。叶片受害轻时,被害处出现黄色斑点或黄色大斑,受害严重时,叶片扭曲变形,甚至枝叶枯死。果实受害后呈黄绿色,外观、内质变差。

2. 形态特征 雌成虫介壳长形,稍弯曲,褐色或棕色,长约3.5 mm。雌成虫体橙红色,长形,雄成虫体橙红色。卵,椭圆形,橙黄色。

3. 生活习性 1年发生2~4代,以雌成虫和少数2龄若虫越冬。当日平均气温17℃以上时,越冬雌成虫开始产卵孵化,世代重叠,17℃以下时停止产卵。雌若虫蜕皮2次后成为成虫。雄若虫则常群集于叶背为害,2龄后变为预蛹,再经蛹变为成虫。在重庆,各代1龄若虫高峰期分别出现在5月上旬、7月中旬和9月下旬。温暖潮湿的条件有利其发生。树冠郁闭的易发生,且为害较重,大树较幼树发生重,雌虫分散取食,雄虫多聚在母体附近为害。

4. 防治方法 一是利用矢尖蚧的重要天敌:矢尖蚧蚜小蜂、黄金蚜小蜂、日本方头甲、豹纹花翅蚜小蜂、整胸寡节瓢虫、红点唇瓢虫和草蛉等,并为其创造生存的环境条件。二是做好预测预报。四川、重庆、湖北及气候相似的柑橘产区,初花后25~30 d为第一次防治期。或花后观察雄虫发育情况,发现园中个别雄虫背面出现白色蜡状物之后5 d内为第一次防治时期,15~20 d后喷第二次药。发生相当严重的柑橘园第二代2龄幼虫再喷1次药。第一代防治指标:有越冬雌成虫的秋梢叶片达10%以上。三是药剂防治:药剂可选用0.5%果圣乳油750~800倍液、40%乐斯本乳油1 200~1 500倍液、95%机油乳剂150~200倍液,40%乐果乳油800~1 000倍液等,用药注意1年的最多次数和安全间隔期。如乐斯本乳油,1年最多使用1次,安全间隔期28 d。四是加强修剪,使树冠通风透光良好。五是彻底清园,剪除病虫枝、枯枝叶,以减少病虫源。六是为节省农药费用,可就地取材,用烟骨(烟的茎、叶柄、叶脉等)人尿浸泡液防治。具体方法是用切碎的烟骨0.5 kg放入2.5 kg人尿中浸泡1周,再加水25 L,拌匀后即可使用。注意浸泡液应随配随用,以免降低药效。浸液中加少量洗衣粉可增加药效。

(六) 褐 圆 蚧

1. 分布和为害症状 褐圆蚧(*Chrysompalus aonidum* Linnaeas)又名茶褐圆蚧,属盾蚧科。我国柑橘产区均有发生。为害柑橘、栗、椰子和山茶等种植物。主要吸食叶片和果实的汁液,叶片和果实的受害处均出现淡黄色斑点。

2. 形态特征 雌成虫介壳为圆形,较坚硬,紫褐色或暗褐色。雌成虫杏仁形,淡黄色或淡橙黄色。雄成虫介壳为椭圆形,成虫体淡黄色。卵,长椭圆形,淡橙黄色。

3. 生活习性 褐圆蚧1年发生5~6代,多以雌成虫越冬,田间世代重叠。各代若虫盛发于5~10月份,活动的最适温度26℃~28℃。雌虫多处在叶背,尤以边缘为最多,雄虫多处在叶面。

4. 防治方法 一是保护天敌,如日本方头甲、整胸寡节瓢虫、草蛉、黄金蚜小蜂、斑点蚜小蜂和双蒂巨角跳小蜂等,并创造其适宜生长的条件,以利用其防治褐圆蚧。二是在各代若虫盛发期喷药,每15~20 d 1次,连喷2次。所用药剂与防治矢尖蚧的药剂同。

(七) 黑 点 蚧

1. 分布和为害症状 黑点蚧(*Parlatoria zizyphus* Lucas),又名黑点介壳虫,属盾蚧科。在我国柑橘产区均有发生。除为害柑橘外,还为害枣、椰子等。常群集在叶片、小枝和果实上取食。叶片受害处出现黄色斑点,严重时变黄;果实受害后外观差,成熟延迟,还可诱发煤烟病。

2. 形态特征 雌成虫介壳长方形,漆黑色;雌成虫倒卵形,淡紫色。雄成虫介壳小而窄,长方形,淡紫红色。

3. 生活习性 黑点蚧主要以雌成虫和卵越冬。因雌成虫寿命长,并能孤雌生殖,可在较长的时间内陆续产卵和孵化,在15℃以上的适宜温度时,不断有新的若虫出现,发生不整齐。该虫在四川、重庆等中亚热带柑橘产区1年发生3~4代,田间世代重叠。4月下旬1龄若虫在田间出现,7月中旬、9月中旬和10月中旬为其3次出现高峰。第一代为害叶片,第二代为害果实。其虫口数叶面较叶背多,阳面比阴面多,生长势弱的树受害重。

4. 防治方法 一是保护天敌,如整胸寡节瓢虫、湖北红点唇瓢虫、长缨盾蚧蚜小蜂、柑橘蚜小蜂和赤座霉等,并创造其良好的生存环境。二是加强栽培管理,增强树势,提高抗性。三是当越冬雌成蚧每叶2头以上时,即应注意防治,药剂防治的重点,

5～8月份1龄幼蚧的高峰期进行,药剂参照防治矢尖蚧药剂。

除以上介壳虫外,还有糠片蚧、红蜡蚧、红帽蜡蚧、堆蜡粉蚧等。

(八)黑刺粉虱

1. 分布和为害症状 黑刺粉虱(*Aleurocanthus spiniferus* Quaintance)属粉虱科。我国柑橘产区均有发生。为害柑橘、梨和茶等多种植物。以若虫群集叶背取食,叶片受害后出现黄色斑点,并诱发煤烟病。受害严重时,植株抽梢少而短,果实的产量和品质下降。

2. 形态特征 雌成虫体长0.2～1.3 mm,雄成虫腹末有交尾用的抱握器。卵,初产时为乳白色,后为淡紫色,似香蕉状,有一短卵柄附着于叶上。若虫初孵时为淡黄色,扁平,长椭圆形,固定后为黑褐色。蛹,初为无色,后变为黑色且透明。

3. 生活习性 黑刺粉虱1年发生4～5代,田间世代重叠,以2、3龄若虫越冬。成虫于3月下旬至4月上旬大量出现,并开始产卵,各代1、2龄若虫盛发期在5～6月份,6月下旬至7月中旬,8月下旬至9月上旬,10月下旬至12月下旬。成虫多在早晨露水未干时羽化并交配产卵。

4. 防治方法 一是保护天敌,如刺粉虱黑蜂、斯氏寡节小蜂、黄金蚜小蜂、湖北红点唇瓢虫、草蛉等,并创造其良好的生存环境。二是合理修剪、剪除虫枝、虫叶、清除出园。三是加强测报,及时施药。越冬代成虫从初见日后40～45 d进行第一次喷药,隔20 d左右喷第二次,发生严重的果园各代均可喷药。药剂可选机油乳剂150～200倍液,10%吡虫啉可湿性粉剂1 200～1 500倍液,0.5%果圣水剂750～800倍液,40%乐斯本乳油1 500倍液,另外,也可用90%晶体敌百虫800倍液或40%乐果乳油1 000倍液在蛹期喷药,以减少对黑刺粉虱寄生蜂的影响。

(九)柑橘粉虱

1. 分布和为害症状 柑橘粉虱(*Dialeurodes citri* Ashemead)又名橘黄粉虱、通草粉虱、橘裸粉虱、白粉虱等,属同翅目、粉虱科。

国内各柑橘产区均有发生。寄主植物除柑橘外,还为害柿、栗、桃、梨、枇杷等果树和茶、棉等。以幼虫聚集在嫩叶背面为害,严重时可引起落叶枯梢,并诱发煤烟病。

2. 形态特征 成虫淡黄绿色,雌虫体长约1.2 mm,雄虫体长约0.96 mm。翅2对,半透明。虫体及翅上均覆盖有蜡质白粉。复眼红褐色。卵,淡黄色,椭圆形,长约0.2 mm,表面光滑,以1短柄附于叶背。幼虫期共4龄。1龄至4龄幼虫体长0.3～1.5 mm、宽0.2～1.1 mm,4龄幼虫体长0.9～1.5 mm、体宽0.7～1.1 mm,尾沟长0.15～0.25 mm,中后胸两侧显著凸起。蛹的大小与4龄幼虫一致。体色由淡黄绿色变为浅黄褐色。

3. 生活习性 以4龄幼虫及少数蛹固定在叶片越冬。1年发生2～3代,1～3代分别寄生于春、夏、秋梢嫩叶的背面,一年中田间各虫态有3个明显的发生高峰,其中以第二代的发生量最大。成虫羽化后当日即可交尾产卵,未经交尾的雌虫可行孤雌生殖,但所产的卵均为雄性。初孵幼虫爬行距离极短,通常在原叶固定为害。

4. 防治方法 一是利用座壳孢菌和寄生蜂的自然控制作用。已发现的柑橘粉虱天敌有粉虱座壳孢菌、扁座壳孢菌、柑橘粉虱扑虱蚜小蜂、华丽蚜小蜂、橙黄粉虱蚜小蜂、红斑粉虱蚜小蜂、刺粉虱黑蜂和草蛉等。其中以座壳孢菌为效果最好,其次是寄生蜂。园内缺少天敌时可从其他园采集带有座壳孢菌或寄生蜂的枝叶挂到柑橘树进行引移。保护天敌,化学防治在柑橘粉虱严重发生,天敌少时才进行。二是药剂防治,考虑到防治效果和保护天敌,以初龄幼虫盛发期喷药效果最佳。鉴于柑橘粉虱的发生期多于多数盾蚧类害虫相近,且多种药可以兼治,应结合其他虫害防治进行,药剂与防治黑刺粉虱相同。

(十) 星 天 牛

1. 分布和为害症状 星天牛（*Anoplophora chinensis* Forter）属天牛科。在我国柑橘产区均有发生。为害柑橘、梨、桑和柳等植物。其幼虫蛀食离地面 0.5 m 以内的树颈和主根皮层,切断水分和养分的输送而导致植株生长不良,枝叶黄化,严重时死树。

2. 形态特征 成虫体长 19～39 mm,漆黑色,有光泽。卵,长椭圆形,长 5～6 mm,乳白色至淡黄色。蛹,长约 30 mm,乳白色,羽化时黑褐色。

3. 生活习性 星天牛 1 年发生 1 代,以幼虫在木质部越冬。4 月下旬开始出现,5～6 月份为盛期。成虫从蛹室爬出后飞向树冠,啃食嫩枝皮和嫩叶。成虫常在晴天 9～13 时活动、交尾、产卵,中午高温时多停留在根颈部活动、产卵。5 月底至 6 月中旬为其产卵盛期,卵产在离地面约 0.5 m 的树皮内。产卵时,雌成虫先在树皮上咬出一个长约 1 cm 的倒"T"字形伤口,再产卵其中。产卵处因被咬破,树液流出表面而呈湿润状或有泡沫液体。幼虫孵出后即在树皮下蛀食,并向根颈或主根表皮迂回蛀食。

4. 防治方法 一是捕杀成虫,白天 9～13 时,主要是中午在根颈附近捕杀。二是加强栽培管理,使树体健壮,保持树干光滑。三是堵杀孔洞,清除枯枝残桩和苔藓地衣,以减少产卵和除去部分卵和幼虫。四是立秋前后,人工钩杀幼虫。五是立秋和清明前后,将虫孔内木屑排除,用棉花蘸 40% 乐果 5～10 倍液塞入虫孔,再用泥封住孔口,以杀死幼虫;还可在产卵盛期用 40% 乐果 50～60 倍液喷洒树干树颈部。

(十一) 褐 天 牛

1. 分布和为害症状 褐天牛（*Nadezhdiella cantori* Hope）,又名干虫,属于天牛科。我国柑橘产区均有发生。为害柑橘、葡萄等果树。幼虫在离地面 0.5 m 左右的主干和大枝木质部蛀食,虫孔处常有木屑排出。树体受害后导致水分和养分运输受阻,出现树势衰弱,受害重的枝、干会出现枯死,或易被风吹断。

2. 形态特征 褐天牛成虫长 26～51 mm。初孵化时为褐色。卵,椭圆形,长 2～3 mm,乳白色至灰褐色。幼虫老熟时长 46～56 mm,乳白色,扁圆筒形。蛹,长 40 mm 左右,淡米黄色。

3. 生活习性 褐天牛 2 周年发生 1 代,以幼虫或成虫越冬。多数成虫于 5～7 月份出洞活动。成虫白天潜伏洞内,晚上出洞活动,尤以下雨前闷热夜晚 20～21 时最盛。成虫产卵于距地面 0.5 m 以上的主干和大枝的树皮缝隙,幼虫先向上蛀食,至小枝难容虫体时再往下蛀食,引起小枝枯死。

4. 防治方法 一是树上捕捉天牛成虫,时间傍晚,尤以雨前闷热傍晚 20～21 时最佳。二是其他防治方法参照星天牛。三是啄木鸟是天牛最好的天敌。

此外,还有光盾绿天牛等,此略。

(十二)柑橘凤蝶

1. 分布和为害症状 柑橘凤蝶(*Papilio xuthus*. L)又名黑黄凤蝶,属凤蝶科。我国柑橘产区均有发生。为害柑橘、山椒等,幼虫将嫩叶、嫩梢食成缺刻。

2. 形态特征 成虫,分春型和夏型。春型,体长 21～28 mm,翅展 70～95 mm,淡黄色。夏型,体长 27～30 mm,翅展 105～108 mm。卵,圆球形,淡黄色至褐色。幼虫初孵出时为黑色鸟粪状,老熟幼虫体长 38～48 mm,为绿色。蛹,近菱形,长 30～32 mm,为淡绿色至暗褐色。

3. 生活习性 1 年发生 3～6 代,以蛹越冬。3～4 月份羽化的为春型成虫,7～8 月份羽化的为夏型成虫,田间世代重叠。成虫白天交尾,产卵于嫩叶背或叶尖。幼虫遇惊时,即伸出臭角发出难闻气味,以避敌害。老熟后即吐丝做垫头,斜向悬空化蛹。

4. 防治方法 一是人工摘除卵或捕杀幼虫。二是冬季清园除蛹。三是保护天敌凤蝶金小蜂、凤蝶赤眼蜂和广大腿小蜂,或蛹的寄生天敌。四是为害盛期药剂防治,药剂可选 Bt 制剂(每 g 100 亿个孢子)200～300 倍液,10% 吡虫啉可湿性粉剂 1 200～1 500 倍液,25% 除虫脲可湿性粉剂 1 500～2 000 倍液,10% 氯氰菊酯乳油 1 000～1 200 倍液。2.5% 溴氰菊酯乳油 1 500～2 000 倍液,0.3% 苦参碱水 200 倍液,90% 晶体敌百虫 800～1 000 倍液。

此外,还有玉带凤蝶,此略。

(十三)潜叶蛾

1. 分布和为害症状 潜叶蛾(*Phyllocnistis citrella* stainton),又名绘图虫,属潜蛾科。我国柑橘产区均有发生,且以长江以南产区受害最重。主要为害柑橘的嫩叶嫩枝,果实也有少数危害。幼虫潜入表皮蛀食,形成弯曲带白色的虫道,使受害叶片卷曲、硬化、易脱落。受害果实易烂。

2. 形态特征 潜叶蛾成虫体长约 2 mm,翅展 5.5 mm 左右,身体和翅均匀白色。卵,扁圆形,长 0.3～0.36 mm,宽 0.2～0.28 mm,无色透明,壳极薄。幼虫,黄绿色。蛹,呈纺锤状,淡黄色至黄褐色。

3. 生活习性 潜叶蛾1年发生10多代,以蛹或老熟幼虫越冬。气温高的产区发生早、为害重,我国柑橘产区4月下旬见成虫,7~9月份为害夏、秋梢最甚。成虫多于清晨交尾,白天潜伏不动,晚间将卵散产于嫩叶叶背主脉两侧。幼虫蛀入表皮取食。田间世代重叠,高温多雨时发生多,为害重。秋梢为害重,春梢受害少。

4. 防治方法 一是冬季、早春修剪时剪除有越冬幼虫或蛹的晚秋梢,春季和初夏摘除零星发生的幼虫或蛹。二是采用控肥水和抹芽放梢:在夏、秋梢抽发期,先控制肥水,抹除早期抽生的零星嫩梢,在潜叶蛾卵量下降时,供给肥水,集中放梢,配合药剂防治。三是药剂防治,在新梢大量抽发期,芽长0.5~2 cm时,防治指标为嫩叶受害率5%以上,喷施药剂,7~10 d 1次,连续2~3次。药剂可选择1.8%阿维菌素乳油2 000~2 500倍液,5%农梦特乳油1 000~2 000倍液,10%吡虫啉可湿性粉剂1 200~1 500倍液等,25%除虫脲可湿性粉剂1 500~2 000倍液,10%氯氰菊酯乳油1 000~1 200倍液,2.5%氯氟氰菊酯乳油1 500~2 000倍液,20%甲氰菊酯乳油1 500~2 000倍液等。

(十四)拟小黄卷叶蛾

1. 分布和为害症状 拟小黄卷叶蛾(*Adoxophyes cytosema* Meyrick)属卷叶蛾科。在我国柑橘产区有发生。为害柑橘、荔枝和棉花等。幼虫为害嫩叶、嫩梢和果实,还常吐丝,将叶片卷曲或将嫩梢黏结在一起,将果实和叶黏结在一起,藏在其中为害。为害严重时,可将嫩枝叶吃光。幼果受害大量脱落,成熟果受害引起腐烂。

2. 形态特征 拟小黄卷叶蛾雌成虫体长8 mm,黄色,翅展18 mm;雄虫体略小。卵,初产时为淡黄色,呈鱼鳞状排列成椭圆形卵块。幼虫1龄时头部为黑色,其余各龄为黄褐色,老熟时为黄绿色,长17~22 mm。蛹,褐色,长约9~10 mm。

3. 生活习性 拟小黄卷叶蛾在重庆地区1年发生8代,以幼虫或蛹越冬。成虫于3月中旬出现,随即交配产卵,5~6月为第二代幼虫盛期,系主要为害期,导致大量落果。成虫白天潜伏在隐蔽处,夜晚活动。卵多产于树体中、下部叶片。成虫有趋光性和迁移性。幼虫遇惊后可吐丝下垂,或弹跳逃跑,或迅速向后爬行。

4. 防治方法 一是保护和利用天敌。在4~6月份卵盛发期每667 m^2释放松毛虫赤眼蜂2.5万头,每代放蜂3~4次。同时保护核多角体病毒和其他细菌性天敌。二是冬季清园时,清除枯枝落叶、杂草,剪除带有越冬幼虫和蛹的枝叶。三是生长季节巡视果园随时摘除卵块和蛹,捕捉幼虫和成虫。四是成虫盛发期在柑橘园中安装黑光灯或频振式杀虫灯诱杀,每1 hm^2安40W黑光灯3只;也可用2份糖、1份黄酒、1份醋和4份水配制成糖醋液诱杀。四是幼果期和9月份前后幼虫盛发期可用药物防治,药剂可选择2.5%三氟氯氰菊酯(功夫)乳油或20%氰戊菊酯(中西杀灭菊酯)乳油1 500~2 000倍液,1.8%阿维菌素乳油2 500~3 000倍液,25%除虫脲可湿性粉剂1 500~2 000倍液,90%晶体敌百虫800~1 000倍液,2.5%溴氰菊酯乳油

1 500~2 000 倍液等。

此外,还有褐带长卷叶蛾等,此略。

(十五)吸果夜蛾

1. 分布和为害症状 吸果夜蛾在我国柑橘产区均有发生,为害重的主要是嘴壶叶蛾(*Oraesia emarginata* Fabricius)属夜蛾科。为害柑橘、桃和枇果等。成虫吸食果实汁液,受害果表面有针刺状小孔,刚吸食后的小孔有汁液流出,约 2 d 后果皮刺孔处海绵层出现直径 1 cm 的淡红色圆圈,以后果实腐烂脱落。

2. 形态特征 成虫体长 35~42 mm,翅展约 100 mm。卵,近球形,直径约 1 mm,乳白色。幼虫老熟时长 60~70 mm,紫红色或褐色。蛹,长约 30 mm,为赤色。

3. 生活习性 该虫 1 年发生 2~3 代,以成虫越冬。田间 3~11 月份可见成虫,以秋季最多。晚间交尾,卵产于通草等幼虫寄主上。

4. 防治方法 一是连片种植,避免早、中、晚熟品种混栽。二是夜间人工捕捉成虫。三是去除寄主木防己和汉防己植物。四是灯光诱杀。可安装黑光灯、高压汞灯或频振式杀虫灯。五是拒避,每树用 5~10 张吸水纸,每张滴香茅油 1 ml,傍晚时挂于树冠周围;或用塑料薄膜包萘丸,上刺数个小孔,每株挂 4~5 粒。六是果实套袋。七是利用赤眼蜂天敌。八是药剂防治,可选用 2.5% 三氟氯氰菊酯(功夫)乳油 2 000~3 000 倍液等。

(十六)恶性叶甲

1. 分布与为害症状 恶性叶甲(*Clitea metallica* chen)又名柑橘恶性叶甲、黑叶跳虫、黑蛋虫等。国内柑橘产区均有分布。寄主仅限柑橘类。以幼虫和成虫为害嫩叶、嫩茎、花和幼果。

2. 形态特征 成虫,体长椭圆形,雌虫,体长 3.0~3.8 mm,体宽 1.7~2 mm,雄虫略小。头、胸及鞘翅为蓝黑色,有光泽。卵,长椭圆形,长约 0.6 mm,初为白色,后变为黄白色,近孵化时为深褐色。幼虫共 3 龄,末龄体长 6 mm 左右。蛹,椭圆形,长约 2.7 mm,初为黄色,后变为橙黄色。

3. 生活习性 浙江、四川、重庆和贵州等地 1 年发生 3 代,福建发生 4 代,广东发生 6~7 代。以成虫在腐朽的枝干中或卷叶内越冬。各代幼虫发生期 4 月下旬至 5 月中旬,7 月下旬至 8 月上旬和 9 月中下旬,以第一代幼虫为害春梢最严重。成虫散居。活动性不强。非过度惊扰不跳跃,有假死习性。卵多产于嫩叶背面或叶面的叶缘及叶尖处。绝大多数 2 粒并列。幼虫喜群居,孵化前后在叶背取食叶肉,留有表皮,长大一些后则连表皮食去,被害叶呈不规则缺刻和孔洞。树洞较多的果园,为害较重。高温是抑制该虫的重要因子。

4. 防治方法 一是消除有利其越冬、化蛹的场所。用松碱合剂,春季发芽前用 10 倍液,秋季用 18~20 倍液杀灭地衣和苔藓;清除枯枝、枯叶、霉桩,树洞用石灰或水泥堵塞。二是诱杀虫蛹。老熟成虫开始下树化蛹时用带有泥土的稻根放置在树杈处,或在树干上捆扎涂有泥土的稻草,诱集化蛹,在成虫羽化前取下烧毁。三是初孵幼虫盛期药剂防治,选用2.5%溴氰菊酯乳油、20%氰戊菊酯乳油1 500~2 000倍液,90%晶体敌百虫800~1 000倍液等。

此外,还有柑橘潜叶甲,此略。

(十七)花蕾蛆

1. 分布和为害症状 花蕾蛆(*Contarinia citri* Barnes),又名橘蕾瘿蝇,属瘿蚊科。我国柑橘产区均有发生。仅为害柑橘。成虫在花蕾直径2~3 mm时,将卵从其顶端产入花蕾中,幼虫孵出后食害花器,使其成为黄白色不能开放的灯笼花。

2. 形态特征 雌成虫长1.5~1.8 mm,翅展2.4 mm,暗黄褐色,雄虫略小。卵,长椭圆形,无色透明。幼虫长纺锤形,橙黄色,老熟时长约3 mm。蛹,纺锤形,黄褐色,长约1.6 mm。

3. 生活习性 1年发生1代,个别发生2代,以幼虫在土壤中越冬。柑橘现蕾时,成虫羽化出土。成虫白天潜伏,晚间活动,将卵产在子房周围。幼虫食害后使花瓣变厚,花丝花药成黑色。幼虫在花蕾中约10 d,即弹入土壤中越夏越冬。潮湿低洼、荫蔽的柑橘园、沙土及砂壤土有利其发生。

4. 防治方法 一是幼虫入土前,摘除受害花蕾,煮沸或深埋。二是成虫出土时进行地面喷药,即当花蕾直径2~3 mm时,用50%辛硫磷乳油1 000~1 200倍液、20%氰戊菊酯(中西杀灭菊酯)乳油或2.5%溴氰菊酯乳油1 500~2 000倍液喷施地面,每7~10 d 1次,连喷2次。三是成虫已开始上树飞行,但尚未大量产卵前,用药喷树冠1~2次,药剂可选:80%敌敌畏乳油1 000倍液和90%晶体敌百虫800倍的混合液或40%乐斯本乳油1 500倍液。四是成虫出土前进行地膜覆盖。

(十八)橘 蚜

1. 分布和为害症状 橘蚜(*Toxopera citicidus* Kirkaldy)属蚜科,在我国柑橘产区均有发生。为害柑橘、桃、梨和柿等果树。橘蚜常群集在柑橘的嫩梢和嫩叶上吸食汁液,引起叶片皱缩卷曲、硬脆,严重时嫩梢枯萎,幼果脱落。橘蚜分泌物大量蜜露可诱发煤烟病和招引蚂蚁上树,影响天敌活动,降低光合作用。橘蚜也是柑橘衰退病的传播媒介。

2. 形态特征 无翅胎生蚜,体长1.3 mm,漆黑色,复眼红褐色,有触角6节,灰褐色。有翅胎生雌蚜与无翅型相似,有翅2对,白色透明。无翅雄蚜与雌蚜相似,全体深褐色,后足特别膨大。有翅雄蚜与雌蚜相似,惟触角第三节上有感觉圈45个。卵,椭圆形,长0.6 mm,初为淡黄色,渐变为黄褐色,最后呈漆黑色,有光泽。若虫体黑色,复眼红黑色。

3. 生活习性 橘蚜1年发生10~20代,在北亚热带的浙江黄岩主要以卵越冬,在福建和广东以成虫越冬。越冬卵3月下旬至4月上旬孵化为无翅若蚜后,即上嫩梢为害。若虫经4龄成熟后即开始生幼蚜,继续繁殖。繁殖的最适温度为24℃~27℃,气温过高或过低,雨水过多均影响其繁殖。春末夏初和秋季干旱时为害最重。有翅蚜有迁移性。秋末冬初便产生有性蚜交配产卵,越冬。

4. 防治方法 一是保护天敌,如七星瓢虫、异色瓢虫、草蛉、食蚜蝇和蚜茧蜂等,并创造其良好生存环境。二是剪除虫枝或抹除抽发不整齐的嫩梢,以减少橘蚜食料。三是加强观察,当春、夏、秋梢嫩梢期有蚜率达25%时喷药防治,药剂可选择:50%抗蚜威2 000倍液、20%氰戊菊酯(中西杀灭菊酯)乳油或20%甲氰菊酯(灭扫利)乳油1 500~2 000倍液,或10%吡虫啉(蚜虱净)可湿性粉剂1 500倍液,或乐果800~1 000倍液。注意每年最多使用次数和安全间隔期。如乐果每年最多使用3次,安全间隔期14 d。

此外,还有橘二叉蚜等,此略。

(十九)柑橘木虱

1. 分布和为害症状 柑橘木虱(*Diaphorina citri* Kuway)是黄龙病的传病媒介昆虫,是柑橘各次新梢的重要害虫。成虫在嫩芽上吸取汁液和产卵,若虫群集在幼芽和嫩叶上为害,致使新梢弯曲,嫩叶变形。若虫的分泌物会诱发煤烟病。我国广东、广西、福建、海南、台湾等省、自治区均有,浙江、江西、湖南、云南、贵州、四川、重庆等省、直辖市部分柑橘产区有分布。

2. 形态特征 成虫,体长约3 mm,体灰青色且有灰褐色斑纹,被有白粉。头顶凸出如剪刀状,复眼暗红色,单眼3个,橘红色。触角10节,末端2节黑色。前翅半透明,边缘有不规则黑褐色斑纹或斑点散布,后翅无色透明。足腿节粗壮,跗节2节,具2爪。腹部背面灰黑色,腹面浅绿色。雌虫孕卵期腹部橘红色,腹末端尖。卵,如杧果形,橘黄色,上尖下钝圆,有卵柄,长0.3 mm。若虫刚孵化时体扁平,黄白色,5龄若虫土黄色或带灰绿色,体长1.59 mm。

3. 发生规律 1年中的代数与新梢抽发次数有关,每代历时长短与气温相关。周年有嫩梢的条件下,1年可发生11~14代,田间世代重叠。成虫产卵在露芽后的芽叶缝隙处,没有嫩芽不产卵,初孵的若虫吸取嫩芽汁液并在其上发育生长,直至5龄。成虫停息时尾部翘起,与停息面呈45°角。8℃以下时,成虫静止不动,14℃时可飞能跳,18℃时开始产卵繁殖。木虱多分布在衰弱树上。一年中,秋梢受害最重,其次是夏梢,5月份的早夏梢被害后会暴发黄龙病。晚秋梢,木虱会再次发生为害高峰。

4. 防治方法 一是做好冬季清园,通过喷药杀灭,可减少春季的虫口。二是加强栽培管理,尤其是肥水管理,使树势旺,抽梢整齐,以利统一喷药防治木虱。三是药剂防治可选用40%乐果800倍液,20%氰戊菊酯乳油1 500~2 000倍液等。

（二十）大实蝇

1. 分布和为害症状 大实蝇（*Dacus Tetradacusc citri* Chen）其幼虫又名柑蛆，属实蝇科。受害果叫蛆柑。我国四川、湖北、贵州、云南等柑橘产区有少量或零星为害。成虫产卵于幼果内。幼虫蛀食果肉，使果实出现未熟先黄，黄中带红现象，最后腐烂脱落。

2. 形态特征 大实蝇成虫体长12～13 mm，翅展20～24 mm。身体褐黄色，中胸前面有"人"字形深茶褐色纹。卵，为乳白色，长椭圆形，中部微弯，长1.4～1.5 mm。蛹，黄褐色，长9～10 mm。

3. 生活习性 1年发生1代，蛹在土中越冬。4月下旬出现成虫，5月上旬为盛期，6月至7月中旬进入果园产卵，6月中旬为盛期，7～9月份孵化为幼虫，蛀果为害。受害果9月下旬至10月下旬脱落，幼虫随落果至地，后脱果入土中化蛹。成虫多在晴天中午出土。成虫产卵在果实脐部，产卵处有小刺孔，果皮由绿色变黄色。阴山湿润的果园和蜜源多的果园受害重。

4. 防治方法 一是严格实行检疫，禁止从疫区引进果实和带土苗木等。二是摘除受害幼果，并煮沸深埋，以杀死幼虫。三是冬季深翻土壤，杀灭蛹和幼虫。四是幼虫脱果时或成虫出土时，用45％辛硫磷乳油1 000倍液喷施地面，杀死成虫，每7～10 d 1次，连续2次。成虫入园产卵时，用2.5％溴氰菊酯或20％氰戊菊酯乳油1 500～2 000倍液加3％红糖液，喷施1/3植株树冠，每7～10 d 1次，连续2～3次。五是辐射处理。在室内饲养大实蝇，用γ射线处理雄蛹，将羽化的雄成虫释放到田间与野外的雌成虫交配受精并产卵，但卵不会孵化，以达防治之目的。墨西哥在20世纪70年代即用此项技术防治果实蝇效果显著。

（二十一）小实蝇

1. 分布和为害症状 小实蝇（*Dacus strumeta dorsalis* hend）为国内外检疫性虫害，在广东、广西、福建、湖南和台湾等柑橘产区有为害。该害虫寄主较为复杂，除为害柑橘外，还为害桃、李、枇杷等。成虫产卵于寄主果实内，幼虫孵化后即在果肉中为害果肉。

2. 形态特征 成虫体长6～8 mm，翅展16 mm，全体深黑色或黄色相间。卵梭形，一端稍尖、微弯，长约1 mm，宽约0.1 mm，乳白色。幼虫1、2、3龄体长分别为1.2～1.3 mm、2.5～5.8 mm、7～11 mm，体色分为半透明、乳白色。蛹，椭圆形，长约5 mm、宽0.5 mm，淡黄色。

3. 生活习性 1年发生3～5代，无严格越冬现象，发生极不整齐。广东柑橘产区7～8月份发生较多，其习性与大实蝇相似。

4. 防治方法 一是严格检疫制度，严防传入。严禁从有该虫地区调进苗木、接穗和果实。二是药剂防治，在做好虫情调查的前提下，成虫产卵前期喷布90％晶体敌百虫800倍液或20%氰戊菊酯乳油1 500～2 000倍液,或20%甲氰菊酯乳油1 500～2 000倍液与3%红糖水混合液,诱杀成虫,每次喷1/3的树,每树喷1/3的树冠,每4～5 d 1次,连续3～4次,遇大雨重喷,喷后2～3 h成虫即大量死亡。三是人工防治,在虫害果出现期,组织联防,发动果农摘除虫害果,深埋、烧毁或水煮。

(二十二) 黑 蚱 蝉

1. 分布及为害症状　黑蚱蝉(*Cryptotympana atrata*)又名知了、蚱蝉,属同翅目、蝉科。我国重庆、湖北和三峡库区等不少柑橘产区均有危害。黑蚱蝉食性很杂,除为害柑橘外还为害柳和楝树等植物,其成虫的采卵器将枝条组织锯成锯齿状的卵巢,产卵其中,枝条因被破坏使水分和养分输送受阻而枯死。被产卵的枝梢多为有果枝或结果母枝,故其为害不仅对当年产量,而且对翌年产量都会有影响。

2. 形态特征　雄成虫体长44～48 mm,雌成虫体长38～44 mm,黑色或黑褐色,有光泽,被金色细毛,复眼突出,淡黄褐色,触角刚毛状,中胸发达,背面宽大,中央高并具"X"形突起。雄虫腹部1～2节有鸣器,能鸣叫,翅透明,基部1/3为黑色,前足腿节发达,有刺。雌虫无鸣器,有发达的产卵器和听觉器官。卵,细长,乳白色,有光泽,长2.5 mm。末龄若虫体长35 mm,黄褐色。

3. 生活习性　黑蚱蝉12～13年才完成1代,以卵在枝内或以若虫在土中越冬。一般气温达22℃以上,进入梅雨期后,成虫大量羽化出土,6～9月份,尤以7～8月份为甚。晴天中午或闷热天气成虫活动最盛。成虫寿命60～70 d,7～8月份交配产卵,卵多产在树冠外围1～2年生枝上,1条枝上通常有卵穴10余个,每穴有卵8～9粒。每只雌成虫可产卵500～600粒,卵期约10个月。若虫孵出后即掉入土中吸食植物根部汁液,秋凉后即深入土中,春暖后再上移为害。若虫在土中生活,10多年,共蜕皮5次。老熟若虫在6～8月份的每日傍晚20～21时出土爬上树干或大枝,用爪和前足的刺固着在树皮上,经数小时蜕皮变为成虫。

4. 防治方法　一是在若虫出土期,每日傍晚20～21时,在树干、枝上人工捕捉若虫。二是冬季翻土时杀灭部分若虫。三是结合夏季修剪,剪除被为害、产卵的枝梢,集中烧毁。四是成虫出现后用网或黏胶捕杀,或夜间在地上举火后再摇树,成虫即会趋光扑火。

(二十三) 蜗　牛

1. 分布和危害症状　蜗牛(*Helix graminus*)又名螺蛳、狗螺螺等,属软体动物门、腹足纲、有肺目、大蜗牛科。我国大部分柑橘产区均有分布,其食性很杂,能为害柑橘干、枝的树皮和果实。枝的皮层被咬食后使枝条干枯,果实的果皮和果肉遭其食害后,引起果实腐烂脱落,直接影响果实产量和品质。

2. 形态特征　成体体长约35 mm,体软,黄褐色,头上有2个触角,体背有1个黄褐色硬质螺壳。卵,白色,球形,较光亮,孵化前土黄色。幼体较小,螺壳淡黄色,形体和成体相似。

3. 生活规律 1年发生1代,以成体或幼体在浅土层或落叶下越冬,壳口有一白膜封住。3月中旬开始活动,晴天白天潜伏,晚上活动,阴雨天则整天活动,刮食枝、叶、干和果实的表皮层和果肉,并在爬行后的叶片和果实表面留下一层光滑黏膜。5月份成体在根部附近疏松的湿土中产卵,卵表面有黏膜,许多卵产在一起,开始是群集为害,后则分散取食。低洼潮湿的地区和季节发生多、为害重。干旱时则潜伏在土中,11月份入土越冬。

4. 防治方法 一是人工捕捉,发现蜗牛为害时立即不分大小一律捕杀。养鸡鸭啄食。二是在蜗牛产卵盛期中耕松土进行曝卵,可以消灭大批卵粒。为害盛期在果园堆放青草或鲜枝叶,可诱集蜗牛进行捕杀。三是早晨或傍晚,用石灰撒在树冠下的地面上或全园普遍撒石灰1次,每667 m² 20~30 kg,连续2次可将蜗牛全部杀死。

柑橘病虫害的防治,是一个复杂的过程,在进入21世纪环保的今天,既要防治病虫为害,又要注重环境的有效保护。因此,各柑橘产区,应大力提倡"环保型植物保护"的理念,抓住柑橘产区病虫害的优势种群,采用一些基础性的农药品种和防治手段,做好病虫害的有效防治十分必要。

第四节 柑橘园杂草及其处理

柑橘栽培既要防治草害,又要留草、生草栽培。草害是指对柑橘生长有危害,特别是恶性危害的杂草,必须防止、根除。留草是指柑橘园中自然生长的杂草中,对柑橘果树无甚危害或危害不大,且可用作绿肥(或饲料)等的杂草,通过优势种群的培植,用作园中留草。生草(栽培)是人工播种适合柑橘果园种植的草种,经栽培管理覆盖园地,定期刈割用作绿肥或饲料。

一、柑橘园的杂草

柑橘园杂草少则几十种,多则百余种。既有单子叶杂草,又有双子叶杂草,既有一年生杂草,又有多年生杂草,主要的杂草有:白茅(又名茅针、茅草、甜根草等)、铺地黍(又名硬骨草、龙骨草)、狗牙根(又名绊根草、铁线草)、升马唐、牛筋草(又名蟋蟀草)、绿狗尾草(又名狗尾草、青狗尾草等)、无芒稗(又名光头稗)、碎米落草(又名竹节菜、竹叶菜、碧蝉蛇、竹草等)、铜锤草(又名红花酢浆草)、酢浆草(又名黄花酢浆草、老鸭嘴、满天星、酸味草、斑鸠酸等)、空心莲子草(又名莲子草、虾钳草、节节花、白花仔等)、扛板归(又名犁头刺、蛇倒退、贯叶蓼)、胜红蓟(又名藿香蓟、臭垆草、咸虾花、白花草、白花臭草)、艾蒿、鬼灯笼(又名灯笼草、苦灯笼)、大叶丰花草(又名耳草、日本草、飞机草)、簕仔树(又名合金欢树)、簕草(又名拉拉藤、野丝瓜藤)、芦苇、铁芒萁和悬钩子等。

上述杂草中属恶性杂草的有多年生的芦苇、铁芒萁、悬钩子、白茅、铺地黍、狗牙根、艾蒿、鸭跖草、铜锤草、酢浆草、香附；也有一年生的绿狗尾草、无芒稗、碎米莎草、空心莲子草、扛板归、葎草等；也有鬼灯笼、簕仔树等恶性灌木、小乔木危害柑橘果树，对恶性的杂草、灌木、小乔木，可用人工铲除和用不同的除草剂杀灭。

非恶性杂草升马唐、马唐、毛马唐、二型马唐、纤维马唐、止血马唐、长花马唐、牛筋草、胜红蓟、鸡眼草、野豌豆、早熟禾、大叶丰花草、紫苏、蒲公英、黑麦草等既可作绿肥，增加土壤有机质，改良土壤，又可作为饲料，有的可覆盖土壤，对水土保持有良好的作用。夏季良好杂草覆盖率，可降低柑橘园温度，提高湿度，还能对锈壁虱等害虫起抑制作用。可有意识的留种和培养，使其成为柑橘园的优势种群，留种种植或生草种植。

二、柑橘园留草良种的播种

草种从春季至秋季均可播种。且以春季 3~4 月份和秋季 9 月份进行播种，尤以 3~4 月份播种最适。春播的草种可在其他杂草未开始生长之前，形成优势种，可减少除草用工和减轻劳动强度。播种方法有直播和条播。早春雨水较多的南方柑橘产区，应在杂草未发芽前抢先播种，如藿香蓟，可在秋季花朵发黑、发黄时采种，在春季 3~4 月份草种与少量细沙、草木灰一起撒于柑橘园的土壤表面、发芽后，每 667 m² 用 10 kg 左右尿素全园撒施，促其生长。5~6 月份即可形成藿香蓟的优势种群，既对其他杂草生长起抑制作用，又可作红蜘蛛等害虫天敌的寄主，有利控制红蜘蛛为害。

三、柑橘园留草种植后对其他杂草的处理

柑橘园留草，只要大多数的 1 年生杂草或播种的良种形成的优势种群，通常 1 年中不进行全园除草。确属需要，如冬季清园，也分期分块进行：如梯地留草种植的，先进行梯面除草，1 个月后再对梯壁除草，以防生态条件剧变，导致柑橘园病虫害的暴发。

四、柑橘园慎用化学除草剂

柑橘果园，应根据病虫草无公害防治的要求，选用允许使用的除草剂，且人工除草与化学除草交替进行，以防土壤板结恶化。使用时要考虑环境条件，如温度、湿度、光照等对药效的影响，严防柑橘植株枝叶和果园间作物发生病害；注意除草剂的残留，防止柑橘树慢性中毒，不连年使用某种除草剂；防止人、畜中毒和环境受污染。

第七章 柑橘灾害防止及救扶技术

冻害、热害、风害、旱害、涝害等自然灾害和空气、土壤、水分污染等的公害严重影响柑橘果树生长发育、产量和品质。因此,针对各种灾害的发生和危害,采取避灾、防灾和救灾,直接关系到柑橘生产效益高低,甚至成败。

第一节 柑橘冻害及其防止

柑橘是热带、亚热带的常绿果树,对冬季低温较落叶果树的苹果、梨、桃更敏感。柑橘果树的冻害,从古至今、从外国至国内常有发生,特别是全球气候变冷的时期,柑橘冻害更是频频发生。

我国 1949 年至今,柑橘冻害经常发生,其中灾情严重的有 1954—1955 年、1969 年、1976—1977 年、1991 年、1999 年和 2008 年 6 次,特别是 2008 年的 50 年难遇的持续低温、雨雪、冰冻灾害,造成直接经济损失 1 516.5 亿元,农作物受灾面积 1 446.7 万 hm^2,绝收面积 205.1 万 hm^2,柑橘受灾面积居种植业的第三位。使我国大部分柑橘产区受灾,主产柑橘的广西、浙江、江西、湖南和湖北等地受灾面积大,四川、福建、广东、重庆和贵州也不同程度的受灾。广西热量条件一直较好,但这次冰雪灾害中受灾严重。据广西壮族自治区水果生产技术指导总站调查,2008 年 1 月 12 日至 2 月 18 日柑橘产区连续遭受低温和雨雪冰冻天气袭击。这次灾害的特点是影响范围广、强度大、持续时间长。广西柳州市以北产区,晚熟品种果实直接受冻,树体也受不同程度的冻害,部分柑橘园遭受毁灭性的破坏。据统计柳州以北的柳州、河池、桂林和贺州等市的柑橘面积共 15.33 万 hm^2。按 1 级冻害减产 10% 以下,2 级冻害减产 10%~30%,3 级冻害减产 30%~80%,4 级冻害减产 80% 以上计算,2008 年全区柑橘减产 30 万 t,减收 4.8 亿元,将有 1.2 万 hm^2 柑橘需要重新定植,灾后恢复生产需要投入资金 10 亿~12 亿元。

柑橘冻害分级标准为 5 级,见表 7-1。

表 7-1 柑橘冻害标准

级别	树势	叶片	1 年生枝	主干
0	基本无损害	叶片正常,未因冻害脱落	无冻伤	无冻害
1	稍有影响	25%~50%叶片因冻害脱落	个别晚秋梢微有冻斑外,其余均未冻害	无冻害

续表 7-1

级别	树势	叶片	1 年生枝	主干
2	有一定影响	50%～75%叶片因冻害脱落	少数秋梢微有冻害	无冻害
3	较严重影响	75%以上叶片枯死、脱落或缩存	秋梢冻枯长度大于枝长,夏梢稍有影响	无冻害
4	严重影响,树有死亡可能	全部冻伤枯死	秋梢、夏梢均死亡	部分受冻害,腋芽冻死
5	死亡	全部枯死	全部冻死	地上部全部冻死

冰冻灾害给柑橘生产敲响了警钟,即使在目前全球气候变暖的情况下,柑橘生产不能忘记避冻防冻,特别是热量条件相对较好的柑橘产区,也要有柑橘防冻的意识和准备。

一、柑橘冻害成因

柑橘冻害的因素很多,国内外气象、园艺果树的专家、学者有过不少报道,加以归纳可分为两大类,即植物学因素和气象学因素。

(一)植物学因素

柑橘冻害的植物学因素包括柑橘的种类、品种、品系、砧木的耐寒性、树龄大小、肥水管理水平、植株长势、晚秋梢停止生长的迟早、结果量的多少及采果早晚、有无病虫害及危害程度、晚秋至初冬喷施药剂的种类和次数等,均与冻害息息相关。

(二)气象学因素

柑橘冻害的气象学因素最主要的是低温的强度,低温持续的时间;其次是土壤和空气的干湿程度,低温前后的天气状况,低温出现时的风速、风向,光照强度,以及地形、地势等(图7-1)。

二、柑橘冻害预警

我国生产柑橘的主要省、自治区、直辖市,地理位置处于南北气流交汇地带,自然灾害频频发生。为减少柑橘冻害,克服全球气候变暖冻害减少的麻痹思想,防患于未然,建立冻害等自然灾害的预警机制十分必要。预警机制的重点应包括3个方面。

(一)强化对冻害天气的预测预报

目前我国对短期的天气预报较准,但超过7 d以上的长期预报难度较大,尤其是罕见的特大冻害天气的预报更有难度。面对全球生态环境变劣,自然灾害呈上升趋势的现实,要加强对气象灾害(冻害)的综合监测能力,开发和建立数值预报模式,进一步提高预报预测水平,包括灾害性天气发生的时间、强度及持续时间等。

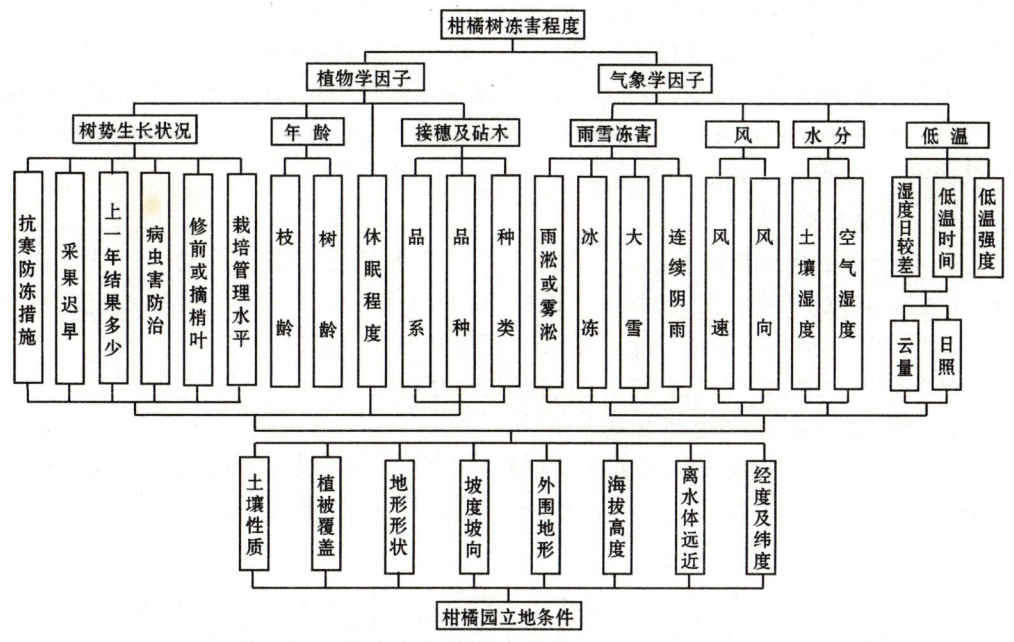

图 7-1　柑橘冻害因子图解　（黄寿波）

(二)柑橘布局优化

坚持在生态最适宜区、适宜区发展柑橘生产，谨慎在次适宜区有条件地发展，不在不适宜区发展。根据国家农业部编制的《中国柑橘优势区域布局规划(2008—2015年)》，重点发展的"四带一基地"，即长江中、上游柑橘带、浙南—闽西—粤东柑橘带、赣南—湘南—桂北柑橘带和鄂西—湘西柑橘带，特色柑橘基地包括岭南晚熟宽皮柑橘、江西南丰蜜柑、云南特早熟柑橘、丹江库区柑橘及四川、云南柠檬基地，以减轻、减少柑橘冻害的危害。

(三)建立柑橘防冻的长效机制

我国是世界柑橘生产大国，但不是强国，柑橘的自然灾害也较多，栽培设施和技术也较落后，对冻害等自然灾害防御能力很弱，加之，近10多年来，随全球气候变暖，放松了对柑橘冻害的警惕。回顾历史上大冻对柑橘产业造成的巨大损失和几乎1~2年都有局部冻害的现实，要克服麻痹轻冻思想，建立柑橘防冻的长效机制，柑橘的重点产区要有预案和应急对策。广大橘农要增强柑橘防冻的意识，关注天气预报，重视防冻管理，提高栽培水平，确保有冻柑橘产区柑橘的安全越冬。

三、柑橘避冻、防冻和冻后救扶

(一)避冻栽培

我国柑橘适栽区域广，南、中、北亚热带和边缘热带气候区均可种植。因此，从宏观的角度考虑，柑橘应尽可能在无冻的区域发展种植，即在柑橘的最适宜生态区、适宜生态区种植。次适宜区种植,必须是次适宜区中具有适种柑橘的小气候之地。不在不适宜区(可能种植区)种植。20世纪80—90年代,北亚热带和北缘地带的省、直辖市制定了柑橘的避冻区划,可作参照。从微观的角度考虑,热量条件不丰富的地域种植柑橘的园地(基地)选择,要尽可能实行避冻栽培,预先采取冻害防止的措施。种植柑橘要以避冻为主,预防为主。

(二)防冻措施

1. 选择耐寒品种和耐寒砧木 宽皮柑橘中温州蜜柑、朱红橘、椪柑、本地早、早橘、乳橘等耐寒性强或较强;甜橙中先锋橙、锦橙、脐橙、哈姆林甜橙、路比血橙抗寒力较强,而夏橙、新会橙等较弱。金柑中金弹的耐寒力较罗浮强。

砧木耐寒性强,综合性状好的应选枳,其次是枳橙、红橘。

2. 加强栽培管理,提高树体抗寒力

(1)改善土壤 土壤是柑橘果树的根本。深厚、肥沃、疏松、微酸性的土壤能使柑橘植株根深叶茂,生长健壮,具有强的抗寒力;反之,瘠薄、黏重、酸性或碱性,根系生长受阻,树势衰退,抗寒力减弱。

为防柑橘冻害,改善土壤条件可采取全园深翻或扩穴改土培肥,加深和扩大耕作层,有条件的还可培土增厚土层。通过改土培肥,土壤条件改善后可达到:一是引根深入。二是改良土壤通透性,增强土壤肥力,提高土壤中潜在磷的吸收力。三是较好发挥冻前灌水的作用。

(2)合理排灌 柑橘果树喜湿润,怕干旱,但也忌土壤中水分过多。凡地下水位高于1～1.5 m的柑橘园,要注意及时排水,尤其是梅雨季节的及时排水,或用筑墩栽培,不然会影响根系深扎,生于近地表而受冻。适时灌溉也能提高柑橘树体的抗寒力。我国北亚热带和北缘柑橘产区常有冬季干旱,尤其是伏旱、秋旱,不仅严重影响柑橘生长和产量的提高,而且会引起植株冬季抗寒力的减弱。因此,伏、秋、冬干旱应及时灌水,以利植株正常生长;同时注意土壤深翻、多施有机肥和绿肥、旱情出现前树盘松土和覆盖、避免肥水促发晚秋梢而受冻、冻前灌水等措施,防止和减轻柑橘的冻害。

(3)科学施肥 科学施肥涉及到肥料种类、施肥量、施肥时期及施肥方法。国外用叶片和土壤营养分析指导施肥。美国佛罗里达州,把提高钾肥的使用量,即氮:钾为1:1,以增强树体的抗寒性。日本也提出施氮适量,特别是增施钾肥后可提高温州蜜柑的耐寒力。我国柑橘北缘产区,也有用增施钾肥来提高植株的抗寒力。我国柑橘果园,常有用有机肥作基肥的习惯,增施有机肥有助防止柑橘冻害。如湖北十堰方滩乡和平村5组,柑橘大树冬季大寒前每株树盘沟施大粪45 kg,堆渣滓土33.3 cm厚,辅以树干缠草,经6次−9℃低温均未受冻。各地防冻经验还表明:早施采果肥,不仅有利恢复树势,有利花芽分化,还有利树体安全越冬。夏橙防冻保果,通常在霜前20 d施1次防冻过冬肥,一般1株产果50 kg的成年树,施牛粪、杂草50 kg,枯饼2 kg,柑橘复合肥0.5 kg,扩穴施入与土充分拌和,粗肥放穴底,细肥放上层,施后用脚踏实,可有效防冻保果。冬季清园,松土的同时,每 667 m^2 柑橘园撒施草木灰 350～450 kg,且与表土混合,有较好的防冻作用。也有施采前肥和过冬肥增强树体抗寒力的做法:采果肥在采果前 15 d 左右,修剪疏枝后施入,以农家肥为主,配搭氮、磷、钾化肥,在树冠滴水线外缘挖深 50 cm、宽 40～50 cm 环形沟,每株成年树施堆厩肥 50～60 kg、尿素 5 kg、过磷酸钙 2 kg、硫酸钾 1 kg,混匀后施入,后浇稀薄人粪尿 25～30 kg,覆土严实后,并培土树根部,防冻效果明显。

秋季施肥应防止晚秋梢大量抽发而造成冻害,尤其是幼树,更应注意使枝梢在晚秋前停止生长,切忌为促树冠扩大而施氮肥过多。已抽生的晚秋梢,未老熟的可行摘除。施有机肥的方法宜深不宜浅,深施诱导根系深扎,增强植株的抗寒性。

(4)挂果适中　挂果量适中(度)既有利克服柑橘果树的大小年,又有利增强树体的抗寒性,生产中常因结果过多,使树势减弱,抗寒力下降;同样,结果过少,使枝梢旺长,不健壮和延后成熟而受冻。

达到适量挂果可采取:一是疏果,即稳果后按叶果比疏除一部分果,使结果适中。二是开花着果多的大年树,可疏花疏果,以利增强树势。预测有寒冻的年份,一般改冬剪为早春的 2 月修剪。

(5)适当密植　适当密植不仅可早结果、早受益,而且因较密、树冠与树冠间较密接,防止了热的散发,起到减轻柑橘园冻害的作用。我国柑橘有冻害的北缘产区,常采取带土移栽、大苗定植、矮化密植、甚至丛栽(即每穴 2～3 株)的方法,以防止柑橘植株,特别是幼树的冻害。在宫川温州蜜柑园调查:667 m^2 栽 150 株的比 667 m^2 栽 120 株的抗寒力强,前者仅上部秋梢冻死,树冠中、下部仍有不少平展的绿叶,120 株的则无平展绿叶;冻害最重的是 667 m^2 株 56 株,不但秋梢冻枯,而且大部分叶片卷缩枯黄。

(6)适时控梢　适时控制秋梢可避免抽生晚秋梢而受冻。常采取的措施:一是控肥。最后 1 次追肥在立秋前施入,且控制氮肥的用量,以免秋梢生长不充实。同时随时抹除晚秋梢。二是为促使秋梢老熟,常不施肥灌水,或施一定量的钾肥。三是于晚秋梢生长季(10 月上中旬)用生长延缓矮壮素(CCC)1 000～2 000 mg/kg 和氯化钙($CaCl_2$)1％～2％喷施,可促嫩梢停止生长。

(7)培土覆盖　柑橘冻害之地,特别是幼树,常用培土和覆盖树盘的方法防止柑橘植株冻害。培土高度 30～40 cm,其上覆盖稻草、干草、绿肥则更好。培土时间 12 月上中旬完成,在芽萌动前将土扒开。霜冻来临前树盘覆盖 15～20 cm 厚的稻草、杂草等,并在其上盖 5 cm 厚的土。培土和覆盖防冻作用明显。

(8)喷药防冻　用石硫合剂或松碱合剂喷雾,也可用机油乳剂与 80％敌敌畏、40％乐果乳油混合的 300 倍液喷雾,使农药均匀的附着在叶片上,既提高抗寒力,又兼治病虫害。

(9)病虫防治　做好防治危害柑橘叶片、枝、干的病虫害,如树脂病、炭疽病、脚腐病等病害及螨类、蚧类、天牛、吉丁虫等害虫,能使树体有足够健壮的叶片和枝干抗御寒冷。

3. 其他防冻措施

(1)树干包扎、涂白　树干包扎防寒,常用于幼树。一般在冻前用稻草等包扎树干,可起到良好的防冻作用。用塑料薄膜包扎树干,效果最好。用石灰水将树干涂白,对防止主干受冻有一定的作用,有的还在石灰水中加入适量黄泥和牛粪。也有用生石灰 5 kg、石硫合剂原液 0.5 kg、盐 0.5 kg、动物油 0.1 kg 及水 20 L 制成涂白剂,秋末冬初涂白树干。

(2)喷抑蒸保温剂　对树冠喷施抑蒸保温剂,使柑橘叶片上形成一层分子膜,可抑制叶片水分蒸发而减轻冻害。日本、美国有多种抑蒸保温剂生产,并用于防寒。据日本报道冻前喷布 0.5%～2% 的聚乙烯醇水溶液能防止柑橘冻后落叶,目前国内也开始使用。如使用上海市农业科学院自制的长风 3 号叶面保温剂均匀喷施柑橘植株表面后,使叶片气孔阻挡系数增大 90%～167%,抑制蒸腾 20%～50%,增加树体温度 0.3℃～3.6℃,提高叶片含水量 1%～4%,明显减少了柑橘植株的落叶和冻害。喷抑蒸保湿剂"六五〇一"和"OED"也均能抑制叶片水分蒸发,减少叶片细胞失水,保持正常的生理功能,达到减轻冻害的目的。

(3)喷沼气液　在冻前 11～12 月份,用沼气发酵后的液肥喷施 3 次,防寒效果显著。

(4)罩盖树冠　在寒潮来临之前,在树冠上罩盖一层聚丙烯纺织的布袋(也可用回收的化肥包装袋制成),开春后去除。与对照比植株叶色浓绿,叶绿素含量较对照高 20%,而且发芽、开花比对照提前 5 d 左右。

(5)熏烟防冻　当柑橘园气温降至 −5℃ 前,每 667 m² 设 3～4 个烟堆,点火熏烟雾,有一定的防冻效果。

(6)高砧嫁接　即利用抗寒性强的砧木,在其干高 30 cm 以上部位嫁接,使抗寒性较差的接穗品种躲过地面低温层而免受冻害。

(7)燃烧加温　国外,如美国,采用在低温来临前燃油加温的方法防止柑橘冻害。

(8)鼓风防冻　美国、西班牙等国,凡冬季柑橘有冻的区域,均装有大马力的鼓风机,在寒潮来临之时,开动鼓风机,防止过境冷空气下沉而防止柑橘植株受冻。

(三)冻后救扶

柑橘植株冻后恢复得快慢,常与冻害的程度以及冻后采取的救扶措施有关,一般采取以下救扶措施。

1. 及时摇落树冠积雪　如遇柑橘树冠积雪受压,应及时摇落积雪,以免压断(裂)树枝;扒离树盘残留冰雪,减轻冰雪融解对根,特别是细根、须根的冻害。对已撕裂的枝桠,及时绑固。方法是将撕裂的枝桠扶回原位,使裂口部位的皮层紧密吻合,在裂口上均匀涂上接蜡,用薄膜包扎,再用细棕绳捆绑,并设立支柱固定或用绳索吊枝固定,松绑应在愈合牢固后进行。

2. 轻冻树保花保果　花果量少,树势较强的可用 GA 加营养液保果,在花期和谢花后的幼果期喷施 40 mg/kg 浓度的 GA 加 0.3%尿素、0.2%磷酸二氢钾、硼砂、硫酸钾营养液保花保果。

3. 合理修剪 受冻树修剪宜轻、采取抹芽为主的方法。不同受冻程度的树,方法有异。对受冻轻树冠较大的树,除剪去枯枝外,还应剪去荫蔽的内膛枝、细弱枝、密生枝等;对受冻重枝干枯死的树,修剪宜推迟,待春芽抽生后剪去枯死部分,保留成活部分。对重剪树的新梢应作适当的控制和培养,但要防止徒长,以免寒前枝叶仍不充实,再次引起冻害。对受冻的小树,在修剪时尽量保留成活枝叶,属非剪不可的也宜待春梢长成后再剪除。

枝干受冻不易识别,剪(锯)过早会发生误剪;剪(锯)过迟会使树体浪费水分。故应适时剪(锯)。剪(锯)后较大的伤口,应涂刷保护剂,以减少水分蒸发。

4. 枝干涂白防晒 受冻的植株,尤其是 3、4 级冻害的枝、干夏季应涂白,以防止严重日灼造成树枝、干裂皮。

5. 施肥促恢复 冻后树体功能显著减弱,肥料要勤施薄施。受 1、2 级冻害的植株当年发的春梢叶小而薄,宜在新叶展开后,用 0.3%~0.5%尿素液喷施 1~2 次。3、4 级冻害的植株发芽较迟,生长停止也较晚,应在 7 月份以前看树施肥。幼树发芽较早,及时施肥。

6. 冻后灌水 冻后,特别是干冻后,根与树体更需水,应及时灌水还阳;也有用喷水减轻冻害的,即用清水或 3%~5%过磷酸钙浸出液喷施叶片,可减轻冻害。

7. 松土保温 解冻后立即对树盘松土,使其保住地热,提高土温。据报道,每 cm^2 地表每 h 可释放 25.14 J 热,冬季土温高于气温,松土能保持土壤热量。

8. 防治病虫 萌芽前喷药清园,喷 45%结晶石硫合剂 200 倍液。冻后最易发生树脂病,应注意防治。通常可在 5~6 月份和 9~10 月份用浓碱水(碱与水的比例为 1∶4)涂洗 2~3 次,涂前刮除病皮。同时注意螨类为害的防治,以利枝叶正常生长而尽快恢复树势。

第二节 柑橘热害及其防止

柑橘是热带、亚热带的常绿果树(枳例外),性喜温暖湿润,但也怕热。在柑橘花期至稳果期间,若出现 30℃ 及其以上气温的异常天气,则会影响正常的开花结果,且时间越早,高温的危害越大。柑橘在开花至稳果期间,因出现异常高温天气,导致异常落花落果,造成产量损失,称为柑橘的热害。

一、柑橘热害异常落果成因

(一)品种品系与异常落果

在正常高温天气,不同品种、品系,异常落果有异。同为 9 年生的宫川温州蜜柑、尾张温州蜜柑、南丰蜜橘、椪柑和樟头红,落果率分别为 0%、0.8%、4.1%、4.8%和

5.3%,可见无核品种比有核品种落果严重,早熟温州蜜柑比中晚熟温州蜜柑落果严重。

(二)树龄树势与异常落果

在异常高温天气,对尾张温州蜜柑 6、7、8 年生植株落果率调查,分别为 0%、0.8%和 1.1%,表明树龄越小,落果越重。同时,对 9 年生树调查,发现凡树势强旺、春梢猛发。或树势衰弱、花量大的落果较重,不发或少发春梢的落果更为严重。而树势中庸、春梢抽发中等的落果较轻。

(三)果枝类型与异常落果

在正常情况下,有叶果枝,特别是有叶长果枝着果率较高,而无叶枝着果率较低。但在异常高温天气下,无叶退化枝着果较多(占总果数的 91%),有叶短果枝着果较少(占 9%),而有叶长果枝全部果实脱落。

(四)着果部位与异常落果

在异常高温天气,树冠上部、外部落果严重,几乎全部脱落;而下部和内膛着果较多。

(五)施肥喷激素与异常落果

凡冬季施基肥延至 12 月底,春肥过重,导致春梢大量发生,加剧梢果矛盾而加重落果。凡花期高温天气来临时,未采取保花保果措施,加剧异常落果。

(六)冬季落叶与异常落果

凡冬季落叶严重,而导致树势衰退,影响花芽分化和花质,异常落花落果严重。

(七)及时灌水与异常落果

凡高温干旱能及时灌水的着果率较高。5 月高温期间对 3 株尾张温州蜜柑分别灌 40 kg、80 kg、120 kg 猪尿水,结果灌 120 kg 的着果率最高,株产 40 kg;灌 80 kg 的居中,株产 30 kg;灌 40 kg 的株产 10 kg,而相邻未灌的几乎无收。

(八)柑橘产地与异常落果

我国柑橘热害导致异常落果,以长江中下游柑橘产区最甚,且以春夏之交的 5 月初发生次数最多。

二、柑橘热害预警

我国柑橘常遇高温热害。在柑橘开花至稳果期间(一般 4 月至 6 月中旬),短期内(1~2 d)出现 35℃～37℃或以上异常高温天气,可造成温州蜜柑、脐橙等无核或少核品种严重落花落果,导致减产,甚至无收。高温热害在我国柑橘产区常有发生。尤其是长江中下游柑橘产区,是严重的自然灾害之一。科学家根据我国过去几十年出现的高温热害特点和柑橘受热害的情况,将热害气候和损害程度划分为 3 个区域,即无危害区、轻危害区和高温危害区。无危害区与轻危害区是依据极端高温:5 月 35℃或 6 月 36℃的等温线划分;轻危害区与高温危害区是依据极端高温:5 月 36℃或 6 月 37.5℃的等温线划分。

柑橘花期或生理落果期,当出现35℃及其以上温度时,即应警惕柑橘热害发生,发出预警。

目前,我国的气象台发布高温预警信号分为三级,分别以黄色、橙色、红色表示,分别指24 h最高气温将要升至36℃以上、37℃以上和39℃以上。柑橘种植者应注意气象台的高温预报,针对出现的不同高温,采取相应的防范措施,以减少柑橘热害。

三、柑橘热害防止

为防止或减轻柑橘热害,宜采取以下措施。

(一)选好园地

针对热害的成因,在柑橘园址选择上应将高温影响作为一个主要因素考虑,尽量进行避热栽培。如在大气候环境中选择局部小气候适宜之地,设置涵养林,改善生态环境等。江、河边栽培也可减轻热害。

(二)选好品种

不同种类、品种的柑橘耐热性不同,宜选抗热性强的品种和砧木。如种植温州蜜柑,中晚熟品种较早熟品种耐热;种植甜橙,有核品种比无核品种耐热。

(三)建好园地

种植地进行改土培肥,土层深厚、疏松、肥沃的土壤,柑橘种植后抗热性较强,反之,土壤瘠薄的抗热性差。

(四)加强管理

加强栽培管理可减轻柑橘的热害。栽培管理包括土壤管理、肥料管理、水分管理、枝梢管理和病虫害防治。

1. 土壤管理 重在加深土层,提高土壤有机质含量;也可进行树盘覆盖,当气温高于30℃时,对未封行的投产树进行覆盖。3~9月份实行全园生草栽培,也有利减轻热害。

2. 肥料管理 一是重施催芽肥,于3月上旬春芽开始萌动时,重施以速效氮肥为主的肥料,以满足树体抽梢、开花、着果的需要。二是增施磷、钾肥,春季叶面经常喷施磷钾肥对防止热害,减轻异常落果作用明显。

3. 水分管理 及时灌水,保持土壤湿润,可减轻热害,喷水效果则更佳。

4. 枝梢管理 一是保护好越冬叶片。放好秋梢,并在采果后适施尿素或稀粪水,以增强树势,保护叶片;也可喷施浓度为10 mg/kg的2,4-D液,保叶过冬。二是重抹春梢,减少新叶量。春梢要早抹、重抹、多抹。早抹即从现蕾开始;重抹即根据新老叶的比例,抹除多余的春梢,也可采取先抹除70%的春梢后再用早夏梢来弥补树体叶片的不足;多抹即多批多次抹梢,一般每7~10 d 1次,直至第二次生理落果结束。也可抹除盛花末期后的全部晚春梢和早夏梢,花期以前的春梢抹除30%~50%,对留下的春梢留3~5叶摘心。

5. 病虫害防治 做好花蕾蛆、螨类、叶甲和炭疽病等的防治,保叶保果。

(五)应急措施

1. 喷施保花保果剂 使用增效液化 BA+GA(涂果型)或增效液化 BA+GA(喷布型)。涂果型每瓶(10 ml)加水 0.5～1 kg(橙类成年树加水 0.6～0.75 L,幼树加水 0.75～1 L,温州蜜柑加水 0.75～1 L),充分搅匀,配成稀释液。在柑橘谢花后 5～10 d,用毛笔蘸稀液涂幼果整个果面,湿润即可,一般涂果 1 次即有足够的挂果量。对部分生长较弱或营养生长太旺而极易落果的植株,可在第二次生理落果开始时再涂 1 次。喷布型每瓶(10 ml)加水 10～15 L,充分搅匀,配成稀释液,柑橘 70%～80%谢花时,用喷雾器对树冠幼果进行喷布,主要喷果实,叶片和新梢上尽量少喷。第一次喷后 10～25 d 再喷 1 次,对极易落果的品种或植株,可在谢花后 30～40 d 喷第三次,喷后 12 h 内下雨,应在天晴时补喷 1 次。采用微型喷布(用灭蚊型或其他微型喷雾器对准花、幼果喷)效果更好。微型喷布每瓶加水 5 L 左右。柚类喷前应做小试验,以确保安全。温州蜜柑还可选用其专用保果剂——宝柑灵。使用方法为每包宝柑灵粉剂加 50%～70%酒精或白酒 25～50 g,搅动溶解后,加水 25 L 喷布树冠,盛花末期喷第一次,15～25 d 后重喷 1 次,喷花、果为主,湿润即可。此外,也可在花蕾期喷赤霉素 10 mg/kg+0.4%～0.5%磷酸二氢钾+0.1%硼砂;谢花后 7～15 d 内,喷 30～40 mg/kg 赤霉素+细胞分裂素 800 倍液;第二次生理落果喷 10 mg/kg 2,4-D+800 倍绿宝液防止温州蜜柑异常落果。还可用多效唑保果。当春梢长 1.5 cm 时喷布生长抑制剂多效唑保果(用药迟效果不理想),7～10 d 后再喷 1 次。

2. 环剥环割 初花期至盛花末期,对初结果树或偏旺树大枝进行环割或环剥。

3. 喷杀菌剂 雨前喷布甲基硫菌灵等杀菌药剂防止霉菌侵染,雨后及时摇落残花与雨滴对保果也有一定效果。

第三节 柑橘风害及其防止

风对柑橘果树有利有弊,微风可减轻柑橘园冬季的霜冻和夏季的高温。对于郁闭而湿度大的柑橘园,微风可降低温度,减少病虫害。有微风的晴天采摘柑橘,有利柑橘果实贮藏前预贮工作的进行。

风对柑橘果树有时带来严重的危害,如寒风、干热风、台风和潮风等。

一、柑橘寒风害及其防止

(一)寒风的危害

寒风加重柑橘果树的冻害。沈兆敏等在上海试验:-5℃的 2 d 低温处理对各柑橘品种均未发生冻害,而在-5℃的环境下加 5 级风(8 m/s 左右)处理冻害率均无甚增加,但在-7℃环境下加 5 级风处理后,各品种冻害率都比-7℃不加大风的成倍增高,接近-9℃ 2 d 低温处理下的冻害率。试验表明不造成冻害的低温条件下,风速增大不会造成冻害率的增加,而出现造成冻害的低温条件时,大风则会加重冻害。

日本武智、长谷场等的试验认为,冬季风速从 0 m/s 起递增至 1 m/s、2 m/s、3 m/s,则叶温下降 5℃～10℃,且在日照量多时寒风降低叶温尤为明显。寒风易使营养状况不良和受病虫害危害的柑橘树严重落叶,进而导致春季发芽不良,枝梢抽生纤细,无叶花多,产量低,形成大小年。

风加重柑橘冻害的原因是大风加快了细胞间隙水的散失,同时气孔失水也加大,造成叶片及枝条的生理干旱,加重了低温对柑橘的伤害,呈现叶片明显干枯。

(二) 寒风害的防止

防止寒风害,可采取以下措施。

1. 建选防风林,设置防风障 建防风林可减缓风速,改善柑橘园小气候条件。北缘柑橘产区防风林可用水杉、女贞、樟树、法国冬青和竹等。上海前卫农场试验表明,防风林内风速比林外小,平均减少 60% 以上;柑橘园内风速更小,平均减小 90% 以上,且一般随着与防风林距离的增大,风速减弱的效应也相应减小。防风林面积与柑橘园面积之比以 1:20 为宜。

风障也可减缓风速而减轻柑橘冻害。上海前卫农场 1 年生密植温州蜜柑园周围用蒲包搭成高 2.8 m 的风障,风障内风速下降,减轻了柑橘的落叶率,距风障 2 m 处,风速 0.2 m/s,落叶率 5.24%,对照园,风速 4.2 m/s,落叶率 34.35%。

2. 树冠覆盖 树冠覆盖也是防寒风害的有效措施。

二、柑橘干热风害及其防止

(一) 干热风害及机制

干热风害主要指柑橘果树开花至稳果期前后,由于异常高温、低湿并伴有一定风速的干热风使柑橘所受的危害。

研究危害机制认为,危害开花、着果的干热风,是一种经过跃变而形成的高温、低湿和偏西南风或西风的特殊大气干旱现象。如 1985 年和 1986 年浙江衢州有 1 次冷热天气跃变,日最高气温 35℃～36℃,伴有西南风和西风,空气相对湿度低于 55%～79%,其后又出现低温,使花器受延迟性冻害而加重了谢花期干热风造成的落果量。此时多数柑橘园并非土壤干旱,而热、干和跃变才是主要矛盾。干热风加重第二次生理落果和稳果后的异常落果,主要是由于生理干旱,叶片与幼果争水分,而干热风跃变的天气,使柑橘尤其是温州蜜柑遭受过热和脱水,使幼果生理代谢失调,从而发生急性黄化和异常落果。

(二) 干热风害的防止

防止干热风害,可采取以下措施。

1. 选好品种 选择抗热风害强的柑橘品种、品系,如温州蜜柑的早熟品系——宫川。

2. 改善环境 选择适宜的小气候,深翻压肥,改良土壤,营造防风林等。

3. 应急措施 出现干热风害前后可采取如下应急措施:一是适度灌水。采用沟灌、穴灌、早晚对树冠喷水等。二是控梢。对春梢作适当疏删,徒长性春梢留3~5片叶摘心,抹除夏梢。三是叶面喷施0.3%磷酸二氢钾和0.3%尿素,既供水降温又促进枝梢老熟和果实膨大。四是用赤霉素保果。于花蕾露白喷50 mg/kg的赤霉素液,第二次生理落果高峰期前用浓度200~300 mg/kg的赤霉素液涂幼果。五是谢花期遇干热风害,可在主枝上环割2~3圈,以增加地上部养分和水分减少落果。环割要适度,过轻不起作用,过重影响树势和翌年产量。

三、柑橘台风害及其防止

(一)台风分级危害

1. 台风分级 台风是发生在热带海洋上的一种具有暖中心结构的强烈气旋性涡旋,总是伴有狂风暴雨,常常给受影响的地区造成严重的灾害。

按照热带气旋中心附近的最大平均风力,将热带气旋分成四级:热带低压、热带风暴、强热带风暴、台风或飓风。

(1)热带低压　风力6~7级(风速10.8~17.1 m/s或22~33海里/h);

(2)热带风暴　风力8~9级(风速17.2~22.4 m/s或34~37海里/h);

(3)强热带风暴　风力10~11级(风速24.5~32.6 m/s或48~63海里/h);

(4)台风　风力大于12级(风速≥32.7 m/s或64海里/h以上);

2. 柑橘台风害分级标准 为了便于对台风的损害进行分级,现以果实产量变化或幼龄果园的枝叶损伤和损失率作为划分依据,进行损害分级(表7-2),以供参考。

表7-2 柑橘的台风损害分级标准　(陈国庆)

级别	损害程度
0	无明显损害,树体基本正常
1	结果果园当年减产不超过20%,对翌年产量无影响;幼龄果园枝叶损伤和损失率不超过20%
2	结果果园当年减产20%~40%,对翌年产量有明显影响;幼龄果园枝叶损伤和损失率20%~40%
3	结果果园当年减产40%~60%,翌年产量10%以上;幼龄果园枝叶损伤和损失率40%~60%
4	结果果园当年减产60%~80%,翌年产量20%以上;幼龄果园枝叶损伤和损失率60%~80%
5	结果果园当年减产80%以上,翌年产量30%以上;幼龄果园枝叶损伤和损失率80%以上

3. 台风的危害 我国沿海柑橘产区深受台风之害。台风可损坏柑橘枝叶,吹落果实,甚至将柑橘植株连根拔起而毁园。台风常伴随暴雨,使柑橘遭受涝灾。

(1)危害果实　我国沿海7~9月份常遇台风侵袭。7月份果实进入生长期,风对果实的伤害,轻者由叶片摇动摩擦果面而造成伤痕,影响外观,重者吹落果实。9月份早熟品种接近成熟期,台风可瞬间吹落全部果实而损失惨重。

(2)危害植株　风速超过10 m/s以上的台风,能严重损害植株。轻者损叶折枝,重者折裂主枝,甚至连根拔起。加之台风带来暴雨、潮水还会冲起柑橘树,尤其是幼树。受淹的植株也会影响生长,甚至死树。

(3) **影响光合作用** 台风除影响果实、植株外,还使叶片提前脱落,影响植株的光合作用。

(4) **流失土壤** 台风带来的暴雨冲刷柑橘园表土,流失土壤,导致柑橘树淹水,严重时使植株死亡。

(5) **加剧病害** 强风暴雨损叶折枝,伤口增多,易使病菌侵入,加重病害如溃疡病、炭疽病等。

(二)台风预警

台风预警是根据中央和地方气象台站发布的台风预报和警报,提前做好柑橘园的防范工作,如加固树体、加固江堤,清理果园排水系统,以尽量减少台风对柑橘的危害。

(三)台风害防止

1. 营造防风林 可减轻对柑橘果树的危害。既可减缓风速,又可改善小气候。防风林宜用网格化的防风林(网),并将防风林的密闭度修剪调节至70%~80%程度,可使风速和风压降低至最小限度。

2. 设立防风纱、防风网 无防风林时,可在柑橘园迎风面牵挂渔网或尼龙网,以减缓风力和风速。

3. 种植抗风强的品种、砧木 如种植温州蜜柑、椪柑和柚等抗风较强的品种。砧木宜选矮化砧,培养低干、紧凑树冠。

4. 避风种植 选择能避风的小气候区种植。

5. 立柱护林 幼树、移栽树根系浅,尽可能设立支柱,防止植株被风吹倒。

6. 筑堤排水 沿海、江边的柑橘园应修筑堤坝,疏通渠道,一旦遭受台风侵袭,既可挡江水、海水入侵,也能及时排除园中的积水。

(四)灾后救扶

台风过后,应根据柑橘受灾情况,及时采取以下救护措施。

1. 清沟排水 抢修堤坝、堵住缺口,防止海水倒灌,进而抓紧疏通沟渠,排除园中积水,以防积水烂根。

2. 疏松土壤 及时除去表层的咸污泥,增强园地的通透性,排除有害气体,以促进新根生长。淹水又使园地土壤板结,抓紧疏松土壤,有条件的树盘松土后可行覆盖。注意根系未恢复生长时,切忌施人粪尿或尿素水,以免再次造成根系伤害。

3. 做好护理 对被台风吹倒的植株,扶正立柱固定;吹折的枝梢有救的做捆绑处理,无救的从基部剪除,并涂以波尔多液;枝干涂白防止日灼伤害;溃疡病区注意摘除溃疡病叶;用水冲洗水淹时附于果面、叶片的泥土及盐分,并摇去水滴;结合根外追肥喷布50%甲基硫菌灵可湿性粉剂500倍液,防病保叶(不可喷石硫合剂,以免引起或加重落叶);及时剪除、疏去部分枝叶、果实,以减少水分蒸发,淹水严重甚至有可能死的树,要剪枝、去果、去叶,并对外露的大枝用1:10石灰水涂干,再用稻草包扎枝干,以免枝干开裂感病。

4. 防病强树　受台风害和水淹的植株,极易感染炭疽病、树脂病等,应及时预防喷药。药剂选用80%代森锰锌可湿性粉剂600倍液或50%甲基硫菌灵可湿性粉剂,或75%百菌清600倍液。植株受风害水淹,根系受损,吸收能力弱,应采取根外追肥,选用0.2%～0.3%尿素或0.3%～0.4%磷酸二氢钾,隔7～10 d喷1次,连喷2～3次。注意中午高温时忌喷。

四、柑橘潮风害及其防止

(一)潮风害

随台风侵袭常有海潮发生,风将带有盐分的海雾吹向柑橘园,而引起潮风害。

(二)潮风害防止

1. 选种抗潮风害的品种　温州蜜柑、柚抗潮风害较强,夏橙、脐橙等较弱。

2. 灾后救扶　一是受潮风害而落叶的植株,不宜立即修剪和摘除果实,以便利用其储藏的养分和残留的叶绿素进行光合作用和避免过多的伤口消耗养分。二是对因落叶而裸露的枝干涂石灰水,以防止日灼。三是台风未伴随大雨时,受潮风害的柑橘树要及时(10 h内)喷水洗盐,以减轻危害。且去盐后喷布20～40 mg/kg 2,4-D或加石硫合剂,以防止或减少灾后落叶。

第四节　柑橘旱害及其防止

柑橘植株长时间处在晴天无雨的气候条件下,又得不到灌溉和地下水的补充,使树体正常发育所需的水分与能从土壤中吸收的水分之间不相适应而出现水分亏缺,导致植株发育受阻而影响产量和果实品质,甚至死树的称为旱害。

一、柑橘旱害及其影响因素

柑橘果树遭受干旱,会使叶片萎蔫,果实失水,落叶、落果,影响植株生长、发育和产量。柑橘植株能适应过少的土壤水分的能力称之为耐旱性或抗旱性。柑橘果树的抗旱性与品种、砧木、树龄、树势等有关。

(一)品种、品系、砧木不同,抗(耐)旱性不同

早熟温州蜜柑较普通温州蜜柑不抗旱;浅根性的枳砧不如深根性的红橘砧细胞渗透压较高,根系深的甜橙砧、酸橙砧抗(耐)旱。

(二)树龄、树势不同,抗(耐)旱性各异

幼树因根系浅较成年树不抗(耐)旱;营养不良,大小年或受病虫害危害的植株不如树势健壮的树抗(耐)旱。

二、柑橘干旱分级

根据农业干旱和国家气象干旱等级,结合我国柑橘产区的生态条件和柑橘对干旱的反应,将我国柑橘干旱分为四级(表7-3)。

表 7-3 柑橘干旱分级 (彭良志)

干旱等级	连续无雨天数 (参考指标)	降水距平百分率 (%)(参考标准)	环境特征 (参考标准)	柑橘的田间干旱症状 (主要指标)
一级 (轻度干旱)	春季16～30 d; 夏秋季16～25 d; 冬季31～40 d	－20～－30	地表空气干燥,土壤出现水分轻度不足	白天,柑橘未成熟新梢轻度萎蔫,成熟叶片轻度卷曲,傍晚可恢复正常
二级 (中度干旱)	春季31～45 d; 夏秋季26～40 d; 冬季41～70 d	－31～－50	土壤表面干燥、水分不足,地表植物叶片白天有萎蔫现象	白天,柑橘未成熟新梢明显萎蔫,成熟叶片中度卷曲,次日凌晨可恢复正常
三级 (严重干旱)	春季46～70 d; 夏秋季41～60 d; 冬季71～90 d	－51～－70	土壤出现水分持续严重不足,干土层较厚,地表植物萎蔫、叶片干枯	柑橘未成熟新梢和弱枝部分枯死,成熟叶片昼夜严重卷曲,果实萎蔫症状明显。部分小树和幼树整株死亡
四级 (特大干旱)	春季≥71 d; 夏秋季≥61 d; 冬季≥91 d	<－71	土壤出现水分长时间严重不足,地表植物干枯、死亡	柑橘未成熟新梢和弱枝大部分枯死,大量小树和幼树整株死亡,部分土层浅的大树死亡,成熟叶片昼夜严重卷曲、部分脱落,果实萎蔫、变小

三、柑橘干旱预警

根据国家干旱预警应急等级,干旱预警共分为四级,分别为轻旱、中旱、重旱和特大干旱。国家的干旱预警由国家、省、自治区、直辖市,市、县人民政府抗旱防汛指挥部负责管理。气象、农牧业、水利等部门向同级人民政府提供干旱监测、预测预警决策信息,政府部门根据干旱灾害严重程度启动预警应急方案。

政府发布的干旱预警是基于区域性内的普遍干旱程度和作物的普遍受旱程度而定的,因此,政府发布的干旱预警级别有时并不完全适合柑橘。因为柑橘的耐旱能力比较弱,加上我国的柑橘大多种植在立地条件比较差的丘陵山地上,柑橘的干旱程度往往会比一般作物更为严重。基于这方面的原因,特制定柑橘的干旱预警等级(表7-4)。

表 7-4 柑橘干旱预警分级 (彭良志)

预警等级	气象指标*	柑橘干旱指标*
一级 (轻度干旱)	预计未来一周降水距平－20%～－30%	区域内≥40%柑橘园已达到轻度干旱

续表 7-4

预警等级	气象指标*	柑橘干旱指标*
二级（中度干旱）	预计未来1周降水距平 －31%～－50%	区域内≥40%柑橘园已达到二级干旱，或≥60%柑橘园已达到轻度干旱
三级（重度干旱）	预计未来1周降水距平 －51%～－70%	区域内≥40%柑橘园已达到三级干旱，或≥60%柑橘园已达到二级干旱
四级（特大干旱）	预计未来1周降水距平 ＜－71%	区域内≥40%柑橘园已达到四级干旱，或≥60%柑橘园已达到三级干旱

＊预警等级的确定必须同时满足气象指标和柑橘干旱指标

四、柑橘旱害防止

对受旱柑橘植株灌溉是解除旱害之关键，灌溉可用浇灌、盘灌（直接灌入树盘的土壤）、穴灌、喷灌、滴灌等。但大旱时，有的柑橘无水灌溉。因此，除灌溉外，柑橘旱害防止应包括以下措施。

(一)水土保持

经常有旱害发生的柑橘园应结合地形，在排水系统中尽可能多建蓄水池和沉砂凼，雨季蓄水，水不下山，土不下坝，排蓄兼用，保持水土也是抗旱防旱的重要措施。

(二)深翻改土

深翻扩穴增加土壤的空隙和破坏土壤的毛细管，增加土壤蓄水量，减少水分的蒸发。深翻结合压绿肥，提高肥力，改善土壤团粒结构，提高抗旱性。

(三)中耕覆盖

在旱季来临之前的雨后中耕，可破坏土壤毛细管，减少水分蒸发。同时也可清除杂草，避免与柑橘争夺水分。中耕深度10 cm左右，坡地宜稍深，平地宜稍浅。

旱季开始前用杂草、秸秆等覆盖树盘，覆盖物与根颈部保持10 cm以上的距离，避免树干受病虫危害。

(四)树干刷白

幼树及更新树等，在高温干旱前，用10%石灰水涂白树干，对减少树体水分蒸发和防止日灼病有一定效果。

(五)遮阳覆盖

用遮阳网覆盖树冠，减轻烈日辐射，降低叶面温度，从而减少植株水分蒸发，也可防止强光辐射对叶片和果实的灼伤。

(六)用保水剂

旱前，土壤施用固水型保水剂，或树冠喷布抗蒸腾剂，以减少土壤和叶片的失水。

保水剂是具有较强吸收力的高分子材料，降雨时能吸收为自身重量的几十倍至数百倍的水分，形成一个个"微小水库"，施用于土壤后能提高土壤吸收能力，增加土壤水分含量，在干旱的环境下能将所含水分缓缓释放供柑橘植株吸收利用，并具反复吸水和渗水的性能。目前保水剂已开始在柑橘上试用,效果明显。

抗蒸腾剂,又称抗旱剂,可抑制叶片水分蒸腾,减少土壤水分损耗,有保水、节水和缓和干旱的功能。目前市场上抗蒸腾剂的种类不少,但效果不一,生产上大面积用前先试用。

五、柑橘旱害后救扶

(一)及时灌溉

灌溉是防止干旱最直接、最有效的措施,安装有滴灌和渗灌等先进灌溉系统的果园,干旱时只需定期灌溉即可。但是,我国柑橘大多种植在丘陵山地上,大多数仍需要采用简易节水灌溉措施。中国农业科学院柑橘研究所彭良志介绍了以下节水灌溉方法。

一是埋草穴灌。果园漫灌或普通浇灌时,地表湿润面积大,容易蒸发,并且经多次漫灌或浇灌后,地表板结,可用埋草穴灌解决。埋草穴灌是利用草对水的易渗性使灌溉水能迅速下渗到较深的土层,同时利用草对水的吸附性,将部分水贮存在草中,再渗透到周围土壤,减少水蒸发,提高利用率。方法是在干旱来临前,在柑橘树冠四周滴水线上,视树大小,均匀地挖2~4个穴,深40~60 cm,每穴用杂草、稻草和农家肥等10~20 kg,均匀混入少量表土,压实回填,多余土壤在穴四周筑起一矮土圈,圈内盖5~10 cm稻草、杂草等覆盖物,方便灌水和减少水分蒸发。干旱期间,每穴每天灌水10~20 L,可有效提高柑橘抗旱能力。如水源困难等,也可2~3 d灌水1次。

二是普通穴灌。灌水前先在树冠滴水线下挖1~3个10~20 cm的浅穴,每穴灌水15~30 L,待水全部渗入土壤后,再将土壤回填到穴内,同时铲除穴周围杂草,覆盖在穴面上,减少水分蒸发。大土块应先敲碎后再回填。

三是覆盖灌溉。覆盖灌溉的覆盖方法同前述"地面覆盖"。干旱期间,在树冠滴水线下灌水,成年树每次每株灌水50~80 L。

四是局部灌溉。土壤干旱时,柑橘根系吸收水分受阻,引起叶片气孔关闭,树体水分的蒸腾减少,从而减少水分的损失。局部灌溉就是利用柑橘的这一生理特点,只对树冠一边的土壤灌溉,另一边处于适度干旱状态,使柑橘叶片气孔关闭,减少对水的需求,达到节水目的。为了使一边土壤不至于因过度干旱出现死根等不良反应,一般采用交替局部灌溉方式。每次灌水时只灌树的一边,隔2~4 d灌另一边,交替进行。

(二)缓灌覆盖

对易裂果的柑橘品种,旱期或旱害后的灌溉应先少后多,逐渐加大灌水量。如遇突降暴雨,有条件的可覆盖树盘,减缓土壤水分补充速度,以减少裂果损失。

(三)科学施肥

抗旱中,宜少量多次施用氮肥和钾肥。灾后及时用低浓度的氮、钾进行叶面喷施,以补充干旱造成树体营养之不足。

(四)处理枯枝

及时处理干枯枝,防止真菌侵染主枝、主干。要求剪除成活分枝上的枯枝,不得留有桩头,剪枝剪口较大用利刀削平剪口,并用杀菌剂处理伤口,防止真菌危害。

对枝梢干枯死亡超过 1/2 的植株,应结合施肥,适度断根,以减少根系的营养消耗,防止根系死亡。同时随施肥加入杀菌剂,防止根腐病的发生。

(五)抹除秋花

由于旱情,特别是严重的旱情,使花芽分化异常,使浪费养分的秋花明显增多,应尽早抹除,减少养分消耗。

(六)冬季清园

干旱后枯枝落叶多,有利病虫害越冬,且受旱树较衰弱,易受病虫危害。应结合修剪整形,清除地面杂草、枯枝落叶,松土、培土,树冠喷药等。

第五节 柑橘涝害及其防止

柑橘果树生长、结果与水分关系密切。水分过多,使土壤空隙充满水而通气性变差,影响根系呼吸,导致根系损伤,甚至死亡。

一、柑橘涝害及其影响因素

涝害是指柑橘植株遭受暴雨、树体受淹后出现的水涝危害。柑橘果树适应过多土壤水分的能力称耐涝性或抗涝性。受涝害的轻重与淹水时间、淹水深度,以及砧木、品种、树龄、树势等密切相关。

(一)涝害与淹水时间、深度的关系

据江西宜春报道,温州蜜柑幼树浸水 4 d,叶片完好,植株生长未受影响;淹水 7 d,使 40 多年生的朱红橘水淹部位的果实全部脱落;淹水 10 d,部分枝梢枯死。据浙江黄岩报道:淹水后柑橘的吸收根由黄色变黑色,甚至死亡。侧根和主根有的变软,有的腐烂。淹水 8 d 后根系剖面观察到树冠涝害级别与根系受害程度呈对应关系:0 级树冠正常,根系生长正常,基本无坏死症状;1 级树冠基本正常,新梢有少量卷缩或落叶,直径 0.1 cm 以下的吸收根坏死;2 级新梢有少量卷缩与焦枯,老叶脱落,直径 0.25 cm 以下的根坏死;3 级叶片 1/3~2/3 脱落或坏死干枯,果实有失水症状,直径 0.5 cm 以下的根坏死;4 级叶片有 2/3 以上脱落或坏死干枯,果实失水,直径 1 cm 以下的根坏死。淹水时间越长,淹水越深,涝害越重。

(二)涝害与砧木、品种的关系

砧木以酸橙抗涝性最强。不同品种耐涝性也不同,枳砧的品种(品系)耐涝性由强至弱依次为宫川温州蜜柑、尾张温州蜜柑、椪柑、本地早、南丰蜜橘、朱红橘、化红和金柑。

(三)涝害与树龄、树势的关系

1~2年生幼树淹水7 d后大部分死亡。随着树龄的增大,抵抗力增强,耐涝力也提高。

无论是幼苗、幼树或成年树,凡生长健壮、根系发达的抗涝性强,受害轻;反之,则重。

(四)涝害与栽培管理的关系

据浙江黄岩王领香报道,淹水前半个月重施肥料的柑橘树淹水后受害较重。浙江温岭张梅方也有"施肥越接近涝害期,柑橘受害越重"的雷同报道:相同树龄的温州蜜柑,施同样、同量的肥料,仅施肥时间不同,涝灾前2 d施肥的死亡率32.5%,而灾前12 d施肥的未见死树。也有调查资料显示:凡涝灾前施尿素的柑橘植株死亡率高,施碳铵、过磷酸钙的植株死亡率低。

二、柑橘涝害分级

柑橘涝害的初期不易察觉,等到已明显出现涝害症状时,树体已遭受了严重的损害。因此,准确判断涝害的程度十分重要。根据树体受害的程度可将涝害分为五级(表7-5)。

表7-5 柑橘涝害分级表(彭抒昂)

涝害级别	受害程度
一级	树体生长明显趋缓,而没有其他原因
二级	树体生长受阻,有少量的黄叶出现,根系先端开始腐烂,树势开始衰弱
三级	树势严重衰弱,黄叶增多并伴随着非正常落叶、落果,细根开始腐烂
四级	较粗根系开始腐烂,骨干根和枝梢的木质部出现褐化,不能正常抽梢
五级	树体死亡

柑橘生产上对一级涝害的判断十分重要,及时采取措施,改善柑橘根系的土壤环境,可使树体重新恢复正常生长,涝害症状可消除;对二级、甚至三级的涝害症状,只要措施得当,可分年度逐渐减轻,直至消除。到了四级,树体基本上失去了挽救价值。

三、柑橘涝害预警

涝害预警一般是根据中央和地方气象台站发布的强降雨预报,提前做好排水系统的修建,疏通沟渠,增加园地覆盖,以减轻洪涝灾害对柑橘的危害。

四、柑橘涝害防止

(一)择地种植

常有涝害的地域,应选择地势相对较高、地下水位低的地域种植,以减轻或避免涝害发生。

(二)抗涝栽培

一是选种抗涝性强的品种(品系)种植。二是通过深翻改土、诱根深扎、搞好病虫害防治、防止树体受机械伤、重视秋冬采果后施基肥、培育健壮强旺的树体等栽培措施,增加植株的抗涝能力。三是适当提高树体主干高度。常遇涝害地域参照历年平均渍水情况,整形修剪时适当提高主干高度,或采取深沟高畦栽植。四是参照常年淹水深度,在柑橘园周围修筑高于常年淹水水面高度的土堤,阻水淹树,出现积水较多时用小水泵抽水排除。

五、柑橘涝害后救扶

(一)排水清沟扶树

柑橘一旦受涝,应尽快采取排除积水和清理沟道。洪水能自行很快退下,退水的同时要清理沟中障碍物和尽可能洗去积留在枝叶上的泥浆杂物。洪水不能自动排除的,要及时用人工、机械排除,以减轻涝害。对被洪水冲倒的植株要及时扶正,必要时架立支柱。

(二)松土、根外追肥

柑橘园淹水后,土壤板结,会导致植株缺氧,应立即进行全园松土,促进新根萌生。植株水淹,根系受损,吸肥能力减弱,应结合防治病虫害进行根外追肥。用0.3%~0.5%尿素、0.3%~0.4%磷酸二氢钾喷施枝叶,每隔10 d 1次,连续2~3次。待树势恢复后再根据植株大小、树势强弱,株施尿素50~250 g。

(三)适度修剪、刷白

受涝植株的根系吸水力减弱,应适时修剪,以减少枝叶水分蒸发。通常重灾树修剪稍重,轻灾树宜轻。剪除病虫枝、交叉枝、密生枝、枯枝、纤弱枝、下垂枝和无用徒长枝,并采取抹芽控梢,促发夏秋梢。

涝害会导致植株落叶,为防日灼,常用块石灰5 kg,石硫合剂原液0.5 kg,食盐少许和水17.5 L调成石灰浆,涂刷主干、主枝,既防日灼,又防天牛和吉丁虫在树干产卵为害。

(四)防病虫害、防冻

柑橘受涝、尤其是梅雨期受涝,易诱发螨类、蚜虫等害虫和树脂病、炭疽病、脚腐病的发生,应重视防治。

柑橘有冻害的应做好冬季的防冻。树干涂白,寒潮来临前进行灌水,寒潮过后即排除沟灌之水,树干缚草,园地熏烟等措施,以防受涝后树势未恢复的植株又遭寒害。

(五)其他救扶措施

受海(潮)水淹的柑橘树,应尽快排除咸潮水,以淡洗盐,2~3 d灌淡水1次,连续3次。淡水洗盐后,待畦(土)面干后,及时松土,以利根系生长。

第六节 柑橘冰雹灾害及其防止

我国部分柑橘产区,在春夏之交或夏天柑橘果树常受冰雹危害,出现瞬间至十几分钟,受大如乒乓球、小如玻璃弹子的冰雹袭击,砸破砸落叶片,砸伤枝梢果实,影响树体生长,产量锐减。

一、柑橘冰雹灾害及其影响因素

(一)冰雹灾害与冰雹的时间、强度的关系

受冰雹袭击的时间越长,柑橘受害越重;冰雹的强度越大,柑橘受害越重。即柑橘果树受害与受冰雹袭击的时间、强度呈正相关。

(二)冰雹灾害与树龄、树势的关系

通常树龄越小、树冠越小、枝梢越嫩,受冰雹害越重;成年结果树、长势健壮的树受害相对较轻,长势弱的结果树因枝叶稀疏,受害也相对较重。

(三)冰雹灾害与植株所处方位的关系

一般植株迎风的半边受害重,背风的半边受害较轻。

(四)冰雹灾害与灾后救护的关系

冰雹灾害后能及时、正确的救护管理,能减少损失,较快恢复树势和翌年结果。

二、柑橘冰雹灾害程度分级

根据柑橘雹灾受害的不同程度,以及参考其他气象灾害的分级,将柑橘冰雹灾害损害程度分成 5 级(表 7-6)。

表 7-6 柑橘冰雹灾害程度分级　(焦必宁)

分级	程度	对产量的影响
轻度(0 级)	叶片和果实无伤害或轻微伤害,枝条基本无伤害	无影响
中度(1 级)	叶片有轻微撕裂;果实雹击后数日内有痕迹,成熟后无伤斑;新梢枝条仅表皮出现伤害痕迹,但无裂皮	减产小于 20%
重度(2 级)	叶片被严重打烂,少部分被打落,果实被打伤,部分被打落,成熟后有明显伤斑;1/3 以上的 1 年生枝皮层被打裂,多年生枝皮层稍被打裂	减产 20%~40%
严重(3 级)	叶片被严重打落打烂,果实被严重打落打伤,一半以上的 1 年生枝皮层被打裂,1/4 以上的多年生枝皮层被打裂	减产 40%~60%
特种(4 级)	叶片严重打落打烂,果实大部分打落打烂,新梢严重打断,多年生枝皮层严重被打裂	减产 60% 以上

三、柑橘冰雹灾害监测预警

要加强冰雹预报服务、检测和对冰雹灾害的科学研究,建立冰雹灾害预警系统,以有效地防御减轻冰雹灾害对农业生产的危害。各级气象部门将现代化的气象科学技术与长期积累的预报经验相结合,综合预报冰雹的发生、发展、强度、范围及危害,并尽可能提早将冰雹预警信息传送到各级政府领导和群众中去,通过各地电台、电视台、电话、微机服务终端和灾害性天气警报系统等媒体发布"警报"或"紧急警报",使广大果农和人民群众提前采取防御措施,以避免和减轻灾害损失。

四、柑橘冰雹灾害的防止

柑橘建园选址时,尽量避开经常出现冰雹的地域。在得知出现冰雹的气象预报后,根据当时的风向,采取相应的措施,如遮盖树冠,缚束枝梢等。

五、柑橘冰雹灾害后的救扶

(一)雹害树处理

及时剪除雹害引起造成的残枝、残叶和重伤果,并清出园外深埋或烧毁。已折断或劈裂的枝干,应及时剪除。被冰雹严重砸伤的果实可摘除。

(二)喷药防病

雹灾后抢晴好天气喷药,防止枝叶受伤而暴发炭疽病、疮痂病;疫区要做好防止溃疡病的盛发。

(三)施肥控梢

冰雹灾害后,为促进伤口愈合,加速树势恢复,应根据树龄大小、树势强弱和土壤肥力,追施适量的复合肥。

凡追肥的柑橘树,一般在灾后15～20 d会萌发大量春梢,新梢会在砸断的春梢上萌生,也能在1～2年生枝条上抽发,甚至在主枝、主干上萌生。当多数新梢长至3～8 cm时,应抹除过多的新梢,以减少养分消耗和形成良好的树冠。

植株会因冰雹害而减少结果,故应根据挂果施壮果肥,过量施壮果肥会促发大量秋梢,甚至晚秋梢。晚秋梢柑橘北缘产区会受冻害。

(四)保温防冻

柑橘北缘和北亚热带产区,柑橘有冻害,枝、干上砸伤的伤口,在冻前不能愈合的应在寒潮来临前用稻草等包扎保护,以防冻害。

除以上各种自然灾害外,柑橘还会受霜害和雪害。长期的霜冻会使幼树、未成熟的枝梢和果实等受冻。对幼树树干包扎,树冠覆盖,剪除未成熟的晚秋梢,霜冻来临前采收成熟的果实,晚熟品种喷施2,4-D等防止低温落果等措施。

雪害常压断(裂)大枝,应及时摇落树上的积雪,一旦出现大枝开裂,要及时捆扎救治。

第七节 柑橘环境公害及其防止

环境公害对柑橘果树的生长结果影响不可忽视,环境公害包括:大气污染、水质污染、土壤污染。

一、柑橘受大气的污染及防止

大气是柑橘果树赖以生存的混合气体,由于工业化和人口增长,大气污染日趋严重。大气污染源主要是石油、煤炭、天然气等能源物质和矿石原料燃烧时产生的废气。据测定在烟囱冒出的烟尘中,含有400多种有毒物质。其中二氧化硫、氮的氧化物、臭氧及过氧酰基硝酸酯类、氟化物等对柑橘危害严重。

(一)二氧化硫污染及防止

大气中的二氧化硫主要来自煤等含硫燃料的燃烧。柑橘是果树中对二氧化硫的抗性最强,但也受其害。柑橘典型的二氧化硫中毒症状是叶脉间具有不规则的坏死斑,伤害严重时,点状斑发展成条状块斑。开花期对二氧化硫抗性最弱,30℃温度下,二氧化硫浓度长时在2~3 mg/kg时,就会出现外部病症。

受二氧化硫污染的柑橘园,增施少量钾肥可提高抗性;但在雨季来临前不可喷施波尔多液,因二氧化硫可使波尔多液中的铜离子呈游离状态,铜离子和二氧化硫共同作用将加剧对柑橘的危害。

二氧化硫对柑橘果树还具有间接的影响,表现在使农药变质,使土壤酸化,二氧化硫气体呈酸性,能使土壤酸化。有人在有二氧化硫污染的柑橘产区,对15年生枳砧温州蜜柑喷施波尔多液,喷药后第三天下雨,结果出现大量落叶,而未喷施波尔多液的温州蜜柑未发生落叶现象,这是因为空气中有二氧化硫,雨后与水一起使波尔多液中的铜离子游离,进而侵入叶片内,出现二氧化硫和铜的综合毒害导致落叶。此外,石硫合剂等农药与二氧化硫互相作用,也会使柑橘出现落叶。

防止二氧化硫污染,首先是减少污染源;其次是加强树体管理,不过多施氮肥,增施钾肥,促壮树势;其三是受害柑橘园,不喷施波尔多液等农药,并用石灰来降低土壤的酸度。

(二)氮的氧化物污染及防止

氮的氧化物对柑橘果树的危害,以二氧化氮(NO_2)毒性最强,其次是一氧化氮(NO)和硝酸根(NO_3^-),其毒性为二氧化氮的1/5~1/4。二氧化氮对柑橘的危害症状与二氧化硫相似。二氧化氮与二氧化硫相比,毒性较弱,仅为二氧化硫的1/10。

柑橘受氮的氧化物危害,与氮的氧化物的浓度、受害时间、枝梢老嫩等相关。浓度越大、时间越长,受害越重。幼嫩组织(嫩梢、叶)比老组织受害重。品种不同,危害程度也有差异。如温州蜜柑,二氧化氮浓度13~15 mg/kg出现危害症状,脐橙0.25 mg/kg浓度即可引起落叶和减产。美国对6个品种的二氧化氮的敏感性试验,敏感程度由强到弱依次为:马叙无核葡萄柚、普通甜橙、伏令夏橙、坦奇罗甜橙、哈姆林甜橙、坦普尔橘柚。二氧化氮与二氧化硫共同作用,有时会加剧对柑橘的危害。

防止方法是减少污染源,选种抗氮氧化物强的品种。

(三)臭氧及过氧酰基硝酸酯类污染及防止

臭氧是一种气态的次生大气污染物,是氮氧化物在紫外线照射下发生复杂反应变化的产物,具有很强的毒性。柑橘虽对臭氧具有较强的抗性,但在 0.3 mg/kg 浓度下 1 周即表现出外部烟斑症状。臭氧主要侵害柑橘叶片的栅状组织,引起叶片出现褐色小斑点及褪绿症,成龄新叶最易受害。

过氧酰基硝酸酯类是烃在阳光照射下产生的复杂化合物,其中以过氧硝酸乙酰酯毒性最强,主要症状是在叶背形成青铜色斑。

臭氧及过氧酰基硝酸酯类危害柑橘,与其气体浓度、受害时间以及柑橘的品种、树龄、长势相关。

避害种植和选择抗性强的品种种植可减轻危害。

(四)氟化物污染及防止

氟化物的污染源来自钢铁厂、铝厂、磷肥厂、陶瓷厂和砖瓦厂等。以氟氢化物的毒性最强。当二氧化硫被柑橘果树吸收后,毒性降低到仅为硫酸毒性的 1/30,在一定的浓度范围内,柑橘能较长期的忍耐。但氟化物则不同,即使变成化合态,只要具可溶性,其毒性仍极强。柑橘受害的症状为叶缘变褐枯死,若为慢性受害则整片叶片黄化。当空气中含有氟化物的浓度达 10~12 mg/kg 时就能使柑橘生长量和产量降低。氟化氢还可使柑橘果实果皮变粗,影响品质。

有报道每天淋雨 2 次或每天用细水喷雾伏令夏橙植株,其树体积累的氟比未喷水淋雨的伏令夏橙少。淋雨、喷雾对老树、幼树效果一致。受氟化物污染的柑橘植株,每天用水喷雾树冠,可减轻氟害;喷施氢氧化钙溶液(石灰水)能增加产量;喷施 3%石灰水+0.5%尿素+0.4%硫酸锌及微量的混合液,可减轻氟害。此外,加强树冠通风透光对减轻氟害也有一定的作用。

(五)氯化氢污染及防止

浙江省黄岩市江口镇四方化工厂发生多次氯化氢气体泄漏,使该镇 6.7 hm^2 温州蜜柑园出现异常落叶。叶片脱落时叶柄留树,叶片叶脉木质化,表面呈褐色焦斑直至全褐脱落。但受害树均系喷了波尔多液的植株,未喷波尔多液的植株生长正常。经分析,污染区内喷波尔多液、未喷波尔多液以及对照的春梢老叶氯离子(Cl^-)含量分别为 0.11%、0.17%和 0.18%,均属正常范围,故非氯害所致。从铜离子(Cu^{++})含量分析,污染区喷波尔多液、未喷波尔多液叶片含量分别为 111.03 mg/kg、13.88 mg/kg,污染区喷波尔多液铜离子浓度是未喷波尔多液的 8 倍,是污染区外喷同样波尔多液浓度的 3.2 倍。由此表明柑橘植株异常落叶是叶片铜离子含量过高引起,而导致铜离子被叶片过量吸收的原因是泄漏的氯化氢在空气中形成酸雾,与波尔多液中的碱中和后激活铜离子所致。

对受害柑橘树用高美施(有机腐殖酸肥)800 倍液和 0.5%磷酸二氢钾轮换叶面喷施,3~4 d 1 次,共 4 次,结果污染区喷过波尔多液的夏梢叶片铜离子含量降低至 16.98 mg/kg,属正常范围,树势也有不同程度的恢复。

二、柑橘受水和土壤的污染及防止

水体和土壤的污染源为工矿(业)废水、农药、化肥等。工矿(业)废水主要含酸类化合物和氰化物。农药、化肥等主要含砷、汞、铬等。

水体遭污染,用于灌溉使土壤受污染,柑橘植株受害。

土壤受农药、肥料、除草剂等的污染,使土质变坏、板结而且盐渍化,导致柑橘难以生长。喷施农药使土壤中积累残毒而不利柑橘生长。如农药中的砷、铅、铜不仅危害柑橘,同时也危害间作物。砷在土壤中的毒性受土壤性质影响,黏土比沙土轻,这是因为黏土粒的铁、铝、钙、镁和有机物(胶体)含量多,这些物质可固定砷。

为防止水和土壤污染,柑橘园应远离产生污染源的工矿,禁止使用剧毒、高毒、高残留农药,限制化学农药和化肥使用量,以减少水体、土壤污染对柑橘造成危害。

第八节 柑橘防灾减灾对策

不论是全球还是国内,自然灾害每年都有,影响农业,影响柑橘产业。尤其是重大自然灾害,给柑橘产业带来惨重的损失,如2006年重庆及其周边遭受百年未遇的特大干旱,2008年持续低温雨雪冰冻灾害,至今谈灾色变。

自然灾害难以避免、抗拒,但采取相应的对策,可以防灾减灾。

一、加强防灾宣传,增强防灾意识。

各级政府要加强防灾宣传,充分利用报纸、广播、电视等现代媒体宣传防灾减灾知识,使公众了解各种灾害的特征、成因、危害性和科学防灾知识,增强防灾意识。传授应对、处理灾害的实际技能,提高人民群众防灾、抗灾、救灾的能力。有了正确的灾害意识,有利于采取预防各种灾害的相应措施;相反,若人们无灾害意识,遇灾会措手不及,加重灾害损失。

二、加大抗灾设施投入,提高抗灾能力

为使灾害的损失减至最小,各级政府要加大抗灾设备、资金的投入,如抗旱的水利设施,抗风抗寒的防风林设施等,不断提高农业、柑橘业的抗灾能力。

三、建立训练有素的防灾抗灾队伍

组建训练有素的防灾抗灾队伍,不仅有专业的,还可有志愿的,通过技术培训,遇灾时能召之即来,来之能战,战之能胜,提高救灾效率,减少灾害损失。

四、建立灾害预警制度和防范资金保障

中国农业科学院柑橘研究所周常勇所长在中国科学技术协会2008年防灾减灾

论坛专题报道中提出了"建议国家尽早建立起农业灾害预警制度和筹备必要的防范资金,对 2008 年雪灾这样的自然灾害的防御会起到事半功倍的作用"。尽快建立起我国较为完备的农业灾害预警制度,提供较为准确的灾情信息,并有防范资金作保障,无疑对防灾救灾有更好的效果。

五、积极探索推行灾害保险制度

保险是经营风险的产业,是在灾害防御中将风险资金取之于民、用之于民的最佳形式,是灾害造成的经济损失实行社会互助共济的经济补偿手段,也是将减灾工作推向社会化、市场化的最佳做法。我国应借鉴发达国家的经验,积极探索、推行适合我国国情的政策性农业灾害保险制度。实行政府救灾救济与保险市场相结合,实现减灾资源的优化配置和高效减灾,需要政府和公众的全力推进。

六、加强灾害的科学研究

自然灾害的预报、防止和灾后救扶,离不开科学技术的进步。因此,国家和地方政府要立项,下达任务,拨出经费,组织科研院所、大专院校和生产部门的专家、专业人员协同攻关,取得成果,应用推广。如柑橘抗寒、抗病品种、砧木的研究,抗旱品种、砧木和技术等的研究,都十分必要。

七、优化柑橘品种和种植区域

不论是做大柑橘产业或是防止自然灾害,柑橘的品种要优化,早中晚熟熟期要配套,鲜食和加工的柑橘品种要科学搭配。柑橘的种植、发展,要向柑橘的生态最适宜区、适宜区集中,向国家提出的柑橘优势带集中,以减轻灾害,产生效益,布局地域不仅考虑纬度,而且要注意到海拔高度,避免柑橘受冻害。早中晚熟品种合理布局(种植)在不同的海拔高度,一般早熟、晚熟在低海拔,中熟在相对较高的海拔,使早熟品种能早应市,晚熟品种果实不因挂树越冬而受冻害。

八、加强种后的栽培管理

"三分种,七分管",种后加强对柑橘植株"土、肥、水、保(植保)、果(花果)"的管理,可使树势健壮,无病虫危害而提高对自然灾害的抵抗力。

第八章 柑橘采收、采后处理及贮藏保鲜技术

第一节 柑橘采收

柑橘果实的采收是生产的重要环节。采收质量的好坏直接影响柑橘生产经营者和消费者的利益。

一、柑橘采前生理

柑橘果实的采前生理,也就是柑橘果实成熟过程中色泽和内部品质的明显变化。

(一)色 泽

1. 着色 随着果实成熟,果面的叶绿素逐渐消失,类胡萝卜素(胡萝卜素、叶黄素、花青素和番茄红素等的总称)显现,使果实表现出品种的固有色泽。不同柑橘品种色泽有异,如柠檬色泽为柠檬黄,锦橙、脐橙(多数)、夏橙等的色泽为橙色,红橘和血橙等的色泽为橙红色,这是类胡萝卜素的总含量及各色素含量不同所致。柠檬黄,主要是叶黄素,血橙的橙红色(也称玫瑰红)是由花青素所致。

类胡萝卜素的生成与果实成熟的程度有密切的相关性,即果实中的糖、酸含量及果汁中的全糖含量越高,则类胡萝卜素的含量越多。类胡萝卜素的形成受多种因素的影响,首先是气温的影响。果实开始成熟时,若气温下降,能促进叶绿素的分解和类胡萝卜素的形成。此需提到的是夏橙,果皮的色泽与其果实的成熟度关系不同于一般冬季成熟的甜橙。当冬季夏橙还未成熟时,其果色已成正常的橙色。据观测,翌年的1、2月份叶绿素含量最低,类胡萝卜素含量最高,果实的色泽也最好,但内质远未达到采收的成熟标准,到4月底至5月初实果实成熟时,色泽反而变差,有的出现回青(色泽返青)。为防止果实回青,在果实色泽最佳时套袋有好的效果,采后将果实在7℃~8℃的温度下贮藏1~2个月,也可使色泽褪绿显黄。

2. 促进果实着色 植物生长调节剂——乙烯利能分解叶绿素,起到增色的良好效果。乙烯利分解叶绿素与温度有关。当温度在20℃左右时,叶绿素分解速度最快,>34℃的高温,或<7℃的低温,分解叶绿素的作用受到抑制。如海南省种的红江橙,果实已成熟,但色泽仍绿,被称之绿橙,其原因是9、10月份气温偏高,叶绿素未分解所致。台湾所生产的椪柑,果实成熟时因气温高未褪绿而带绿色时即上市销售。着色还受二氧化碳(CO_2)浓度的影响,CO_2浓度高时,类胡萝卜素的生成受到抑制。

此外,果实已成熟时喷施石硫合剂可促进果实着色,这是硫和钙综合作用的结果。

(二) 成　熟

绝大多数的柑橘品种,果面的着色与果实的成熟呈正相关,但也有例外,如夏橙。温州蜜柑也有这种情况,如特早熟温州蜜柑类型中,有果皮先着色和果肉先成熟2个类型,即果皮着色标志着果实成熟和果肉减酸早、风味达到成熟2个类型。

酸分减少、糖分增加是果实成熟过程中一个明显生理变化。果实减酸时,使果实的果肉组织呼吸代谢过程发生变化,随减酸作用的发生,细胞呼吸作用下降,组织变软。随果实的成熟,果汁中糖类及果肉组织中的淀粉、果胶质和其他多糖类物质水解,其水解产物使果汁中可溶性固形物提高。果汁中可溶性固形物达到最高值时,为果实的充分成熟期。由于成熟过程中果汁中可溶性固形物的增加,使果汁的渗透压上升,果肉细胞吸收力增强,从而成熟的果实果汁含量增加。果实成熟,组织变软是由于果肉组织在原果胶酶的作用下开始分解,细胞间的胶结强度减弱所致。芳香物质的生成与呼吸作用的降低有关,呼吸降低使果实细胞交换减弱,二氧化碳排出量减少,从而增加了乙醇、乙醛、酮、酯等挥发性芳香物质的合成。

(三) 影响果实成熟的因子

柑橘果实的成熟受气温、光照、水分以及栽培措施等的影响。果实发育期间的高温会使果汁中的酸含量减少,成熟提早;相反,气温低,果汁的酸含量减少的速度减缓,使成熟期延迟,但果皮的着色却因秋季的低温而变好。光照不足,着色延迟且变差。土壤水分也影响果实的着色。夏秋干旱,土壤缺水,会促进果皮着色;秋雨绵绵,尤其是对土壤肥沃的柑橘果园,果实的着色和成熟均会延迟。土壤质地、土层深浅也影响果实着色。土质疏松、土层浅,着色会提早;土质黏重,土层深厚,着色会推迟。栽培措施如施肥,使用植物生长调节剂,甚至病虫害的防治都可以影响果实的着色。如在果实发育后期,施用氮、钾肥过多,会使果实成熟和着色延迟,酸味加重;如多施磷肥,则促进果实成熟,使果汁中的酸含量降低。结果少,施氮多,会使果实着色推迟;相反,结果多,施氮少,则着色早,但果色变淡。

日本栗山隆明(1987)曾对影响温州蜜柑成熟期的因子做了归纳,见图8-1。

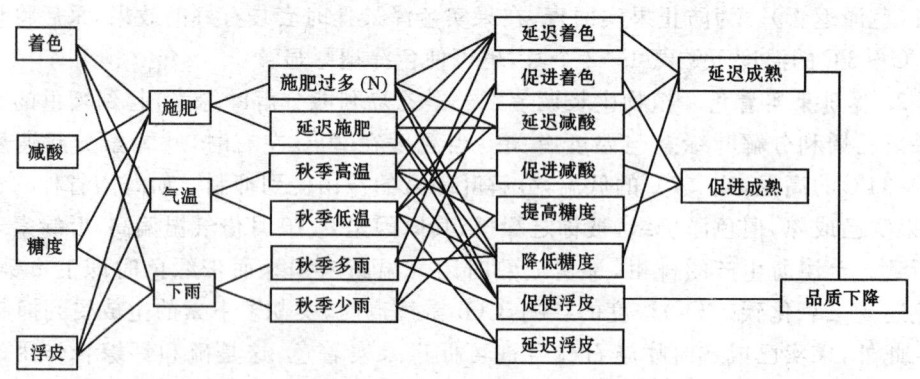

图8-1　影响温州蜜柑成熟的主要因子　(栗山隆明,1987)

二、柑橘采收技术

柑橘采收,尤其是作为鲜食果实的采收,其采收质量好坏,直接影响果实销售、贮藏保鲜,最终影响生产者、经营者和消费者的利益。

(一)精细采收的意义

柑橘果实的采收,既是当年柑橘生产周期的结束,又是柑橘贮藏、运输、销售的开始。因此,提高思想认识,熟练掌握采收技术非常必要。

有人就柑橘采收技术对果实贮藏的影响做了试验:用标准的采摘法(即复剪法,第一剪留长梗剪下,第二剪齐果蒂剪平,轻采轻放,采毕封箱入地下贮藏库)和1剪采摘法的果实做贮藏性对比试验。贮藏30 d检查:标准采摘法的腐果率4.3%,1剪采摘法的腐果率11.4%。有人还对果实采收时轻拿轻放做过试验,结果是轻拿轻放的腐果率为1%,1.5 m高度将果实丢入果箱或落到地面的果实腐烂率分别为14.7%和37.6%。采收质量是减少果实运输和贮藏过程中腐损的第一关,采收质量差,即使贮藏、运销中用最好的防腐剂和保鲜环境都难达到好的防腐保鲜效果。因此,采收人员必须按操作规程精细采收。

(二)精细采收技术

1. 适时采收 柑橘果实的采收期,应根据不同的品种(品系)、用途和销地远近等来确定。且同一品种的采收适期在不同年份、不同地区,因气候、土壤、树龄和栽培管理措施的不同而异。柑橘果实用途不同,对成熟度的要求也有异。鲜销果的成熟度要求果实达到该品种(品系)固有色泽、风味和香气,果肉变软,糖、酸等可溶性固形物达到标准。同时还要考虑途中的运输,外地销售果可比就地销售果稍早采。采后用作贮藏保鲜的果实可比鲜销果早采,一般在果面2/3转色,果实未变软,接近成熟时采收。中国农业科学院柑橘研究所对锦橙等正常采收(11月30日)和提前10 d,延后15 d的果实进行贮藏保鲜的效果表明:提前10 d采收的耐贮性好,腐烂率低;延后15 d采收的耐贮性差,腐烂率较高。红橘果实采收日期与果实大小的关系,见表8-1。红橘、锦橙、采收时间与品质关系,见表8-2。

表8-1 红橘果实采收日期与果实大小的关系

采收日期		10月22~31日		11月1~10日		11月11~25日	
各组果实数量及所占比例	果实直径(mm)	调查数量(个)	比例(%)	调查数量(个)	比例(%)	调查数量(个)	比例(%)
	45~50	15200	0.51	48800	0.86	156800	1.45
	50~55	725075	24.57	1594200	28.06	2181348	20.27
	55~60	1437120	48.69	2527680	44.49	4406160	40.90
	60~65	690000	23.38	1290000	22.70	3177800	29.53
	65~70	84168	2.85	214200	3.77	791112	7.35
	70~75			7000	0.12	49680	0.46

表 8-2 红橘、锦橙采收时间与品质的关系

采收时间	红 橘			锦 橙		
	糖含量 (g/100 ml)	酸含量 (g/100 ml)	糖酸比值	糖含量 (g/100 ml)	酸含量 (g/100 ml)	糖酸比值
10月11日	6.71	3.45	1.94	7.05	2.48	2.86
10月18日	7.86	3.03	2.59	7.02	2.37	2.96
10月25日	8.30	2.04	4.07	7.51	2.19	3.43
11月2日	8.32	1.86	4.47	7.57	2.07	3.66
11月10日	9.23	1.74	5.30	8.77	1.62	5.42
11月16日	9.14	1.80	5.08	8.45	1.38	6.13
11月22日	9.36	1.50	6.24	8.03	1.41	5.69
11月29日	9.53	1.56	6.11	8.45	1.35	6.26
12月7日	10.07	1.01	9.97	8.87	1.26	6.95
12月13日	10.09	1.18	8.55	8.46	1.35	6.16

表 8-1 表明,65～70 mm 和 70～75 mm 2 组红橘大果所占的比例随采收时间的延后而增加。表 8-2 表明,在 10 月 11 日至 12 月 13 日的时间区间内采收,红橘、锦橙的糖含量随时间延后而增加,酸含量则相反,随时间延迟而减少。

广西壮族自治区柑橘研究所在桂林就不同采收期对默科特杂柑品种的贮藏性影响进行试验,结果表明:果实 2 月上旬开始成熟,此时果实由橙黄色转为浅橙红色,可溶性固形物、全糖和酸达到最佳水平。留树保鲜至 3 月中旬,果实的可溶性固形物、糖和酸含量稍有降低,但固酸比和糖酸比却略有升高。所以,默科特杂柑作为鲜食 2 月上旬至 3 月中旬是适宜的采收期。此外,默科特果实开始成熟时采收,经常温 1.5 个月或冷藏 3.5 个月,可溶性固形物、全糖和酸下降速度比留树保鲜的果实缓慢。未受冻害的成熟果实常温贮藏 2.5 个月好果率达 95% 以上,具良好的贮藏性。

果实贮藏方式不同,采收成熟度也有异。如气调贮藏用果宜早采,冷贮用果对成熟度要求较高,宜稍晚采。

加工用果的成熟度,因加工产品种类不同而异。如用作加工果汁、果酱和糖水橘瓣罐头的果实,要求充分成熟采收;用作蜜饯果实可提前采收。

出口的外销果实应根据进口国(地区)对果实的要求来确定。通常对销往香港的果实的成熟度比对俄罗斯、欧洲出口的成熟度要求稍高。

此外,用于药材的酸橘、酸橙等宜幼果采摘;采种用的果实,宜充分成熟,种子达到饱满时采收,留树贮藏的果,可根据市场的需求,随销随采。果实延迟采收,对生产者也会产生不利,所以应当在保证果实外观内质的前提下,适时采收。日本栗山隆明(1987)提出了采收迟早对柑橘树体的影响,见图 8-2。

第八章 柑橘采收、采后处理及贮藏保鲜技术

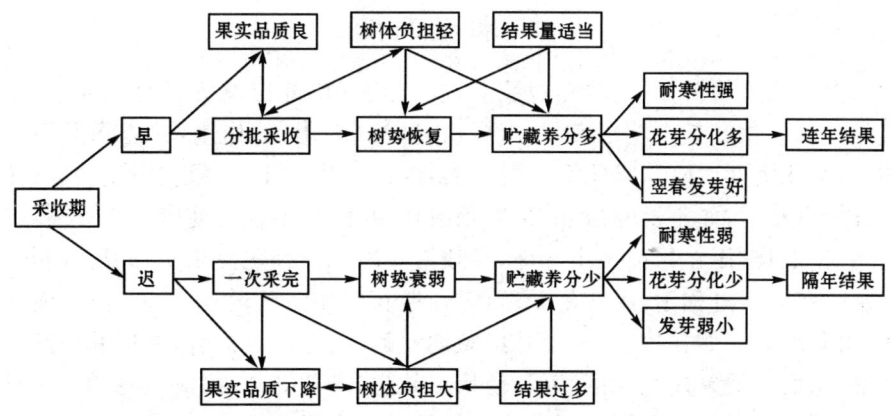

图 8-2 采收期迟早对柑橘树体的影响 （栗山隆明，1987）

2. 采收的技术要领

（1）产前估产、制定计划　预测柑橘园产量，根据市场需求，制定采收计划，合理安排劳力，准备好采收工具，如果剪、果梯、果筐（箱），以及运输车辆等。果筐（箱）内壁应光滑，以防伤果。

（2）按操作程序采果　就一树言，采果应先外后内，先下后上。实行标准采果——复剪，即第一剪果梗（柄）剪下，第二剪齐萼片（不伤萼片）剪下。采收果实必须轻拿轻放，严禁强拉硬采。伤口果、落地果、黏花果、病虫果应另放一处，枯枝杂物不要混入果中。采下的果实不要随地堆放，不可日晒雨淋。

（3）装载适度　果筐（箱）、车装载应适度，以八九成为宜，轻装轻放，运输途中应尽量避免果实受到大的震动而出现新伤。

（4）采收时间　宜选晴天采收。雨天不采，果面露水不干不采，大风大雨后应隔两天再采。

第二节　柑橘初选与预贮

为了提高分级质量和有利于果实的贮藏运输，在果实进行商品化处理前，可进行园内初选和分级前的预贮。

一、柑橘初选

果实从植株上采下后，在采果现场对果实做一次初选，参照国家对不同柑橘品种规定的等级标准，将果实粗分为若干个等级，主要是剔除畸形果、病虫危害果、落蒂果和新伤果等。进行园内初选可使柑橘种植者了解所生产果品的质量，园内病虫害的动态及每天的采果质量，有利于果品的销售和提高效益。对剔出的各种等外果也便于及时处理。

二、柑橘预贮

经园内初选后的柑橘果实,在包装场进行分级前,进行短暂时间的存放,称为柑橘果实的预贮。预贮具有使果实预冷、愈伤、催汗(软化)的作用,并能降低果实贮藏中的枯水、粒化程度。刚从果园采下的果实,因田间热的原因,果实温度较高,呼吸作用和水分蒸发都强,如不及时散热,果实呼吸作用旺盛,不仅会使营养物质大量消耗,还会因果实"发烧"而在果面结出水珠,导致果实腐烂。预贮使果实降温,有利于果实贮运。采收和转运过程中,果实易受新伤,这些新伤如遇温暖、湿润环境,易使病菌侵入伤口,引起腐烂。如在冷凉、干燥处经短期预贮,新伤可以愈合,果皮的一部分水分还可散去,从而降低果皮细胞的膨压,使果皮软化,增加韧性,提高弹性,有利于运输、贮藏。经过预贮的果实,贮藏后期宽皮柑橘的枯水率明显下降。

预贮的方法简单,仅将刚采下的果实放在通风良好、不受阳光直射、地面干燥、温度较低的室内,在铺有稻草的地面上堆放,高度以 4~5 果高为宜,也有直接盛于箩筐(篓)中进行预贮的,时间需 1~3 d,用手轻捏,果皮已稍有弹性,即可分级、包装。一般经预贮的果实,失水率为 2%~4%,采前晴好天气多,采收的果实预贮后失重较小;采前多雨天,采收的果实经预贮,失重则较大。

第三节 柑橘采后处理

一、柑橘采后处理趋向

(一)无毒无害

今后消费者对果品的消费,除注重外观、内质外,更会注重果品的安全性。因此,果实商品化处理中所需的清洁剂、蜡液、防腐剂,必须无毒、无害。

(二)全果测定

果实内质的非破坏性测定和有害物质测定技术在分级中应用。主要的营养物质(糖、有机酸、维生素等)和有害物质测定技术融合到柑橘采后商品化处理线中,这种先进技术检测通过的果品等级,才能真正体现果品的质量。

(三)自动操作

果实采后的商品化处理,操作的超低劳动强度和自动化是先进处理技术的重要方面。随着机械工业和计算机技术的发展,果品商品化处理的全机械化和自动控制将成为现实,包括搬运、传送、清洗、烘干、打蜡、检测、分级、容器生产和包装的全过程。

(四)生物技术

生物技术在柑橘果实采后处理中的应用,包括生物(颉颃菌)防腐技术,基因控制防止衰老技术等,对防止果实腐烂、保持新鲜度和品质有重要作用。

二、柑橘分级

(一)分级标准

柑橘果实分级是为达到既使果实标准化,做到按质论价,又便于包装、贮藏、运输和销售的目的。

柑橘果实分级有按品质分级和大小分级 2 种。品质分级是根据果实的形状,果面色泽、果面有否机械损伤及病虫害等标准进行的分级,这种分级要求分级人员熟练地掌握分级技术。大小分级是根据国家所规定的果实横径大小进行的分级,分级时可借用分级板或分级机。我国现行的柑橘分级标准,是以果实横径每差 5 mm 为 1 级的标准。现将中华人民共和国农业部行业标准(2006-12-06 发布 2007-02-01 实施)的柑橘的柑橘鲜果大小分组规定和等级指标列于表 8-3 和表 8-4。

表 8-3 柑橘鲜果大小分组规定 (单位:mm)

品种类型		组别					
		2L	L	M	S	2S	等外果
甜橙类	脐橙、锦橙	<95~85	<85~80	<80~75	<75~70	<70~65	<65 或>95
	其他甜橙	<85~80	<80~75	<75~70	<70~65	<65~55	<55 或>85
宽皮柑橘类和橘橙类	椪柑类、橘橙类等	<85~75	<75~70	<70~65	<65~60	<60~55	<55 或>85
	温州蜜柑类、红橘、蕉柑、早橘、槾橘等	<80~75	<75~65	<65~60	<60~55	<55~50	<50 或>80
	朱红橘、本地早、南丰蜜橘、沙糖橘、年橘、马水橘等	<70~65	<65~60	<60~50	<50~40	<40~25	<25 或>70
柠檬来檬类		<80~70	<70~65	<65~60	<60~50	<50~45	<45 或>80
葡萄柚及橘柚等		<105~90	<90~85	<85~80	<80~75	<75~65	<65 或>105
柚类		<185~155	<155~145	<145~135	<135~120	<120~100	<100 或>185
金柑类		<35~30	<30~25	<25~20	<20~15	<15~10	<10 或>35

表 8-4 果实等级指标

项目		特等品	一等品	二等品
果形		具有该品种典型特征,果形一致,果蒂青绿完整平齐	具有该品种形状特征,果形较一致,果蒂完整平齐	具有该品种类似特征,无明显畸形,果蒂完整
果面缺陷	色泽	具该品种典型色泽,完全均匀着色	具有该品种典型色泽,75%以上果面均匀着色	具有该品种典型特征,35%以下果面较均匀着色
	果面缺陷	果皮光滑,无雹伤、日灼、干疤;允许单个果有极轻微油斑、菌迹、药迹等缺陷。但单果斑点不超过2个,柚类每个斑点直径≤2.0 mm,金柑、南丰蜜橘等小果型品种每个斑点直径≤1.0 mm,其他柑橘每个斑点直径≤1.5 mm。无水肿、枯水、浮皮果	果皮较光滑,无雹伤,允许单个果有轻微日灼、干疤、油斑、菌迹、药迹等缺陷。但单果斑点不超过4个,柚类每个斑点直径≤3.0 mm,金柑、南丰蜜橘等小果型品种每个斑点直径≤1.5 mm,其他柑橘每个斑点直径≤2.5 mm。无水肿、枯水果,允许有极轻微浮皮果	果面较光洁;允许单个果有轻微雹伤、日灼、干疤、油斑、菌迹、药迹等缺陷。单果斑点不超过6个,柚类每个斑点直径≤4.0 mm,金柑、南丰蜜橘等小果型品种每个斑点直径≤2.0 mm,其他柑橘每个斑点直径≤3.0 mm。无水肿果,允许有轻微枯水、浮皮果

农业部对无公害各类柑橘果实的理化指标、安全卫生指标以及果型分类制定了标准,分别见表 8-5、表 8-6 和表 8-7。

表 8-5 各类柑橘的理化要求

项目	指标							
	甜橙类			宽皮柑橘类			柚类	
	脐橙	低酸甜橙	其他	温州蜜柑	椪柑	其他	沙田柚	其他
可溶性固形物(%)	≥9.0	≥9.0	≥9.0	≥8.0	≥9.0	≥9.0	≥9.5	≥9.0
固酸比	≥9.0	≥14.0	≥8.0	≥8.0	≥13.0	≥9.0	≥20.0	≥8.0
可食率(%)	≥70	≥70	≥70	≥75	≥65	≥65	≥40	≥45
大果型品种(mm)	≥70				≥60			≥150
中果型品种(mm)			≥55	≥55		≥50	≥130	≥130
小果型品种(mm)		≥50	≥50			≥40		
微果型品种(mm)						≥30		

注:1. 低酸甜橙指新会橙、柳橙、冰糖橙等品种
2. 其他甜橙指除低酸甜橙和脐橙之外的甜橙品种,包括锦橙、夏橙、血橙、雪柑、化州橙、地方甜橙等
3. 橘橙、橘柚等杂柑,则以其主要性状与表中所列最接近的类别判定

表 8-6 果实的安全卫生指标 (单位:mg/kg)

通用名	指标	通用名	指标
砷(以 As 计)	≤0.5	铅(以 Pb 计)	≤0.2
汞(以 Hg 计)	≤0.01	甲基硫菌灵	≤10.0
毒死蜱	≤1.0	杀扑磷	≤2.0

续表 8-6

通用名	指 标	通用名	指 标
氯氟氰菊酯	≤0.2	氯氰菊酯	≤2.0
溴氰菊酯	≤0.1	氰戊菊酯	≤2.0
敌敌畏	≤0.2	乐果	≤2.0
喹硫磷	≤0.5	除虫脲	≤1.0
辛硫磷	≤0.05	抗蚜威	≤0.5

注：禁止使用的农药在柑橘果实不得检出

表 8-7 各类柑橘大、中、小、微型分类

	甜橙类	宽皮柑橘类	柚类
大果型	脐橙	椪柑	瑁溪蜜柚、晚白柚、玉环文旦、梁平柚、垫江白柚
中果型	锦橙、大红甜橙、血橙、夏橙、化州橙、雪柑、普通地方甜橙	温州蜜柑、樟头红、红橘、橙橘、早橘、椪柑、衢橘、茶枝柑	沙田柚、四季抛、强德勒柚、五布柚
小果型	冰糖橙、新会橙、柳橙、桃叶橙	南橘、朱红橘、本地早、料红、乳橘、年橘	
微果型		南丰蜜橘、十月橘	

（二）手工分级和机械分级

1. 分组板 是我国柑橘人工分级的常用工具。有分组（级）板和分组（级）圈2种。使用分组板分级时，将分组板用支架支撑好，在其下面安置果箱，分组人员手拿果实，从小孔至大孔比漏（切勿从大孔至小孔比漏，以保证漏下的果实的等级）。为了正确进行分级，应注意以下事项。

①分组（级）板必须进行检查，每孔误差不得超过 0.5 mm。

②分级时，果实要拿端正，切忌横漏或斜漏。果实漏下时，应用手接住，轻放入箱，不得随其坠落箱中，以免果实出现新伤。

③要让果实自然漏下，不得用力将其从孔中按下。分组圈分级与分组板雷同。

2. 打蜡分级机 20世纪80年代末，我国不少柑橘产区开始采用打蜡分级机。以下简介1989年中国农业科学院柑橘研究所从意大利福托拉公司CAMA厂引进的柑橘打蜡分级机。

（1）机械结构 打蜡分级机总体长18 m、宽4 m，共由6个部分组成，由中央控制台操作运行，且各部分有完全保护开关。

①提升传送带：由数个辊筒组成的滚动式运输带，将果实传送进入清水池。

②洗涤：由漂洗、清洁剂刷洗和淋洗3个程序完成。漂洗水箱中盛有清水（可加入杀菌剂），并有1台抽水泵使箱内的水不断循环流动，以利于除去果面部分脏物和

混在果实中的枝叶等。水箱上面附设1条传送带,可将经漂洗的果实传到下一个程序。清洁剂刷洗和清水淋洗带,其上方由微型喷洒清洁剂的喷头和1组喷水喷头一前一后地组成,下方是1组毛刷辊筒组成的洗刷传送带。果实到达后,果面即被涂上清洁剂,经毛刷洗刷去污,接着传送到喷水头下进行淋洗,去除果面的脏污和清洁剂。经清洗过的果实传送到打蜡抛光带。

③打蜡抛光带:该工段由1排泡沫辊筒和1排特制的外包马鬃的铝筒制成的打蜡刷组成。经过清洗的果实,先经过泡沫辊筒擦干,减少果面的水渍,再进入打蜡工段。经过上方的喷蜡嘴喷上蜡液或杀菌剂等,再经过蜡毛刷旋转抛打,被均匀地涂上一层蜡液。打过蜡的果实,进入烘干箱。

④烘干箱:燃烧柴油产生的50℃～60℃的热空气,由鼓风机送到烘干箱内,使通过烘干箱的果实表面蜡液干燥,形成光洁透亮的蜡膜。

⑤选果台:这是由数个传送辊筒组成的1个平台。经过打蜡的果实,由传送带送到平台上,不断地翻滚,由人工剔除劣果后,合格的果实即进入自动分组带。

⑥分级装箱:可按6个等级进行大小分级。等级的大小通过调节辊筒距离来控制。果实在上面传运滚动时,由小到大地筛选出等级不同的果实,选出的果实自动滚入果箱。

(2)工艺流程　打蜡分级机的工艺流程为:

原料→漂洗→清洁剂洗刷→清水淋洗→擦洗(干)→涂蜡(或喷涂杀菌剂)→抛光→烘干→选果→分级→装箱→封箱→成品

该机每小时处理果实2 500～3 000 kg。每 kg 果实耗用人工、水电、柴油及蜡液等费用,折合人民币为0.03～0.05元。

3. 现代化的柑橘分级包装场　由多条(台)包装线(机)联合作业。如日本清水市有一个18条线的大型分级包装场,能根据果实的大小、色泽和糖度进行准确分级。其自动化程度高,处理量大,但管理人员很少。

三、柑橘包装

柑橘果实进行包装,是为了使它在运输过程中不受机械损伤,保持新鲜,并避免散落和损失。通过包装还可以减弱果实的呼吸强度,减少果实的水分蒸发,降低自然失重损耗;减少果实之间的病菌传播机会和果实与果实间、果实与果箱间因摩擦而造成的损伤。果实经过包装后,特别是经过礼品性包装后,还可以增加对消费者的吸引力而扩大销路。

各柑橘主产区宜在邻近柑橘产区、交通方便、地势开阔、干燥、无污染源的地方建立包装场(厂)。场(厂)的规模视产区柑橘产量的多少而定。

我国现行的柑橘包装分外销果包装和内销果包装。

(一)外销果的包装

1. 包装器材

(1)包果纸或薄膜　要求质地细,清洁柔软,薄而半透明,具适当的韧性、防潮和透气性能,干燥、无毒、无异味。尺寸大小应以包裹全果不致松散脱出为度。

(2)垫箱纸　果箱内部衬垫用,质量规格与包果纸基本相同,其大小应以将整个果箱内部衬搭齐平为度。

(3)果箱　要求原料质量轻,容量标准统一,不易破碎变形,外观整齐,无毒,无异味,能通风透气。目前多用轻便美观、便于起卸和空箱处理的纸箱。现使用的纸箱为高长方形,多用于港澳和欧、美市场,其内径规格为 470 mm×227 mm×270 mm。近来进出口柑橘多采用双层套箱。

2. 包装技术

(1)包纸或包薄膜　每个果实包 1 张纸或薄膜,交头裹紧,甜橙、宽皮柑橘的包装交头处在蒂部或顶部(脐部),柠檬交头处在腰部。装箱时包果纸交头处应全部向下。

柑橘果实包纸或薄膜,可起到多种作用:一是隔离作用,可使果实互相隔开,防止病害的传染。二是缓冲作用,减少果实与果箱间,果实与果实间,因运输途中的震动所引起的冲撞和摩擦。三是抑制果实的呼吸作用,包纸使果实周围和果箱内二氧化碳浓度增加,从而抑制了果实的呼吸作用,使果实的耐贮运性增加。四是抑制果实的水分蒸发,减少自然失重损耗,使果实保持良好的新鲜度。五是美化柑橘商品。六是包纸或薄膜还可将果实散发出的芳香油保存,对病菌的发生起一定的抑制作用。

(2)装箱　果实包好后,随即装入果箱,每个果箱只能装同一品种、同一级别的果实。外销果须按规定的个数装箱,装箱时应按规定排列,底层果蒂一律向上,上层果蒂一律向下,果型长的品种如柠檬、锦橙、纽荷尔脐橙可横放,底层要首先摆均匀,以后各层注意大小、高矮搭配,以果箱装平为度。出口果箱在装箱前要先垫好箱纸,两端各留半截纸作为盖纸,装果后折盖在果实上面。果实装后,应分组堆放,并要注意保护果箱防止受潮、虫蛀、鼠咬。

(3)成件　出口果箱的成件一般有下列几道工序:一是打印。在果箱盖板上将印有中外文的品名、组别、个数、毛重、净重等项的空白处印上统一规定的数字和包装日期及厂号。打印一定要清晰、端正、完整、无错、不掉色。二是封钉。纸箱的封箱,要求挡板在上,条板在下,用硅酸钠黏合或用铁钉封钉。封口处用免水胶纸或牛皮纸条涂胶加封。用硅酸钠黏合后,上面须用重物压 0.5 h 以上,使之黏合紧密。

(二)内销果的包装

1. 包装器材　内销柑橘果实的包装也同样应着眼于减少损耗,保持新鲜,外形美观,提高商品率。因此,应本着坚固、适用、经济美观的原则,根据下述条件选择包装器材。一是坚固,不易破碎,不易变形,可层叠装载舟车。二是原料轻,无不良气味,通风透气。三是光滑,不会擦伤或刺伤果实。四是价格低廉,货源充足方便。

2. 包装技术　内销果可用纸箱或篓包装,可采用定重包装法,篓装 25 kg,标准大箱装 16.5 kg。成件方法与出口果箱相同。竹篓和藤条篓如果规定重量装完后上部未满而有空余的,其空余部分需要用清洁、对果实无害的柔软物衬塞紧实,使其与篓口齐平。篓盖用细铅丝将四边扎紧以后,再用结实的绳索捆成十字形,将绳头打成死结。箱(篓)外标记:木箱和纸箱应在箱外印刷,篓应在篓外悬牌,标明品名、等级、毛重、净重、包装日期和产地等,应字迹清晰、完整、无错。

(三)新奇士(SunKist)柑橘包装生产线简介

美国新奇士公司的新奇士®(SunKist®)是国际知名的商标,其柑橘的包装厂,分布全球 60 多个国家。现简介其柑橘包装生产的操作流程。

1. 去杂、清洗、分级

(1)下果及涌动控制　运至包装厂的果实用倾倒机传送到包装线。为防水可能引起果实污染而采用涌动技术稳定传送果实。

(2)去除杂物、大小预选、预分级　一是通过在平行排列的滚筒上滚动完成果实的去杂。二是果实大小预选是将不宜鲜销的过小果实由传送带选出他用(如加工果汁)。三是预分级按果实大小预选剔除腐烂果、裂果、过大果和去除果梗,以防止果实腐烂和果汁酸污染。

(3)洗果　果实通过湿润的毛刷,用皂液或洗涤液(碳酸氢钠、邻苯酚)滴到果实上去除污物,霉菌和化学残留等。

(4)分级　分级在果实清洗后立即进行,是大小分选的最后一道工序。系根据果实色泽、瑕疵大小分成均匀的等级,将不符合分级标准的果实用于加工。

分级方式有:人工在传送带上分级和电子分级等。新奇士的电子分级机用的光源应为冷白商店光源,分级速度为 1 min 30 个。

2. 上色、打蜡、贴标

(1)上色　上色在柑橘采后处理过程中是可选项,仅用于早熟甜橙。可以选用橘红 2 号染料(Citrus Red NO.2)在 48.9℃染液中浸泡 4 min,然后用清水冲洗,以防染料透过蜡液渗色,并保证染料的残留量在 2 mg/kg 以内。美国果实上色,主要在佛罗里达州,加利福尼亚州阳光充足,果实色泽好,无须上色。

(2)打蜡　鉴于果实天然的蜡在清洗去除(减少),打蜡起代替天然蜡、减少果实失重、作为杀菌剂的载体和使果实表面色泽鲜亮的作用。果蜡有 2 种,一种是溶剂蜡(因有易燃和使用前果实必须烘干的缺点已很少使用),另一种是水乳化蜡,是目前主要使用的,所用的蜡主要有以下几种。

①Sta-Fresh 227(FMC 公司 Food Tech 生产),Villa Park 果园协会用于朋娜等脐橙的打蜡处理。

②Stafresh 223 HS,Limoneira 公司用于柠檬的打蜡处理。

③Sta-Fresh 705(FMC 公司 Food Tech 生产)。

④FMC 6%(FMC 公司 Food Tech 生产)。

⑤Decco Pearl Luster®(美国仙农有限公司生产,是一种以虫胶为主的蜡乳液)。

打蜡后果实的烘干温度为 48.9℃,时间 3~4 min。

蜡液由可以摆动的喷头喷洒到慢速(不高于 100 r/min)转动的马鬃毛刷上,果实通过时完成打蜡,烘干已经打蜡果实的装置长 6.1~12.2 m。

(3)贴标　通常在果实水乳化蜡使用后或溶剂蜡使用前进行。贴标有油墨贴标和标签贴标 2 种,使用由 Sinchair 公司生产的贴纸机自动贴标。其上标有品种名称、公司名称、代码及出产地。

新奇士®柑橘果实上均有一种称为 PLU(Price-Look-Up)Code 的贴纸,输入这个代码,即可知价格,重量等。柑橘的代码很多,如

3107 指中等大小(66~84 mm)脐橙,1 箱 88/72 个。

3108 指中等大小(66~84 mm)夏橙,1 箱 88/72 个。

3109 指 Sveille 橙。

3110 指卡拉卡拉(红肉)脐橙。

3144 指秋辉橘。

3155 指中等大小的蜜奈夏橙(66~84 mm)1 箱 88/72 个。

4012 指大果(≥84 mm)脐橙,1 箱约 56 个。

4013 指小果(≤66 mm)脐橙,1 箱约 113 个。

4014 指小果(≤66 mm)夏橙,1 箱约 133 个。

4958 指中等大小(54~65 mm)柠檬,1 箱约 145/140 个。

3. 杀菌和杀菌剂　柑橘果实须在包装过程中进行杀菌处理,常使用的杀菌剂主要有以下几种。

(1)碳酸氢钠(小苏打)　浓度 3%,温度 40.6℃,pH 值 10.5,果实进包装厂时用于洗涤和杀菌。新奇士公司介绍:经 3% 碳酸氢钠和 200 mg/kg 含氯溶液处理的甜橙绿霉病可以减少 80%。也有介绍认为使用的适宜温度为 20℃~26.7℃,pH 值为 8。

(2)Agclor(美国仙农有限公司出产,含次氯酸钠 12.5%)　用于减少病菌污染和果实腐烂。氯的有效性取决于溶液的 pH 值,处理时间和游离氯的浓度。使用浓度 200 mg/kg。

(3)赤霉素　使用浓度 100 mg/kg。

(4)特克多(TBZ)　在果实清洗和除水后使用,浓度 3 500 mg/kg。

(5)抑霉唑(Imazalil)　使用浓度 2 000 mg/kg。

(6)邻苯酚(Sopp)或邻苯酚钠(Sodiam ophenylpheniate,sopp)　可代替洗涤剂。

(7)苯来特(Benomyi)和联苯(Diphenyl)　。

特克多、抑霉唑、sopp 和苯来特可与水乳化蜡混合使用。

4. 分选和包装

(1)大小分选　有人工、有机械,专门分选的人工 6 人,每天工作 10 h,每小时处理果实 70 箱(2 000 个/箱)。

(2)包装 大多数果实包装处理后用 24.7 kg 的纸箱包装,箱上标明果实大小、等级、果数、品种名称等。果实装箱均实现自动化,所用的设备由新奇士公司和 FMC 公司制造。

第四节 柑橘运输

果实运输是果品采收后到入库贮藏或应市销售前必须经过的生产环节。运输的好坏直接关系到果实的抗病性、耐贮性和经济效益,运输不及时或运输方法不当,都会使果品在销售和贮藏中品质下降,发生腐烂。

2007 年我国柑橘总产量达 2 058.27 万 t 以上,年出口柑橘 56 万 t,内销的运输量达 1 500 万 t 左右。主要的运输工具有汽车、轮船和火车,部分外销果用机械保温车,少量作空运。由于运输量大,时间又集中在 11 月、12 月,加之运输工具落后且数量不足,途中中转次数多,停运时间长,腐损大。装卸不当,有时腐损竟达 20%~30%。

随着柑橘生产的发展和出口量的逐年增多,更新柑橘运输工具和设备、简化运输环节、缩短运输时间已成为当务之急。

一、柑橘运输要求

柑橘鲜果含有大量的水分,果皮饱满充实,在运输中易损伤而造成腐烂。为此,运输必须做到以下几点:一是装运前果实应经过预冷处理,除去田间热。二是装运的柑橘果实必须包装整齐,便于运输。不同包装箱应分开装运,轻装轻放,排列整齐,一般采用交叉堆叠或品字形堆叠。火车、轮船运输堆垛要留过道,避免挤压和通风不良,汽车运输顶部要有遮日避雨之物。三是及时运输,做到"三快"(快装、快运、快卸),严禁果实在露地日晒雨淋。四是运输途中应尽量减少中转次数,缩短运输时间。五是运输工具必须清洁、干燥、无异味,装载过农药或有毒化学物品的车、船,使用前一定要清洗干净并垫上清洁物。六是根据柑橘果实的生理特性,在运输途中对温、湿度进行及时管理,创造良好的运输条件,以减少外界不良环境对果实的影响。

二、柑橘运输技术

(一)运输的方式

运输方式分短途运输和长途运输。短途运输系指柑橘园到收购站、包装场、仓库或就地销售的运输,这类运输要求浅装轻运,轻拿轻放,避免擦、挤、压、碰等损伤果实;长途运输系指柑橘果品通过火车、汽车、轮船等运往销地或出口。目前我国火车运输有机械保温车、普通保温车和棚车 3 种。其中以机械保温车为最优,因其能控制运输中车内的环境条件,故果品腐损少。棚车即普通货车,车温受外界温度影响,腐损较大,不适宜用来运往北方寒冷的地方。普通保温车介于机械保温车和棚车之间,在内外环境条件悬殊的情况下,难以通过升温来保持车内适宜的环境,因而难免损失,这种车的优点在于可单独运行,调运较方便,装载量每车厢 30 t。

(二)途中管理

果实运输途中的良好管理是运输成功的重要环节。应派懂柑橘贮运和工作责任心强的人员负责管理。管理人员应根据运输途中的气温变化,调节车厢内温度,使柑橘果实处于适宜的温度条件下。柑橘适宜运输的温度为 6℃~8℃,果实在这样的温度下腐烂率低,失重小,可溶性固形物和总酸量基本无变化。管理人员每天应定时观察车厢内不同位置的温度。当果箱堆温度超过 8℃时,可打开保温车厢的冰箱盖、通风箱盖或半开车门,通风降温;当车厢外气温降至 0℃以下时,则需保温,堵塞全部通风口,甚至加温。

水路运输时,除控制舱内的温、湿度外,还要随时注意防止浪水入舱,尤其是上下错船时,水浪增大,更要注意。装载重量要适度,切忌超载。

第五节 柑橘的贮藏保鲜

柑橘的贮藏保鲜是通过人为的技术措施,使采摘后的果实或挂树已成熟的果实延缓衰老,并尽可能地保持其品种固有的品质(外观和内质),使柑橘果品排开季节,周年供应。

一、柑橘贮藏保鲜的意义

全球柑橘年产量 1.16 亿 t,在百果中独占鳌头,我国柑橘面积、产量也迅猛发展,2007 年柑橘 194.14 万 hm^2,产量 2 058.27 万 t,面积占世界首位,产量超过美国仅次巴西,居世界第二位。我国柑橘早、中、晚品种比例调整,通过几十年的不懈努力有所改变:年内 11 月、12 月成熟应市的中熟品种由 85%以上下降至 80%,早熟、晚熟品种的比例分别由不足 10%和 5%,上升至 12%和 8%。但从目前市场需求考虑,仍需继续增加早、晚熟品种的比例,尤其是晚熟品种的比例。

柑橘贮藏保鲜的意义在于:一是在年产量不断增加的情况下,成熟的果实难以很快卖完。为使种植者(果农)增收,柑橘采取贮藏保鲜,仍是十分必要。二是目前早、中、晚熟品种比例仍不够合理,中熟品种集中采收应市,不仅人为的加剧运输、劳力等的紧张,而且也会加果实的腐损,减少经济收入。三是柑橘通过贮藏保鲜,可排开季节,周年供应,增加经济效益,同时也能满足周年对柑橘果品的需求。

二、柑橘贮藏保鲜期间的变化及其影响因素

(一)果实在贮藏中的变化

柑橘果实的采后贮藏保鲜,常分为常温贮藏保鲜和低温贮藏保鲜。常温贮藏保鲜果实的变化,大多向坏的方向发展,如果实失水萎蔫、生理代谢失调、抗病力减弱,

糖、酸和维生素C含量降低,香气减少,风味变淡等。低温贮藏保鲜的果实,由于可人为地控制温度和湿度,甚至调节气体的成分,可使常温中出现的这些变化,控制在一定的限度以内。

酸是柑橘果实贮藏中消耗的主要基质,糖也消耗一部分,但因水分减少,故有时糖分的相对浓度并未下降。柑橘贮藏时间,一般以2~3个月为宜,但不同种类和品种的柑橘耐贮性各异。通常,温州蜜柑的中晚熟品种可贮2~3个月,椪柑(中、北亚热带产)可贮3~4个月,脐橙可贮2个月左右,锦橙可贮3~4个月,沙田柚可贮4~5个月,晚白柚和矮晚柚可贮3~4个月,柠檬可贮4~5个月。贮藏保鲜期之长短,既要根据品种的耐贮性,更应着重市场的需求,做到该售就售,决不惜售。

(二)影响果实贮藏保鲜的因素

影响果实贮藏保鲜的因子很多,主要有4个方面的因素。

1. 种类和品种 柑橘种类、品种不同,贮藏性各异。如沙田柚、柠檬等高糖、高酸的品种耐贮,温州蜜柑中普通温州蜜柑较早熟温州蜜柑耐贮。

2. 砧木 柑橘的砧木不同,贮藏性各异。砧木对嫁接后的柑橘果树生长发育、环境适应性、产量、果实品质、贮藏性和抗病性等方面都有影响。有试验表明,甜橙以枳、红橘作砧木的果实耐贮性好。先锋橙贮藏中显现褐斑(干疤)最轻的是枳砧,甜橙砧居中,宜昌橙砧较重。枳作为温州蜜柑砧木,果实耐贮藏。

3. 树龄、树势 树体生长、结果不同,贮藏性各异。

(1)树龄 通常青壮年树比幼龄树、过分衰老的树所结的果实耐贮藏。

(2)长势 长势健壮树结的果实比长势过旺的树所结的果实耐贮藏。

(3)结果量 结果过多,肥水跟不上,果小色差,果实的耐贮性也差;结果少,因大肥大水,果虽大,但味淡色差的果实,也不耐贮藏。

(4)结果部位 同一株树,不同部位所结的果实,耐贮藏性有异。通常向阳面果实比背阴面果实耐贮性好,顶部、中部和外部所结的果实比下部、内膛所结的果实耐贮藏。

4. 栽培管理 栽培技术不同,贮藏性各异。

(1)修剪、疏花、疏果 经修剪、疏花、疏果留下的果实,因通风透光条件改善,营养充足,果实充实、品质好,耐贮藏。据日本报道,疏果后贮藏的温州蜜柑较不疏果的耐贮,贮藏中果实腐烂率疏果的果实为10%,不疏果的果实高达27.1%。

(2)合理施肥 合理施肥的能增加果实的贮藏性。通常施氮的同时多施钾肥,果实酸含量提高,贮藏性增加;反之施氮肥时少施钾肥,果实的贮藏性降低。

(3)科学灌水 凡根据果树需要进行灌溉的柑橘园,果实品质和耐贮性好。但果实采收前2~3周若灌水太多,会延迟果实成熟、着色差,果实不耐贮。

(4)采前喷药 采前喷允许的生长调节剂、杀菌剂或其他营养元素的可增强果实的耐贮性。

(5)采收质量 采收质量高,果实耐贮。

(6) 装运条件　装载适度、轻装轻卸、运输途中不使果实震动太大而受伤,可使果实保持完好而耐贮。

5. 环境条件　环境条件不同,贮藏性各异。环境条件主要是气温、光照、雨量等。

(1) 温度　温度,尤其是冬季的温度影响果实的贮藏性。冬季气温过高,果实色泽淡黄,使果实贮藏性变差;反之,冬季连续适度的低温,可增加果实的贮藏性。

温度对果实贮藏保鲜效果的影响最大,因其直接影响果实的呼吸作用和微生物的活动能力。果实呼吸作用在一定温度范围内,随温度的升高而增强。温度越高,呼吸作用越大,消耗的养分越多,果实的保鲜时间就越短。此外,微生物的活动能力,在一定温度范围内,也随温度的升高而加快。常温保鲜的果实,开春后易腐烂,风味变淡,主要是果实呼吸加强和微生物的活动加快所致。温度过低也会引起对果实的伤害。

(2) 湿度　影响贮藏保鲜果实的水分蒸发速度,湿度大,果实失水少;湿度小,果实失水多。一般柑橘果实含 85%～90% 的水分,保鲜湿度过低,果实会失水过多而引起萎蔫,既损耗大,又影响外观、内质。

(3) 气体成分　气体成分与果实贮藏保鲜关系密切。氧气为果实正常生命活动必不可少的重要条件,在有氧的情况下,果实进行正常的有氧呼吸;氧气不足的情况下,果实进行不正常的缺氧呼吸,不仅产生乙醇,使果实变味,而且产生同样的能量,比正常的有氧呼吸消耗的营养物质多得多。故贮藏保鲜场所应适当通风,使氧气和二氧化碳适宜。有时为了延长果实的保鲜期用提高二氧化碳的浓度来降低果实的呼吸强度,但浓度不能超过一定的范围,否则会产生生理性病害。通常情况下,柑橘果实贮藏氧的浓度不低于 19%,二氧化碳的浓度不超过 2%～4%。

(4) 环境消毒　贮藏场所、包装容器、运载工具等都要消毒,以免造成对贮藏果实的污染。有人对来自同一果园的甜橙进行环境条件消毒与不消毒的对比试验,果实贮藏保鲜 105 d,环境经消毒处理的果实腐烂率 7%,未经消毒处理的腐烂率 14%。无公害柑橘果实贮藏环境,严禁有污染源,不允许果实在贮藏保鲜过程中出现再污染。

三、柑橘贮藏保鲜场所

柑橘果实贮藏场所有常温贮藏库和冷库之分。常温贮藏库以通风库为主。冷库主要是低温冷库。

果实在常温贮藏库贮藏,按 GB/T 10547(柑橘贮藏)规定执行。

冷库贮藏,应经 2～3 d 预冷,达到最终温度:甜橙 3℃～5℃、宽皮柑橘类 5℃～8℃、柚类 8℃～10℃,保持在库内的相对湿度:甜橙 90%～95%,宽皮柑橘及柚类 85%～90%。

四、柑橘贮藏保鲜技术

柑橘果实的贮藏保鲜技术有采后贮藏保鲜和留树贮藏保鲜之分。采后贮藏保鲜有药剂保鲜、包薄膜保鲜和打蜡(喷涂)保鲜等。

(一)采后贮藏保鲜

1. 药剂保鲜 所有保鲜药剂必须是无公害柑橘允许的,不许用2,4-D。

2. 薄膜包果 薄膜包果可降低果实贮藏保鲜期间的失重,减少褐斑(干疤),果实新鲜饱满,风味正常。此外,薄膜单果包果还有隔离作用,可减少病害发生。

目前,薄膜包果常用0.008～0.01 mm厚的聚乙烯薄膜,且制成薄膜袋,既成本低,又使用方便。

3. 喷涂蜡液 喷涂蜡液,可提高果实的商品性。一般喷涂蜡后在30 d内将果实销售完毕。

4. 气调保鲜 气调贮藏技术是国际公认的最好贮藏方法之一,同样适用于柑橘果实保鲜,其优点是保持柑橘果实的新鲜品质效果显著,可使果实保持好的风味、香气和营养成分,减少果实的腐烂损耗,抑制能使果实老化的生理病害发生。但建标准的气调库设施昂贵,技术严格,耗能大,从而使果品成本倍增,较难广泛应用。我国浙江省常山天子胡柚公司建的气调库,在胡柚贮藏保鲜中发挥了好的作用。

5. 其他方法

(1)松针保鲜法 松针又称松叶,有抗菌杀虫、延缓衰老的作用。用于保鲜柑橘要求采集新鲜不沾水、洁净无枝梗的松针。按松针、柑橘分层依次装入容器,摆放整齐,顶层覆盖松针2 cm厚。置于常温室内贮藏,保鲜至翌年3月好果率在85%以上。此方法常在松针资源丰富的山区采用。

(2)高良姜保鲜法 中药高良姜汁液涂果,防腐保鲜效果好。其方法是:按1 000 kg果实配用高良姜干品1 kg,切碎加水10 L熬煮45 min,得汁液7 kg,然后加入漂白虫胶1.5 kg和水3～5 L的溶解液搅匀,将混合液趁热过滤,冷却后涂果。果实涂抹药液后摆放在阴凉通风处,待果面药液晾干即可装入洁净容器内,放进阴凉通气的室内,适时调节温、湿度。贮藏90 d后,果实外形饱满、色艳味醇,好果率可达90%以上。

(3)植物炭保鲜法 取木炭或竹炭50%、亚氯酸钠25%、硫酸亚铁15%、氧化锌10%,混合粉碎后过筛,加少量水拌和,制成直径5 mm的炭粒,干燥后即成保鲜剂。用纸或布等透气性材料将保鲜剂分装成10～20 g的小袋。然后按柑橘重量3%的用量,将炭粒袋与果实一同装入容器或贮藏室,不仅能分解乙烯、醇、醛等有害物质,抑霉防腐,且对果实无毒无副作用。

(4)臭氧保鲜法 臭氧有杀菌、防臭、防霉和减少果蔬新陈代谢活动的功效,可采用空气放电技术获得。将柑橘装入容器,放进普通库房内合理堆垛(每m³空间贮果130 kg)。然后使用电压220V、功率30W的小型空气放电保鲜机悬挂或壁挂室内,启动该机通过高压放电,使室内空气中的氧形成臭氧,每天工作 90 min,果实保鲜贮藏期可达 90 d。

(5)沼气保鲜法　沼气贮藏柑橘是一种潜在的贮藏方法,有开发前景。沼气是一种混合气体,非氧成分含量较高,其中甲烷占 55%~70%,二氧化碳占 25%~40%,充入密闭的贮藏装置,可降低贮藏环境中的氧气浓度,从而抑制果实的呼吸作用,蒸腾作用降至最低,而又不会因窒息发生生理病害。减缓果实新陈代谢,又能控制真菌等的生长、繁殖。进而达到降低防腐保鲜的目的。

(二)留(挂)树贮藏保鲜

柑橘留(挂)树贮藏保鲜,在柑橘早、中、晚熟品种不能周年均衡应市的情况下,不失为可采取的措施。实施时应注意以下几点。

1. 防止冬季落果　为防止冬季落果和果实衰老,在果实尚未产生离层前,对植株喷施 1~2 次浓度为 10~20 mg/kg 的赤霉素,间隔 20~30 d 再喷 1 次。

2. 加强肥水管理　在 9 月下旬至 10 月下旬施有机肥,以供保果和促进花芽分化。若冬季较干旱,应注意灌水,只要肥水管理跟上,就不会影响柑橘翌年的产量。

3. 掌握挂(留)果期限　应在果实品质下降前采收完毕。

4. 防止果实受冻　冬季气温 0℃ 以下的地区,通常不宜进行果实的留(挂)树贮藏。

5. 避免连续进行　一般留(挂)树贮藏 2~3 年,间歇(不留树贮藏)1 年为好。

第九章　柑橘加工及综合利用技术

进入21世纪以来,我国柑橘生产、柑橘加工业经历了巨大变化。我国的糖水橘瓣罐头取代了日本"罐头王国"的地位,成为全球的主要供应商。柑橘汁、柑橘饮料业也加速发展,柑橘的综合利用也有了良好的开端。所有这些都以柑橘加工及综合利用技术体系为支撑。今后,随着我国柑橘产业的持续发展,柑橘加工及综合利用技术的开展更显重要。本章主要介绍:不同柑橘加工制品的原料、柑橘(橙)汁加工技术、柑橘果汁和果汁饮料加工技术、糖水橘瓣罐头加工技术、柑橘其他加工制品加工技术、柑橘加工副产品及综合利用技术、以及柑橘加工制品的质量检验。

第一节　柑橘不同加工制品的原料

柑橘果实作为原料,不同的品种可加工橙汁、糖水橘瓣和其他加工制品。不同的加工制品有不同的加工品种和不同的要求。

一、柑橘(橙)汁原料品种

巴西、美国是世界上橙汁的两大主产国。巴西以佩拉甜橙、哈姆林甜橙、纳塔尔晚熟甜橙和伏令夏橙为榨汁的主栽品种;美国以晚熟的伏令夏橙为主,与早熟的哈姆林甜橙、早金甜橙、帕森布朗(Parson Brown)甜橙、中熟的凤梨甜橙等品种组合,均能保证1年有7个月以上的榨汁季。

我国甜橙的主栽品种很多(见品种介绍),适宜加工橙汁的品种主要有哈姆林甜橙、早金甜橙、冰糖橙、锦橙及选优品种北碚447锦橙、铜水72-1锦橙、开陈72-1锦橙、渝津橙、蓬安100号锦橙、中育7号甜橙、先锋橙、渝红橙、特洛维他甜橙、伏令夏橙、奥灵达夏橙等。此外,雪柑、化州橙等也适宜加工橙汁。

目前,我国种植的脐橙品种有数十个,脐橙主要用于鲜食。加工橙汁出汁率低于其他甜橙,且因其果汁中易产生的后苦也使其不适宜加工橙汁。其苦味与葡萄柚的苦味物质柚皮苷(Naringin)、酸橙的苦味物质新橙皮苷(Neohesperidin)不同,系果实榨汁后柠檬苦素(Li-monin)的前体物质转化为呈苦味的柠檬苦素所致。因人们能感觉出苦味,通常脐橙不用于直接榨汁,但也有用来与其他低柠檬苦素的品种果汁生产混合汁。

血橙一般用作鲜食,因花青苷遇空气极易氧化变为褐色,影响橙汁的色泽和风味,通常不用于制汁。

二、橘瓣罐头原料品种

普通及中晚熟温州蜜柑适于加工糖水橘瓣罐头,也有用于榨汁,与甜橙汁配制成混合柑橘汁。优质中晚熟温州蜜柑的主要品系详见表9-1。

表9-1 优质中晚熟温州蜜柑的主要品系

品系	来源	树势	果形	单果重量(g)	可溶性固形物含量(%)	成熟期
宁红	浙江	中	扁平	75	12.0	11月上中旬
海红	浙江	强	扁圆	100	12.1	11月上中旬
涟红	湖南	强	扁圆	80	12.4	11月上旬
邵阳尾张	湖南	强	高扁圆	128	13.0	11月中下旬
寻乌1-1-9	江西	强	扁平	75	12.5	11月中旬
青岛	日本	强	扁平	135	12.0	11月上中旬
寿太郎	日本	强	扁平	110	12.5	11月下旬
金峰	日本	强	扁平	135	12.5	11月中下旬
今村	日本	强	扁平	130	12.5	11月下旬
十万	日本	较强	扁平	110	12.5	12月上旬
大津4号	日本	较强	扁平	125	12.5	11月中下旬
南柑20号	日本	中	高扁圆	120	12.5	11月上中旬
丹生	日本	强	扁平	115	12.5	11月上中旬
纪国	日本	强	扁平	115	13.0	11月中下旬
爱媛	日本	略强	高扁圆	130	12.8	11月上旬

三、柑橘其他加工制品原料品种

(一)葡萄柚和柚

葡萄柚既可鲜食,也宜加工。美国佛罗里达州主栽品种马叙无核,鲜食和榨汁均宜,但以鲜食为主。邓肯是有核品种,几乎全部用于榨汁。葡萄柚我国很少种植。

柚,果大,果肉晶莹脆嫩,风味独特,营养丰富,系鲜食品种。但其果实白皮层较厚,富含果胶、膳食纤维等,可提取果胶和膳食纤维等。

(二)柠檬(含来檬)

柠檬是世界上仅次于甜橙和宽皮柑橘的主要种类。全球柠檬年总产量1 000万t左右,主产国墨西哥、阿根延、巴西、美国、西班牙等。近10多年来,世界柠檬产量增加了近1倍。我国栽培柠檬不多,主要在四川安岳,重庆万州和云南的德宏州等地。柠檬可鲜销,但因其有高含量的柠檬酸和香精油,多用于加工提取。

四、影响加工制品的相关因子

柑橘加工制品之所以深受人们的喜爱,是因为它真实的反映了柑橘果实特有的色、香、味和营养价值。也就是说,用于加工的果实特征、质量直接决定了加工制品的特征、质量。

(一)品种的特征特性

柑橘品种并不都适宜加工。用于加工的品种一般要求是丰产、稳产、抗逆性强,易于栽培,果实色泽鲜艳,风味浓郁芳香,糖、酸和维生素含量高,可食率高,无核或少核,加工适应性好。当然,不同的加工产品又有各自的特殊要求,用于制糖水橘瓣罐头的果实,要求中等大小或稍小,皮薄易剥,囊衣易脱,囊瓣整齐,呈半圆形,组织紧密,果肉色泽鲜艳,嫩而不软,原料损耗率低。就我国现有的柑橘品种而言,以温州蜜柑品种群中的一些品系最能满足这些要求。其中有20世纪70年代选出的罐藏良种成凤72-1、涟红、宁红、海红、寻乌1-1-9以及宫川、兴津、林、南柑20号等温州蜜柑;其次,本地早也适作罐头,尤以新选育的新本1号(即黄岩少核本地早240)和黄斜3号等为佳。尽管红橘加工橘瓣质量不如温州蜜柑和本地早,但因目前红橘总产量多,仍有相当数量用作加工罐头的原料。红橘囊瓣组织较疏松,一般只能做成半脱囊衣产品,食用时有不化渣之感。红橘的瓣形和果肉色泽都不如温州蜜柑美观,风味也较淡,种子较多,肉质较粗,惟香气较温州蜜柑浓。今后应大力发展温州蜜柑罐藏良种,以逐步取代红橘。

制汁要求果实出汁率高,可溶性固形物高,果汁色泽鲜艳、芳香,风味浓郁,甜酸适口,无苦涩等异味和浑浊度稳定等,适宜用作制汁的品种见前述。

提取香精油则要求果实出油率高,油质特别芳香,如巴柑檬和柠檬等。制取果胶要求果实皮渣中的原果胶和果胶含量高,如柠檬、枸橼和柚类等。选育和发展不同成熟期的加工良种,是一个重要方面,只有早、中、晚熟的品种配套种植,才能有原料保证,延长加工期,提高人力和设备的利用率。

(二)栽培管理和果实质量

柑橘果实品质除了主要决定于品种的固有特性外,还与栽培管理、果实成熟度和完好度有关,与气候、立地条件有关。栽培管理以及砧木的选用等,不仅影响产量,而且影响品质。如气温过高的地区,果大皮粗,风味淡泊,滥用氮肥可使果实可溶性固形物下降;用枳作温州蜜柑和甜橙砧木,有利于提高果实的品质。所以,良种必须用良法栽培,才能获得优质丰产。柑橘果实在生长发育期发生一系列的生理、生化变化,果实风味最佳时,则是在充分成熟的阶段,特别是柑橘果实基本不含淀粉,无后熟现象。因此,品质最佳之时,则是果实在树上充分成熟之时。适时采收与加工制品的质量关系密切。对于汁用果实,一般要充分成熟,因此时的可溶性固形物和果汁达最高峰。而制作糖水橘瓣罐头的果实只要求8~9成的成熟度,这样,囊瓣组织紧密,质地细嫩而不软烂。加工用果实除宜用加工适应性好的品种果实外,还要求果实有好的质量,那种认为加工是解决残次、落果、等外级果利用的看法都是片面和错误的。只有保证优质原料的供应,才能真正取得最佳的加工效益。

(三)果实的采收和贮存

加工厂在采收季节到来之前应与果园联系,了解果实成熟情况,合理安排采收日期。一般根据果实色泽、可溶性固形物、糖酸含量、糖酸比值、固酸比值来判断成熟度。一些国家,如美国甚至立下柑橘法规,规定成熟标准和采收期,违者依法论处,以保证果实质量。成熟的果实应及时采收,采收要仔细,尤其是需要贮藏一段时间加工的果实,更应细心采收和运输,以免损伤果皮,导致微生物侵染。加工厂在收购果实时,应根据果实质量分级论价,就其内质而言,最简单的方法是用果实的可溶性固形物的含量,即每千克果实的白利糖度(°Brix)来计价,这不仅有利于降低加工产品的成本,保证质量,而且可促使果农发展优良品种和适时采收。运进厂的果实应先经检选、剔除杂物、枝叶、碎屑、伤病虫果等,并根据品种及其来源和成熟度的不同,分别存放、标记清楚,测定糖酸含量,供加工时调配参考。加工厂应根据加工能力和原料来源,设置一定容积的简易贮果场所,使果实贮于低温阴凉通风的环境中。贮藏果应可供加工 3~5 d,以保证生产的连续进行。

(四)果实的清洗和分级

柑橘果实从开花发育至成熟采收,一般要经过半年以上时间,在此期间会受到环境中尘埃、病菌、害虫和农药的污染。在采收、运输和贮藏过程中,又会受到器械、容器和人为的污染。因此,在加工之前必须严格清洗干净。目前,都采用水洗法清洗。水洗法包括浸洗和喷洗。浸洗是在水池或水槽中把果实浸泡一定时间,使表面黏附的污物松离,浮溶于水中,随水排除。为了增强浸洗效果,可在水槽中安装搅动装置或通入压缩空气,使水中果实翻滚,发生轻微摩擦,使污物脱离果面。喷洗是在条形传送装置上,安装在传送带上方,也可安装在两侧,甚至可安装在网状带下方,以不同角度喷水洗冲果实。采用小水量高压力比用大水量低压力的洗涤方法效果好,且节省用水。果实先经浸洗后再行喷洗,效果更好。若在浸洗和喷洗之间加刷洗,效果最佳。刷洗也大都由刷洗机进行。在清洗时还可以加入专门的洗涤剂,以增强洗涤效果。

果实的分级一般用机械进行,有按体积分级和重量分级 2 种方法,以前者更为普遍。体积分级机有分级筛和滚筒带 2 种。分级筛由多层筛板组成,各层筛孔直径根据加工产品的规格或榨汁机的要求确定,由上而下按级缩小孔径,果实则由大到小分留各层筛,并被送出归类。滚筒带分级由滚筒之间的间隙,按分级要求从小到大排列,这样果实由小到大从滚筒传送带间隙落下,被分送出归类。重量分级可根据杠杆原理用机械进行,或者采用不同浓度(即比重)的盐液进行。还有一种更先进的分级机,装有电子眼,除可随意按体积或重量分级外,还可根据果实的颜色来分级。

分级的要求是根据加工的目的和工艺来确定。例如用于制作橘瓣罐头的果实,要求按果径 4 cm 以下、4~6 cm 和 6 cm 以上分成几个不同档次。用作果汁的果实,则根据榨汁机而异。若选用 FMC 全果榨汁机榨汁,需要事先按大小分级,分送相应配比的榨汁机,这样才能获得更高的出汁率;若选用轧辊式榨汁机、螺旋榨汁机、离心榨汁机或打浆机榨汁,则不需按大小分级。但榨汁前要除去果皮中的香精油,或者剥去果皮,不然皮精油榨入果汁,影响果汁质量。

第二节 柑橘(橙)汁和柑橘果汁、果汁饮料加工技术

一、柑橘(橙)汁加工技术

柑橘汁占整个柑橘加工产品的 90% 左右,其中以甜橙为原料制成的橙汁最受消费者欢迎。在柑橘汁中,橙汁产量居首,约占 85% 左右,其次是葡萄柚汁,再次是宽皮柑橘汁。柑橘汁有原汁、浓缩汁、NFC(非浓缩)汁等。

(一)柑橘原汁

柑橘原汁生产的工艺流程是:

原料选采运 → 原料卸载 → 检选 → 贮存 → 洗果 → 分级 → 榨汁 → 精制 → 调配 → 脱气 → 巴氏杀菌 → 果汁罐装 → 密封 → 冷却 → 装箱 → 成品

通常采用去皮压榨、锥汁压榨和全果压榨等方法。

1. 柑橘原料选采运

(1)原料要求 柑橘原料的质量直接影响果汁品质。加工果汁的柑橘果实应具有以下品质。

①原料果应新鲜良好,果汁色泽稳定。

②原料果成熟适度,多汁、香味良好。

③果汁糖含量、出汁率高,酸度适度。加工 NFC(非浓缩)汁的甜橙、红橘的果汁可溶性固形物 $\geqslant 10°Brix$,固酸比 $\geqslant 13$。

④果汁柠檬碱等苦味物质含量少。

⑤原料果无异味,无病虫害和机械伤所引起的腐烂现象。

(2)原料果采收 柑橘原料果的采收,是柑橘果汁加工的最初一环,采收期对果汁的产量和品质有着密切的关系,只有适时采收,才能获得良好的果汁品质。

采收是季节性很强的工作,必须及时完成才能得到良好的效果,否则就会造成不应有的损失。果实采收前,深入果园调查研究,制定出合理的采收计划。

柑橘的采收操作可由人工采收或机械采收。目前,我国的柑橘果园采用人工采收。人工采收需准备好合适的采果容器。采果应尽量减少果实碰伤。国外,用于加工原料的柑橘多用机械采收。

柑橘采收前,避免灌水,还需注意气候条件。阴雨、露水未干或浓雾时采果会使

果皮细胞特别膨胀,易造成机械损伤,且果实表面潮湿,易导致病原微生物侵染。晴天的中午或午后采果,果实温度过高,田间热不易散发会促进果实腐烂而造成损失。采收应在晨露已经消失,天气晴朗的午前进行。

(3)原料果装运 原料果采收后直至运到工厂进行加工前,中间的处理和经过是否合理常会明显影响加工果汁的质量和经济效益。在此期间尽量设法减少原料果的损伤和污染,避免引起大量腐烂和品质败坏。运输柑橘加工果,常直接采用汽车装运。装柑橘加工果的车辆需清洁、卫生,禁止运输泥沙、水泥、石灰、煤等受污染未经清洗、消毒的车辆装运柑橘加工果。车辆装运柑橘加工果宜适度,通常装甜橙的高度不超过 1.3 m,红橘的高度不超过 1 m。

2. 原料果的挑选 柑橘在采收、运贮过程中,受到机械伤而未及时加工,常易引起腐烂。腐烂果进入果汁,将严重影响果汁品质,增加果汁的苦涩味,同时影响果汁灭菌效果。因此,原料果应进入选果台,人工挑选,剔除严重机械损伤果、腐烂果、全青果、病虫危害等不合格果实。

3. 原料果短期贮存 原料果采下后作为加工原料,由采购到加工之间的时间愈短愈好,最好不超过 24~48 h,气温愈高则时间停留宜越短。为了延长加工季节,保证产品质量,原料果进厂拥挤时,需要有一定数量的原料果贮存待用。这种贮存一般时间比较短,但也要注意原料的安全。贮存的地点应选阴凉、通风,不要靠近热源。装箱堆码要利于空气流通,并在贮存之前设法使原料果降温散热。

原料果贮存常采用冷藏、气调贮藏、减压贮藏。

4. 原料果的清洗 柑橘在生长成熟期间及从采后的运贮中,受到自然环境的污染、病虫害的传播、农药的残留和杂质的混入,或因容器不清洁、微生物繁殖、都会危害加工产品的质量。加工前,必须对柑橘进行清洗。柑橘榨汁前常采用喷淋式滚动刷洗方式清洗,以清洗果面泥沙、灰尘等污物,保证原料果表面洁净。

5. 原料果分级 原料果进入榨汁机前,需进行分级,以适宜榨汁机榨杯尺寸,有利于提高果实的出汁率、出油率。

6. 榨汁 柑橘榨汁设备较多,最早的用具主要是人工操作,而后由半机械到全机械生产。红橘早期取汁,由人工剥去橘皮,利用打浆机打浆取汁。

随着生产的发展,大规模生产都采用完全自动化的榨汁机,如 FMC 榨汁机、布朗(Brown)榨汁机,能将果汁与果皮完全隔离,大大地减少与空气接触的机会,果汁不易受到污染,对果汁的质量有更好的保护作用。

柑橘果实经 FMC 榨汁机压榨,将果实分离出果汁、果皮、果核和皮渣、油水混合物 4 部分,然后采用不同的加工方式制得不同的产品。

7. 果汁精制分离 原料果初次压出的果汁中含有较粗的渣质碎肉、不成熟的种子、破碎的种子、碎皮渣。这些碎物影响果汁品质,需经分离器除去,再经螺旋型精制机制得果汁、果肉。

8. 调配 调配主要包括两项:一是调整果实的糖酸比、色泽、香气等。虽然这在果实榨汁前可以根据其检验结果把不同品种特性和品质的果实混合搭配,再行榨汁,但是在某些情况下难以做到,而在榨汁精制后调配却较易于进行。调配后的果汁即为混合果汁。在美国,常在色泽较浅的哈姆林橙汁中加入色泽较深的伏令夏橙汁。宽皮橘汁色泽较深,也可掺入到色泽浅的橙汁中去,但宽皮橘汁不耐贮存,时间久了易变风味,因而在混合汁中宽皮橘汁不宜超过10%。二是根据成品果汁的特殊需要投放添加剂。如糖、酸、香精、增浊剂、营养物质和防腐剂等。调配一般都在带搅拌器的搅拌桶中进行,并且一定要搅拌均匀。

9. 脱气 果实组织中含有较多的空气,在加工过程中又有空气混入果汁。空气中的氧破坏维生素、色素和香气,尤其是在加热杀菌和贮藏的过程中会造成更大的损失。因此,果汁在杀菌之前,要尽可能排除果汁中的氧气。脱气即脱氧。脱气有真空法、氮气交换法、酶法和抗氧化法,其中最方便而常用的是真空法。真空法是在真空度为9万Pa~9.3万Pa(680~700 mm汞柱)的真空室中,使果汁呈薄膜状或细雾状流入,由于减压,溶于果汁中的空气不断逸出,以达到脱气的目的。

在脱气的同时,也可起到脱油的作用。果汁中,精油含量不宜超过0.035%。若精油含量过多,一些α-宁烯因受酸的作用而转化为4-桉树脑,在贮存过程中使果汁变味。

10. 杀菌 一般在70℃以上,即可杀死果汁中的腐败菌。但还应考虑其他因素,例如果胶的存在容易造成果汁的浊度损失而引起分层,为此,杀菌时可选择适宜温度,同时使果胶酶失去活性。果胶酶失去活性的温度,因品种而异,一般高达85℃~99℃。另一方面,柑橘汁对热敏感,较长时间的高温处理不仅造成果汁中的维生素C损失,而且使其香气和风味变差。因此,一般采取高温瞬时法,即所谓的巴氏杀菌法灭菌杀酶,以保持果汁的品质。高温瞬时法的灭菌公式是30~60 s/90℃~95℃。热效率高的板式或管式灭菌器是实现这一目标的最佳选择。

近来,日本以及别的一些国家的学者研究采用高压法杀灭微生物,同热杀菌相比,这种处理的优点在于对果汁的成分、色、香、味几乎没有破坏。但缺点是不能同时使酶完全钝化。当采用30.4万~40.5万Pa(3 000~4 000大气压)灭菌10 min后,果汁能在常温下保存,能达到商业上无菌的目的。当升压到60.8万Pa(6 000个大气压)灭菌,果汁中无残留细菌孢子。如能适当升温加压灭菌,效果会更好。如温州蜜柑汁用45℃、40.5万Pa灭菌效果最好。当温州蜜柑汁用60.8万Pa处理10 min,酶活性残存34.7%,可见,高压灭菌很难使酶失活。高压灭菌的果汁(40.5万Pa,10 min)在室温下保存,随时间延长,果汁上层浑浊性逐渐变差,果汁中果胶的甲酯化度下降,这反映了加压处理果汁中残存的果胶酯酶在起作用。这是高压灭菌新技术尚需解决的一个问题。

11. 装罐 灭菌后的果汁,应尽快冷却装罐。过去是趁热装入铁罐后快速冷却至40℃,即热装罐。目前都采用无菌包装法,即利用板式换热器把杀菌后的果汁速冷至40℃以下,在无菌的条件下立即灌入消过毒的包装容器中,直接运销市场,或放入冷库临时贮藏。不加防腐剂的甜橙原汁，无菌装罐后在冷藏条件下运销市场，保存期只有 15 d 左右，但很受消费者欢迎，不过，这要求很高的杀菌灌装卫生条件和冷链运销。

(二)柑橘浓缩汁

浓缩汁的一般工艺流程是：

原料→贮存→洗净→选果→榨汁→离心→脱气、瞬间杀菌→浓缩→冷却(4℃～5℃)→冷冻(-8℃～-4℃)→装填→≤-18℃冷冻贮藏

浓缩汁生产工艺与原果汁(纯果汁)不同之处是必须使果浆含量尽可能的少。因为果浆含量多，不仅使高黏度果汁浓缩效率降低，而且易引起焦化等现象。再是生产浓缩汁，须在瞬时杀菌以后进行浓缩。

果汁浓缩后可大大降低包装、运输和贮藏成本，方便销售和消费，但果汁浓缩过程中会损失糖、酸、维生素、香气和色泽，使浓缩汁加水稀释复原后与原汁品质有异。因此，浓缩过程中应尽可能减少果汁中有效成分的损失。为保持浓缩汁稀释后的品质，改变过去沿用开口锅加热蒸发果汁水分的落后方法，采用冰(冷)冻浓缩、真空浓缩和膜浓缩。

1. 冰冻浓缩　在低温条件下，由于果汁中的水分比内含物的冰点高得多，率先凝结成冰粒，被分离排出，剩下的即成浓缩物。这样能很好地保存原汁中的营养、香气和风味物质。缺点是果汁中分离出来的冰粒不可避免地要黏附一些果汁内含物，导致一些损失，浓缩程度有限，一般最高达到 50°Brix，能耗较高，投资较大，因此成本相应较高。这些有待技术改进和完善。

冰冻浓缩主要由结晶和分离 2 个步骤构成。结晶又分直接冷却结晶和间接冷却结晶 2 种，其区别仅在于冷却器是否直接与被浓缩物接触。无论哪种方式都要注意促进冰粒的形成和生长，既要使冰粒在循环冷却中生长，又要及时排出已长大的冰粒。通常冰粒可长到直径 15～30 cm。最好是采用多级冷却结晶。即将结晶了 1 次的浓缩汁送入高 1 级浓度的结晶室，使其浓度不断提高。尽管在高浓度下冰晶生长要慢一些，但总的说来，多级结晶率比单级结晶率要高，效果要好。冰粒可用除晶机、离心机或柱清洗机排出。有一种 Grence 柱清洗机可使排出的冰粒中的可溶性固形物含量不超过 10 mg/kg，生产能力可达到每小时排冰粒 10 t。

2. 真空浓缩　真空浓缩是利用压力降低时，果汁沸点也相应降低，使所含水分蒸发加快的原理。也就是说，在减压的条件下，40℃～60℃时，可迅速蒸发掉果汁中的水分。这样的短时低热基本上不会损失果汁的有效成分。唯一的弊端是果汁中易挥发的香气成分，很易同水分一起蒸发掉。因此，高档的蒸发器一般都带有香气回收装置，把回收到的水溶性香精油重新加入到终端浓缩产品中去，从而解决了此弊端。真空浓缩设备的种类很多，老式的有夹套式、排管式和旋管式真空浓缩锅，这类设备的热效率低；新式的有强制循环式、降膜式、升级式、搅拌式、刮板式和离心薄膜式蒸发器，这类设备热效率高。

3. 膜浓缩 这是近 40 多年才发展起来的一种新技术,其原理是利用高压泵产生的压力(一般为 490 万～981 万 Pa 或 50～100 kg/cm²),迫使果汁中的水分渗透过半透膜而被排除。这种膜一般只能透过小分子量化合物,如水分子。一般来说,这项技术无须加热,能耗低,产品质量高,能保证新鲜果汁的色、香、味和营养物质截留在浓缩汁中,已开始在生产上应用。

(三)柑橘 NFC(非浓缩)汁

NFC 汁的加工工艺流程绝大部分与原汁相似,其工艺流程是:

原料→榨汁→精滤→冷却→热交换(机)→预热→脱气→热处理→冷却→无菌贮藏→无菌罐装→NFC 汁

NFC 橙汁是品质更优的橙汁,对原料的要求较高。且生产的无果浆等冷凉橙汁可直接送入无菌的贮藏系统,也可贮藏在小的无菌包装和运输容器中,如 10 t 果汁容器。罐装前容器须清洗和杀菌,果汁经脱气、热处理和冷却,然后导入无菌罐中。热处理程度与果胶酯酶的活性及微生物的稳定性有关,要求完全钝化果胶酯酶,以防产品发生澄清现象。典型的处理方法为 90 ℃～96 ℃、5～15 s。橙汁加入容器后,要求完全密封,且处于良好的保管之中。

为使 NFC 橙汁具有天然汁的感受,维持其良好的理化和微生物品质至关重要。因此脱气不能用化学药品,产品须严格保存在低温下,NFC 汁的所有生产单元均须严密设计。美国佛罗里达州 NFC 橙汁的主要指标,见表 9-2。

表 9-2 美国佛罗里达州橙汁 NFC 的主要指标

指标	早中熟品种	伏令夏橙
可溶性固形物含量(°Brix)	11.0～13.5	11.0～14.0
固酸比	15.0～20.5	13.5～20.5
精油含量(%)	<0.035	<0.035
底部果浆含量(%)	>12	>12
色泽(USDA)	>36	>37
风味(USDA)	>36	>36
缺陷(USDA)	20	20
感官总分(USDA)	>92	>93
微生物总量平板计数(cfu/g)	<1000	<1000
酵母总数(cfu/g)	<100	<100
霉菌总数(cfu/g)	<10	<10

(四)三峡库区柑橘浓缩汁、NFC 汁生产工艺简介

三峡库区是我国橙汁生产的重要基地,设在重庆万州的北京汇源重庆三峡果业集团有限公司和设在重庆忠县的重庆三峡建设集团柑橘有限公司和重庆美国博富文柑橘有限公司分别生产浓缩汁和 NFC 汁,其技术先进,规模之大,均居国内之首,有的已达到世界先进水平。柑橘加工浓缩汁、NFC 汁后的皮渣的综合利用,变废为宝也极有特色,如皮渣发酵加工的饲料富含蛋白质等营养,俏销市场。现简介如下。

浓缩汁、NFC 汁及综合利用的工艺流程,见图 9-1。

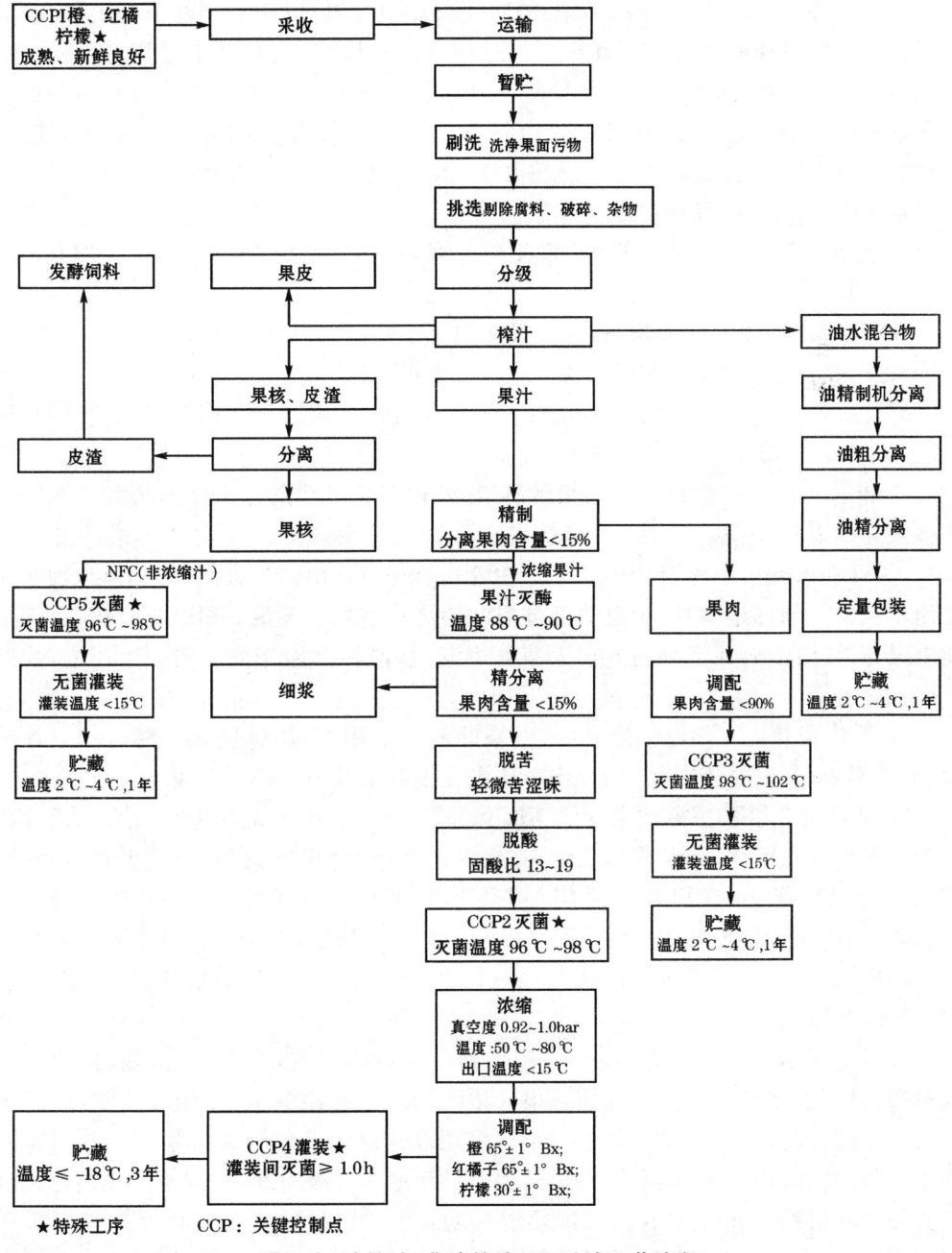

图 9-1 浓缩汁、非浓缩汁(NFC)汁工艺流程

柑橘原料果采运、原料果挑(捡)选、原料果短期贮存、原料果水洗、原料果分级、榨汁和果汁精制分离，与原汁加工工艺相同，此略。

现将果汁脱气、果汁灭酶、果汁灭菌、果汁精分离、果汁脱苦脱酸、果汁浓缩和果汁包装贮藏等工艺简介于后。

1. 果汁脱气 在果汁的加工中，需除去果汁中的氧，以避免果汁成分的氧化，减少果汁色泽和风味的变化。果汁在脱气过程中，同时能除去果汁中过量的柑橘外皮油，避免外皮油进入果汁产生不良风味。果汁脱气常采用真空法，即果汁在真空状态下分散成薄膜或雾点而脱去氧和其他气体。真空法所取的真空度为 9.1 万 Pa～9.56 万 Pa(685～711 mm 汞柱)，加热温度 51.4℃左右。在此条件下，能除去果汁中的氧及 75%左右的挥发性皮油。

2. 果汁灭酶 加工浓缩果汁，果汁粗分离后须对果汁灭酶，其作用主要包括 2 个方面。

其一，纯化果汁中的果胶酶，增加果汁的稳定性，保持果汁浑浊度。

其二，及时杀灭果汁中的微生物，防止微生物发酵。

果汁灭酶需采用高温短时间的瞬时巴氏杀菌，工业生产中，灭酶温度 88℃～90℃，时间 30～90 s。

3. 果汁灭菌 柑橘果汁对热很敏感，热处理不当对鲜果汁中敏感的香气和风味会被破坏或损失，柑橘果汁的杀菌愈快愈好。工业生产上采用迅速将果汁加热至 98℃，果汁在灭菌机中停留 30 s。果汁在管式热交换器中产生紊流，能迅速地加热果汁而不至发生局部过度受热，避免部分果汁的烧焦或加热不足。柑橘果肉灭菌，需控制果肉与果汁比例，保证果肉能在灭菌管道流动，使果肉能充分灭菌。生产中，控制果肉<90%。

4. 果汁精分离 果汁精分离，根据果汁的不同用途，调整进入分离机的果汁流量、排渣间隔时间、排渣时间、果汁出口压参数控制果汁里的果肉含量。

5. 果汁脱苦脱酸 柑橘果汁的不同品种加工原料，果汁品质差异较大。果汁在加工过程中受热灭菌，果汁立即变苦，直接调配成果汁、果汁饮料，消费者难以接受。因此，在加工工艺上，根据果汁的不同用途，须对果汁脱苦脱酸。柑橘汁脱苦脱酸的方法较多，在工业化生产中，常采用树脂吸附果汁里的苦味物质及果酸。

一般橙汁、红橘汁固酸比控制为 13～19，柠檬因酸度高，调配果汁饮料，用量少，常不需脱苦脱酸。

6. 果汁浓缩 原汁含水分极多，因而需包装的容器多，在贮存、运输、供应中增加费用。因此，须对原汁进行浓缩。果汁浓缩的方法有冷冻浓缩、低温真空浓缩、高速高温浓缩、反渗浓缩。目前较多的工厂采用高速高温蒸发方式浓缩。果汁在蒸发器中停留的时间非常短，生产量又快又大。果汁通过每级 1 次，时间不到 1 s，通过全程所需的时间约 1 min 左右。因加热时间短，可在蒸发器第一级和第二级所采用 93℃～100℃高温杀菌、灭酶、蒸发，以后各级温度逐步降低，最后浓缩果汁出口温度<15℃。果汁通过第一级蒸发后，通过 1 个减压阀，在低压下（92 万～10 万 Pa）闪流蒸馏出，各级重复进行，而每次的闪流蒸馏的压力都比上 1 级的低。每小时蒸发量 9 000～36 000 kg。一般橙浓缩汁、红橘浓缩汁调配为 65°Brix，柠檬浓缩汁调配为 30°Brix。

7. 果汁包装贮藏

（1）浓缩汁包装贮藏　浓缩汁常采用大铁桶，内垫 2 层塑料袋的定量包装。浓缩汁因糖度较好，若贮藏于高温冷库，果汁易产生褐变，并且影响果汁的风味。因此，要求贮藏于 -18℃以下的低温冷库里。

（2）NFC（非浓缩）汁包装贮藏　NFC（非浓缩）汁经巴氏灭菌，迅速冷却至所需的灌装温度，通过无菌灌装机，采用无菌袋，进行无菌灌装。一般无菌袋灌装温度<15℃，灌装量一般为 200 kg。果汁灌装后，于 2℃～4℃冷库里贮藏。

二、柑橘果汁、果汁饮料加工技术

（一）果汁、果汁饮料的工艺流程

柑橘果汁、果汁饮料加工工艺流程见图 9-2。

（二）柑橘果汁、果汁饮料生产工艺

1. 加工用水　水是果汁、果汁饮料调配的重要原辅料，水质的好坏直接影响成品的质量。加工生产中，将原水经过滤、软化制得软饮料水作为果汁、果汁饮料调配用水。饮料用水除符合 GB 5749 以外，还须符合软饮料用水标准的要求。

2. 原辅料　果汁、果汁饮料的主要原料为 NFC（非浓缩）汁、浓缩汁，工业生产中多采用浓缩汁。其他辅料主要有甜味剂、酸味剂、果汁稳定剂、色素、抗氧化剂、香料。随着生产工艺、设备、产品包装的改进，果汁、果汁饮料已不使用防腐剂。调配果汁、果汁饮料的甜味剂常用白砂糖、葡萄糖、果葡糖浆、蜂蜜、甜蜜素、甜味素、甜菊糖苷、安赛蜜，酸味剂常用柠檬酸、苹果酸，果汁稳定剂常用黄原胶、羧甲基纤维素（CMC），色素常用 β-胡萝卜素、柠檬黄、胭脂红，抗氧化剂常用维生素 C，香料常用柑橘芳香油分离调制而成的香精。

调配用的原辅料，必须符合相应产品质量标准，添加剂的用量必须符合"GB 2760"的国家标准。

3. 包装容器　柑橘果汁、果汁饮料包装容器较多，常采用玻璃瓶、金属罐、塑料瓶、复合纸盒、塑料膜。包装容器必须符合"GB 10790"国家标准。

4. 调　配

（1）浓缩汁解冻　生产果汁、果汁饮料采用冷冻的浓缩汁，须进行自然解冻或用解冻机强制解冻。如采用非浓缩果汁，可不须解冻，直接打开包装，按照果汁含量计算出果汁调配量。

（2）糖液制备　在化糖罐中加容积 2/3 的调配用水，加热至 60℃～80℃，加入白砂糖或其他甜味剂，搅拌使其充分溶解，经绒布、尼绒网过滤于配料罐内。

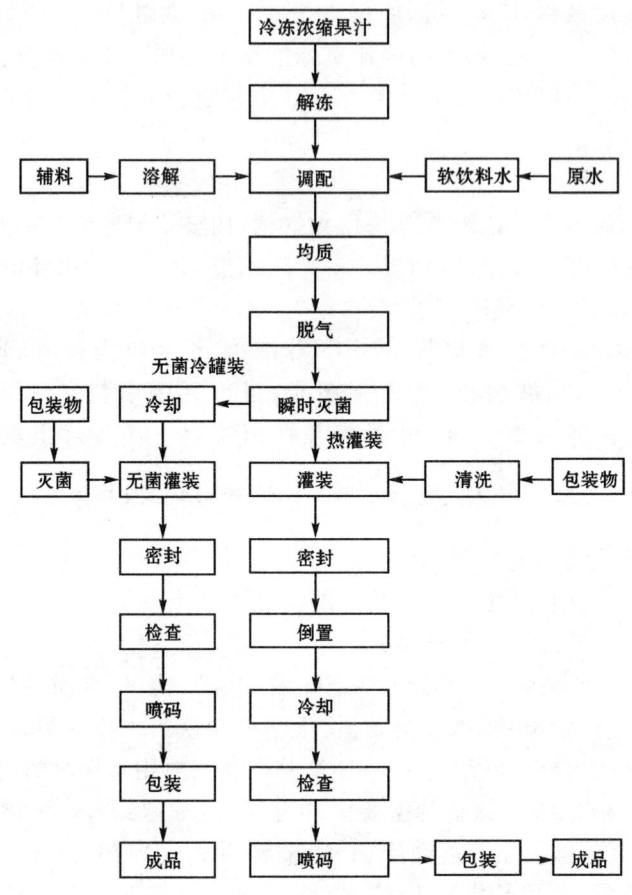

图 9-2 果汁、果汁饮料工艺流程

(3) 稳定剂的制备 称好计量果汁稳定剂,用 30～40 倍 40℃～50℃ 热水进行溶解,再经胶体磨胶磨,使其均匀无颗粒。

(4) 果汁调配 将调配用水加入配料罐,体积为定容量的 1/3,依次加入制备的果汁稳定剂、糖液、果汁,初次定容,搅拌均匀,关闭搅拌器;加入经计量溶解的色素、香料,准确定容,再次搅拌均匀;检测果汁折光、酸度、色泽、口味,使各项指标符合果汁设计标准。

5. 均质 采用高压均质机对调配好果汁在 0.2～0.3 MPa 及常温下均质,使果汁所有的粗大悬浮料受压破碎,均匀而稳定地分散于果汁中,以提高果汁的稳定性,且使果汁口感细腻滑润。

6. 脱气灭菌

(1) 脱气 经调配、均质的果汁,在灭菌前,须对果汁脱气除去氧、避免果汁氧化影响果汁品质。果汁脱气温度 40℃～50℃,真空度 $-0.5 \times 10^5 \sim -0.75 \times 10^5$ Pa。果汁脱气真空度不宜过度,过度的真空度会使果汁的香料挥发损失。

(2) 灭菌 果汁灭菌可采用片状杀菌机或管道杀菌机。果汁灭菌一般采用高温瞬时灭菌,灭菌温度 98℃～105℃,时间 30～60 s。

7. 果汁包装

(1) 果汁无菌包装 果汁无菌灌装是将果汁高温杀菌后冷却至室温(25℃左右),然后在无菌环境中灌装到无菌的包装物中并封合。无菌灌装果汁的营养成分很少被破坏,果汁颜色、口味俱佳,能有效保留果实原有的营养成分、香气。较常用包装有利乐包纸盒、康美纸盒、PET 等。无菌灌装采用专用无菌灌装机,要求设备较先进、性能可靠,能有效保证果汁的安全和品质。

(2) 果汁热灌装 热灌装是将果汁加热至 85℃～90℃后灌装到干净、非无菌的包装物中并封合,然后利用产品的温度对包装物进行杀菌,最后冷却至常温。由于果汁采用热灌装,果汁受高温时间较长,营养成分损失较大,色泽、口味也受影响,但果汁安全能得到保证。

8. 倒置冷却 果汁热灌装后,须及时封口。封口好的果汁,将其倒置平放,让加热后的果汁对包装容器顶部灭菌,一般采用循环带将热包装果汁倒置平放 60～90 s。果汁倒置灭菌,须及时冷却。如果果汁杀菌后停放的时间长而不能及时冷却,会导致果汁品质劣化。要尽可能缩短杀菌后的冷却时间,使果汁温度迅速降至 40℃以下,防止温度引起的不良影响。

9. 果汁包装标识、贮存 果汁产品包装标识需符合"GB 7118"国家标准。果汁产品运输工具必须清洁、卫生,搬运时应轻拿轻放,严禁摔撞。在贮运中,必须防止暴晒雨淋,严禁与有毒、有异味的物品混贮、混运;贮存于阴凉、干燥、通风的仓库中,不得露天堆放。

第三节 糖水橘瓣(片)罐头及其他柑橘制品加工技术

一、糖水橘瓣(片)罐头加工技术

(一)糖水橘瓣(片)罐头的工艺流程

糖水橘瓣(片)罐头加工工艺流程见图 9-3。

(二)糖水橘瓣(片)罐头生产工艺

1. 原料选择 糖水橘瓣罐头可用温州蜜柑、本地早作原料,也可用红橘加工橘瓣罐头。原料的优劣,决定罐头质量的好坏。红橘原料肉质较粗,较适宜加工罐头。加工橘片罐头,红橘需成熟适度、色泽鲜艳美观、具香味,糖分含量高,糖酸比适度,橙皮苷含量低时采收。红橘一般在全果呈橙黄色至橙红色、组织饱满、可溶性固形物达 10%～12%、果汁酸度在 0.8%～1.0% 时采收。用于制罐的红橘,要求果实直径在 50～70 mm 之间,至少要在 45 mm 以上,无机械损伤、霉变、病虫、枯萎的红橘。

2. 分级、消毒 按果实横径分级,1 级 45～55 mm,2 级 55～65 mm,3 级 65～75

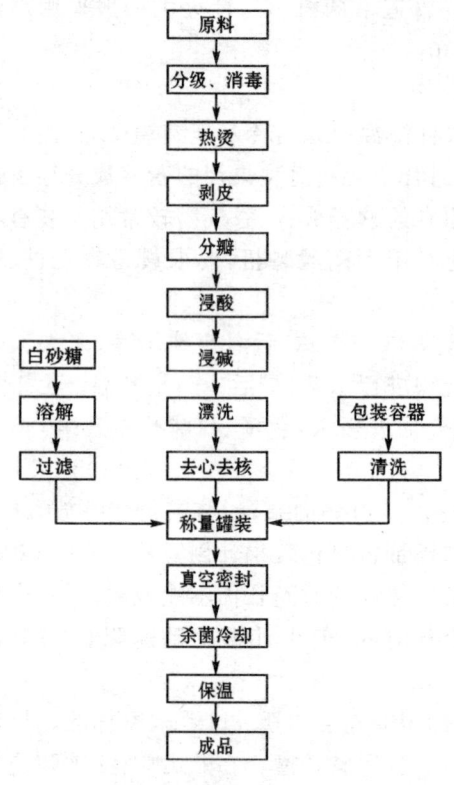

图 9-3 糖水橘瓣(片)罐头的工艺流程

mm 或 75 mm 以上。各级果实用 0.1% 高锰酸钾（$KMnO_4$）溶液或 600 mg/kg 漂白粉溶液浸渍 3~5 min。减少果实表面微生物。

3. 热烫 早期采收的红橘,果皮较硬,为了便于剥落红橘的外果皮,保持组织形态饱满完整,减少软烂,常采用烫橘处理,让红橘在 95℃~100℃ 的热水中浸烫 30~60 s,烫果时间按果实的成熟度和大小不同灵活掌握,以达到皮层变得稍软,手压不碎裂,皮肉分离为宜。热烫过轻不易剥皮;热烫过度,易造成软烂,且由于皮层的苷类物质受热过度而析出浸渍果肉,以至产生苦味、影响风味。

4. 剥皮、分瓣 烫果与剥皮紧密配合,才能更好地保证质量。热烫要随时掌握工作效率,做到有机结合,随烫随剥。如果一次烫果较多,未及时剥皮,果温下降、水分蒸发、皮质失水干枯,使果皮黏着,这既影响剥皮效率,又容易造成橘片软烂。剥皮后及时分瓣,分瓣要做到手轻动作快,以保证干净地去皮、络,又不伤害橘瓣。用于盛装橘瓣的容器可采用聚乙烯塑料筐或盒,宜小不宜大,无论分瓣或转运都不能装得过多,以免堆压而造成人为的软烂损失。

5. 浸酸浸碱 橘瓣浸酸浸碱是为了去橘瓣囊衣。去囊衣时,掌握好酸、碱浓度和温度、时间,是保证产品质量的关键。橘子去皮分瓣之后,要立即投入桶或池中,用水淹没,以防氧化变色、变质和病菌的污染,并要保证在 1 h 内浸酸浸碱,放置时间愈长,带菌率会愈高,进而影响灭菌效果和产品质量。浸酸、碱的用量、温度、时间,要根据原料的成熟度和规格的大小,合理掌握。

(1)浸酸 一般浸酸的用量以 HCl 计,浓度 0.2%~0.25%,温度 20℃~40℃,酸处理时间 20~40 min,在酸处理过程中,稍加搅拌,使橘瓣背部囊衣呈较透明网状。放样处理的酸液,快速透水,透掉残酸为止,一般需更换水 3~4 次。

(2)浸碱 更换清水透掉残酸的橘瓣,加入足量的清水,缓缓加入碱液,边渗边搅拌,以免局部受碱过重而造成软烂。浸碱的碱液浓度,以 NaOH 计,浓度 0.05%~0.1%,温度 20℃~40℃,时间 1~8 min。在碱处理过程中,碱液浓度、温度一定的情况下,要掌握碱处理时间,避免碱处理过度,橘瓣破碎,严重时会出现糊粥状。

6. 漂洗 碱处理的橘瓣,须及时换水漂洗,特别注意第一次换水,每次换水将池或缸的碱液水放净。水漂洗至手抓起橘瓣涩而不滑为止。

7. 去心去核 漂洗后,全去衣囊的橘瓣用镊子将橘心和核去掉。半去囊衣的橘瓣,用特制的弯形剪刀将正中的硬心原衣剪掉,并去掉橘核。此时囊衣已被去掉,极易破碎,操作要小心。

8. 灌 装

(1)糖水制备 在化糖罐内加入处理水,加热60℃～80℃,加入经计量的白砂糖,搅拌加热,加热糖液至沸,停止加热,去掉糖液表面上的泡沫,检测糖液浓度,采用绒布过滤,备用。糖液不宜长时间存放,随制随用,保持灌装时糖浸温度85℃以上。

(2)滤水 灌装前,将去心去核的橘瓣用清水漂洗,除去残留的碎屑、橘络、橘心、橘核,在滤水架滤干水。

(3)称量装罐 滤干水的橘瓣,用秤准确称量。称量时,按橘瓣大小分别称量,灌入清洗干净、滤干水的包装容器里,然后注入糖水。

糖水注入不宜过满,保持罐头有一定顶隙,提高罐头真空度。灌装容器多数采用玻璃瓶罐、马口铁罐和透明塑料杯罐。塑料杯灌装橘瓣罐头包装轻便,包装成本较低。

(4)封口 橘瓣注入糖水后,须及时封口。工业生产常采用真空封口机,保持封口机真空度4.67万～6万 Pa(350～450 mmHg)下封口。

9. 杀菌冷却 罐头密封后,必须在不超过15 min的时间内进行杀菌。若放置时间过长,细菌繁殖增多,会影响杀菌效果。橘瓣罐头通常在沸水中杀菌。罐头杀菌时间的长短,要根据罐型的大小和原料的成熟度以及pH值的高低灵活掌握。一般500 g装玻璃瓶糖水橘子罐头杀菌式:5～15 min/100℃,即5 min将罐头升温至100℃,在100℃(即沸水)恒温15 min。312 g的马口铁或塑料杯罐头,其杀菌式:3～13 min/100℃。罐头杀菌后,需及时冷却35℃～40℃。采用玻璃瓶包装的罐头,冷却需分段冷却。即需在70℃～75℃冷却7 min,35℃～40℃冷却7 min,在冷却水(20℃～30℃)中冷却3～5 min,使罐头中心温度为35℃～40℃。采用马口铁、塑料杯灌装的罐头,杀菌结束后,可立即投入流动水中冷却。

10. 保温 罐头杀菌冷却,擦干水,在35℃～37℃的保温库里保温5～7 d,剔除胖罐、漏罐、真空不足等不合格罐头,再进行包装,即为成品。

二、其他柑橘制品加工技术

(一)柑橘蜜饯

柑橘蜜饯的工艺流程是:

选果→磨油→签压→硬化→漂洗→糖渍
　　　　　　　　　　　　　　　↓
成品←成形←上糖衣←烘干←整形←糖煮

现将主要生产工艺简介如下。

1. 选料 加工柑橘蜜饯的原料,选择八成熟、果实坚硬、外表无病虫和无机械损伤的柑橘果实。

2. 磨油 采用磨油机,磨去果实表面油胞层。

3. 签压 用特制的切孔刀将柑橘纵向切入 5~10 mm 深的裂口,各刀之间相隔 8~10 mm,但不得切穿两端,防止划成破碎的块片。划破后压干柑橘汁水,同时挤出柑橘核。

4. 硬化、漂洗 压干的柑橘,投入 5% 石灰水中,淹没浸渍 15~18 h,浸渍到组织硬化恰当的程度滤起柑橘,经反复多次冲洗,除去残留碱和苦味,再压干水后备用。

5. 糖渍 将压干水分的原料,拌和 50% 的白砂糖,盛于不锈钢桶或池中。上面盖上盖板,加压,让糖液向果实中渗透,糖渍时间 96 h。糖渍过程中,保持环境卫生,检查糖渍情况,防止柑橘霉烂。

6. 糖煮 将原料和所溶化的糖液一起倒入夹层锅里,再加适量的水淹没,同时补充砂糖,将浓度调至 40°Brix,煮沸 30 min,再加糖将浓度调至 60°Brix,煮至糖浆用铲试牵线而不呈滴水状时,便可起锅。为促使蔗糖的转化,防止重结晶的现象,煮糖时,可在糖液中加入按蔗糖计算的 0.3% 的柠檬酸。

7. 烘干、上糖衣、成形 起锅的柑橘饼,及时滤干糖浆,在 45℃~50℃ 的热空气下烘干水气,水分烘干后拌和干燥的砂糖,再压扁呈菊花形状,即可包装。

(二)柑橘果酱

柑橘果酱的工艺流程,见图 9-4。

现将主要生产工艺简介如下。

1. 原料 加工果酱的柑橘要求新鲜良好,成熟适度,具有香气,糖分含量高,糖酸比适度,无机械伤、霉变、病虫害和枯萎。

2. 原料处理 柑橘原料经清洗表面泥沙、污渍,再经热烫、剥皮,打浆去核,最后经胶体磨将果肉细化,制成果浆。

3. 调配 原料为果浆,辅料为白砂糖、柠檬酸、果胶粉、香料。

柑橘酱配方为:柑橘浆 40%~50%,白砂糖 45%~60%,果胶 0.4%~0.9%,柠檬酸 0.3%~0.6%,香料适量。

(1)制糖液 在化糖罐中加入适量水,加热至 60℃~70℃,搅拌加入白砂糖,溶解、煮沸,用 150 目尼绒网趁热过滤,制得 70%~75% 的浓糖液。

(2)制果胶液 用果胶粉用其重量 20~30 倍 30℃~40℃ 的热水浸泡 0.5~1 h,用胶体磨胶磨 2~3 次制成果胶液。果胶液要质地均匀,无颗粒状。

(3)调配方法 将制得的果浆加热软化,时间一般 10~20 min,然后加入浓糖液,再依次加入果胶液、柠檬酸、香料,充分搅拌均匀。柠檬酸、香料加入前,分别用热水溶解。搅拌均匀后,检测果酱的糖度、酸度,控制果酱成品糖度 65%,含酸量 0.5%~1%。

4. 罐装 果酱调配加热至 95℃ 出料装罐,装罐温度不低于 85℃。

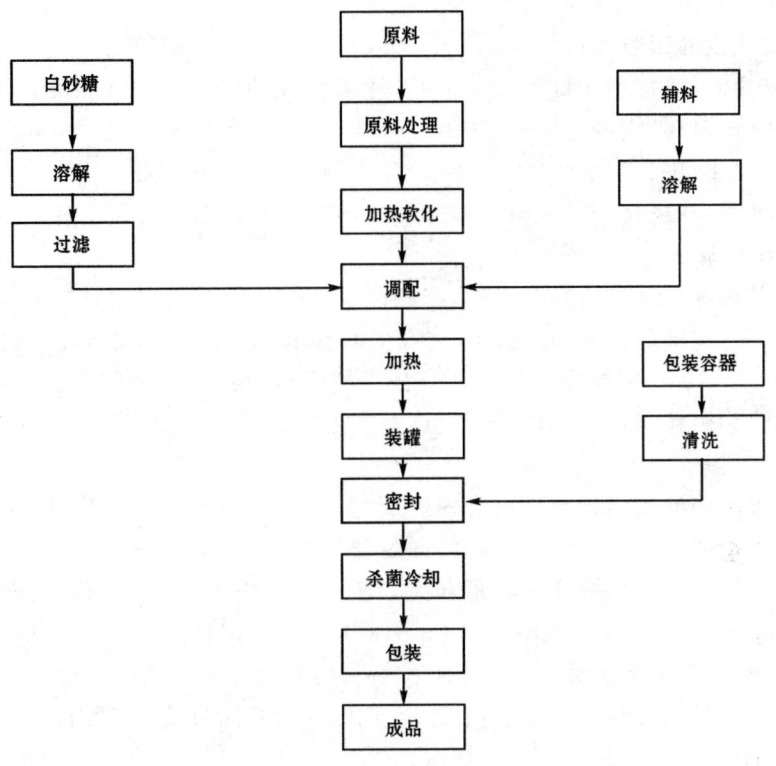

图 9-4 柑橘果酱工艺流程

5. 密封 果酱密封温度不低于 80℃。

6. 杀菌冷却 净重 300~500 g 包装的果酱,杀菌式:5~15 min/100℃,杀菌后及时冷却,采用玻璃瓶装的果酱,须分段冷却。采用铁罐、塑料杯装的果酱,可直换在循环水中冷却。果酱冷却 37℃~40℃。

7. 包装 果酱包装时,剔除胖罐(无真空度)、杂质果酱,擦干水分后进行包装。

第四节 柑橘加工副产品及其综合利用技术

一、柑橘香精油

柑橘果实含有较丰富的柑橘芳香油,具有独特的芳香,常用于食品加工、日用化妆品调香。

(一)柑橘香精油榨取

采用 FMC 榨汁机压榨柑橘,柑橘在榨汁机的榨杯上,受榨汁机上、下榨杯挤压,果实表面油胞破裂。果实受挤的同时,向果实表面喷淋水,将破裂的油胞芳香物随水流出榨汁机,流出榨汁机的油水混合物经过油精制机,由粗分离机、精分离机分离,可得澄清透明的香精油。

(二)柑橘皮油回收

柑橘皮油回收,常用于红橘皮。橙、柠檬果实较硬,不易剥皮,常采用磨皮、分离或直接压榨分离取得皮油。

1. 红橘皮取油工艺流程

原料(橘皮)→硬化→漂洗→压榨→过滤→分离→静止抽滤→包装

2. 红橘皮取油生产工艺

(1)原料选择　红橘皮新鲜良好,未经久置堆码、压榨,橘皮无腐烂。

(2)硬化　将橘皮浸入pH值12～13的石灰水,上面加压筛板,让橘皮沉于石灰水中,浸泡10～13 h,使橘皮呈黄色、无白心,稍硬、且有弹性,油的喷射力强,在压榨时不滑、残渣为颗粒状,渣中含油水量低,基本上榨干,过滤较顺利,不易糊筛、黏稠度不太高等为度。

(3)压榨　将橘皮均匀地送入卧式螺旋榨油机中、加压榨出精度油,排渣必须均匀畅通,排出皮渣呈颗粒状。在加料的同时要打开喷口,喷射喷淋液,用量约与橘皮重量相等。做到喷液量、橘皮加料量和离心机分离量三者达到平衡。喷淋液由清水400～500 kg,小苏打1 kg、硫酸钠2 kg配制成,调节pH值7～8,此液可每班配一次,反复使用,需调节pH值。

(4)过滤　榨出的油水混合物经100～200目尼绒网过滤,除去油水混合物中的橘皮渣,利于分离机分离。

(5)分离　过滤的油水混合物,保持流量稳定,适量进入分离机,以分离出的橘油澄清透明,无浑浊状。

(6)静止抽滤　分离出的橘油含有水分和果皮带来的蜡质等杂质,需要在5℃～10℃冷库中静止5～7 d,用管吸出上层澄清橘油。底下的杂油经稀释再次分离得澄清精油。

(7)包装　分离出澄清透明的橘油,采用钢桶或白铁皮桶包装,在2℃～10℃条件下贮藏。

二、柑橘果肉

采用FMC榨汁机压榨柑橘,榨汁机的专用榨汁配件,使果汁中带有大量的柑橘汁胞囊,呈纤维丝状,是良好膳食纤维,广泛用于食品中。

果汁中的柑橘汁胞囊,经果汁精制机分离,取得纤维状的果肉。果肉经过杀菌,采用无菌包装,每桶200 kg,于2℃～4℃冷库贮藏;采用纸箱包装,内垫塑料袋,每箱15～18 kg,于－18℃以下冷库贮藏。

三、柑橘皮苷

(一)柑橘皮苷提取工艺流程

柑橘皮苷大量存在于柑橘皮及橘络中。其工艺流程是：

柑橘皮→硬化→过滤→中和、保温→冷却沉淀→甩水→烘干、粉碎→成品

(二)柑橘皮苷生产工艺

1. 硬化 柑橘皮在pH值12~13的石灰水浸泡6~8 h。

2. 过滤 把浸泡后果皮捞起，用清水洗净，供榨柑橘皮油，将浸泡浸液静置沉淀4~5 h，然后吸出上清液，用压滤机过滤，得透明的滤液。

3. 中和、保温 将澄清滤液放于夹层锅中，用1∶1盐酸中和至pH值4.1~4.4，加热至60℃~70℃，保温40~50 min。

4. 冷却沉淀 将保温后滤液放入不锈钢罐内静止12~13 h，使柑橘皮苷沉淀。

5. 甩水烘干粉碎 吸取沉淀上的清液，收集淡黄色沉淀物，离心甩干水分，将块状柑橘皮苷摊于铝盘上，在70℃~80℃热风烘干，再用球磨机磨成细粉，用聚乙烯薄膜袋包装密封。

四、柑橘橘络

橘络具有较高的药用价值，是理气、润肺、化痰、止咳、除湿、散结的良药。加工方法是将橘络晒干或在40℃~45℃的热风烘干，直接入药。

五、柑橘果渣发酵饲料

(一)柑橘果渣发酵饲料工艺流程

柑橘榨汁后，果渣为果皮、果芯、柑橘瓣残渣、果核。果渣含有纤维素，能促进肠蠕动；且果渣带有一定果汁，含有糖分，蛋白质。柑橘果渣经微生物发酵，可改善果渣风味。发酵的微生物通过烘干，残留于果渣，也可增加果渣的蛋白质含量。因此，可将果渣通过发酵，加工成饲料，供反刍动物食用。其工艺流程是：

菌种→培养
          ↓
柑橘果渣→破碎→接种→发酵→烘干→粉碎→饲料

(二)柑橘果渣发酵饲料生产工艺

1. 破碎 将果渣通过绞碎机绞碎。

2. 接种发酵 将纯化制得的酵母菌，用马铃薯培养液扩大培养，与破绞的果渣拌均匀，密闭发酵48 h，使果渣有一定酒香。

3. 烘干 发酵结束，在80℃~90℃温度下烘干。

4. 粉碎 采用粉碎机对烘干果渣粉碎，制成发酵果渣饲料粉。

第五节 柑橘加工制品的质量检验

一、柑橘加工制品质量标准

(一)柑橘浓缩汁质量标准

1. 感官指标

(1)色泽 具有柑橘果汁应有色泽。浓缩橙汁呈橙黄色或橙红色,浓缩红橘汁呈橘红色,浓缩柠檬汁呈淡黄色。

(2)香气味 具有柑橘浓缩汁固有的香气味,无异味。

(3)组织形态 汁液均匀浑浊,黏稠状,久置后允许有沉淀。

(4)杂质 不允许有可见外来杂质。

2. 理化指标 见表9-3。

表9-3 浓缩柑橘汁理化指标

项 目	浓缩橙汁	浓缩红橘汁	浓缩柠檬汁
可溶性固形物(以20℃折光计,°Brix)	65	65	30
总酸(以柠檬酸计,%)	3.3~4.5	3.3~4.5	≥14.0
不溶性固形物含量(%)	≤6	≤6	≤7
总砷(以As计,mg/kg)		≤0.5	
铅(以Pb计,mg/kg)		≤0.5	
铜(以Cu计,mg/kg)		≤5.0	
食品添加剂		无	

3. 微生物指标 见表9-4。

表9-4 浓缩柑橘汁微生物指标

项 目	指 标
细菌总数(一个平板的细菌总数/毫升)	≤1000
霉菌、酵母菌(一个平板的霉菌、酵母菌总数/毫升)	≤20
大肠菌群(大肠杆菌的最大可能数/100毫升)	≤30
致病菌(沙门氏菌、志贺氏菌、金黄色葡萄球菌)	不得检出

(二)柑橘NFC(非浓缩)汁质量标准

1. 感官指标

(1)色泽 具有柑橘汁应有色泽。非浓缩橙汁呈橙黄色或橙红色,非浓缩红橘汁呈橘红色,非浓缩柠檬汁呈淡黄色。

(2)风味　具有该品种鲜榨果汁固有香气、风味,无煮熟味及其他异味。

(3)组织及形态　果汁浑浊、静止后,允许有果肉沉淀。

(4)杂质　无肉眼可见外来杂质。

2. 理化指标　见表9-5。

表9-5　非浓缩汁理化指标

项目	非浓缩橙汁	非浓缩红橘汁	非浓缩柠檬汁
可溶性固形物(以折光计,°Brix)	≥10.0	≥10.0	6.0
总酸(以柠檬酸计,%)	≤1.0	≤1.0	≥3.2
不可溶性固形物(%)	5.0~9.0		
二氧化硫残留(SO$_2$,毫克/千克)	10		
砷(以As计,毫克/千克)	≤0.2		
铅(以Pb计,毫克/千克)	≤0.05		
铜(以Cu计,毫克/千克)	≤5.0		
食品添加剂	无		

3. 微生物指标　见表9-6。

表9-6　非浓缩汁(NFC)微生物指标

项目	指标
细菌总数(一个平板的细菌总数/毫升)	≤100
霉菌、酵母菌(一个平板的霉菌、酵母菌总数/毫升)	≤20
大肠菌群(大肠杆菌的最大可能数/100毫升)	≤3
致病菌(沙门氏菌、志贺氏菌、金黄色葡萄球菌)	不得检出

(三)糖水橘瓣罐头质量标准

1. 感官指标

(1)色泽　橘片表面具有与原果肉近似之光泽,同一罐中色泽较一致,糖水透明,允许有极轻微的白色沉淀及少量橘肉与囊衣碎屑存在。

(2)风味　具有本品种糖水橘子罐头应有之风味,酸甜适口,无异味。

(3)组织形态　全去囊衣,囊衣去净,组织软硬适度,橘片形态完整,大小较均匀,破碎率以重量计不超过固形物的10%。半去囊衣,去囊衣适度,食之无硬渣感觉,剪口整齐呈弯月形状,形态较完整,同一罐中大小较均匀,破碎率以重量计,不得超过固形物的5%(每片破碎在1/3以上者作破碎计算)。

(4)杂质　不允许有外来杂质。

2. 理化指标

(1)净重　符合产品标明重量,允许公差±3%,但每批罐头平均净重应不低于标准净重。

(2)固形物　橘瓣滤干不得低于净重的55%。

(3)糖水浓度　开罐时折光计测定为14%～18%。

(4)pH值　开罐时pH值4.0～4.5。

(5)真空度　开罐时不得低于180 mmHg。

(6)重金属　铅(Pb)≤1 mg/kg;锡(Sn)≤250 mg/kg;总砷(As)≤0.5 mg/kg。

3. 微生物指标　应符合罐头食品商业无菌要求。

二、柑橘加工制品检验方法

(一)柑橘(橙)汁检验方法

1. 感官检验　检验员要求保持感觉器官灵敏,检验前2 h内不得食刺激性食物。

(1)色泽　取50 g混合均匀的果汁(浓缩汁、NFC汁)于100 ml烧杯中,用肉眼观测其色泽。

(2)组织形态及杂质　取50 g混合均匀的果汁于100 ml烧杯中,用肉眼观察其组织形态及检查其有无杂质。

(3)滋味气味　取50 g混合均匀的NFC(非浓缩)果汁;浓缩果汁经稀释成原汁(11.2°Brix),取50 g果汁于100 ml烧杯中,嗅其香气,品尝其风味。

2. 可溶性固形物检验　按GB 12143·1的规定执行。

3. 总酸的检验　按GB/T 12456食品中总酸的测定方法检验。

4. 不溶性固形物的检验　NFC(非浓缩)果汁取原汁,浓缩橙汁、浓缩红橘汁稀释成11.2°Brix,浓缩柠檬汁稀释成7.5°Brix,将原汁、稀释果汁倒入经清洗、干燥的、称量(计为W_1)的10 ml离心管里,称量(计为W_2)在3 000 r/min离心器,离心15 min,除去离心后果汁上面清液,称量离心管及离心管底部不溶物重(计为W_3),计算出果汁中不溶性固形物含量。计算公式为:

$$a\% = (W_3 - W_1)/(W_2 - W_1) \times 100\%$$

$a\%$——表示果汁不溶性固形物含量。

W_1——表示离心管重量;

W_2——表示离心前果汁与离心管总重;

W_3——表示离心后离心管底部不溶物与离心管总重。

5. 有毒有害物质检验

(1)铅　按GB/T 5009.12规定的方法测定。

(2)砷　按GB/T 5009.11规定的方法测定。

(3)铜　按GB/T 5009.13规定的方法测定。

(4)二氧化硫　按GB/T 5009.34规定的方法测定。

(5)微生物指标　细菌总数、大肠菌群、霉菌、酵母菌、致病菌按GB/T 4789.26

的方法测定

(二)糖水橘瓣罐头检验方法

1. 感官指标 按 ZBX 70004 规定的方法检验。

2. 净重 按 QB 1007 规定的方法检验。

3. 固形物 按 QB 1007 规定方法检验。

4. 糖水浓度 按 GB 10788 规定方法检验。

5. 重金属 锡、铜、铅、砷分别按 GB/T 5009.16；GB/T 5009.13；GB/T 5009.12；GB/T 5009.11 规定法检验。

6. 微生物学检验 按 GB/T 4789.26 规定的方法检验。

三、柑橘加工制品的检验规则

由同1条生产线，从1个班生产的同1品种的产品为1批。

产品由生产工厂质检部门从每1批中随机抽取2%的桶作为基样，每个样抽取500 g，按标准进行检验，经检验合格，出具检验报告方能出厂。

出厂检验项目包括净重、感官指标、可溶性固形物、不溶性固形物、总酸、细菌总数、霉菌、酵母菌、大肠菌作为必检项目。

型式检验项目为重金属指标、农药残留为每榨季1次。

四、柑橘加工制品的标志、包装、运输和贮存

包装材料和容器必须符合食品卫生要求。包装按照 GB/T 10790.5 规定的方法测定执行。

产品标签按 GB 7718 执行。

运输工具必须清洁、卫生。装卸时轻拿轻放，严禁摔撞。运输中防止暴晒、雨淋，严禁与有毒、有异味物品混贮、混运。

按照产品贮存条件贮藏，不得露天堆放。

第十章 柑橘安全生产与产品质量控制

第一节 柑橘安全生产的环境条件控制

当前,柑橘安全生产应以无公害柑橘生产为重点;在环境条件允许的产区,可提倡进行 AA 级绿色柑橘生产。

一、无公害柑橘产地环境条件控制

(一)产地选择

无公害柑橘产地,应选择生态条件良好,远离污染源,并且有可持续生产能力的农业区域。

(二)产地环境空气质量

无公害柑橘产地环境空气质量应符合表 10-1 规定。

表 10-1 空气中各项污染物的浓度限值

项 目	日平均浓度	1 小时平均浓度
总悬浮颗粒物(TSP)(标准状态)(mg/m³)	≤0.30	—
二氧化硫(SO_2)(标准状态)(mg/m³)	≤0.15	0.50
二氧化氮(NO_2)(标准状态)(mg/m³)	≤0.12	0.24
氟化物(F)(标准状态)(μg/dm²·d)	≤1.8	—
(μg/m³)	≤7	20

注:1. 日平均浓度指任何一日的平均浓度
  2. 1 小时平均浓度指任何 1 h 的平均浓度
  3. 氟化物日平均浓度 1.8 为挂片法之值;日平均浓度 7 和 1 小时平均浓度 20 为动力法之值

(三)产地环境灌溉水质量

无公害柑橘产地环境灌溉水质量应符合表 10-2 规定。

表 10-2 灌溉水中各项污染物的浓度限值

项 目	指 标	项 目	指 标
pH 值	5.5~8.5	总汞(mg/L)	≤0.001
总镉(mg/L)	≤0.005	总砷(mg/L)	≤0.1
总铅(mg/L)	≤0.1	铬(六价)(mg/L)	≤0.1
氟化物(mg/L)	≤3.0	氰化物(mg/L)	≤0.5
石油类(mg/L)	≤10	氯化物(mg/L)	≤250

(四)产地环境土壤质量

无公害柑橘产地环境土壤质量应符合表 10-3 规定。

表 10-3 土壤中各项污染物的含量限值

项 目	指 标	
	pH<6.5	pH6.5~7.5
总镉(mg/kg)	≤0.3	≤0.3
总汞(mg/kg)	≤0.3	≤0.5
总砷(mg/kg)	≤40	≤30
总铅(mg/kg)	≤250	≤300
总铬(mg/kg)	≤150	≤200
总铜(mg/kg)	≤50	≤100

注:重金属(铬主要为三价铬)和砷均按元素量计,适用于阳离子交换量>5 cmlo$^{(+)}$/kg 的土壤,若 ≤5 cmlo$^{(+)}$/kg,其指标值为表内数值的半数

二、AA 级绿色柑橘产地环境条件控制

(一)产地选择

AA 级绿色柑橘产地环境应选择在无污染和生态条件良好的地区。产地选点应远离工矿区和公路铁路干线,避开工业和城市污染源的影响,同时 AA 级绿色柑橘产地应具有可持续的生产能力。

(二)产地环境空气质量

产地环境空气中各项污染物含量不应超过表 10-4 所列的指标要求。

表 10-4 空气中各项污染物的指标要求(标准状态)

项 目	指 标	
	日平均浓度	1 小时平均浓度
总悬浮颗粒物(TSP)(mg/m^3)	≤0.30	—
二氧化硫(SO$_2$)(mg/m^3)	≤0.15	≤0.50
二氧化氮(NO$_2$)(mg/m^3)	≤0.10	≤0.15
氟化物(F)	≤7 μg/m^3 ≤1.8 μg/dm^2·d(挂片法)	≤20 μg/m^3

注:1. 日平均指任何 1 d 的平均指标
  2. 1 小时平均指任何 1 h 的平均指标
  3. 连续采样 3 d,1 d3 次,早、午和晚各 1 次
  4. 氟化物采样可用动力采样滤膜法或用石灰滤纸挂片法,分别按各自规定的指标执行,石灰滤纸挂片法挂置 7 d

(三)产地环境灌溉水质量

产地环境灌溉水中各项污染物含量不应超过表 10-5 所列的指标要求。

表 10-5　农田灌溉水中各项污染物的指标要求

项　目	浓度限值	项　目	浓度限值
pH 值	5.5～8.5	总铅(mg/L)	≤0.1
总汞(mg/L)	≤0.001	六价铬(mg/L)	≤0.1
总镉(mg/L)	≤0.005	氟化物(mg/L)	≤2.0
总砷(mg/L)	≤0.05	粪大肠菌群(个/L)	≤10000

注：灌溉菜园用的地表水需测粪大肠菌群，其他情况不测粪大肠菌群

(四)产地环境土壤质量

产地环境土壤质量各项污染物含量不应超过表 10-6 所列的限值。

表 10-6　土壤中的各项污染物的指标要求　(mg/kg)

耕作条件	旱　地			水　田		
pH 值	<6.5	6.5～7.5	>7.5	<6.5	6.5～7.5	>7.5
镉 ≤	0.30	0.30	0.40	0.30	0.30	0.40
汞 ≤	0.25	0.30	0.35	0.30	0.40	0.40
砷 ≤	25	20	20	20	20	15
铅 ≤	50	50	50	50	50	50
铬 ≤	120	120	120	120	120	120
铜 ≤	50	60	60	50	60	60

注：(1)果园土壤中的铜限量为旱田中的铜限量的 1 倍
　　(2)水旱轮作的标准值取严不取宽

(五)土壤肥力要求

生产 AA 级绿色柑橘时，土壤肥力要达到土壤肥力分级 1～2 级指标，见表 10-7。生产 A 级绿色柑橘时，土壤肥力作为参考指标。

表 10-7　土壤肥力分级参考指标

项　目	级别	旱地	水田	菜地	园地	牧地
有机质(g/kg)	Ⅰ	>15	>25	>30	>20	>20
	Ⅱ	10～15	20～25	20～30	15～20	15～20
	Ⅲ	<10	<20	<20	<15	<15
全氮(g/kg)	Ⅰ	>1.0	>1.2	>1.2	>1.0	—
	Ⅱ	0.8～1.0	1.0～1.2	1.0～1.2	0.8～1.0	—
	Ⅲ	<0.8	<1.0	<1.0	<0.8	—
有效磷(mg/kg)	Ⅰ	>10	>15	>40	>10	>20
	Ⅱ	5～10	10～15	20～40	5～10	15～20
	Ⅲ	<5	<10	<20	<5	<15

续表 10-7

项目	级别	旱地	水田	菜地	园地	牧地
有效钾(mg/kg)	Ⅰ	>120	>100	>150	>100	—
	Ⅱ	80~120	50~100	100~150	50~100	—
	Ⅲ	<80	<50	<100	<50	—
阳离子交换量 (cmol/kg)	Ⅰ	>20	>20	>20	>15	—
	Ⅱ	15~20	15~20	15~20	15~20	—
	Ⅲ	<15	<15	<15	<15	—
质地	Ⅰ	轻壤、中壤	中壤、重壤	轻壤	轻壤	砂壤、中壤
	Ⅱ	砂壤、重壤	砂壤、轻黏土	砂壤、中壤	砂壤、中壤	重壤
	Ⅲ	沙土、黏土	沙土、黏土	沙土、黏土	沙土、黏土	沙土、黏重

第二节　柑橘安全生产的产品质量控制

一、无公害柑橘的产品质量控制

(一)安全施肥

无公害柑橘的安全施肥，按 NY/T 496—2002 规定执行。应充分满足柑橘对各种营养元素的需求，但不过量施肥。推荐多施有机肥，合理施用无机肥；提倡叶片营养诊断和测土配方施肥。所施用的肥料应为农业行政主管部门登记或免于登记的肥料，限制使用含氯肥料。

(二)安全灌溉

要求灌溉水无污染，水质应符合 NY 5016 标准。

(三)安全使用植物生长调节剂

允许有限度使用能改善树体生长状况、提高果实产量、改善品质，并对环境和人体健康无害的植物生长调节剂。

允许使用的主要种类有：苄基腺嘌呤、6-苄基腺嘌呤、赤霉素、乙烯利、矮壮素等。使用时严格按照规定浓度、时间，每年可使用 1 次，安全间隔期 20 d 以上。

禁止使用比久、萘乙酸、2,4－二氯苯氧乙酸(2,4-D)等。

(四)安全使用化学农药

禁止使用高毒、高残留农药，见第六章表 6-1；限制使用的农药，见第六章表 6-2；允许使用的农药，见第六章表 6-3。

二、AA级绿色柑橘的产品质量控制

(一)安全施肥

提倡使用经发酵腐熟的堆肥、沤肥、厩肥、沼气肥、绿肥、泥肥、饼肥。

在农家肥不能满足的情况下,允许使用商品有机肥料、腐殖酸类肥料、微生物肥料、有机复合肥料、无机(矿质)肥料、叶面肥料和有机无机肥料(半有机肥料)。

(二)安全用药

1. 可用药剂 在生物防治、农业防治和物理防治的基础上,必须使用化学农药的应遵守生产AA级绿色柑橘农药的准则,在不能满足植保工作需要的情况下,允许使用以下农药及方法。

其一,中等毒性以下植物源杀虫剂、杀菌剂、拒避剂和增效剂。如除虫菊素、鱼藤根、烟草水、大蒜素、苦楝、川楝、印楝、芝麻素等。

其二,释放寄生性捕食性天敌动物,昆虫、捕食螨、蜘蛛及昆虫病原线虫等。

其三,在害虫捕捉器中使用昆虫信息素及植物源引诱剂。

其四,使用矿物油和植物油制剂。

其五,使用矿物源农药中的硫制剂、铜制剂。

其六,经专门机构核准,允许有限度地使用活体微生物农药,如真菌制剂、细菌制剂、病毒制剂、放线菌、頡頏菌剂、昆虫病原线虫、原虫等。

2. 禁止使用的药剂

其一,禁止使用有机合成的化学杀虫剂、杀螨剂、杀菌剂、杀线虫剂、除草剂,和植物生长调节剂。

其二,禁止使用生物源、矿物源农药中混配有机合成农药的各种制剂。

其三,严禁使用基因工程品种(产品)及制剂。

第三节 柑橘果实采后质量控制

柑橘果实采后的运输、包装、保鲜贮藏以及加工各环节,防止果品再污染,严把质量控制极其重要。严禁运输工具、贮藏保鲜场所、加工原料场所、设备等出现污染果品的农药、农肥及其他物品。包装材料应干净卫生、未使用过,并符合有关卫生质量标准。

柑橘采后的贮藏保鲜,在精细采收的基础上采取带叶保鲜、臭氧保鲜、松针保鲜、沼气保鲜。药剂保鲜可用赤霉素,防腐杀菌可用咪鲜胺锰盐、抑霉唑类、双胍三辛烷基磺酸盐等。

加工产品的质量控制,详见第九章第八节加工制品质量检验。

第四节 建立健全柑橘质量安全抽检制度

一、生产资料质量安全抽检制度

对有可能影响柑橘果品质量安全投入的生产资料,如肥料、农药、除草剂、植物生长调节剂等进行产品质量抽检,以确保柑橘果品安全,质量合格。

二、果品质量安全抽检制度

为确保柑橘果品消费安全,柑橘果品与其他农产品一样,应建立柑橘果品质量抽检制度,对每批收获的柑橘果品进行质量安全抽检,抽检合格的方可销售和食用。

第五节 柑橘产业安全保障体系

一、我国柑橘产业安全存在的主要问题

近几年来,我国柑橘产业遭受2004年"染色橙"事件和2008年"蛆柑"事件,使广大消费者"谈橙色变"、"见柑远离",导致果农损失惨重,产业遭受重创。由此,也暴露了我国柑橘产业的诸多问题。

其一是缺乏有影响力的品牌保障。品牌是一种质量、特色、优势和信誉的保证,如美国的"新奇士"品牌,享誉全球。中国无知名度高、影响力大的品牌,更多的柑橘是无品牌、假冒品牌。这样一旦某一柑橘产品出了诸如上述的问题,消费者无法查证想买的柑橘是否有问题,只好远离消费,使整个柑橘业受波及,且难以在短期内重获消费者的信赖。

其二是缺乏规范生产保障。我国柑橘规范化(标准化)生产起步较晚,至今生产标准化程度不高。主要表现在:一是部分果农对标准化生产的意义认识不足,受眼前利益刺激,而无视标准化生产。二是标准制定滞后,有的发布了标准,但执行中的问题诸多,没有真正执行。三是品种布局不合理,生态条件影响柑橘果实的外观内质。四是无视植物检疫。乱引乱种,使一些检疫性、危害性病虫害扩大传播。

其三是缺乏龙头企业保障。柑橘产业的发展进程中,各地注重引进企业,但产地龙头企业少,中小企业多,有的甚至只有其名,毫无实力。如三峡库区柑橘产业,引进企业数十家,如今真正对柑橘产业起推动作用的也只有数家。牛奶三聚氰胺事件后有蒙牛、伊利等大企业参加"救市"。同年柑橘的"蛆柑"事件却无此优势。

其四是缺乏加工业的转化保障。我国柑橘加工,特别是橙汁加工发展滞后,世界柑橘总产量的40%用于加工,巴西、美国75%~80%的产量用于加工,我国不足总产量的5%,这样,一旦鲜果销售渠道出问题,加工业难以相助。同时,又因深加工跟不上,加工转化率低,反过来又影响加工业的正常发展。

其五是缺乏迅速有效的信息反应保障。"蛆柑"传言,越传越烈,使信以为真。正确的信息发布又严重滞后。如果有正确信息的快速反应,不至于只属植物的虫害会造成人类如此大的惊慌。

二、建立健全柑橘产业安全保障体系

建立健全柑橘产业保障体系,是各级政府、柑橘专业协会和专业合作社、柑橘科研和技术推广部门以及广大果农的共同职责。

(一)政府对柑橘产业安全保障体系应负主责

政府在法规制定、标准化执行、质量监督检测、信息导向、区域品牌打造、龙头企业培育等方面应发挥主要作用。一要加大标准化生产的推进力度,加快柑橘标准化基地建设,普及标准化知识、技术,增加标准化技术推广的投入,支持建设无公害、绿色、有机柑橘生产基地建设,支持无病毒苗木繁育体系建设。二要加强对柑橘果品质量的监督检测,建立和健全各级柑橘检测检验机构建设,促进质检工作规范化、制度化。三要加强信息导向和建立对柑橘突发事件快速有效的信息反应机制,掌控话语权。四要完善柑橘产业的法律法规,使柑橘产前、产中、产后的各个重要环节均有法可依,有章可循。加强执法力度,增强柑橘生产者、经营者、信息传播者自律和法律意识。五要真心实意的扶持龙头企业或协会,打造柑橘品牌,推动地理标志产品的保护,使柑橘的品种、地域、质量、文化等品牌内涵更具特色,更显形象,变经营产品为经营品牌。六是大力推进各具特色的基地建设,实施标准化生产,开发深加工产品和变废为宝的综合利用,以及对有一定能力的中小企业的大力扶持,推动企业升级,促进产业发展。

(二)建立高素质的柑橘协会、柑橘专业合作社

建立和完善柑橘产业保障体系的进程中,柑橘协会应从行业组织的角度出发,牵头制定并完善行业行为规范和自律公约,加强行业自律,引导依法经营,倡导诚实守信,帮助企业牵线搭桥,提高行业素质、信誉度。柑橘专业合作社以自身的高素质引导推动农民走组织起来的联合之路,努力实现柑橘生产集约化、规模化、率先实现品种优良化,生产标准化,产品品牌化。

(三)科研技术部门要出成果、促转化、强服务

建设和完善柑橘产业保障体系,科研机构,尤其是国家和省、自治区、直辖市级柑橘科研机构,要根据柑橘产业发展需要,立题研究,协作攻关,快出成果,并加快研究成果转化为生产力,为产业的发展提供全方位的技术支撑。同时也要研究柑橘的营养保健功能,以科学的数据引导消费者树立良好的消费观,引导生产者和经营者树立先进的经营理念和灵活多样的营销方式,促进柑橘果品消费。

各级生产推广部门强化技术服务,积极引进先进、实用技术,推动柑橘技术进村入户,全面落实柑橘的标准化生产技术。

(四)企业应发挥优势,带动果农做大产业

建立和完善柑橘产业化保障体系,柑橘或以柑橘为主的企业:一要参与柑橘标准化生产基地建设,全面推进"企业+基地+标准+农户"的运作模式,夯实产业发展基础,提升产品竞争力,加大对果农的带动作用,走企业发展,果农致富的双赢之路。

二要科技创新,科技引领产业发展,与大专院校、科研院所合作,解决生产、加工难题,促进产业发展。三要努力打造企业品牌,积极开展质量认证,加大品牌宣传,树立企业形象和力创知名品牌。

(五)争当高素质的现代化柑橘果农

建设和完善柑橘产业保障体系,广大柑橘生产者要成为现代化的新型果农。一要更新观念。改变传统观念,树立现代化、标准化生产意识和品牌化经营意识。二要努力提高自身素质,积极参加科技培训,全面掌握柑橘生产"土、肥、水、保(病虫害防治)、果(花果管理)"技术,确保柑橘产量质量和食品卫生安全。

第十一章　柑橘产业的社会化服务体系

柑橘产业化离不开良好的社会化服务体系,包括良种服务、生产资料服务、技术服务、市场营销服务和现代果业信息服务等。

第一节　柑橘良种服务体系

柑橘良种是柑橘产业化的基础。优良品种在适地种植,进行科学管理,可获得优质、丰产。

我国柑橘的良种服务体系,至今还不够健全,柑橘品种的引(种)选(种)育(种)、柑橘品种的推广、苗木的繁育都存在不少问题,如不解决,必会影响产业的发展。

强化柑橘良种服务体系,既要抓队伍建设更要抓规范管理。

一、柑橘引种、选种、育种的规范管理

柑橘品种的引种,不论在国内引种,还是在外国引种,首先要了解品种的特性、适应性,切忌盲目引种,浪费人力、物力、财力。柑橘的选种应积极开展,采取群众选报和专业队伍相结合,按选种要求有序进行。柑橘育种主要是科研院所需坚持开展的一项工作,采取多种育种手段,培育新的品种。

(一)品种比较试验和区域适应性试验

任何一个新品种推出前,必须进行品种比较试验,明确品种的特性、特征和生产上的优势。不论是引进品种、选出的品种或是育成的品种,在推广前还必须进行正规的区域适应性试验,明确品种的适应区域,再进行推广。近年不少柑橘产区出现推广的品种不结果、植株叶片出现黄化,未老先衰等问题,究其原因是未弄清品种的适应性就推广,未弄清砧穗的亲和性就嫁接,并大量推广种植,结果造成挖树毁园的重大损失。

(二)品种的认定和品种的审定

凡经品种比较和适应性试验、达到一定推广面积的柑橘选育品种,须向所在省、自治区、直辖市的农作物品种审定委员会提出品种审定;对已大面积种植的地方品种和国外引进品种,且生产上表现优质、丰产的,可以申请认定。此外,凡2个省、自治区、直辖市的3个点以上推广种植的柑橘品种,可申请全国农作物品种审定委员会审定。

(三)加强队伍建设,认真实行监管

目前,省、自治区、直辖市都有柑橘(果树)品种的管理机构,加强队伍建设,认真实行监管是推进我国柑橘产业化的需要。这项工作各柑橘产区发展不平衡,做到卓

有成效的要数重庆市。20世纪末至今,重庆市政府高度重视柑橘产业化工程,在推出百万吨优质柑橘产业化工程后几年,又提出打造中国柑橘第一品牌的战略目标。为实现这一目标,选择种植的柑橘品种须经专家委员会确定,由市经济作物推广站具体实施。确定种植的品种,明确种植的区、县。并根据种植的数量分别由全市的七大无病毒容器苗繁育中心对接供苗。对不按要求品种种植的,一律不予资金支持。由于采取了以上措施,近几年重庆新发展的柑橘品种都是根据适应性做出规划布局的品种,而且普遍推广应用了脱毒容器苗。

二、建立柑橘无病毒苗木繁育体系

建立和完善柑橘无病毒苗木繁育体系,是推进我国柑橘产业化的重要条件。由于长期以来存在多方面的原因,我国苗木的培育、选用至今仍不够规范。育苗单位多杂乱,谁想育苗都可以,品种不问其适应区域,名称乱定,真假难分,导致柑橘品种和苗木事件不断发生。

为使我国柑橘产业的健康发展,确保果农利益和企业利益,必须加快无病毒苗木繁育体系建设,严格实行苗木的规范化管理。

(一)抓紧无病毒苗木繁育体系建设

国家农业部在主产柑橘的省、自治区、直辖市都建有无病毒苗木繁育中心(场),各省、自治区、直辖市应加强建设力度,大力培育无病毒容器苗,以满足柑橘产业发展之需。

(二)制定相关政策,规范苗木繁育

世界柑橘主产国,不论是美国、巴西,还是西班牙、以色列,甚至我国的台湾,柑橘新品种的推出,苗木的繁育都是有序进行。培育的总量和每年培育量都进行控制,育苗单位要进行资格审定、信誉评定。我国应借鉴国外好的做法和经验。一是提高育苗单位的准入门槛,制定相应的规定,发挥农业部苗木监测单位(中心)的作用,配合主产柑橘的省、自治区、直辖市对全国柑橘育苗木进行统检、评估,凡达不到要求的,一律不准育苗,二是严格查处苗木的乱育乱引。

三、柑橘品种的优留劣汰

为提升我国的柑橘产业,须对目前种植的柑橘品种进行优留劣汰。凡在市场竞争中处于相形见绌的品种,采取高接换种或改植;对市场仍有优势,但品种混杂、变劣的进行提纯选优,提纯复壮。科学技术的进步使柑橘新品种不断推出,在积极选用新品种的同时,对仍有竞争力的传统品种,应通过提纯选优复壮予以保留。

第二节　柑橘生产资料服务体系

保障柑橘生产资料的供应和服务是推进柑橘产业化的又一重要方面。生产资料服务体系建设的目的既保障供应，又要做好服务。

我国柑橘的生产资料主要是肥料、农药、植物生长调节剂、农机、农具等，又以肥料、农药为最需。肥料、农药不同时期其需求种类、数量也随之变化，如肥料，20世纪80年代前，肥料以农家肥、化肥为主，其后使用化肥的量增加，随着无公害柑橘、绿色柑橘、有机柑橘的叫响，肥料走农家肥、化肥结合，有的产区推出了"猪—沼—果"模式，对柑橘的优质丰产，促进生态的良性循环，意义不可小视。

柑橘产业化的生产资料服务体系，要有服务的队伍，要有规范的管理，还要市场供应和农家自种自产相结合。

一、建立诚信有素质的生产资料供销队伍

柑橘生产资料的供应要有一支讲诚信、有素质的队伍。肥料、农药等生产资料的销售有多种方法，有工厂直销的，有代销的。目前，柑橘产区大都组建了柑橘专业合作社，专业合作社根据柑橘园肥料、农药等的需求组织供应。此外，柑橘主产区的不少龙头企业介入柑橘产业，龙头企业除直接经营具有一定规模的柑橘园外，还辐射周边数量更为可观的柑橘基地。龙头企业与周边县、乡果农签订柑橘收购合同，同时为保证果品质量，由公司统一组织供给肥料、农药和展开技术指导，以达企业与果农双赢。

上述提到的各种形式，随柑橘产业发展会有变化，但不变的应该是一支有诚信、有素质的生产资料服务队伍。这支队伍的经营理念是既要赢利，更要为产业发展和果农致富服务。

二、强化规范管理

目前，强化对柑橘生产资料服务体系规范管理的首要任务是打假治乱，保障柑橘产业的健康发展，保护果农的生产效益。县、市、区农业执法部门和质量检验检测部门要履行职责，通力合作，肩负保护果业生产、果农利益重要使命。同时，广大农民（果农）一旦自己利益受到侵害，要拿起法律武器与假冒、不法的行为作斗争。

三、提倡自种自产

生产资料除市场供应外，提倡自种自产。如柑橘园间种绿肥，山地柑橘园梯坡（壁）种绿肥，或田边地角种绿肥，农家肥、畜禽肥经过熟化处理归园，采取"畜—沼—果"模式等解决部分肥源，既可降低施肥成本，又利于改善生态。柑橘病虫害防治坚持以防为主，农业防治、生物防治、化学防治结合的综合防治，既可减少农药支出，又利于柑橘产业的可持续发展。

第三节 柑橘技术服务体系

柑橘产业的发展,特别是柑橘产业的由大变强,离不开科学技术的支撑,离不开强有力的技术服务体系。

目前,我国柑橘产业的技术服务体系的主要力量是以下3个方面:一是科研院所、大专院校的专业队伍,针对产业发展中需要解决的重大问题,组织力量进行协作攻关,成果应用于产业,推动产业发展。二是企业,特别是龙头企业的研发队伍,根据产业发展需要和遇到的问题,及时立项研究或与科研院所开展协作研发,并迅速将成果用于产业发展。三是省、市、县、镇、乡的技术推广服务体系。根据产业发展的需要,将成熟的成果推广应用于产业,促进产业发展。

建立为产业发展服务的技术体系,使广大种植柑橘、经营柑橘的果农真正掌握种植的现代实用科学技术,这是我国柑橘产业立于不败之地的坚实基石。

面对激烈竞争的国内外柑橘市场,技术服务体系要着力抓实3个方面。

一、大抓科技创新

柑橘产业要上档次、上台阶、上规模、上效益,必须依靠科技进步,不断创新,创新是产业发展的灵魂。要组织科研院所、大专院校和企业等的广大专业人员,协作攻关,破解难题,取得成果,并及时应用于产业,这是产业发展的根本,是产业竞争的实力所在。科技创新需要资金,政府应予以支持。

二、大抓科技示范

将培育的优新品种和先进实用的生产技术。及时示范普及,是加快我国柑橘产业发展的重要途径。不抓不行,小抓也不行,必须大抓,才能出大的成效。

三、大抓科技全方位服务

柑橘是季节性、技术性很强的密集型农业产业,要把柑橘科学技术转化为生产力,必须做好全方位的科技服务工作。在广大农村,广大果农中营造学科学、用科学、靠科学致富的良好氛围。

通过发放科技资料,开展适合不同层次人员的各类技术培训,培训大批既能动手操作、又会指导果农种柑橘的技术骨干队伍,积极开展生产现场的技术指导,长期坚持不懈,务求抓出成效。

第四节 柑橘市场营销服务体系

随着柑橘产业的发展做大,市场营销服务体系越显重要。而营销服务成功的关键是营销理念的先行和营销市场的建设。

一、更新强化营销理念

营销理念落后,是当前我国柑橘产业发展的薄弱点,也是出现柑橘"卖难"的原因之一。同时柑橘营销理念也是当前各产区政府和生产者、经营者迫切需要了解的知识。根据国情和柑橘产区的实况,以下十大营销理念有利柑橘果品营销。

(一)品牌营销

随着市场经济发育日趋成熟,品牌形象已成为消费者认知商品的第一要素,柑橘果品也不例外。但我国柑橘品牌小而乱,究其原因是只重视通过商标注册成品牌,忽视对品牌的苦心经营和保护,未能将注册品牌发展成为精品品牌、知名品牌。

目前,乃至今后很长一段时间内柑橘营销量的大小,很大程度上决定于品牌的经营,美国Sunkist(新奇士)、以色列的Jaffa、新西兰的Zespri、南非的Outspan之所以畅销世界各地,供不应求,就在于他们苦心经营数十载,经营成世界名牌。我国柑橘品牌不少,但知名度不高。要通过整合,重点打造有影响的品牌,同时坚持长期经营和有效保护,从而营造出能与国际品牌同台竞争的精品名牌。

(二)绿色营销

绿色果品是当今消费者的追求。绿色营销理念与消费者消费追求融为一体。为此,柑橘的生产者、经营者,不断增大无公害、绿色柑橘的生产面积,增加无公害柑橘、绿色柑橘投放市场,满足消费者的需求,进而促进整个柑橘产业的发展。

(三)知识营销

目前,我国处在知识经济时代,以知识普及为先导,以知识推动市场的营销新思维,即知识营销当属促销的有效理念。

柑橘营养丰富,色、香、味兼优,柑橘有保健、美容、去病的功能,……对柑橘这类知识了解越多,对消费柑橘的欲望会越高。近年,柠檬在国内外市场销价看好,这与柠檬有丰富的各类维生素和其他营养物质,具健美、美容的知识宣传密切相关。因此,通过电视、因特网、报纸、杂志等媒体,宣传柑橘(水果)的营养、保健功能,使国民多吃水果,多吃柑橘,提高健康水平,意义深远。

(四)包装营销

人靠衣妆,物靠精装。只有重视包装,并将其作为参与市场竞争的重要关节来抓,才能打造出能进入大市场、大超市、大商场以及海外市场的知名果品品牌。

柑橘鲜销果实采后,是否经商品化处理,即洗涤、打蜡、分级、包装,卖相大不一样,科学的包装柑橘果品,有利营销。包装是一门科学和艺术,产品包装有创意才能畅销市场,一个成功的包装也能带动一方经济。如湖北秭归脐橙在经过精心包装,并在外包装上印上三峡风光后,不仅畅销全国各地,而且售价提高0.50元/kg。

目前,我国鲜销柑橘的商品化处理(包装)还不足鲜销总量的30%,重视包装有利柑橘营销。

(五)会展营销

会展营销是指通过展会,展示展销柑橘果品,进行贸易洽谈,促进销售。会展营销是一个注意力营销,通过会展这个平台可以吸引来自国内外的很多客商,会展上果品的展示、介绍,可产生良好的销售效果。

20世纪90年代至今,不少主产柑橘的县、区、市,通过举办柑橘节展示推介柑橘产品,对促销起到了好的作用。

(六)特色营销

特色营销是指利用既有独特品味和风格的产品来吸引消费者,满足消费者的猎奇心理,达到促销的目的。当前的果品消费者,尤其是年轻一代更把果品是否具有特色(品种、品味、色香等)作为购买的重要标准。为此柑橘生产者、经营者、推介所生产柑橘的特色,来激起消费者的购买欲,实为明智之举。近几年来,不少具特色的柑橘产品、产地,申报了地理标志产品,有利于做大产业,促进销货。

(七)网络营销

随着信息时代的到来和电子商务的发展,水果营销出现了渠道创新,其一便是利用因特网进行网络营销,网络当起了"市场红娘"。互联网互动式即时交流,可以打破地域限制,进行远程信息传播,面广量大,其营销内容翔实生动,图文并茂,可以全方位地展示品牌果品的形象,提高知名度,为潜在购买者提供了许多方便。目前我国已有不少柑橘产区和企业在互联网上注册了自己的网站,对产品进行宣传和推广。"中国金柑之乡"尤溪县在这方面做得较好,近年来每年网上销售的金柑均在500 t左右,产品畅销上海、广州、杭州及南京等大中城市。可以预见,随着电子商务的进一步发展,网络营销将成为柑橘(水果)市场上一种具有相当潜力和发展空间的营销策略。

(八)旅游营销

旅游营销是指把果品营销和当地资源结合起来,以旅游搭台,旅游观光—休闲果品—果品销售紧密结合。随着人们生活水平的提高,旅游消费所占的比例逐年增加。因此,柑橘生产者在旅游景点大力宣传、推销产品,必然会拉动对柑橘的消费。

(九)招商营销

招商营销是指通过各种方式将客商引到产地,进行现场考察,宣传推介,柑橘果品的销售提前拿到订单,生产者和客商事先签订果品购销合同,客商对果品提出生产全过程的技术要求,主要包括用药、用肥、用生长调节剂等的要求。这样,不论是卖方或是购方,都能放心购销。

(十)诚信营销

言必诚,人言信,乃"诚信"二字。诚信是市场经济的基本信条,只有注重信誉的生产者、经营者,才能在市场竞争的多次博弈中获得最大利益。消费者要求的是品牌水果质量可靠,货真价实。持之以恒地维护品牌,打击假冒,永远的"真、优、美、宜",即品牌真、品质优、外观美、价格宜,才能使果品的销售新老客户满堂。一旦品牌水果质量参差不齐,没有真正按标准销售,就会使消费者感到困惑和反感,让生产者、经营者失去市场口碑。另一方面,却给了极少数以假冒真、"短斤少两"的不法分子有可乘之机。为此,广大果品生产者、经营者必须树立诚信理念。

二、注重营销市场建设

柑橘是商品,产是为了销。随着柑橘产业的不断发展,柑橘销售越来越为人们关注。世界柑橘生产国绝大多数以国内市场为主,我国也不例外,出口的柑橘是少数,以2007年为例,出口柑橘鲜果56万t,出口橘瓣罐头34万t,仅分别占柑橘中产量2 058.3万t的2.72%和1.65%,无疑国内市场营销是柑橘销售的重中之重。市场营销是将我国柑橘的产业优势转化为经济优势的关键。柑橘从产地到市场之前的流转环节,则是实现柑橘增值的重要环节。当前时常出现的结构性、区域性、季节性的柑橘滞销,其原因之一就是流通不畅,鲜果不能及时、广泛地"扩散"到"三北"甚至中小城镇的消费市场。强化柑橘的规范化采收,鲜果的商品化处理,实现柑橘鲜果的纸箱、托盘包装、分级论价销售。在柑橘商品生产基地建立高效的市场信息体系和现代化柑橘分级包装厂(线),建设果品交易市场,试行现货、期货、代理或网上销售等多种销售机制,建设连接产区与销地的"快速绿色通道",在主要销售地的中心城市建立贮藏库与批发市场,加速物流扩散,以品牌、质量和高效的营销环境,建立稳定的国内销售市场,加速物流扩散,促进果品的销售与效益的回报,以实现产销协调发展。

柑橘外销方面,江西泰纳南丰蜜橘有限公司出资创建年出口10万t南丰蜜橘的工业园,打造出口品牌。凡涉外出口南丰蜜橘的企业都必须获准进入园区。园区统一出口标准,统一加工工艺流程,园区内统一办理出口商检、报关、纳税、退税、外汇结算手续。2010年入园出口企业20家,出口量预计20万t。

目前,我国柑橘处于局部性、季节性的供大于求,为了确实加快营销市场建设,应着力做好如下工作。

(一)品种结构的调优

调优的品种,留优汰劣,压缩年内11、12月成熟的品种,发展11月上旬前成熟的特早熟、早熟品种和翌年成熟、尤其是5月及其以后成熟的晚熟品种,以缓解中熟品种集中应市给市场造成的巨大压力。近期还可选一些适合的品种进行留树贮藏、完熟栽培,以拉开鲜柑橘的供应期。

(二)提高品质创品牌

引进柑橘优新品种,采取高品质栽培、科学用药、配方施肥、疏果、套袋等现代先进栽培技术,提高果品品质;采后进行商品化处理,提高果品的商品性;积极创建柑橘品牌,提升在国内外市场的竞争力。

(三)严格果品的质量管理

品牌离不开严格的质量管理。目前,全球对食品安全的要求越来越严格,对进口水果的农药残留、卫生标准的要求越来越高。相比之下,我国的环境标准显得相对落后。我国现有104种农药在粮食、蔬菜、水果等45种食品中规定了残留量,共291个标准。而国际食品法典对176种农药在375种食品中规定了2 439条农药最高残留标准。日本2006年开始实施食品中农业化学品"肯定列表制度",制定了极其严格的限量标准,大大限制了我国水果进入日本市场。因此,制定标准工作一定要跟上,要做到从标准制定到质量检查环环紧扣。

(四)大力推进标准化生产

通过柑橘标准化生产试验、示范,逐步实现柑橘生产的标准化,生产出色泽、形状、光感均佳的柑橘鲜果,为柑橘果品的商品化处理和打造具中国特色的精品品牌奠定基础。同时大力推进无公害、绿色柑橘基地建设,提升我国柑橘质量。

在开拓国内柑橘市场的同时,为适应柑橘产业国际化的需要,应抓紧柑橘标准化论证,建立质量标准化体系,提高我国柑橘的市场竞争力。按照"简化、统一、协调、选优"的原则,把先进的科技成果转化为标准并有效的实施,使柑橘产业产前、产中、产后实现标准化,形成与国际接轨的质量标准化体系,增强在国际平台上的竞争力。

(五)规范采收和商品化处理

作为鲜果销售的柑橘一定要规范采收。包括根据需要适时采收,严把质量关精细采收,采后的专用果箱转运,轻装稳运轻卸,切忌损伤果实。

增加采后果品商品化处理的比例,以提高果实商品性。柑橘鲜果的外包装强调坚固、耐压、轻便,品种、品牌、商标、计量、质量和产地标志清晰,标志所示与箱内一致,包装材料既利保护生态,又不污染环境。

(六)组建高素质的强大营销队伍

销售经验表明,畅销的柑橘产区必有一支高素质的强大营销队伍,不论是福建平和的琯溪蜜柚销售,还是湖南石门的柑橘销售,概莫例外。有知识、有积极性、经培训提高的广大农民有组织地参与营销将会有力推动市场服务体系的发展。

(七)加强市场建设和发展冷链物流

优化柑橘市场布局,统一规划,分步实施,国家和政府要重点支持建设一批功能强、辐射面广、设施现代的大中型柑橘果品批发市场,积极发展拍卖市场,强化市场的商品的集散功能、价格调节功能、信息引导功能和对产业发展的拉动功能。与此同时,努力构建以批发市场为主体的现代柑橘果品冷链物流中心,发展冷链物流。通过增加科技投入,提升冷链物流设施、装备的现代化水平,有效降低物流成本,提高柑橘果品的物流效力。

(八)建立柑橘电子交易市场

电子交易(Electronic Fransaction)是利用网络提供的通讯手段在网上进行交易。柑橘集中产销地建立柑橘电子交易市场,以克服传统柑橘交易方式受地域、信息、结算、运输、贮藏等多种因素的制约以及对柑橘产、运、销、需各方交易及利益产生的诸多不利影响,而顺应柑橘市场发展的需要。

柑橘电子交易与传统交易不同的是,柑橘电子交易由买卖双方在电子订单交易系统里分别发出买入和卖出报价。然后市场按价格优先、时间优先的原则撮合成交,确定双方间的成交价格并生成电子交易合同。商家只要在交易系统注册后,就可在网上实现柑橘订购、现货交易、期货交易、拍卖和招标,也可将订单再度转让,如股票、期货交易一样从中赚取一定的差价。

全国果品(柑橘)电子交易正在推进中。据中国果品流通协会陈磊介绍,全国果品电子交易市场规划分两个阶段。

第一阶段:建立山东栖霞苹果电子交易市场进行试点。累计投资2 100多万元,完成全国果品交易平台的全部软、硬件系统和市场服务体系。2008年6月20日正式开盘交易,现在,日苹果成交量15 000余t,日手续费收入2万多元,市场运行稳定,取得显著的经济和社会效益。

第二阶段:市场运营中心设在北京,技术与服务中心设在山东栖霞。建设各重点果品产区的电子交易市场,如柑橘、梨、咖啡等,并与全国区域内的果蔬批发市场以及龙头企业合作,用2~3年时间在全国设立100个市场服务网点,最终形成全国协调统一的果品现货流通市场(图11-1,图11-2)。

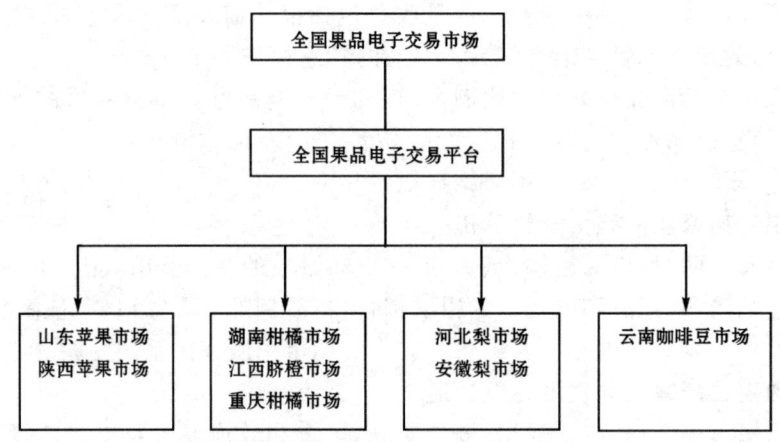

图11-1 全国果品电子交易市场结构示意之一

(九)开拓两大市场,搞活产品流通

立足国内市场,开拓国际市场,搞活产品流通,确保农民增收,是发展水果(柑橘)业的根本出发点。坚持在抓生产、抓资源的优化配置的同时,要更加重视流通销售、市场开拓,搞好市场对接。一是要研究国内市场需求动态,建立果品(柑橘)供求信息网络,根据市场需求组织生产,有效地开拓市场。二是大力发展订单农业,积极鼓励建立专业合作经济组织、中介组织和行业协会引导水果(柑橘)产业环节的衔接,理顺水果(柑橘)产业运营机制。三是加大促销和宣传力度,鼓励企业到省外、境外参加或举办展览会,建立销售网点,增加出口品种,扩大出口规模,大力开拓日本、俄罗斯、东南亚等国际市场,积极开拓欧美及中东市场,实现果品(柑橘)出口地区的多元化。四是我国水果(柑橘)出口受以技术法规、认证制度、检验制度为主要内容的技术性贸易壁垒影响越来越大,因此研究制定水果业绿色贸易壁垒的预警机制刻不容缓。建议

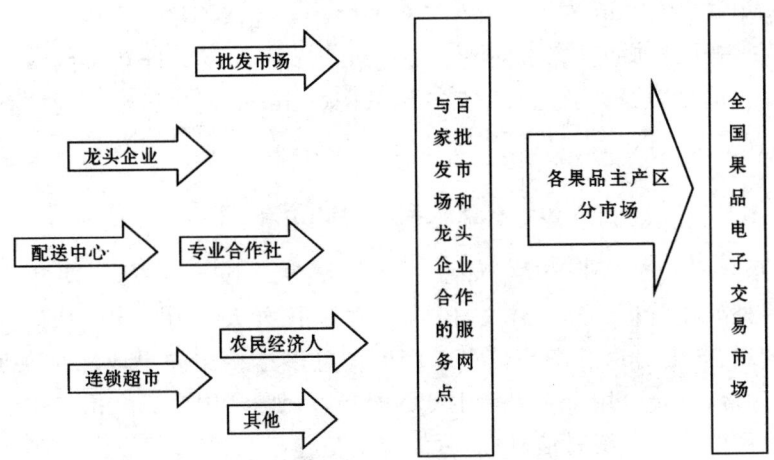

图 11-2　全国果品电子交易市场结构示意之二

全国水果部门等牵头建立绿色贸易壁垒的预警系统,利用世界贸易组织、我国驻外机构和国外进出口商等多种渠道,对贸易伙伴的环保信息、指标体系、检验程序、技术标准等进行动态跟踪,及时向政府、有关部门、企业发出预警信息,以利国外市场的稳定和开拓。五是下功夫优化销售环境,开通果品(柑橘)运销"绿色通道",为客商提供及时有效的服务,加强市场管理,切实保护好外地客商的利益。

(十)依法规范市场管理

加强柑橘市场的立法与监督,尽快完善相关法规,健全交易规则,严格市场准入,规范市场行为。市场准入制度是保障柑橘果品安全生产和消费的有效措施。这既是发达国家的通行做法,也是国内果品(柑橘)管理的必然趋势。严格市场准入,不仅可以有效阻止有毒、有害产品进入城乡家庭,而且可以促进安全优质和无公害、绿色果品(柑橘)的发展,促进果农增收。

近年来,国家农业部积极推行农产品市场准入管理,2002 年初即决定紧紧围绕农产品质量安全加强批发市场环节的质量检测,开设无公害农产品的专销区,以把好市场准入关口,逐步建立市场自检制度。同时要有法必依,加大执法力度,坚决打击柑橘市场交易中的不法行为,切实保障柑橘价格机制的正常运行。为有效防止丰年柑橘"价贱伤农"和灾年柑橘价格暴涨现象的发生,力求柑橘国内市场相对稳定、稳中有升,应建立柑橘市场预警与应急机制,完善生产与销售的预警、预测、预报及其传递、应急手段。为此,还应充实宏观价格调控,理顺各柑橘产区的生产价格、批发价格和零售价格的关系,使之形成合理的比价和差价体系,以防止柑橘市场价格的暴涨、暴跌。

第五节　柑橘产业信息服务体系

随着信息科学和通讯技术的快速发展,网络技术和服务日益普及,网上资源已成为人们日常生活、工作、学习不可缺少的资源之一。互联网是一个由各种不同类型和规模、独立运行和管理的计算机网络组成的世界范围的巨大计算机网络——全球计算机网络。目前世界最大的互联网就是因特网（Internet），以因特网为核心的国际互联网，蕴藏着丰富的信息资源，可在全球范围内，迅速、方便地实现信息数据共享。

一、互联网上果业信息类型

目前，互联网上的果业（柑橘）信息十分丰富，从地域范围看，互联网上有国内果业信息和国外果业信息，分中、外文，国内为中文，国外大多为外文。从信息内容看可分为产前信息、产中信息及产后信息。产前信息多指相关的果业法规条例、品种区划、宏观管理等，主要应用于对果业生产的指导、规划；产中信息多指应用于生产管理的技术信息和农业生产资料信息；产后信息则是包括果品的商品化处理及流通贸易信息等。从信息的发布者来看，互联网上有政府部门发布的相关果业信息、科研机构发布的果业信息、经营企业发布的果业信息以及生产者发布的果业信息。其中，政府发布的果业信息一般包括政策法规、产业动态等信息；科研机构发布的多为科研成果及推广信息；经营企业（个人）发布的则主要是产品推介与营销信息；而生产者发布的则大多是果品及农业生产资料的供求信息。

二、国外的主要农业信息资源

(一)联合国粮农组织(www.fo.org)

通过其站点提供大量的有关农业、经济、渔业、林业、营养、持续发展、食品安全、荒漠化、生物多样性、有机农业等方面的项目，以及技术合作、出版物和其他信息。

(二)美国农业部(www.usda.gov)

发布美国政府的农业计划、政策、机构、项目等详细信息，并有功能强大的搜索引擎支持。

(三)美国农业图书馆(www.nal.usda.gov)

美国权威国家农业图书馆，拥有 AGRICOLA 数据库，提供对大量的出版物和各种数据库的检索，发布农业事件日程和新闻。

(四)农业网络信息中心(www.agnic.org)

是国家农业图书馆、大学以及政府机构自愿组织成的联合体，通过互联网提供电子形式的农业信息和检索服务。

(五)CAB International (www.cabi.org)

出版应用生命科学方面的书籍、期刊以及电子出版物，开展生物防治、生物多样性、生物统计与环境等方面的研究和培训，提供信息与知识管理系统和开发工具。其网站主要有动物和兽医、生物多样性、生物技术、作物保护、人类健康、自然资源与环境、植物科学和社会科学等栏目。

第十一章 柑橘产业的社会化服务体系

（六）CGLAR（www.cgiar.org）

通过研究、合作，以及政策支持为发展中国家的食品安全和摆脱贫困做努力。在保护环境和食品安全的基础上，推进农业的可持续发展。其网站介绍大量的出版物、图片、会议、研究等信息，以及检索服务。同时可以链接到其下属的十几个机构。

（七）Agnet UK Agriculture（www.agnet.co.uk）

提供英国农业与园艺字典及分类索引，进行专业检索和相关描述，是英国一家著名的农业网站。

（八）AGZONE（www.theagzone.com）

美国一家农业电子商务站点，提供新闻、市场价格、厂家等信息，并能对农业化肥等生产资料数据库进行检索服务。

（九）AGRIS（www.fao.org/agris）

国际农业科学和技术信息系统，是国际三大农林数据库之一。收录了135个国家和地区、146个国际AGRIS中心和22个国际中心组织收集的连续出版物及有关文件、系列文集、书籍、科技报告、专利、地图、会议论文等文献。

三、国内的主要农业信息资源

网上的国内主要农业信息资源大概可分3类：第一类是农业文献信息，包括农业图书、农业期刊等，这类信息是把纸张上的信息文献搬上了互联网，有的是直接搬上的，有的做了扩充；第二类是农业即时信息和农业数据库，比如农业产品信息等；第三类是农业科研信息，包括农业方面的新成果、新技术等，这类信息在农业高等院校和农业科研院所比较多。

四、国内的主要农业文献信息

（一）农业图书类

大型图书文献信息部门把文献图书经过技术处理后，通过互联网对用户开放，一般都是免费访问的，如国家图书馆（http://www.nlc.gov.cn）、上海数字图书馆（http://dl.eastday.com）、超星数字图书馆（http://www.ssreader.com）等。阅读或下载这类信息要有专门的阅读软件和下载软件，如超星图书阅览器等。

（二）农业期刊类

首先是中国期刊网（网址：http://www.chin-ajournal.net.cn）。该网站按科学分为理工、农业、医药卫生、文史哲、经济政治与法律、教育与社会科学综合、电子与信息科学9个专辑。在这里，你只要有账号及密码，就完全可以检索到期刊网收录的任何一种期刊全文。其次是万方数据资源系统（http://www.chinainfo.gov.cn）中的数字化期刊群。

（三）报纸类

主要包括两类报纸，一是农业类报纸，如农民日报（http://www.farmer.com）、科技兴农报(http://www.21farmer.com)等,有的还挂靠在其他的站点,如河北农民报(http://www.hebeidaily.com.cn)挂靠在河北日报上,中国花卉报挂靠在中国花卉网（http://www.china-flower.com）和中国草坪网（http://www.chinatarf.com)上。二是综合性报纸,其信息量大,有的还有作者索引、关键词索引等多种检索方式。如科技日报 http://www.stdaily.com)、人民日报(http://peopledaily.com.cn)、光明日报(http://www.gmdaily.com.cn)等。

五、国内的主要农业信息网站

(一)中国农业信息网(www.agri.gov.cn)

由农业部信息中心主办,发布部令公告,新闻报道。开设科技教育信息网、种植畜牧兽医信息网、农机化信息网、菜篮子信息网、种植业信息网、农垦信息网、饲料信息网、包装信息网、水产信息网、绿色食品网,以及供求热线、企业之窗、合作项目、新品种等栏目。

(二)中国农业科技信息网(www.caas.net.cn)

由中国农业科学院科技文献信息中心主办,主要有本网导航、科技机构、科技报刊、科技市场、数据库、供求信息、搜索引擎、常用站点、网上图书馆、内部网、企业之窗、专家论坛、信息服务等栏目。

(三)中国农业在线(www.agrionline.net.cn)

由中国农业大学和北京绿远公司主办,开设今日要闻、科教新闻、科技、教育、专家论坛、经济、专题、人才、法律、企业等栏目。

(四)金农网(www.jinlong.cn)

为全国大型的农业互联网平台,集信息资讯、商务策划、顾问咨询、交易服务于一体的专业化、国际化电子商务平台。全年信息 40 000 条以上包括农业种子、化肥、农药、机械、粮油五大频道,设计现货、期货、种植、加工、养殖、统计、财经、管理、科技、标准、安全等相关领域。

(五)农博网(www.aweb.com.cn)

农博网以县域为单位建立网下信息服务体系,在全国发展信息员,建成独具特色的网上信息通路。开通了要闻中心、县域经济、财经、科技、教育、三农论坛等 20 多个特色频道。

(六)中国农产品供求信息网(www.agrisd.gov.cn)

由农业部市场与经济信息司主办,是国内农产品供求信息方面的重要网站。主要提供供求信息、价格信息、市场分析、产地简介、产品简介、企业介绍、行业标准、政策法规等。

(七)中国农业网(www.zgny.com.cn)

中国农业网是根植于中国农业行业、集农业信息与电子商务为一体的行业网络平台。主要汇集农业资讯、农业技术、政策法规、行业标准、展会等方面的信息。

(八)星火计划网(http://www.cnsp.org.cn)

以科技部门牵头,联合各涉农政府机构、科研院所等力量,针对农村和农业的综合性网站,免费提供涉农信息。各省、自治区、直辖市甚至县级都有本级的、针对本地特色的星火计划网网站(或农村科技信息网)。

(九)其他农业信息网站

主要有中国农业信息网(www.5iny.com)、中国供销合作网(www.chinacoop.gov.cn)、中国种子信息网(www.chinasee.net)、中国化肥信息网(www.china-fertinfo.com.cn)、中国农药信息网(www.chinapesti-cide.cgov.cn)等专业网站,各省还主办有各省的农业网或科技教育网,如陕西农业网(www.agri.sn.cn)、河南科技教育信息网(www.hnast.com.cn)等。

六、国内的主要农业科研信息网站及 2007 年中国农业网站百强(部分)

(一)农业院校和农科院所网站

农业科研信息可以说是农业信息的前沿,许多科技新成果、新技术是通过高等院校和科研院所的科研人员完成的,访问这些站点会有意想不到的收获。下面是部分农业大学和科研院所的网站。

中国农业大学(http://www.cau.edu.cn)
南京农业大学(http://www.njau.edu.cn)
华中农业大学(http://www.hzau.edu.cn)
华南农业大学(http://www.scau.edu.cn)
四川农业大学(http://www.sicau.edu.cn)
中国农业科学院(http://www.caas.ac.net.cn)
中柑所在线(http://www.cric.cn)
中国农业科学院果树研究所(http://www.caasfruit.com.cn)
中国农业科学院郑州果树研究所(http://www.fruitcaas.net.cn)
江苏省农业科学院(http://www.jaas.ac.cn)
河南省农业科学院(http://www.hnagri.org.cn)
浙江省农业科学院(http://www.zaac.ac.cn)
上海市农业科学院(http://www.saas.sh.cn)

(二)与柑橘业有关的中国农业百强网站

由农业部信息中心、中国互联网协会、中国电子商务协会发起的"2007 年中国农业网站 100 强"评选活动,评选出 2007 年中国农业网站百强。其中,与柑橘业有关的网站有:

中国移动通信农村信息网   www.12582.com
中国电信信息田园   www.xxty.cn

中国兴农网	www.cnan.gov.cn
中国乡村经济网	www.xiangcun.com.cn
中农网	www.ap88.com
"三农"科技服务网	3n.gxsti.cn
海峡农业网	www.agrihx.com
粤北农业信息网	www.agrisg.com
三农热线	www.snrx.cn
中国品牌农业网	www.zgppny.com
中国食品产业网	www.foodqs.com
中国农药信息网	www.chinapesticide.cgov.cn
中国复合肥网	www.chinafuhefei.com
中国农资网	www.ampcn.com
中国特色农业信息网	www.tsxxw.com
中国农产品加工网	www.csh.gov.cn
福建农业信息网	www.fjagri.gov.cn
浙江农网	www.zjnw.gov.cn
上海农业网	www.shac.gov.cn
安徽农网	www.ahnw.gov.cn
重庆农业信息网	www.cqagri.gov.cn
云南农业信息网	www.ynagri.gov.cn
甘肃农业信息网	www.gsny.gov.cn
贵州希望网	www.gzxw.gov.cn
四川农经网	www.scnjw.gov.cn
贵州农经网	www.gznw.gov.cn
江西新农村建设网	www.jxagriec.gov.cn
陕西省农村经济信息网	www.sare.gov.cn
武汉农业信息网	www.wuhanagri.gov.cn
珠江源农网	www.zynw.com
温州农网	www.wanw.gov.cn
绍兴数字农业	www.sxny.net
宁波农经网	www.nbagri.gov.cn
上海科教兴农网	www.shangri.org
华中农业信息网	www.ccain.net
中柑所在线	www.cric.cn
中国三峡农业科技网	www.3-xia.com
农友网	www.cn-ny.org

中国乡村发现网	www.zgxcfx.com
三农在线	www.farmer.com.cn
农村百事通	www.ncbst.cn
浙江农业信息网	www.zjagri.gov.cn
中华名优土特产网	www.myttc.cn
中国农业信息网	www.agri.gov.cn

七、加快柑橘产业信息化建设

用信息技术装备果业（柑橘），对加速改造传统果业（柑橘）具有重要意义。健全果业（柑橘）信息收集和发布制度，整合信息资源，推动果业（柑橘）信息数据收集整理规范化、标准化。加强信息服务平台建设，建立国家、省、市、县四级果业（柑橘）信息网络互联中心。加快建设一批标准统一、使用性强的数据库势在必行。

第十二章　柑橘产业化经营管理

我国加入WTO后,柑橘产业发展面临新的机遇,也遭遇新的前所未有的挑战。2007年、2008年,柑橘产量的大幅度增加,受冰雪灾害、发端于美国次贷危机的国际金融危机的影响,出口受阻,连续两年柑橘滞销、跌价,经济效率下滑,果农苦不堪言。

柑橘产业发展成绩巨大,无可非议,但柑橘产业因结构、品种熟期不够合理而出现了结构性、季节性的过剩。同时,因柑橘产业化经营管理模式,不能及时随柑橘销售的大流通、大市场、大竞争的变化而变化,导致市场信息不灵、营销队伍不强、营销手段不力等诸多弊端,也加剧了柑橘销售不畅,价格低迷。

柑橘产业化是市场经济条件下的一种新的柑橘经营模式。目前我国市场模式已由计划经济变为社会主义市场经济,市场经济模式变了,必须要有新的经营管理模式相适应,若仍以传统小农式的生产方式,必将导致果农收入因市场模式变化而下降,由此影响产业的发展。可见我国柑橘产业持续发展与经营管理体系的重大变革息息相关。

第一节　柑橘经营管理的回顾及现状

1949年至今的60年间,我国柑橘面积由小到大,产量由少到多,柑橘的经营管理体系也随柑橘产业、社会发展不断的改变着。从1949年起,广大果农是小农式种植延续开始,至20世纪50—60年代的农业生产合作社、人民公社,再至改革开放初期的分树到户,分地到人。此间,国营体制的农场、柑橘场是"大锅饭"体制,后随农场体制的改革,出现了联产承包,分地分树到人。但上述经营管理的体制都在计划经济条件下运行的模式,弊端甚多。随着我国改革开放的不断发展,市场经济逐步向社会主义市场经济转变,为适应已变化了的市场经济体制,柑橘产业化的经营管理体系也发生新的变化,出现的将分散农民组织起来的专业生产合作社(协会),企业参与柑橘产业开发,出现了龙头企业联专业生产合作社,专业生产合作社联农户的经营模式。有的地方为充分调动农民种植柑橘的积极性,在龙头企业带动下,农民以土地入股或成立注册公司,所有试行的各种模式都是将分散的农户(果农)组织起来,实施规模化经营,以抵御灾害风险、市场风险,保障果农的利益。

在柑橘产业经营管理机制的探索上,重庆市走在全国柑橘产业的前面,自20世纪末至今,探索建立了"龙头企业+基地+农户"、"龙头企业+农民公司+农户"等柑橘发展模式,创新了以地入股组建农民专业合作经营制度,发展柑橘专业协会和合作社100多个,吸收会员近40万户。通过建立"资金共筹、财产共有、决策共定、风险共担、盈利共享"的农业股份公司,有效解决了土地分散、重栽轻管以及果园失管等问题。尝试了新的融资手段和模式,成立了重庆市农业担保公司,政府出资和社会资本2009年超3亿元,形成了30个亿的融资担保能力,解决了单个果农无资信条件和贷款抵押问题,落实了农户或业主建园前期管护投入资金。试点推行了柑橘政策性农业保险,保费财政补贴70%,为果农撑起一面避风险的"保护伞"。

建在重庆的北京汇源万州工厂、北京汇源集团重庆柑橘产业化开发有限公司、重庆三峡建设集团柑橘公司、重庆美国博富文柑橘有限公司和重庆恒河果业公司等率先在万州、忠县和江津等区(县)的柑橘产区探索构建了"公司+农户"、"公司+基地+农户"、"公司+协会+农户"等多种经营模式。

最近,重庆市移民局召开移民柑橘座谈会议一致认为,自2004年全面实施移民柑橘果园建设以来,在国务院三峡工程建设委员会办公室提倡并推行的"公司+协会(协会或专业合作社)+移民或农民"模式的基础上,经过多年实践探索,已基本形成"公司+中介组织(协会或专业合作社)+移民或农民(大户或小业主)"的移民柑橘果园建设管理模式。该模式有利于移民或农民在柑橘种植经营上最大受益;有利于家庭缺乏劳动力或缺乏经营能力的农户果园面积向大户和小业主集中;有利于按照市级统筹三峡库区产业发展基金管理规定,公司统一进行项目申报、建设,并接受相关部门的审计、检查和验收;只要进一步充分发挥中介组织(协会或专业合作社)的作用,该模式更有利于确保果园建设的成功。为此,会议议定三峡库区移民柑橘果园的建设管理原则上继续采取"公司+中介组织(协会或专业合作社)+移民或农民(大户或小业主)"的管理模式,由科研机构进行规划设计,公司进行申报、建设(原则由公司建设,但如在建设工程中因公司主观原因影响果园建设的,可考虑由其他建设单位负责建设)和技术支持,移民或农民(大户或小业主)进行田间管理,市、县、乡村社各级和监理单位严格监管,中介组织(协会或专业合作社)做好公司与移民或农民(大户或小业主)等相关单位的沟通协调工作。

浙江省随着以柑橘为主的果业的不断发展,全省重视果品产销协会、专业合作社等产业化组织建设,近年不断扩大加强。据统计全省有各类产业化组织1561个。柑橘、杨梅、果品流通等省级产业协会认真做好果品产销形势分析,开展特色优质果品的推荐与促销活动,各级协会、专业合作社等经济组织在品牌宣传、信息发布、产品展销、贸易谈判等方面发挥了极其重要的作用,促进了该省以柑橘为主的水果产业发展。

四川省积极发展柑橘专业合作社和各级柑橘协会,推进柑橘产业化进程。如四川省蒲江杂柑合作社,有社员1275人,辐射周边县(市),拥有杂柑面积0.67万hm^2。一年中,合作社在技术培训、品牌宣传推介、果品销售、生产基地建设、开展帮带和助农增收等方法做了卓有成效的工作,带领果农共同致富。

在技术培训方面,全年开展大型培训4次、各类片区培训40次、培训人员达近万人(次)。发放各类技术资料5万余份,代社员组织肥料、农药等农用物资1500多t,极大提高了蒲江果农种植杂柑的管理水平。合作社针对社员技术管理经验不足的实情,制定了无公害生产标准和优质果品收购标准,将生产管理技术的关键措施编成通俗易懂的资料,在管理季节来临之前,下发到社员手中,有力推动了杂柑的标准化生产。

在品牌宣传推介方面,合作社筹资 20 万元,多次到北京、上海、广州、深圳和重庆等城市,参加各种类型的果品展销会、推介会,大力宣传蒲江杂柑,推介蒲江生态水果,全年印宣传册 1.5 万份、宣传资料 2 万份,将蒲江的杂柑种植规模、产品质量、包装设计等资料和技术手册,通过电子网络平台向外推介,合作社网站每天点击率达上千次,并不断接到国内外客商的咨询,使蒲江杂柑市场的知名度得到大的提升。2006 年蒲江县杂柑基地被中国果品流通协会授予"中国优质杂柑生产基地"称号,使"中华名果·蒲江杂柑"对外宣传有了强有力的支撑点。

在销售方面,合作社联合中国果品的流通协会,自筹资金,召开了"2005 年全国柑橘产销形势分析会",使蒲江杂柑知名度进一步提升,到蒲江采购杂柑的客户大量增加,杂柑销售更加顺畅,价格攀升,杂柑畅销国内市场外,还远销东南亚、俄罗斯等国。

在生产基地建设方面,合作社大力推行标准化生产,并建立具有一定规模的 2 个高标准示范园,供省内外及杂柑合作社社员技术培训时参观学习。按照一村(乡)一品进行杂柑规模种植,以利统一管理,统一销售,取得好的效益。

在开展帮带方面,合作社帮带经济缓慢增长村——开源村。首先将该村纳入合作社的管理,全村农户集体加入合作社的管理,合作社 3 年不收其会费,帮助新建 8 hm^2 杂柑示范园,提供农药、肥料等近 10 万元、开展技术培训,组织专人到村指导,提高了管理水平,增加了效益。

在助农增收方面,大力宣传优化品种,带动果农高换优新品种,使果农从高接换种前每 667 m^2 收入 1 500 元左右上升至 6 000 元左右,全县杂柑产量 12.5 万 t,收入近 4 亿元,比高接换种前增收近 3 亿元,每 667 m^2 收入增加 4 000 元,合作社社员人均收入增加近 3 000 元。

又如四川省资阳市雁江区碑记柑橘专业协会,有种植大户、营销大户等 506 名会员,种植面积 124 hm^2,统一技术指导,创造了连续 16 年蜜柑每 667 m^2 产量 5 000 kg 的高产典型,是我国特早熟、早熟温州蜜柑重要的生产基地。该协会还获得"四川省农村专业技术百强协会"的誉称。柑橘专业合作社对柑橘产业的产、供、销发挥了积极作用。

广西壮族自治区重视柑橘专业合作社和出口水果基地的的建设,如恭城瑶族自治县莲花镇积极引导果农开展农民合作社组建和建立出口水果基地成效显著。目前,该镇已注册 148 个基层专业合作社,申报出口果园注册合作社 81 个,入社农户 5 858 户,占全镇农户总数的 45.4%。出口出境果园基地 114 个。其中,月柿基地 74 个,面积 1 187 hm^2,占全镇月柿总面积的 35%;柑橘基地 40 个,面积 448 hm^2,占全镇柑橘总面积的 33.6%。全镇水果达到出口要求的合作社 73 个,基地 105 个。

2009年上半年该镇出口月柿1.1万t,柑橘1.2万t,创造了良好的经济效益,实现了农民增收,农业增效。

该镇为确保农民专业合作社正常运转,多次召集水果商、人大代表研究探索,确定了"镇联社＋村(自然村)合作社＋农户＋基地区域化"的管理模式,提出了"有钱办事,有人办事,有场所办事,要为民办好事"的具体工作目标,镇政府在财力有限的情况下为合作社建立投入经费12.5万元,落实了联社办公场所,配备了齐全的办公设备,同时,镇政府大力宣传、引导果农加入专业合作社。通过召开户主大会,选举产生合作社理事会和监事会,明确了合作社的相关职责。入会会员按合作社章程规定,每667 m^2 面积果蔬缴纳15元入社费。组建合作社和水果实施了标准化管理,提高了水果品质,增强了果商的信心,适应了国际水果市场的发展形势。建立起乡(镇)联社农资配送中心,实行果园A类管理(凡加入配送中心并严格按照农资封闭运行管理的,即为A类,经检验检疫局收其水果向发达国家出口)。

湖北省宜昌市夷陵区(原宜昌县)是我国柑橘的重要生产基地,2008年柑橘栽培面积1.64万 hm^2,产量33.17万t。目前夷陵区的柑橘经营模式有农户单独经营、村民合作社经营和企业生产经营等3种。华中农业大学陈文琼等对3种模式进行了深入调查并做出以下利弊分析:

农户单独经营模式的特点是小规模经营,产销灵活分散。在生产中果农有充分的自主性,在种植品种选择和种植面积上也可自行安排。整个产销环节均由果农自主决定。这种模式的不足是产品质量参差不齐,缺乏市场竞争力;多数农户生产粗放,技术、资金投入少,又缺乏统一的生产标准和技术指导,单位面积产量低;最大的问题是销售,质量不一,包装粗糙简陋,品牌缺失,无市场竞争力,加之销售中果农缺乏组织与商贩间没有合作协议,信息渠道又不畅,因此柑橘销售中成本较高。

村民合作经营模式的特点是村委会在柑橘产销经营中处"领头羊"地位。具体特点表现在两个方面:一是村委会是一个真正的服务型组织,为村柑橘产销提供信息、技术、销售的周全服务。二是生产经营逐步统一化,包括生产上农资统购、技术统一、销售统一等方面。此模式的制约因素是规模化、标准化生产处于起步阶段,加上受经济、技术等方面的制约,发展缓慢。

企业生产经营模式在夷陵区不断发展壮大,宜昌市晓曦红柑橘专业合作社是其典型代表。该合作社在企业生产模式下实施所有权与经营权分离,即由企业进行承包,雇用当地果农为其生产。其特点体现在4个方面:一是规模化、专业化生产。目前,企业经营果园466.67 hm^2,从生产到销售都有专业管理和指导,统一生产标准、统一技术指导、统一销售。农药、肥料等的使用严格按市场要求和无公害食品柑橘的标准组织实施。二是硬件设施齐全,基础设施完善。交通设施便利,果品外运路网通畅;配备固定喷灌,电力充足;广播、互联网、电视等信息渠道较安全;合作社在全国首家推出双轨软索采收运输生产线,为柑橘采收运输提供了便利,同时节省了大量的人力。三是统筹安排,品种结构合理。早晚熟都有种植,以错开收获旺季,还能延长销售期。四是品牌效应明显,形成了一条较为固定的销售链。合作社的"晓曦红"品牌产品在销售中优势明显,比其他几种模式的产品价格都要高,而且开拓了超市等高端市场,在主要市场设立了销售网点,并有一些固定的合作伙伴;通过各种媒体的强势宣传,品牌知名度不断提高;积极实施走出去战略,市场份额不断扩大。制约该模式发展的因素除园地地势较陡,蓄水能力差,缺乏水资源造成生产成本增加外,主要缺乏深加工,产品销售以鲜果为主,限制产品价值的进一步提升。

从对以上3种模式管理的分析可以看出,农户单独经营模式只能算是传统的小农经济,阻碍了整个夷陵区柑橘产业化的发展,这也是今后柑橘产业化发展首先要改变的生产经营方式;而企业生产经营模式产业化程度较高,在生产经营上都有着明显优势,起到了典型、示范作用,是夷陵区柑橘产业发展的必然趋势。

湖南省积极推进果业合作社建设,注重发挥园艺(柑橘)场的作用。如临澧县湘鹏果业合作社于2008年5月12日在临澧县工商局注册登记,合作社现有成员1 265人,下设16个乡(镇)分社、1个技术服务中心、1个农资超市、23家技术推广连锁店、1个出口柑橘加工厂,成员拥有果园633 hm²。果业合作社围绕全县果树生产和需要技术的果农,提供了产前技术指导、产中配肥配药、产后果品营销等服务。累计技术讲座300多场次,印发技术资料12万份,培训果农2.5万人次。会员每年销售果品在3万t以上,先后获得省、市、县"十佳专业协会"、"十大农业科技合作组织"、"目标管理单位"、"先进单位"等称号。

果业合作社为社员的柑橘、桃、李、梨、枣、葡萄注册了"美果多"商标,2008年3月开始为余市精品柑橘园、余市橘园、望城橘园、文家乡雅林柑橘园、杨板乡仙女村杂柑园计666.7 hm²申报了绿标,已获准农业部批准发证。还将杉板乡、杨板乡仙女村申报为出口果园基地,于2008年12月15日获出口水果果园注册登记认证。合作社打蜡厂获出口柑橘加工厂注册登记认证。为加速临澧县农业产业化进程,促进果品产加销一体化建设,完善合作社加基地加农户的经营模式,合作社申报了湘西北果品保鲜加工基地项目。

合作社的工作思路是以666.7 hm²绿色食品和出口柑橘基地为依托,以合作社成员大户为纽带,以出口柑橘加工为平台,以签订技术承包合同的成员为服务对象,实行技术统一指导、肥料统一配送、产品统一收购加工销售,逐步实行产、加、销一条龙,农、工、贸一体化,使农民增收,促进临澧县果业可持续发展。

又如湖南省常德市桃花源果树联合会成立于1996年11月,目前共有会员586人,遍布全国5个省(市)、21个县(市)。现拥1个研究所、1家专业社、1家公司,12个富硒农产品基地,1家桃花源园艺编辑部。该联合会的1个项目列入国家级星火计划——富硒柑橘及其产业化开发;1个国家发明专利——富硒增甜素及其制备方法;1个注册商标——桃仙牌;3个国家级品牌——"中华名果—桃仙牌富硒柑橘"、"中国优质产品·重点推广产品"、"中国名优农产品"。桃花源果联2003年11月获常德市"十佳农村产业技术协会",2003年12月获常德市民间组织管理局"先进社会团体";2005年3月被常德市委、市政府评为全市"优秀农民专业协会";2006年9月被人民日报市场报推荐为《今日农村》理事会理事单位;2007年8月被湖南省科协评为"全省先进农村专业技术协会";2008年1月被全国合作社高新技术成果产品推广中心授予"全国优秀农民专业合作经济组织";2008年10月被中国果品流通协会评为"服务果业全国先进单位"。

湖南省还继续发挥园艺场的作用,如石门县秀坪园艺场组建于1975年,是一家柑橘专业园艺场。园艺场下辖5个村,总人口5 000人,总面积1 400 hm^2,其中柑橘面积667 hm^2,是全国最大的早熟蜜橘生产与出口基地,"国家星火计划项目"无公害精品蜜橘出口基地,国家商检局出境水果果园基地、中日友好橘园、湖南省引进国外智力成果示范推广基地、湖南省科技成果转化与实践基地、湖南省农业旅游示范点。产品获中国湖南第六届(国际)博览会金奖,被市政府授予"常德市农业龙头企业"称号。

秀坪园艺场柑橘主栽品种为早熟温州蜜柑,年产量2.5万t左右,果品畅销全国10多个省、自治区、直辖市,并长期与广东杨氏、中兴,浙江天子,湖南粮油、金湘源等十多家大公司、大集团合作,并实现1979年以来连续28年对外出口,产品出口到加拿大、俄罗斯、越南、东南亚以及我国港澳等地,常年出口量1万t以上。

江西省积极推进果业合作社建设。如安远县目前果树面积已达2.35万hm^2,年产量达28万t,水果产业集群产值达15亿元,果业已成为安远县农业经济支柱产业。在果业快速发展进程的同时,安远果业合作经济组织也得到了快速发展,并成为该县果业健康快速发展的中坚力量。

安远县果业合作经济组织目前主要有3个类型:一是以技术服务、农资配送为主的各级果业协会;二是以果品营销、贮藏加工为主的各类果品营销组织;三是以交流统一种植技术标准为主的种植业合作社。目前全县已组建各级果业协会组织112个,其中,取得社团登记的19个(县级果业协会1个,乡镇级果业协会18个),村(基地)果业协会93个;现有县级会员9 860人,全县各级协会会员23 678人,辐射带动果农4万多户。各级果业协会依据章程,建立了理事轮流"坐诊"制度,开通了"110"果业技术服务热线电话,定期印发《果农之友》和《果业技术指南》科技资料;组建了一批专业嫁接队、修剪队、喷药队、采果队等专业服务队伍,成立了技术服务部、农资供应部、果品营销部,在加强全县果业行业自律、科技成果转化、生产技术示范、培训与推广,为民排忧解疑、农资配供及果品服务诸方面发挥了政府部门不可替代的作用。

我国柑橘产业化经营仍然处于初级阶段,市场发育不健全,从业人员素质较低;龙头企业市场竞争力弱,承受风险能力还比较差,尚须加以保护和扶持;产业化组织形式发育不全,社会化服务水平不高;以龙头型经济模式为主的,龙头企业与橘农之间的联系还比较松散,并且龙头企业与橘农之间的利益关系存在较多矛盾,所以大多数果农只能获得果品原料、初级果品的基本收益;产业效益相对较低。

第二节　我国柑橘产业的经营模式

目前,我国柑橘产业的经营模式主要有:农户分散经营、大户(小业主)经营、合作经济组织经营、园艺(柑橘)场经营和龙头企业经营等。

一、农户分散经营

目前,我国柑橘种植,多数仍是分户承包经营管理,弊端十分突出:一是不利于生产品质一致的优质柑橘。品质和品牌是当今柑橘果品的竞争的两大要素,品质是基础。没有稳定的品质,消费者心中形不成印象,品牌就难以打响。二是不利于生产成本降低。零星分散,管理不方便,费时费工,导致成本增加,进而影响市场竞争力。三是不利于技术措施到位。一片柑橘园多户承包,我管你不管,影响技术措施的效果。尤其是柑橘的病虫害防治,影响防治效果,甚至无效。四是不利于改善柑橘果园的基础设施和生产条件。我国现有柑橘不少水利和道路等基础设施较差,需要通过改造来提高果园的生产力,但各家各户的经营管理难以共同投资改造,更谈不上购买先进适用的机械,实施翻耕、挖(扩)穴和打药,使之"靠天吃饭"的现状难以改变。五是不利于果农增加投入管理,柑橘是一种产出严重依赖投入的经济树种,高投入会有高产出。当前,不少柑橘产区,青壮劳力外出务工,诸如施有机肥、灌溉等强体力劳动,老弱者会因体力不胜而无法实施,投入少,产出也必然少。六是不利于柑橘产业增效,果农增收。果园设施和生产条件差,管理不方便增加成本,投入和技术不到位,影响优质、丰产,再加上市场信息不灵,柑橘不易卖好价钱而收入下降。

二、大户(小业主)经营

随柑橘产业发展和青壮年农民进城务工,一部分分散种植柑橘的农户无力自行管理将其流转到善于种植的大户,或来自城镇的小业主管理。此种管理方式与农户分散管理比较,相对较好,但是资金、规模、技术和市场等因素,仍摆脱不了小生产经营的格局,难以抗拒自然灾害和市场风险,难以在激烈的市场竞争中把握胜券。在经营过程中,有的大户(业主)因资金不能保证,半途弃业的也屡有发生。

三、合作经济组织经营

柑橘专业合作社、果农协会等经济组织是在农村家庭承包经营的基础上柑橘生产经营者、生产经营服务者自愿联合、民主管理的互助性经济组织。专业合作社以其社员为主要服务对象,可提供柑橘生产资料的购买,柑橘果品的销售、贮藏、加工、运输以及生产经营中有关的技术、信息服务。

柑橘专业合作社启动以来,在柑橘区发展极不平衡,一般柑橘产业优势区、柑橘生产集中的产区、经济发达的地区较柑橘非优势区、生产不集中的产区和经济不发达地区起步早、作用大、果农获得好的效益。少数柑橘专业合作社,由于启动、运行无资金或服务果农的宗旨不明确,合作流于形式或转向赚钱谋私利,果农得不到实惠发生矛盾的也不少。

四、园艺(柑橘)场经营

园艺(柑橘)场是系原国营或集体的园艺(柑橘)场,目前基本上是分树到户进行生产管理。果品以户自销或场统一销售。部分经营好的场会获得较好的利益,经营不善的与农户分散经营无异。

五、龙头企业经营

龙头企业经营主要的模式是企业联柑橘产业基地、柑橘专业合作社、农户。有企业为主的经营,也有企业与农户、专业合作社松散联合经营。企业为主的经营:生产管理、技术措施、果品销售等均由企业实施,农户或专业合作社土地入股、果农(户)可在基地务工,年终按合同(协议)的比例分红。也有公司租赁农户土地,一租15至20年,每年付租金,果农还可在柑橘基地务工,每月付薪。

龙头企业为主经营,规模相对较大,由于统一管理生产,实施技术措施和销售果品,柑橘的产量和质量较有保证,果品销售的渠道相对较宽,较分散农户经营、大户经营等有规模优势、技术优势、市场优势和较强的抗风险能力。但龙头企业为主的经营必须切实解决好企业与果农的利益关系。企业在经营的过程中,随产业的发展让利于果农,以调动果农的生产积极性,增强主人翁的责任感,与企业一起共同经营好柑橘基地,使产业不断壮大,达到双赢多赢,富民、强县、兴企业。

第三节 提升柑橘产业化经营管理的建议

针对我国柑橘产业化经营现状和国内外可借鉴的经验。大力支持柑橘产业化经营模式变革,积极引导橘农组建专业合作社,产前、产中、产后一齐抓,提升柑橘产业经营水平,推进柑橘产业可持续发展。

一、大力推进柑橘产业经营模式变革

我国柑橘已是一个大产业,但算不上强产业。推进柑橘产业由大转强,必须大力推进柑橘产业化经营模式的变革,以适应国内外激烈竞争的柑橘市场。

首先,要继续加大力度对柑橘产业发展,尤其是柑橘优势带持续发展的支持。政府要从出台优惠政策、法规制定,到标准化推行、质量监督监测、信息导向、区域品牌打造、龙头企业培育上发挥强有力的作用。特别是扶持龙头企业,以工业化的理念,通过龙头企业把分散的果农以企业+基地+农户或企业+专业合作社+农户的形式组织起来,共同经营柑橘产业。

三峡库区划为我国重要的柑橘优势带,20世纪末至今,政府吸引和培植龙头企业投身柑橘产业发展。从政府下达发展计划,给予建园资金上的支持,企业承建相对集中连片的柑橘基地,果农投劳折资,参与基地建设和建后管理。从建园到产品收购的整个过程,实行统一规划、统一品种、统一种植标准、统一管理技术、统一果品收购的"五统一",企业和政府一起发动果农参加柑橘专业合作社,企业和专业合作社签订果品收购合同,消除果农卖果难的后顾之忧,积极投入种后管理,推动产业发展,以龙头企业带动农户组织起来当前不失是一种好的经营模式。

二、提高农民组织化程度,发展做大柑橘专业合作社

办好农民专业合作社是农社会主义新农村建设的重要一环。在柑橘产区,政府部门应从产业政策的高度出发,创新柑橘产业化经营组织的体制。制定优惠政策,按照"完善组织、创新机制、自主管理、共同受益"的目标,坚持"民办、民管、民受益"的原则,支持果农组建自己的果农协会、专业合作社等合作经济组织。鼓励国内外资金进入果业组织,加大对柑橘业规模经营的支持力度。以行业协同取代无序竞争,促进家庭经营的小规模果业生产有机地融入到农业社会化协作大产业体系中,解决小生产与大市场间的矛盾。增强柑橘果业抗风险的能力,提高果农经济收益。

柑橘专业合作组织是在农村家庭承包经营的基础上,由柑橘生产经营者和柑橘生产经营服务提供者实行自愿联合、民主管理的互助性经济组织。合作组织以其社员为主要服务对象,可以提供农业生产资料的购买,农产品的销售、加工、运输、贮藏以及与农业生产经营有关的技术、信息服务。

柑橘专业合作社的建立,可以有效的解决当前我国柑橘生产千家万户小规模经营与千变万化的大市场之间的矛盾,可以提高广大果农在市场上的谈判能力,对于维护果农的合理利益有重要的意义。

专业合作社建立后,要不断壮大,在生产合作的基础上发展资金合作,建设一条龙果品经营服务体系。

三、扶持壮大龙头企业

龙头企业是推进柑橘产业发展的主导力量,肩负着带动农户和促进生产的重任。通常先进的龙头企业孕育着健康的农业产业。龙头企业在开拓市场,引导生产,拉长产业链,增加农民收入等方面起着极其重要的作用。

随着商品经济的发展,"小生产"与"大市场"的矛盾已阻碍柑橘产业的发展和升级。面对千家万户闯市场的新形势,分散的果农是弱势群体,在市场中基本无话语权,品质好坏、价格高低完全由经销商和企业说了算。可见果农单打独斗闯市场难以成功,必须由龙头企业带领果农闯市场,发挥龙头企业上连市场、下连果农,既能解决生产什么、生产多少的问题,又能解决农产品的卖难问题。

重庆和三峡库区在柑橘产业发展中,引入北京汇源集团、三峡建设果业集团、美

国博富文公司、澳门恒河公司等国内外龙头企业,既参与柑橘基地建设、技术指导、又与果农从建园开始就签订果品购销合同,解决果农"卖果难"的后顾之忧,调动了果农发展柑橘产业的积极性。

龙头企业的带动,需要不断的创新和提高。应制定、出台相关政策,引导和推动产业化经营组织中果农、中介组织、龙头企业横向和纵向的联合,形成多种产业化经营组织模式的创新。通过对龙头企业等的扶持,增强其带动和提高果农进行果品标准化、专业化、规模化生产的能力。果农借助龙头企业等的资金、信息和营销网络等进行生产结构的调整,以标准化生产提高果品的品质,创出品牌,增强果品在市场的竞争力。

龙头企业做大做强,带动果农致富,促进产业和地方经济发展,还要打破行业和系统界限,进行多方面的合作,增强在国内外市场的竞争力。政府在政策上、资金上给予扶持,同时注重绿色特色产品和产品的综合开发,以实现柑橘资源的高效利用。

四、建立标准化生产体系

我国的标准化建设还处在起步阶段,与发达国家相比,差距较大。因此,应尽快制定和颁布有关农业标准化管理相对应的法律,并依此建立健全果品的质量标准体系、质量检验体系和质量认证体系,确保其与国际标准相配套,且达到或超过国际标准。按照果品质量标准化体系制定出一套包括果品(柑橘)产前、产中、产后各环节的标准化生产规范。将标准化始终贯穿于果品生产、加工、贮藏、运输的全过程,以提高果品(柑橘)产业化经营的整体水平。

建立柑橘的标准化生产体系,要抓好4个方面的管理。一是加强技术管理。首先是大力推广普及柑橘先进栽培技术,针对当前柑橘栽培突出的问题,抓好改密植为适宜密度种植,改普通露地苗为脱毒容器苗,改低位定干为高位定干,改精细修剪为大枝简易修剪,改施用化肥为主为有机肥、有机专用肥为主,改激素保花保果为营养微量元素,改化学防治病虫害为主为生物综合防治病虫害,全面改变落后的栽培管理。按照"主推一批、示范一批、攻关一批"的办法有计划积极推进。二是强化苗木管理,尽快形成"统一管理、统一标准、统一价格、统一供苗、专业经营"的良种繁育和供应体系。三是规范生产管理。制定合理的产量指标,以保证树体健壮,优质丰产。四是严格质量管理,建立全过程质量控制体系。大力推行良好生产操作(GMP)、危害分析及关键控制点(HACCP)和ISO9000等质量管理与控制体系框架;加强例行监测,强化市场监管,建设安全流通渠道,推进果品生产源头洁净化、生产经营标准化、质量安全监管制度化、市场营销现代化和规模经营品牌化,全面提升柑橘质量安全水平。

五、利用工业理念推进柑橘产业化

一是用工业概念推进柑橘产业化。以提升竞争力为重点,培植龙头企业,引导优势企业向柑橘优势区集聚,创立一批国内外知名品牌;以提高带动为核心,大力发展多种形式的果业协会或专业合作组织,使更多的果农进入市场,提高组织化程度和社会化服务水平;以创新体制为动力,逐步完善利益联结机制、风险保障机制、监督约束机制、行业协调机制的经验与模式;以发展柑橘精加工为突破口,培植加工示范企业。二是延伸产业链,发展关联产业。积极发展柑橘采后处理。三是按照"统一品牌、商标各异、注明产地、政府引导、统一管理"的要求,精心打造柑橘品牌,切实维护品牌声誉。

六、建立健全柑橘产业良性发展的长效机制

一是建立健全柑橘产业持续健康发展的激励政策。在柑橘良种繁育、基地建设、科研教育、技术推广、病虫防治、质量标准、市场促销、检验检疫等基础性、公益性项目加大财政支持力度,逐步建立稳定的柑橘产业投入机制。二是加强柑橘产业风险防范,建立健全柑橘果品生产保险制度,以降低不可预见的自然灾害和市场变化对柑橘生产者造成的损失。

七、以销促产做大市场

柑橘生产的目的是销售,实现柑橘优质优价,关键在于市场开拓。做大市场应坚持多主体、多渠道、多形式,大力开拓中、高端市场,畅通优质果品营销渠道,实现"小生产"与"大市场"的有机结合。各级供销社要加强新型农村经营服务体系建设,为畅通果品等农产品流通渠道提供全方位、一条龙服务,充分发挥供销社、专业合作社、龙头企业、营销大户和农村经纪人的作用,大力发展柑橘等果品的冷链物流、连锁配送、直供直销、电子商务、期货交易、会展经济等新型流通业态和现代交易方式,推进基地与超市对接,果园基地与"果盘"对接。柑橘优势基地要建立或创造条件建立柑橘(果品)交易中心,搞好现有批发市场的升级改造,形成一批广覆盖、强辐射的大市场。实施果品"走出去"战略,在扩大国内市场的同时积极开拓国外市场。

八、在推进产业化进程中促进果农增产增收

果农是柑橘产业化的主体,同时也是弱势群体。在推进柑橘产业化的进程中,须不断促进果农增产增收。借鉴目前国内实施产业化的成功经验,必须抓好以下诸点:一是提高果农对产业化的认识,组织联合起来参与大生产、大流通、大市场的大竞争。二是加强生产、营销和法规的专业技术培训,增强技能,提高综合素质,以适应发展产业化的需要。三是政府要大力支持果农走产业化经营之路,对出现的自然灾害风险、市场风险和人为的事件风险,积极做好保险、补贴和防范,使果农灾年有保障,丰年能增收。四是专业合作社的建立、壮大,其目的是为果农增收服务,办有益于果农致富的产业,做有利于果农致富的事。五是促进果农、大户、专业合作社与龙头企业联合发展产业,做大市场。龙头企业在发展产业、企业的同时,时刻不忘果农的增收,让利于民。龙头企业的壮大离不开果农的支持,果农在产业化进程中致富,龙头企业才能真正壮大,效益倍增。

附　录

附录一　国家和省、自治区、直辖市柑橘(果树、园艺)研究所简介

一、中国农业科学院柑橘研究所

中国农业科学院柑橘研究所经农业部批准成立于1960年,目前实行西南大学与中国农业科学院共建体制,又名西南大学柑橘研究所。设柑橘品种资源、栽培技术、植物保护、贮藏加工、南方果树信息5个研究室和"国家柑橘工程技术研究中心"等10余个科研平台。目前在岗科技人员115人。其中高级技术职务37人,博士18名。现有百千万人才工程国家级人选1人、农业部现代农业(柑橘)产业技术体系岗位科学家6人,中国农业科学院二级和三级岗位杰出人才分别为4人和7人。现有在读博士后2名、博士生11名和硕士生60余名,先后承担国家级研究项目140多项,国际合作项目5项,承办和合作承办国际会议8次。获得研究成果144项,其中国家级奖励9项,省部级奖励48项,专利7项。编辑出版《中国南方果树》和《中国果业信息》2种杂志。

中国农业科学院柑橘研究所建设近50年来,坚持柑橘科研为生产服务,积极参与柑橘产业化建设,为我国柑橘产业的发展做出了重大贡献。

二、浙江省柑橘研究所

浙江省柑橘研究所是1936年建立的我国最早的柑橘专业研究机构之一,地处台州市黄岩区,是全国最先开展柑橘杂交育种并首先获得成功的科研单位,在国内外享有较高的声誉。该所研究实力强,仪器设备先进,全所现有员工80名,其中中高级科研人员26名,拥有200多台(套)仪器设备。占地26.7 hm^2,试验果园20 hm^2。近20年来,硕果累累,主持省级以上课题60余项,其中国家级课题20多项,共获省部级成果奖21项,发明专利4项。选育出少核本地早、红玉柑、凯旋柑、439、刘本橙等10多个优良品种以及一批种质材料;推广面积3 333.3 hm^2;引进杂柑、甜橙等40多个品种,推广面积达6.67万 hm^2。大力进行成果转化和产业升级工作,建成13个基地,扶持企业10多家,年开发创收近百万元。

在研究领域,主要从事柑橘、杨梅、枇杷、梨、桃、葡萄等果树的品种选育、栽培技术、病虫防治、农产品采后处理、加工综合利用、质量检测、软科学等领域的试验、研究和技术推广服务。

该所学术氛围浓厚，对外交流频繁，每年接待来自美国、日本、韩国等20多批次的国际交流与合作关系同行，并与国内外科研院所建立了广泛的联系。编辑出版全国农业核心期刊《浙江柑橘》季刊。

该所注重人才培养，积极创造条件，引进、培养和使用好人才、建立起合理的人才队伍梯队。1人入选省"151"人才、台州市第四届拔尖人才，2人入选台州市第一、二层次"211"人才工程培养，多名骨干攻读硕士研究生以上学历。

浙江省柑橘研究所为浙江乃至全国柑橘生产发展做出了很大的贡献。

三、福建省农业科学院果树研究所

福建省农业科学院果树研究所成立于1960年，位于福州市晋安区新店镇埔垱，是从事果树新品种选育、栽培技术、生物技术、生理生化、贮藏保鲜、种质资源收集保存创新利用等研究及相关技术与产品研发、技术成果推广的专业研究所。

果树所拥有雄厚的研究实力和科学合理组织架构。现有职工94人，其中"新世纪百千万人才工程"国家级人选1人，国务院特殊津贴2人，博士3人，硕士23人，具有高级职称研究人员18人（正高4人），中级职称研究人员25人，初级职称研究人员22人。全所占地32 hm^2，温网室3 500 m^2。设有柑橘、落叶果树、热带亚热带果树、果树植保、果树生物技术与生理生化、果品贮藏保鲜等研究室和办公室、果树成果转化研究室、果树信息研究中心、果树试验场、福建省绿野果树技术开发中心等。建有国家果树种质福州龙眼枇杷圃、福州龙眼枇杷国家野外科学观测研究站、农业部田间农药药效试验认证单位、福建省龙眼枇杷育种工程技术研究中心、福建省农业科学院果品及苗木质量监督检验测试中心等科技创新平台。2005年被科技部评为全国农林科研机构科技竞争力百强研究所。

改革开放以来，获得国家、省部级科研成果36项，其中国家科技进步二等奖3项、国家发明三等奖1项、国家星火三等奖1项、省部级一等奖5项、二等奖6项、三等奖20项；申请国家专利5项；制定标准8个；审（认）定品种13个；国家果树品种权保护1个；出版论著20部；发表学术论文1 000多篇。收集保存果树种质资源1 363份。育成世界上第一个有性杂交龙眼新品种"冬宝9号"，育成我国栽培面积最大的枇杷新品种"早钟6号"，培育出龙眼、枇杷新品种（系）50个，以及柑橘、橄榄、杨梅、黄皮、番木瓜、桃、李、柿等新品种（系）33个，取得了显著的社会经济效益，深受广大果农欢迎。

四、广东省农业科学院果树研究所

广东省农业科学院果树研究所位于广州市天河区五山。前身为广东省农业科学院园艺系，1963年分为广东省柑橘研究所和果树研究所，1973年合并为广东省农业科学院果树研究所。现有职工98人，科技人员48人。其中高级研究人员19人，初级研究人员18人。全所占地33.3 hm^2，试验果园面积20 hm^2。本所以应用研究和开发研究为主,兼顾应用基础研究。主要研究树种为岭南"四大水果"——柑橘、荔枝、香蕉、菠萝以及其他热带和亚热带果树。设置有柑橘、荔枝、香蕉、龙眼研究室和良种推广中心、果树化学控制中心、园艺部、咨询部、政工科、行政科、科技科。中国与意大利政府合作项目"柑橘及热带果树研究中心"设在本所。建立有仪器设备较先进的果树矿质营养、果树水分生理、植物激素、柑橘新技术育种和柑橘病毒等五个研究室和果品加工实验室。拥有 ICP 电感耦合等离子分光光度计、电子分析天平、高压液相色谱仪、紫外分光光度计、摄影显微镜、携带式光合作用系统、高速冰冻离心机、真空双层锅炉、彩色扩印机、面积仪等先进仪器设备。

建所以来,坚持科研与生产相结合,深入生产第一线,研究解决果树生产中存在的关键技术问题,加强科技成果转化为生产力。在全省各地设有 40 多个试验示范点和技术服务点,积极推广优良品种和科学栽培技术。在本所内建成有国家果树种质广州香蕉、荔枝资源圃,收集有荔枝种质 124 个,香蕉种质 170 个,以及龙眼种质 127 个和其他果树优良品种品系或类型一大批。主要承担柑橘新品种选育和高产栽培技术、荔枝资源及早结丰产稳产栽培技术、香蕉选种、龙眼选育种及栽培、优稀果树选育种、果树化学调控、果品贮藏加工利用等研究。承担了国家、省、部、院级科研项目几十项,共取得成果 34 项,育成了无籽少籽红江橙、椪柑 85-1、蕉柑 85-2、粤引脐橙 1、2、3 号、早熟蜜柑等新品种(系)。该所为广东果树业发展做出了重大贡献。

五、湖南省农业科学院园艺研究所

湖南省农业科学院园艺研究所是湖南省农业科学院下属研究所之一,主要开展果树、西甜瓜及园林花卉的研究与开发。现有员工 130 余人,其中高级科技人员 20 余人,拥有园艺作物试验示范基地约 40 hm^2 及育种、栽培与贮藏研究的设施条件。自 1978 年以来,取得科研成果 95 项,其中 44 项获得省部级成果奖。

该所选育了一批重要的果树与西瓜新品种,如柑橘冰糖橙、隆园早、黔阳无核椪柑,猕猴桃丰悦、翠玉、楚红,西瓜蜜桂、湘育 308、湘西瓜 16 号,并在地方特色花卉红继木的开发及传统名花梅花的研究方面做了卓有成效的工作。近年来,该所新水果和欢乐果及费约果的研究成为新的亮点,取得了一系列新的突破。

为实现科技成果的有效转化,该所建立了 2 个科技企业:一是湖南格瑞园艺科技发展有限公司,主要从事瓜类作物种子、果树苗木及园林花卉的开发经营。二是长沙楚原果业有限公司,主要从事猕猴桃及新水果的开发经营。"湘科"和"楚源"分别是两个公司的经营品牌。

该所与国际同行建立了广泛的合作关系,特别是在猕猴桃、柑橘等领域与新西兰、意大利、澳大利亚等国有密切的交流与合作。

六、四川省农业科学院园艺研究所

四川省农业科学院园艺研究所组建于 1996 年底,其前身为四川省农业科学院园艺种苗研究中心和四川省农业科学院果树研究所。

现有在职职工58人,高、中级科技人员占科技人员总数的69.8%。国家级有突出贡献并享受国务院政府特殊津贴专家1人,四川省首批学术带头人1人,省学术技术带头人后备人选4人。其中博士后、博士、硕士研究生(含在读)占45.2%,科技人员中52%曾赴美国、意大利、法国、德国、泰国、日本、韩国、丹麦、以色列等国家考察、进修、合作研究和攻读学位。

设有所办公室、果树研究中心、蔬菜研究室、花卉研究室。主要从事果树、蔬菜、花卉、瓜类新品种的引进与选育;果树早结丰产性优质高效栽培技术的研究和推广;果品采收后保鲜贮运及商品化处理技术的研究和开发;果树病毒病鉴定与脱毒苗工厂生产技术研究;蔬菜栽培技术尤其是设施栽培技术的研究和推广;瓜类抗逆高产高效栽培技术的研究和推广;生物技术的研究和开发。现主持和承担国家863、国家和部攻关、省级攻关和重点项目20余项。

1996年建所以来共获省以上登记成果、省地厅级以上成果奖及全国性博览会金、银、铜奖等共34项,编著出版了专著与技术书刊16本,在国内外发表科研论文150余篇。

七、广西柑橘研究所

广西柑橘研究所成立于1966年,位于桂林市。40多年来进行了柑橘类果树栽培、品种选育、病虫防治、贮藏保鲜等研究及技术推广工作,获厅级以上科研成果奖53项次,编著出版专著13种,公开出版发行《广西园艺》(原名《广西柑橘》)期刊1种,培养造就了中、高级职称技术人才73人,其中高级职称32人;为区内外培训柑橘栽培综合技术人才47万多人次。为广西壮族自治区柑橘事业的发展做出了大的贡献。

为了拓展该所的发展空间,1998年3月增挂了"广西果蔬研究所"牌子。

该所现建有全区唯一的柑橘无病毒良种单株母本园,收集柑橘优良单株70余个,并通过茎尖嫁接脱毒。这些无病毒材料在区内是独一无二,脱毒技术在区内是领先的,每年可提供网室内培育的无病良种柑橘苗木30万~50万株。

所下属技术服务部、植保药物研究开发中心、科盛技术公司从事农作物农药、化肥的生产和销售,年销售额数千万元。

八、湖北省农业科学院果树茶叶研究所

是湖北省人民政府直属的省级果茶专业研究机构,始建于1950年,其前身为中南农科所园艺系,历经华中农科所园艺系时期、湖北省果树茶叶研究所时期、湖北省农科所金水分所果树特产系和湖北省畜牧特产科学研究所果树特产系时期。1978年6月23日,中共湖北省委《关于湖北省农业科学院机构编制批复》(鄂文[1978]79号),成立湖北省农科院果茶研究所。2001年1月15日与原湖北省农科院蚕业研究

所合并设立为湖北省农业科学院果茶蚕桑研究所。2004年12月7日经省编委批准,更名为"湖北省农业科学院果树茶叶研究所"。其主要职责是:组织开展果树、茶叶新品种选育,杂种优势利用,茶叶加工工艺研究,有机茶、果新技术研究以及果、茶高产稳产栽培技术研究;承担国家、省有关果树、茶叶的重大科研任务,研究解决全省果树、茶叶生产中的关键技术问题;开展以果树、茶树优良种苗为主的科技开发,果、茶示范园的设计和规划,果茶新品种、新技术示范推广和技术咨询服务。

九、江西省农业科学院园艺研究所

于1934年创立,1984年定名为江西省农业科学院园艺研究所。目前,该所从事科研、开发、生产和后勤管理人员共89人。其中在职人员45人。在职人员中科技人员19人,有研究员3人,副研究员、高级农艺师4人。

所建有果品分析化验室和组培室,现代化的温室及育种大棚。试验基地20 hm^2;其中科研用地6.67 hm^2,中试基地13.33 hm^2 及其他设施等。

近年来,由该所主持或参与的果树研究项目有:国家科技部支持计划重大项目"赣南生态脐橙园建设与高效保水抗旱技术与示范";省科技厅重点项目"脐橙优质丰产及产后商品化处理技术研究";参与研究江西省重大招投标项目"脐橙无公害标准化生产技术与开发",国家科技部重大科技推广项目"脐橙贮藏保鲜技术推广",江西省财政资助创新基金项目"脐橙新品种选育及绿色栽培技术研究",江西省科委重大招标项目江西早熟梨标准化生产技术和新余蜜橘无核新品种选育项目以及国家科技部支撑计划重大项目等。

该所先后获国家、省部级以上各类成果奖38项,其中国家科技进步奖1项、农业部科技进步二等奖和三等奖各1项、省科技进步三等奖11项、省科学大会重要科技成果奖4项、省农牧渔业奖和省农业科教突出贡献奖21项。主编和合编出版科技著作38册,省级以上刊物发表论文320篇。举办了果树、西甜瓜培训及研讨班90多期;培训农技人员18 000多人次,多次被评为全省"科技兴农"和"农业科学普及"先进单位。

十、重庆市农业科学院果树研究所

重庆市农业科学院果树研究所是我国建所最早的4个果树研究所之一,始建于1937年7月,时名四川省园艺改良场,后几经易名,至1978年改名为四川省农业科学院果树研究所,1997年重庆直辖,而整体划归重庆定为现名。

该所属农业科研事业单位,在科研上设有常绿果树、落叶果树、贮藏加工、园艺花卉4个研究室,经济实体建有"江津市福禄特技术开发有限责任公司"。现有科研实验和生产示范园3片:江津长江大桥南桥头44.2 hm^2、江津区仁沱镇真武实验场9.34 hm^2、江津区先锋镇仙池坝建成的"重庆市现代果树生态示范园"46.67 hm^2。所内现有各类果树种质资源670余份,馆藏中外图书83 000多册和中外文期刊296

种,固定资产(除土地外)3 000多万元。

该所主要研究方向:立足重庆,面向西南,以果树应用研究和开发研究为重点,适当开展应用基础研究。全所主要研究内容:各种果树良种的繁育、引进,优质丰产栽培配套技术,果树品种性状、砧木,主要病虫害防治,果实采后生理与贮藏加工及商品化处理研究。

全所现有职工总数361人,其中科技人员78人;享受国务院政府津贴7人,具有高级技术职务20人;博士后1人,博士2人,硕士5人,专业技术力量较强。自新中国建立以来,该所获得科技成果150项,获奖成果60项,其中国家级1项,部级2项,省市级4项。近10年来在有关专业书刊公开发表科技论文500余篇,出版专著5部,取得的科技成果多数在江津、重庆、四川以及西南地区推广应用,社会效益显著。

十一、云南省农业科学院园艺研究所

云南省农业科学院园艺研究所建于1979年,是云南省农业科学院下属的15个专业研究所之一。

该所的主要研究任务是:对云南的主要果树、蔬菜、花卉资源进行调查、收集、保存、鉴定及利用;对主要温带、热带果树及蔬菜品种进行选育及示范;进行主要果树和蔬菜的综合栽培技术研究。并侧重于果树种质资源调查、利用、品种与生态条件的区划,结合水果商品生产基地建设开展新品种新技术示范推广研究,以及蔬菜地方品种收集利用、良种推广,果品的贮藏与加工利用。科技开发经营的主要内容是:果树无病毒苗木的工厂化生产;室内装饰花卉品种选育及工厂化生产;果树、蔬菜、花卉新品种新技术综合开发;园艺产品综合加工利用等。全所现有职工94人,其中具有高、中级技术职称的有21人。下设果树研究室、蔬菜研究室、花卉研究室、综合实验室及科技服务部等机构。建所以来,共获奖励成果25项,其中省部级以上的16项,建立了"国家果树种质云南特有果树砧木圃",完成了云南猕猴桃及其他主要温带果树品种、柑橘、蔬菜等资源的调查。

十二、贵州省果树科学研究所

始建于1956年,所址位于黔南州罗甸县龙坪镇大关路4号,前身为省农业厅建立的农业试验站,其中经历几次变迁,2007年,将"贵州省柑橘研究所"再次改名为"贵州省果树科学研究所",把研究范围由点向面扩展,负责全省果树研究。下设"常绿果树室"、"落叶果树室"、"柑橘研究室"3个研究室,设办公室、组织人事科。

该所现有在职职工55人,其中,科技人员35人中,有高级职称5人、中级职称10人。全所占地面积43 hm^2,建设有资源圃连栋大棚2座;果树示范基地(资源圃)5.8 hm^2,柑橘良种示范园13.33 hm^2,为贵州省果树发展提供较好的资源共享平台。该所还建有保鲜贮藏及加工用房800 m^2。同时配有果品营养分析室和土壤分析室及组织培养室。馆藏图书资料达32 000余册(份)。

该所重视科研成果转化和技术推广工作,共推广各类特色果蔬种植面积0.94万 hm^2,产生社会经济效益达1 320余万元。全所共承担国家、省、厅资助的科技项目21项,有3项获得国家和省、厅级科技成果奖。"十五"期间以来,共收集果树、蔬菜种质资源97份并初步开展了农艺性状评价。在国内学术期刊上和省级以上专业性学术期刊上发表研究论文246篇,主编和参编出版学术专著2部,试验示范产品先后10次在全国、全省的同类产品鉴评会上获得名次。2003年获全国农业科技年活动单位;2005年度被省农科院评为先进基层党组织;2006年目标考核获省农科院一等奖,该所已经取得各种成果27项,其中《早熟温州蜜柑国庆1号选育及推广》及《我国南方果实蝇的调查研究》获部级奖励,柑橘高接换种技术推广获省农业厅农业丰收奖一等奖。

附录二 柑橘企业(部分)简介

一、北京汇源饮料食品集团有限公司

北京汇源饮料食品集团有限公司成立于1992年,是主营果、蔬汁及果、蔬汁饮料的大型现代化企业集团。

自成立以来,汇源集团在全国各地创建了40多家现代化工厂,链结了30多万 hm^2 名特优水果、无公害水果、A级绿色水果生产基地和标准化示范果园;建立了遍布全国的营销服务网络,构建了一个庞大的水果产业化经营体系。

目前,汇源已成为中国果汁行业第一品牌。汇源商标被评为"中国驰名商标",汇源产品被授予"中国名牌产品"称号。集团累计研发和生产了500多种饮料食品。据权威调查机构AC尼尔森最新公布的数据,截止2008年12月,汇源100%果汁占据了纯果汁42.1%的市场份额,中浓度果汁占据43.6%的市场份额。同时,浓缩汁、水果原浆和果汁产品远销美国、日本、澳大利亚等30多个国家和地区。

汇源集团拥有100多条国际最先进的PET瓶、康美包、利乐包、怡乐屋顶包等无菌冷灌装生产线,并开创和引领了中国饮料PET瓶无菌冷灌装的新时代。汇源集团的水果原浆加工的冷破碎、浓缩果汁加工的超微过滤、饮料生产的无菌冷灌装等项工艺和技术均处于世界领先地位。集团所属工厂先后通过了ISO9001质量体系、HACCP(食品安全管理)体系和ISO2000质量体系认证,并获得被认为审核最严格的BRC(英国零售商协会标准)证书。

汇源集团自成立以来,带动了整个中国果汁行业的发展,引领了果汁健康消费的新时尚,促进了水果种植业、加工业及其他相关产业的现代化发展,帮助百万农民奔小康。

汇源集团一贯奉行"营养大众、惠及三农"的企业使命和"取之于社会,奉献于社会"的企业宗旨,积极履行社会责任。十几年来,累计缴纳税金20多亿元,投入社会

慈善、公益事业的资金、物资价值数亿元。汇源集团曾荣获"农业产业化国家重点龙头企业"、"全国工业旅游示范点"、"全国三峡工程建设先进单位"、"最具市场竞争力品牌"等殊荣。2007年2月23日,"中国汇源果汁集团有限公司"股票在香港联交所成功挂牌上市,公开认购部分共获得超额认购937倍,上市当日股价上涨66%。

二、北京汇源集团重庆柑橘产业化开发有限公司

北京汇源集团重庆柑橘产业化开发有限公司是国家农业产业化重点龙头企业,是重庆市百万吨优质柑橘产业化和国家三峡库区优势产业开发移民柑橘示范园工程项目重点建设单位。公司主要从事柑橘、其他果品及花卉苗木繁育,柑橘示范园基地建设,柑橘商品化处理及经营;农药、化肥、农机具经营服务;柑橘种植、加工的科技咨询、培训。拥有20 hm² 柑橘良种苗木繁育基地,现代化温室大棚21 000 m²,年可提供无病毒柑橘容器苗200万株以上。拥有66.7 hm² 优质柑橘品比园,0.34万hm² 优质柑橘示范园,2万hm² 优质柑橘基地。

公司技术力量雄厚。聘请中国农业科学院柑橘研究所原所长沈兆敏研究员为首席专家,国内10名权威柑橘专家及农业高新科技顶尖人才为高级顾问。并与西南大学等大专院(校)、中国农业科学院柑橘研究所、重庆市农业科学院果树研究所等单位建立了良好的合作关系。公司以服务"三农"造福移民为宗旨,充分发挥农业产业化龙头企业的带动作用,为三峡库区及我国柑橘产业开发做出了重要贡献,受到党和各级政府的高度评价。

三、重庆三峡果业集团

重庆三峡果业集团是北京汇源饮料食品集团有限公司投资的全资子公司,是国家级农业产业化重点龙头企业,农业部首批农产品加工业示范企业,中国生产柑橘浓缩汁的重点企业,国务院三峡工程建设委员会办公室和重庆市政府百万吨优质柑橘产业化项目主要实施单位。主要从事柑橘浓缩汁、果汁系列饮料和食品罐头的生产。公司注册资本为1亿元人民币。

公司技术力量雄厚,现有员工143人,其中以中国农业科学院柑橘研究所原所长沈兆敏研究员为首席专家、熊晓山博士为技术总监的中高级专家有25人。并与西南大学、重庆大学等大专院(校)、中国农业科学院柑橘研究所、重庆市农业科学院果树研究所等单位建立了良好的科企技术合作关系。

公司主要致力于三峡库区100万t优质柑橘产业化工程项目的实施。首期30万t项目从2002年7月开工建设以来,已累计完成投资额2.8亿元。公司拥有从美国FMC公司引进的世界一流的柑橘榨汁、浓缩生产线。

公司已通过9001质量体系、ISO2000食品安全质量管理体系和出口卫生注册。公司已构建了以柑橘榨汁为主,皮油、果肉、皮渣副产物开发资源综合利用的循环经济加工经营模式,具备了对柑橘全面规模深加工的经营能力。

公司以服务"三农"、造福移民为宗旨,充分发挥农业产业化龙头企业的带动作用,为三峡库区及我国柑橘产业开发做出了重要贡献,受到党和各级政府的高度评价。

党和国家领导人高度重视公司的发展。中共中央政治局常委、全国人大常务委员会委员长吴邦国;中共中央政治局常委、国务院总理温家宝;中共中央政治局委员、国务院副总理曾培炎先后亲临视察,国务院三峡办、发改委以及重庆市党政等领导也多次视察。

2003年5月26日,被中国饮料工业协会确定为"三峡库区优质柑橘产业化加工示范厂"。

公司计划到2012年,完成高标准良种苗木繁育中心、柑橘技术服务中心、柑橘鲜销中心、柑橘深加工调配中心四大建设任务,把三峡库区建成亚洲最大的柑橘深加工基地。同时,通过柑橘产业带动15万农村移民和果农脱贫致富,从事柑橘种植业,人均年增收1000余元。提高项目区森林覆盖率,减少水土流失,治理和改善三峡库区生态环境,真正实现在移民中发展,确保移民"搬得出,安得稳,逐步能致富"。

四、重庆三峡建设集团有限公司

注册资本3 300万元,截止2003年月12月底,实有资产19 761万元。公司下设办公室、企划部、生产部、技术部、市场部、基地部、财务部、公关部、后勤部、工程部和4个全资二级子公司。

公司是重庆市发展柑橘加工的重点依托单位,是国务院三峡工程建设委员会办公室实施"三峡库区柑橘产业开发项目"和重庆市实施"重庆百万吨优质柑橘深加工项目"重点依托的龙头企业。

公司长期从事农业产业化项目开发,在柑橘产业化方面积累了丰富的经验。在国内以中国农业科学院柑橘研究所和中国农业机械化科学研究院为技术依托,在国际上得到全球500强企业之一的美国施格兰公司和全球最大的柑橘加工设备厂商美国BROWN公司的技术支持,公司以强大的技术、经济实力,承担了国家"十五"科技攻关重大项目课题。公司和中国农业科学院柑橘研究所在重庆市农业局和移民局配合下研制的《无病毒柑橘容器苗木培育规程》和《高效柑橘园规划建设技术规程》被国务院三峡工程建设委员会办公室作为标准下发整个三峡库区实施。

在柑橘产业化经营开发中,公司始终将帮助农民增收致富放在首位,通过多年摸索,逐步建立了一套行之有效的"公司+基地+农户"的运作模式,在当地政府的大力支持下保证了柑橘基地建设的顺利推进。公司从美国引进优良加工品种,新建早、中、晚熟配套的优质柑橘加工原料基地3 000 hm^2,目前拥有亚太地区最大的柑橘加工原料果园,建成了亚太地区第一个柑橘非浓缩汁加工厂。当地政府授予公司"建设三峡库区经济强县突出贡献奖"。

五、重庆恒河果业集团有限公司

重庆恒河果业集团有限公司是江津区首家中外合资的大型农业产业化龙头企业,也是《重庆市百万吨优质柑橘产业化工程规划》中明确的重庆地区四大柑橘产业化龙头企业之一,承担着江津及周边片区优质柑橘发展的任务。

公司在江津的 0.67 万 hm^2 优质柑橘产业化项目。其特点:

一是规模大。连片种植优质柑橘 0.67 万 hm^2,涉及罗坝、白沙、慈云、李市、先锋、永兴、双福、西湖、贾嗣、蔡家、龙吟、石门等十余镇。

二是品种先进。公司引进国外优新和专利品种发展,柑橘品质上乘,成熟期主要集中在 1~5 月份,填补国内市场的熟期空白,并适合柑橘外销市场的需求。

三是科技先进。公司有偿引进澳大利亚先进技术,结合江津具体情况加以实施。由外国专家提供优质、专利品种栽培技术和二、三十年的营销经验将有利于柑橘的优质高产发展和标准化、食品安全的实施,大大增强项目的市场竞争力。

四是产业化链条齐全。公司直接引进品种进行田间试验和扩繁培苗,与业主和农村专业经济合作社以"订单农业"的方式进行果品生产合作,包销果品 25~30 年,并负责商品化处理包装、冷藏保鲜和进入国内外强大销售网络,主导了优质柑橘供产销产业链条的各个环节。

自项目介入江津以来,在重庆市、江津区两级政府的关怀和支持下进展顺利,并得到各乡镇农民和业主的积极回应。恒河果业为加速 0.67 万 hm^2 项目的进程,已改建成现代化包装厂。第一期建设 15 t/h 商品化处理生产线和 2 000 t 冷库已建成。包装厂除直接服务于 0.67 万 hm^2 优质柑橘产业化项目外,还可将周边区的老品种经商品化处理后即时打入国际市场,将解决卖果难的问题,并对重庆的农业创汇、增加就业做出贡献。

六、重庆博富文柑橘有限公司

The Edgar M. Bronfman Citrus Chongqing Co. Ltd. 是美国博富文柑橘有限公司主席 Mr. Edgar M. Bronfman(世界 500 强前施格兰主席)于 2006 年 9 月在重庆忠县投资组建的外商独资企业,总投资 2 990 万美元,是注册在忠县的首家外资企业。目前正在重庆忠县建设包括现代化的柑橘加工厂、苗圃、农业科技研发中心、培训中心等设施,是集柑橘生产、研究、加工一体化的基地,占地面积 14.1 hm^2,总建筑面积约 14 000 m^2。加工厂的年加工设计能力为 26 万 t 柑橘鲜果,苗圃可容纳 100 万株苗,每年可出圃优质嫁接苗 50 万株,扩大发展新建果园以配合重庆市政府发展长江三峡柑橘产业带是我公司核心目标之一。

七、重庆锦程实业有限公司

公司创建于 1998 年,公司地处重庆市江津区,以农业产业化为主营方向的国有企业,现已改制组建为民营股份制企业。现有油溪农场、重庆现代农业培训中心、无病毒良种柑橘种苗繁育中心、仁沱花木园艺场 4 个分公司。自有土地 66.7 hm²,种植面积 200 hm²,各类房屋 20 000 m²,各类农业化工设施 10 000 多 m²,资产 6 000 余万元,资产负债率 30%。2001 年被农行、交行授予"AA"级银行信用等级。

公司实施了国家级良种柑橘示范基地项目,该基地一期工程已建成交付使用,二期工程建设正在实施,项目总投资 4 575 万元。该基地建成后,可提供优质接穗 300 万枝,优质无病毒柑橘容器苗 200 万株,年培训技术人员 2 000 人次,将有力地促进重庆乃至西南地区的柑橘产业化发展。

公司坚持以科技为先导,按照"公司+基地+农户"的模式,培育和发展主导产品"渝津牌"锦橙,并被'99 中国农业博览会认定为名牌产品,重庆市五大名果之一。2002 年评为重庆市市级农业产业化龙头企业,被确定为重庆百万柑橘工程定点育苗单位、三峡库区柑橘产业化工程的定点育苗单位,重庆市退耕还林工程定点育苗单位。

公司董事长兼总经理郑勇同志,工作勤恳务实,2002 年被团中央、农业部评为"农村青年创业致富带头人",2003 年度又荣获"重庆青年五四奖章"。公司先后引进一批高素质农业科技人才,提高企业品位,为企业可持续发展打下坚实的基础。

目前,公司正在全面实施一业为主,多种经营的多元化、集团化发展战略,为争创国家级农业产业化龙头企业而不懈努力。

八、广东杨氏南北鲜果有限公司

广东杨氏南北鲜果有限公司总部位于广东省中山市沙溪镇,是一家专业从事南方名优水果种植、收购、运输、包装、加工及进出口的贸易企业。公司的产品基地遍布南方近 10 个省份,产品销往国内 20 多个省市以及海外 20 多个国家和地区,在全球水果行业中有一定的名气,在果品收购和采后处理及销售规模、生产设备先进性、以及品牌的知名度在南方水果特别是柑橘中居同行首位。2003 年公司被评为"中山市农业龙头企业"及"中山市优秀民营企业"、2004 年公司"YANG'S-NS"牌脐橙获得"广东省名牌产品(农业类)"和"广东省著名商标"、2007 年被评为"全国服务新农村建设百佳乡镇(民营)企业"及"广东省农业龙头企业"等称号。

公司经过 20 多年的艰苦创业,目前,公司已发展成一个名副其实的产业集团,广东杨氏南北鲜果有限公司下辖中山市杨氏总部和杨氏鲜果加工厂、杨氏物流运输车队、杨氏南朗柑橘农业标准化示范园、中山市杨氏房地产有限公司等系列实体。此外,公司还投资兴建了江西杨氏鲜果有限公司、河源市杨氏农业发展有限公司、中山沙朗、广州江南和浙江嘉兴 3 家贸易公司等产业实体。鲜果包装加工厂目前拥有进口及自主研发的生产线 10 多条及完善的生产工艺流程、催熟、冷藏等配套设施,具备了年 20 多万 t 的柑橘打蜡包装生产能力。公司不论在生产规模、机械化程度、科技含量及经营理念都达到了国内外的先进水平,也是目前全国规模最大、最具竞争力的柑橘包装加工企业。

公司在今后的发展过程中将更加坚定以人为本、自强不息的精神和信念,以农业产业为主业,带动相关产业的发展,互相带动、互相支持。在巩固、扩大农业产业化经营的过程中,大力发挥"YANG'S-NS"(杨氏)这一民族品牌的效应,带动、促进生态旅游、房地产等相关产业的发展,将企业集团做大、做优、做强!

九、江西赣南果业股份有限公司

江西赣南果业股份有限公司于1997年成立并在深交所上市(深圳证券交易所上市股票代码为000829),目前年销售收入70多亿元人民币,公司形成了横跨四大产业的大型集团,业务遍及全球。四大产业分别是:农业、制造业、流通业、城建地产及公用事业。在农业方面,主营业务包括柑橘的苗木生产、果树种植、果品商品化处理及精深加工、鲜果及其他产品的销售;公司以探索中国农业产业化模式,推动中国农业现代化进程为使命;公司的发展策略是以工业化理念推动柑橘产业化发展。

通过近几年的努力,公司初步完成了柑橘产业链的有效整合,具体表现如下。

(一)整合产业有效资源,加快农业产业化经营 通过国家高技术产业化示范工程项目——赣州绿色脐橙产业化示范工程的实施,通过基地、分公司、协会等的桥梁、纽带作用,目前已与2万多脐橙种植户建立了稳定的"公司+基地(协会)+农户"利益联结机制。

(二)重视科技,尊重人才 公司与中国农业科学院柑橘研究所、华中农业大学、广东昆虫研究所、美国佛罗里达大学柑橘作物系等国内外科研教学单位进行了广泛的合作,同时根据公司产业需要在柑橘育苗、种植、加工、贮藏、营销等方面积极引进国内顶尖级各种优秀人才,为产业发展提供人才保障。

(三)重视技术培训,提升经营水平 为全面提升产业经营水平,公司与全球的专家进行合作,经常聘请他们来赣南现场指导,为员工、果农提供技术咨询、技术培训。另外,分别与赣州市柑橘学会、赣州市赣南脐橙协会联合创办了公益服务性专业杂志《赣南果业》和《赣南脐橙》,并免费赠送给果农,受到了广大果农的一致好评。

(四)重视良种苗木繁育与推广,夯实产业基础 公司投巨资新建了国际一流的无病毒柑橘良种苗木繁育基地。

(五)加快产业示范,促进产业升级 公司新建了2 000 hm^2 世界领先的绿色脐橙产业化示范基地,为引进和推广先进技术,提高产品产量和质量,引导品种结构调整,提高劳动生产率,起到示范和推动作用。

(六)扩大商品化处理能力 公司从法国引进了国际一流的脐橙采后商品化处理生产线及配套设施,建立了高效快捷的物流系统,确保了产品的新鲜,增加产品附加值和提升产品的市场竞争力。

十、湖南熙可罐头食品有限公司

湖南熙可罐头食品有限公司是国家园艺产品出口示范企业,该公司的厂区占地 8 hm² 以上、厂房 38 000 m²,现有职工 550 多人,高峰生产时聘请临时工 3 000 多人,管理职员 50 人,是一家中美合资公司。该公司拥有美国进口塑料杯装罐头生产线 3 条,各种加工设备共 260 台(套),仅橘片罐头、果汁、果冻加工封口线就有 9 条。年需优质柑橘原料 4 万 t 以上。公司位于永州市冷水滩凤凰园经济开发区内。

该公司自 1999 年成立以来,以美国先进技术和设备为依托,把其产品定位在专门加工出口果蔬罐头食品上,并致力于新产品的开发与研究国外市场,已研究开发出糖水蜜橘罐头、果汁、果酱、果冻等 20 余个品种 80 多个规格的产品,以上产品已获中国进出口质量中心 ISO9001、2000 质量体系认证书。现有糖水蜜橘罐头加工能力 1.5 万 t,2001 年实现产值 7 500 万元,创汇 690 万美元,利税 403 万元,是湖南省人民政府 2001 年度表彰的全省十大农产品加工大户之一。预计今年产值、创汇、利税将比去年提高 40% 以上。

该公司产品主销美国、加拿大、德国、日本、韩国、中东地区、产销率 100%。公司开发的无糖减肥柑橘罐头,成功地解决了无糖水橘片容易产生橘片散瓣和破坏橘片组织形态的问题,其产品在德国市场一炮走红,赢得了市场和客户。湖南熙可罐头食品有限公司现有总资产 4.1 亿元,其中固定资产 2.3 亿元。主要产品有橘片、黄桃、甜玉米、梨、蘑菇、草莓罐头及柑橘鲜果等,产品主销欧盟、美国、日本、俄罗斯,年产值、产量、出口创汇在全国食品罐头行业跨入前五名、柑橘罐头行业全国排名第一位。获得了美国 FPA、英国 BSI、德国 IFS、中国 ISO9000、HACCP 和绿色食品等认证;公司先后荣获"国家科学技术进步二等奖"、"湖南省科技进步一等奖"、"国家高新技术企业"、"全国农产品加工业示范企业"、"全国园艺产品出口示范企业"、"中国优秀民营科技企业"、"全国新农村建设百强示范企业"、"全国乡镇企业创名牌重点企业"等称号。

公司发展目标是:努力打造一个高效率的现代化企业,努力打造一片现代农业示范基地,力争 2020 年公司年产值过 50 亿元。

十一、湖南亚赛柑橘种苗有限公司

湖南亚赛柑橘种苗有限公司,属省农业厅管辖,是以国家"948"引进项目提供资源和技术支持作保障,联合安化、洞口、新宁、隆回、溆浦、常宁、洪江等 7 家无病毒柑橘种苗繁殖场组建的股份制公司。注册资金 300 万元,公司总部设在长沙市农业高新技术开发区内,具有独立法人资格,实行捆绑式联合生产经营,以区域布局、产业特色、市场导向为准则;坚持充分发挥股东的资源和技术优势,提高整体效益;坚持资源共享,成本定额,分工合作,计划产销,风险共担,利益均沾;严格实行统一标准、统一品牌、统一包装、统一价格、统一经营的"五统一"管理办法。公司计划每年产销柑橘无病毒容器苗 200 万株、接穗 100 万枝,实现年利润 200 万元。公司拟通过树立优质种苗品牌来推进柑橘种苗产业化,逐步减少和淘汰不合格种苗生产的经营企业,该公司现有各类专业技术人员 45 名,其中高级职称 18 人,中、初级职称 27 人,所涉育种、栽培、植保、加工、管理、营销、基建等 7 个专业,可胜任本项目建设和生产期的各项技术与管理工作。

该公司已引进优良柑橘品种、品系 157 个(其中脱毒原种 49 个,通过国家"948"项目引进新品种 29 个),可供本项目择优选定。该公司现有种质资源圃 1.33 hm^2、品种展示园 6.67 hm^2、采穗圃 2 hm^2、工厂化育苗圃 2 hm^2、水泥框架无土栽培苗圃 1 hm^2,以及相应配套的无病毒苗木繁育设施。在多年的品种选育,无病毒苗木扩繁、丰产栽培的实践中通过对新技术的引进、消化、组装,已形成一套适合湖南立地条件的成熟技术体系,可供本项目采用。

十二、浙江黄岩罐头食品集团公司

浙江黄岩罐头食品集团公司是以农副产品为主要原料,加工出口罐头为主的国家大型二档企业,现有 8 个子公司、1 个中外合资企业和 5 个分厂。是目前中国最大的水果罐头生产基地,占地面积 33.33 hm^2,年生产能力 20 万 t,总资产 6 亿元。集团核心企业浙江黄岩罐头食品厂现有占地面积 16.67 hm^2,建筑面积 12.5 万 m^2。

公司专业人才众多,枝术力量雄厚,检测手段完备,具有国际领先的罐头制造生产线,并引进日本 6 条果冻生产线。在国内首先生产塑料杯水果罐头。下属 2 家制罐厂拥有 11 条制罐生产线,各种规格齐全,形成年产 6 亿套各种空罐的生产能力。

主要产品有橘子罐头为主的水果罐头、枇杷、杨梅、黄桃、葡萄等系列塑料杯水果罐头、"梦之果"果冻和速冻保鲜食品等 40 多个品种,产品远销日本、美国、加拿大、欧盟等世界各地。

近年来,公司以市场为导向,以转换经营机制为契机,依靠科技进步,产品结构调整,加大技术改造力度,加强内部管理。公司得到了快速、高效的发展,被评为重合同守信用企业。列为浙江省骨干农业龙头企业,国家食品工业重点企业,2002 年被中国罐头工业协会评为"中国罐头行业十强企业"。

十三、浙江天子果业有限公司

浙江天子果业有限公司成立于 1998 年,是一家专业于柑橘产业研究开发的公司,公司主要是经营柑橘类的新鲜水果和深加工果汁、果浆类及其延伸产品果皮,及柑橘果皮生产的饲料等,产品涉及柑橘类产业的整个产业链。

公司是一家通过 ISO9000、HACCP、EUREPGAP 认证、美国 FDA 登记的集果园基地开发,鲜水果商品化处理、柑橘综合深加工、贮藏保鲜、冷链经营、产品物流为一体,国内、国际两大市场同步发展的国家农业产业化重点龙头企业。

公司占地 22 hm^2,包括鲜果加工厂、罐头果汁厂、物流公司、15 个绿色食品水果种植示范基地,公司产品覆盖全球各个国家,公司出口英国、荷兰、法国、德国、意大利、加拿大、非洲、东南亚等国家和地区。同时在国内主要大、中城市建立了销售网点,及向各大超市配货。

十四、湖北宜昌罐头厂

湖北宜昌罐头厂始建于1998年,坐落于美丽的"柑橘之乡"——宜昌,是以专门生产和销售各类果蔬罐头为主的出口型食品企业。

公司位于宜昌市夷陵区鸦鹊岭镇,距三峡机场30km、火车站10km,交通极为便利。

这里位置优越、环境优美、气候宜人、柑橘资源丰富,海、陆、空交通便利、通讯联络快捷,符合各类食品加工的高标准厂房,全公司占地面积20 000 m^2,职工400多人,各类高级技术、质检人员25人,拥有罐头生产线6条。所有食品生产车间都具有完善的严格质量控制标准和制度,是生产绿色健康食品的理想之地。

自建厂以来,每年都生产大量橘子罐头,销售到亚洲,欧美等地区,得到一致好评,成为客户信得过的企业。同时,自主生产的"三峡"牌糖水橘子罐头,成为宜昌市知名品牌,并已陆续打开国内销售市场。

"创一流品质,使客户满意"是我们一贯坚持的质量方针。为客户服务,为社会服务,为提高人类的生活水平服务,是我们永远奉行的宗旨。

十五、四川佳美食品有限公司

四川佳美位于成渝两地之间的内江市东兴区小河口镇。厂区占地面积近8万m^2,由台湾佳美投资并于2003年3月10日经四川省人民政府批准成立的外商独资企业,是内江市招商引资的重点项目。

佳美为充分利用内江当地发展柑橘资源的项目优势,发挥佳美公司专业的先进技术,采用国内、外先进生产技术、工艺、设备,生产和销售甜橙、柠檬、桃、草莓和蔬菜等果蔬浓缩汁、生鲜汁和蜜柑、枇杷、黄桃、蘑菇等食品罐头。年生产能力为3 000 t以上,产品60%以上销往香港、日本、东南亚和欧洲。

公司投资总额为500万美元,注册资本为300万美元,固定资产2 400万元人民币,是一个年富力强,充满活力的团队。

公司以一流的质量和信誉开拓国际市场,坚持生产经营以质量为中心,企业管理以品质为先的原则;坚持以质取胜、以质取信,并建立、健全了一整套质量管理体系和品质监控系统,现已获取了ISO9001、2000和HACCP的认证,我司属于自理报关单位,拥有进出口经营权。

十六、四川华通柠檬公司

四川华通柠檬公司成立于2005年10月,位于四川省资阳市经济技术开发区安岳工业园。是目前安岳县最大的、集柠檬种植、产品研发和深加工于一体的农业产业化龙头、股份制企业。已被列为四川省"十一五优势产业整合与发展规划"重点发展的 35 家农产品加工企业之一。中国四川省安岳县已拥有柠檬果园 1.47 万 hm^2，柠檬产量占全国总产量的 70%，被誉为"中国柠檬之乡"。公司自有柠檬种植园 387 hm^2，采用计算机系统进行监控，对生产全程实施标准化管理。工厂占地面积 20 000 m^2，按现代园林式设计，环境非常优美。在省市县各级领导的指导和关怀下，现正在建设华通柠檬产业园，首期占地 33.34 hm^2。

该公司已投资 1.2 亿元，引入国内外先进技术和设备，拥有无菌自动罐装机、全自动纯水处理机、大型微波干燥机等一流设备，建有柠檬真空冷冻干燥生产线、连续带式烘干生产线、柠檬汁、柠檬油、饮料、蜂蜜柠檬茶、袋泡柠檬茶等生产线。主要产品有柠檬冻干片、烤干片、柠檬汁、香精油、柠檬美容护肤面膜、柠檬饮料、蜂蜜柠檬茶、柠檬酒、柠檬果醋、果醋饮料、纯净水等系列产品。其中柠檬冻干片、蜂蜜柠檬茶、柠檬果醋饮料已获得国家发明专利。所有产品已获国家食品行业 QS 生产许可证并通过 ISO9001、2000 国际质量管理体系认证。公司有优秀的专业营销团队，目前正在开发和建设全国营销网络，在互联网上建有"中国柠檬"网站和"中国柠檬之乡"网站，畅通的信息交流平台能为客户提供良好的销售服务。

十七、森美(福建)食品有限公司

森美(福建)食品有限公司始建于 1993 年，是一家中外合资企业。公司技术成熟、研发力量雄厚，是福建省农业产业化省级重点龙头企业。公司主要从事各类浓缩果蔬汁、果蔬原浆、果粒及速冻水果的加工。公司在原料生产上实行严格的质量监督和控制，通过了 ISO9001、HACCP 质量体系认证。森美将本着"求实、创新、忠诚、信用"的经营理念，持续为客户提供高品质的产品，满意的服务。公司历经 10 年的艰苦创业已步入良好的发展轨道，现已发展成为固定资产 3 000 多万元，年产值 6 000 万元，集种植、加工、销售为一体的农业龙头企业。公司所生产的浓缩汁、浓缩浆等产品品质优良，其中绝大部分供给国内外跨国公司及知名企业。此外，公司的质量控制和环境保护体系在众多客户心目中也享有较高声誉。近年来，公司追加投资人民币 5 000 万元建立了橙、菠萝、葡萄、西番莲、胡萝卜等果蔬基地，增设了全套自动化生产加工流水线设备，年产量从原先的 2 000 t 增加到现在的 10 000 多 t，在同类企业中无论硬件还是软件都处于领先地位。随着国内外市场的不断扩大，公司在引入 ISO9000 及 HACCP 质量认证体系的同时，坚持以树品牌、讲诚信、优服务为宗旨，力求用更成熟的专业技术和更先进的创新意识为国内外新老客户提供永久、优质的产品和服务。

十八、陕西汉中泛亚绿色食品有限公司

公司是陕西省柑橘产业化重点龙头企业。公司投资建成陕南柑橘良种苗木脱毒

繁育基地,大规模实施绿色食品示范基地建设,办协会、树品牌、促流通,强有力推进了陕南柑橘产业的跨越式发展。

公司实行"公司＋基地＋农户"的运行模式,打造"泛亚"品牌柑橘,开辟"三北"和华南等区域市场,是陕南柑橘销售市场拓展到20多个省、自治区、直辖市的60多个大、中城市,柑橘销售形势一年比一年好。0.33万 hm^2 "泛亚"牌柑橘生产基地获得国家绿色食品认证,被评为"国际最畅销农产品"。2004年以来,柑橘出口韩国、俄罗斯,效益显著。

公司在汉中市城固县设有柑橘良种苗木繁育基地,下分5个片区,3.33 hm^2 的新品种引进试验区,3.07 hm^2 的设施培育区,建有大棚、网室等4 428 m^2,3.07 hm^2 的良种展示区,33.33 hm^2 的有机柑橘示范区,26.67 hm^2 的育苗基地区,可年生产柑橘脱毒苗200万～300万株。

公司坚持走科技创新发展之路,在良种基地和生产示范基地初见成效后,建立了陕南柑橘发展研究中心,扩建反季节柑橘设施生产大棚、柑橘浓缩汁生产线,进一步带动了陕南柑橘产业化的发展。

主要参考文献

[1] 沈兆敏主编.中国柑橘区划与柑橘良种[M].北京:中国农业科技出版社,1988.

[2] 沈兆敏主编.中国柑橘技术大全[M].成都:四川科学技术出版社,1992.

[3] 郭瑞祥编著.柑橘栽培与经营管理[M].昆明:云南科技出版社,1996.

[4] 沈兆敏编著.宽皮柑橘良种引种指导[M].北京:金盾出版社,2003.

[5] 沈兆敏编著.甜橙柚柠檬良种引种指导[M].北京:金盾出版社,2003.

[6] 谢金峰著.中国柑橘产业结构调整战略[M].重庆:重庆出版社,2003.

[7] 沈兆敏,等编著.柑橘无公害高效栽培[M].北京:金盾出版社,2004.

[8] 吴涛主编.中国柑橘实用技术文献精编(上、下)[M].重庆:中国南方杂志社,2004.

[9] 彭成绩,等主编.柑橘优质安全标准生产百问百答[M].北京:中国农业出版社,2005.

[10] 沈兆敏编著.脐橙优良品种及无公害栽培技术[M].北京:中国农业出版社,2006.

[11] 沈兆敏,等主编.中国现代柑橘技术[M].北京:金盾出版社,2008.

[12] 沈兆敏,等主编.中国三峡柑橘产业[M].北京:中国三峡出版社,2008.

[13] 王江柱,等主编.常用通用名农药使用指南[M].北京:金盾出版社,2008.

[14] 姚山编写.农业信息应用100问[M].北京:中国农业出版社,2009.

[15] 宁红,等编著.柑橘病虫害绿色防控技术百问百答[M].北京:中国农业出版社,2009.

[16] 彭良志主编.柑橘防灾减灾技术手册[M].北京:中国农业出版社,2009.

[17] 中国农业科学院柑橘研究所.《中国南方果树》[J].2005—2009.

[18] 中国农业科学院柑橘研究所.《中国果业信息》[J].2007—2009.

[19] 浙江省柑橘研究所.《浙江柑橘》[J].2008—2009.

[20] 农业部种植业管理司全国水果产业发展经验交流会资料汇编[G].北京 2009.